Betriebs- und Wirtschaftsinformatik

Herausgegeben von
H. R. Hansen H. Krallmann P. Mertens A.-W. Scheer
D. Seibt P. Stahlknecht H. Strunz R. Thome

Jürgen Selig

EDV-Management

Eine empirische Untersuchung der Entwicklung von Anwendungssystemen in deutschen Unternehmen

Springer-Verlag
Berlin Heidelberg New York Tokyo

Dipl.-Wirtsch.-Ing. Jürgen Selig
Beethovenring 12 A, D-3160 Lehrte

ISBN-13:978-3-540-16461-6 e-ISBN-13:978-3-642-71146-6
DOI: 10.1007/978-3-642-71146-6

CIP-Kurztitelaufnahme der Deutschen Bibliothek. Selig, Jürgen: EDV-Management: e. empir. Unters. d. Entwicklung von Anwendungssystemen in deutschen Unternehmen / Jürgen Selig. - Berlin; Heidelberg; New York; Tokyo: Springer, 1986. (Betriebs- und Wirtschaftsinformatik; Bd. 16)
ISBN-13:978-3-540-16461-6

NE: GT

2142-3140/543210

Geleitwort

● **Software-Krise:** Eine Kennzeichnung der Praxis-Situation in den 70er und 80er Jahren - in internationaler Einmütigkeit verwendet.

● **Anwendungsstau:** Durch alle Phasen von Konjunktur und Krise hindurch haben die EDV-Abteilungen in den Unternehmungen "volle Auftragsbücher". Unternehmungsinterne Aufträge zur Software-Entwicklung werden in vielen Fällen frühestens ein bis zwei Jahre nach Auftragserteilung in Angriff genommen.

● **Informatiker-Engpaß:** Die Unternehmungen annoncieren sich wund in der Suche nach qualifizierten Anwendungsinformatikern. Der Arbeitsmarkt hat sie verschluckt. Die Universitäten haben begrenzte Ausbildungskapazitäten, und für kein anderes Studienfach gibt es eine vergleichbare Relation von Nachfrage und Angebot.

● **Methoden-Wirrwarr:** Software-Entwicklung ist nicht mehr die Kunst des Trick-Programmierers, sondern zunehmend eine systematische Arbeit nach einer ausgefeilten Methodik. Das Problem ist nur, daß sich viele unterschiedliche Methoden im Wettbewerb gegenüberstehen. Welche könnte die beste sein?

● **Der (un-)mündige Anwender:** Ein Bauherr plant sein Haus selbst und überläßt dem Fachmann die Detail-Planung. "Software-Bauherren" - im Sinne von Anwendern, die künftig die EDV für eigene Aufgaben nutzen wollen - können ihre Wünsche dagegen oft nur unvollkommen artikulieren. Sie bleiben EDV-unmündig und begeben sich in die Abhängigkeit der EDV-Experten. In welchem Umfang werden sie heute überhaupt noch einbezogen in die Prozesse der Software-Entwicklung?

Das ist das **Szenario**, die **Problemumgebung** der Untersuchung, die in diesem Band vorgestellt wird.

Jeder Experte, der in dem Gebiet der Software-Entwicklung tätig ist, hat seine eigenen, individuellen Erfahrungen. Lassen sie sich verallgemeinern? Sind nicht vielmehr **empirische Erhebungen**, die in die Breite gehen, zur Beurteilung der Gesamtsituation erforderlich?

Eine solche Erhebung wurde durch Dr. Jürgen Selig von meinem Lehrstuhl aus durchgeführt, unterstützt von Dipl.-Wirtsch.-Ing. Manfred Möser und zahlreichen Studenten. Die Untersuchung wurde weitgehend durch die Deutsche Forschungsgemeinschaft finanziert, und zwar im Rahmen des Schwerpunktprogramms "Empirische Entscheidungstheorie".

Die Ergebnisse der empirischen Erhebung werden in diesem Band vorgestellt. Sie richten sich an den EDV-Praktiker - und damit auch an alle Ausbildungsinstitutionen, in denen zukünftige EDV-Praktiker ausgebildet werden.

● Wie sind **EDV-Abteilungen** organisatorisch in bundesdeutsche Unternehmungen eingebaut?

● Wieviele **Mitarbeiter** deutscher Unternehmungen sind in EDV-Abteilungen eingesetzt, absolut und prozentual? Welche Ausbildung und Erfahrung haben diese Mitarbeiter?

● Wie verbreitet sind eine **EDV-Planung** und eine **EDV-Kosten- und -Leistungsverrechnung**?

● Wie werden **EDV-Projekte** abgewickelt?

● Wie werden **EDV-Projektteams** in bundesdeutschen Unternehmungen eingesetzt, geleitet und an ihren Ergebnissen gemessen?

● Welche Kompetenzen haben die **Projektleiter** bei der Durchführung von EDV-Projekten?

● Welche **methodischen Hilfsmittel** zur EDV-Entwicklung werden verwendet und welche Erfolge sind erkennbar?

Dieses sind einige der anstehenden brennenden Fragen. **36 bundesdeutsche Unternehmungen** wurden in die empirische Erhebung einbezogen. Eine eindrucksvolle Menge an Detailinformation kam zur Auswertung.

Dr. Selig legt mit dieser Studie ein Dokument vor, das für die EDV-Abteilungen aller Groß- und Mittelunternehmungen bedeutungsvoll ist. Überall ist man auf der Suche nach den besten Wegen aufgabengerechter Software-Gestaltung. Dazu gehören zahlreiche Einzelaufgaben, die sich unter drei Oberbegriffen zusammenfassen lassen, und zwar

(i) **Management von EDV-Abteilungen**,

(ii) **funktionelles Projektmanagement** der Software-Entwicklung und

(iii) **institutionelles Projektmanagement** der Software-Entwicklung.

Dr. Selig stellt die Gegenwart dar. Viele bemühen sich um Verbesserungen für die Zukunft. Um den komplexen Prozeß der Software-Entwicklung wirklich verbessern zu können, bedarf es der Kenntnis der gegenwärtigen Situation. Diese wird durch das Buch vermittelt.

Dr. Jürgen Selig war fünf Jahre lang wissenschaftlicher Mitarbeiter an meinem Lehrstuhl, seinerzeit an der Technischen Hochschule Darmstadt. Ich danke ihm herzlich für diese Jahre der produktiven Zusammenarbeit. Er hat dabei gezeigt,

- wie man komplexe empirische Forschungsprojekte strukturiert und zu einem anschaulichen Ergebnis führt,
- wie man eine umfassende Fülle empirischer Daten wissenschaftlich korrekt und gleichzeitig leserfreundlich auswerten kann und
- wie man wissenschaftliche Präzision mit praktischer Relevanz verbinden kann.

Der **Deutschen Forschungsgemeinschaft** sei dafür gedankt, daß sie dieses für Forschung, Lehre und Praxis wichtige empirische Projekt so wirkungsvoll unterstützt hat.

Kaiserslautern, Januar 1986

Prof. Dr. Heiner Müller-Merbach
Universität Kaiserslautern
Lehrstuhl für Operations Research

GLIEDERUNG

1. Einleitung

In den Unternehmen hat die Informationsverarbeitung mit Hilfe der elektronischen Datenverarbeitung (EDV) seit ihrer Einführung Ende der 50er Jahre und ihrem zunächst begrenzten Einsatz immer mehr an Bedeutung gewonnen. Daher wird jetzt in den 80er Jahren etwa von Reinermann (1981), Szyperski, Eschenröder (1983, mit Bezug auf umfangreiche Literatur) sowie Bullinger, Voegele und Litke (1983) Information als eine Ressource des Unternehmens und sogar als Produktionsfaktor angesehen. Bislang steht bei dem Einsatz der EDV zwar noch der erzielbare Produktivitätsfortschritt im Vordergrund, in Zukunft wird jedoch die Wettbewerbsfähigkeit der Unternehmen in einer zunehmend komplexeren und dynamischeren Umwelt immer mehr von der Güte der für Entscheidungen bereitgestellten Informationen abhängen.

Neben der Hardware (EDV-Anlage) ist für die Informationsversorgung in den Unternehmen die Software entscheidend und hier weniger die Systemsoftware als die Summe der Anwendungssysteme (im weiteren abgekürzt: AWS). Die AWS geben letztendlich dem Anwender die notwendigen Informationen in aufbereiteter Form an die Hand.

Die Fortschritte in der Hardware, die sich etwa in einer höheren Verarbeitungsgeschwindigkeit und in einem verbesserten Preis-Leistungs-Verhältnis ausdrücken, konnten bei der Software jedoch nicht nachvollzogen werden. Dies gilt auch für die AWS, deren Nutzung in den Unternehmen trotz großer Anstrengungen noch immer hinter den technologischen Möglichkeiten hinterherhinkt (vgl. etwa Hasenkamp 1983, S. 62). Das Schlagwort von der "Softwarekrise" machte seine Runde und ist bis heute nicht verstummt. Der Systementwicklungsprozeß von AWS (SE-Prozeß) war und ist gekennzeichnet durch lange Entwicklungszeiten, hohe Kosten, Überschreitungen von geplanten Termin- und Kostenzielen, und der geforderte Leistungsumfang und die Qualität der entwickelten AWS lassen zu wünschen übrig (vgl. etwa Gewald, Haake, Pfadler 1982, S. 16 ff.).

1.1 Problemstellung und Ziele der Untersuchung

Die Reaktion auf diese Schwierigkeiten bei der Entwicklung von AWS und auch allgemein von Software war die Herausbildung einer technischen Disziplin, die im anglo-amerikanischen Raum als Software Engineering bezeichnet wird. Durch Beachtung und Anwendung der Methoden und Techniken des Software Engineering sollen die Qualität der Software erhöht und die Produktivität ihrer Entwicklung gesteigert werden (vgl. End, Gotthardt, Winkelmann 1979, S. 20; Gewald, Haake, Pfadler 1982, S. 18).

Software Engineering wird in der Literatur recht unterschiedlich definiert. Bei Boehm (1981, S. 16) steht das zu erstellende Produkt im Vordergrund, wenn er sagt: "Software engineering is the application of science and mathematics by which the capabilities of computer equipment are made useful to man via computer programs, procedures and associated documentation".

In anderen Definitionen wird neben das zu erstellende Produkt der SE-Prozeß gestellt: "Software engineering may be defined as the systematic design and development of software products and the management of the software processes" (Mills 1980, S. 414). Da der SE-Prozeß in Form von Projekten abgewickelt wird, findet damit das Projektmanagement Eingang in Definitionen, und die Wartung der entwickelten AWS wird berücksichtigt wie etwa bei Gewald, Haake und Pfadler (1982, S. 26): "Unter Software Engineering (wird) die genaue Kenntnis und gezielte Anwendung von Prinzipien, Methoden und Werkzeugen für die Technik und das Management der Software-Entwicklung und -Wartung ... unter Berücksichtigung des jeweiligen ökonomisch-technischen Zielsystems verstanden." Einschränkend heißt es aber etwas weiter (S. 27): "Das Schwergewicht liegt dabei sicherlich auf der technischen Seite, Fragen des Managements spielen jedoch eine so gravierende Rolle, daß sie im Rahmen des Software Engineering mitbehandelt werden müssen." Die technische Schlagseite wird auch deutlich anhand der erstmals unter den Titel "Software Engineering" gestellten Tagungen in Garmisch 1968 (Naur, Randell 1969) und Rom 1969 (Buxton, Randell 1970), anhand des 1972 in München abgehaltenen "Advanced Course on Software Engineering" (Bauer 1973), aber auch durch den Inhalt einschlägiger Veröffentlichungen (vgl. etwa Wassermann 1976). Es ist daher Canning (1978, S. 1) zuzustimmen: "... many authors limit the subject to the activities of design and constructing software", wogegen Managementaspekte vernachlässigt werden.

Vor dem Hintergrund dieses Verständnisses wurde bisher schon eine Reihe empirischer Untersuchungen mit dem Ziel durchgeführt, die Existenz und Verbreitung bestimmter Methoden, Techniken und Werkzeuge des Software Engineering in der Praxis festzustellen und Erfahrungen mit deren Einsatz zu sammeln (vgl. etwa Holton 1977; Heinze et al. 1979; Löhn et al. 1979; Seibt, Wirtz 1981). So wurde auch im Rahmen einer von der Gesellschaft für Mathematik und Datenverarbeitung mbH Bonn (GMD) geleiteten Untersuchung von Abel et al. (1980) eine Erhebung begonnen, um eine "Bestandsaufnahme über die Methoden und Hilfsmittel für die Software-Produktion" (Abel et al. 1980, S. 13) vorzunehmen. Aufgrund erster Ergebnisse wurde der Schwerpunkt im Verlauf jedoch u.a. auf das Projektmanagement gelegt (Abel et al. 1980, S. 16). Ähnlich hatte auch schon Lehman (1979) bei seiner empirischen Arbeit in den USA mehr die Managementaspekte des SE-Prozesses in den Vordergrund gerückt.

Im Gegensatz zu den methodenorientierten Untersuchungen und bestätigt durch die Änderung der Untersuchungsrichtung bei Abel et al. (1980) erschien es notwendig und reizvoll, eine empirische Untersuchung von vornherein auf die organisatorische Gestaltung des SE-Prozesses und dessen Management in Form von EDV-Projekten auszurichten. Denn die bisherigen Ansätze reichen noch nicht aus, das Defizit an empirischem Wissen in diesen Fragen auszugleichen. Und nach der bisher vorherrschenden Betonung der technischen Aspekte des Software Engineering bestand und besteht die Überzeugung, daß der Schlüssel für eine erfolgreichere Entwicklung von AWS in den Unternehmen hauptsächlich in der organisatorischen Gestaltung des SE-Prozesses und in dem EDV-Projektmanagement liegt. Berücksichtigt werden sollte dabei weiterhin das organisatorische und personelle Umfeld, in denen SE-Prozesse in den Unternehmen eingebettet sind (vgl. Selig 1984, S. 213).

Die Notwendigkeit, bei der empirischen Untersuchung des SE-Prozesses auch das Projektmanagement und das organisatorische und personelle Umfeld zu berücksichtigen, wird durch die Anfang der 70er Jahre aufgeworfenen Probleme bei der Gestaltung und organisatorischen Implementierung von Management-Informations-Systemen (MIS) verdeutlicht. Durch empirische Forschung wurden dort Faktoren für den Erfolg von MIS-Projekten herausgearbeitet und detailliert bewertet, die gerade in dem organisatorischen und personellen Umfeld angesiedelt sind. Anregungen wurden für die eigene Untersuchung von Szyperski, Meller und Rölle (1972), Powers und Dickson (1973), Mans (1973), Köhler und Heinzelbecker (1977) sowie Ives und Olson (1984) übernommen.

Weiterhin wird im Bereich des Operations Research im Rahmen der Implementationsforschung eine intensive, durch empirische Forschung unterstützte Debatte um die organisatorische Gestaltung des OR-Prozesses geführt. Daher wurde parallel zum SE-Prozeß von Möser (1986) der Prozeß der Entwicklung von Planungsmodellen im Sinne des Operations Research (OR-Prozeß) empirisch untersucht, da eine gegenseitige Anregung der beiden Untersuchungen zu erwarten war.

Aufbauend auf diesen skizzierten Ansätzen wurde die vorliegende empirische Untersuchung begonnen und auf folgende <u>Ziele</u> ausgerichtet (vgl. Möser, Selig 1981, S. 4):

- In Form einer Faktenerhebung soll das empirische Wissen über
  - die in der Praxis bei SE-Prozessen auftretenden Probleme,
  - das organisatorische und personelle Umfeld, in dem SE-Prozesse in den Unternehmen stattfinden,
  - die praktizierten Ansätze zum Management der SE-Prozesse etwa in Form von EDV-Projekten

  verbreitert werden.

- In Verbindung mit der Faktenerhebung sollen Erfahrungen (Erfolge, Schwierigkeiten) erfragt, klassifiziert und zusammengefaßt sowie Zusammenhänge zwischen erhobenen Fakten (Merkmalen) untersucht werden, um daraus soweit möglich Schlüsse auf geeignete und ungeeignete Vorgehensweisen ziehen zu können.

- Aufbauend auf der Faktenerhebung, den aufgenommenen Erfahrungen und entdeckten Zusammenhängen zwischen den Merkmalen sollen in Verbindung mit den in der Literatur vertretenen Positionen Vergleiche vorgenommen, Defizite in der Praxis aufgezeigt und, soweit empirisch begründbar, Gestaltungsempfehlungen dargestellt werden.

1.2 Methodische Einordnung der Untersuchung

Durch die Arbeiten von Witte (1968a; 1968b) ist die empirische Forschung in der deutschen Betriebswirtschaftslehre entscheidend angestoßen und in der Methodik geprägt worden. In der methodischen Konzeption fühlt sich Witte dem kritischen Rationalismus verpflichtet, und dementsprechend soll die empirische Forschung eingesetzt werden. Nach dem kritischen Rationalismus werden auf der Grundlage von Theorien Hypothesen abgeleitet und deren Wahrheitsgehalt an der Realität statistisch abgesichert geprüft (vgl. Witte 1974, Sp. 1270; einschränkend Sp. 1265). Die auf diese Weise gesicherten allgemeinen Aussagen wachsen dem Erkenntnisstand einer wissenschaftlichen Disziplin zu und können dann zu Gestaltungsempfehlungen herangezogen werden (vgl. Witte 1974, Sp. 1274). Der empirischen Forschung fällt dabei die Aufgabe zu, die Hypothesen möglichst präzise und operational zu formulieren, die Variablen zu bilden und die Daten zu erheben und schließlich auszuwerten (vgl. Witte 1980a, Sp. 614 ff.). Nach Kubicek (1977, S. 6) wird damit eine prüfungsorientierte Strategie empirischer Forschung verfolgt. Witte (1974, Sp. 1275) schränkt allerdings ein, daß die empirische betriebswirtschaftliche Forschung noch vor der Schwierigkeit steht, daß sie sich erst "im Anfangsstadium der Theoriebildung (befindet) und .. doch immer wieder unter den hohen Ansprüchen beurteilt (wird), die von älteren Wissenschaften bereits erfüllt werden."

Gerade an diesem zentralen Punkt greift Schanz (1975a; 1975b; 1977a; 1977b) die empirischen Arbeiten von Witte und seinen Schülern an und wirft ihnen vor, nur "scheinbar" (Schanz 1975a, S. 308) dieser methodischen Konzeption zu folgen. Vielmehr würden lediglich ad-hoc-Hypothesen ohne Theoriezusammenhang aufgestellt, die Faktenerhebung bleibe im Deskriptiven stecken und die statistischen Testverfahren würden nahezu um ihrer selbst willen verwendet (vgl. Schanz 1975a, S. 324). Da an die Stelle einer verworfenen ad-hoc-Hypothese lediglich die nächste trete und mit der Widerlegung einer solchen Aussage keine allgemeine Theorie getroffen werde, führe der gesamte Prozeß zu einer Stagnation des wissenschaftlichen Fortschritts (vgl. Schanz 1977b, S. 66 ff.).

Alternativ sollte dagegen zur Hypothesendeduktion in der Betriebswirtschaftslehre auf allgemeine Theorien der Sozialwissenschaften zurückgegriffen werden (vgl. Schanz 1977b, S. 69 ff.). Dieser Kritik entgegnen jedoch Witte, Grün und Bronner (1975, S. 797), daß "diese ahnungslose Hoffnung" leider gedämpft werden müsse, denn "unsere sozialwissenschaftlichen Kollegen ... stehen vor den gleichen Forschungsproblemen wie wir. Bei nüchterner Betrachtung verfügt weder die eine noch die andere Seite über tragfähige Theorien höheren Niveaus. In dieser Forschungssituation ist es wenig ausssichtsreich, ungelöste Probleme über die Fachgrenzen verschieben zu wollen." Von Schanz (1975b, S. 803) zwar bestritten, besteht bei Wossidlo (1976, S. 476), Köhler (1977, S. 306 ff.) und Witte (1977, S. 272 f.) doch Konsens, daß bei vielen betriebswirtschaftlichen Fragestellungen gegenwärtig noch keine tragfähigen Theorien als Basis für die empirische Forschung zur Verfügung stehen.

Hält man weiterhin die strengen Maßstäbe des kritischen Rationalismus aufrecht, dürfte demnach konsequenterweise keine empirische Forschung geleistet werden, bis in der Betriebswirtschaftslehre entsprechende Theoriesysteme ausgebildet sind. Wie schon eingangs unter Bezug auf Witte (1974, Sp. 1275) angedeutet wurde, hat sich aber nach heftigen Diskussionen (vgl. Köhler 1977) die Ansicht durchgesetzt, daß der kritische Rationalismus primär auf die Erfordernisse der Naturwissenschaften ausgerichtet ist, wo es darum geht, bestehende Theorien auf ihren Wahrheitsgehalt zu prüfen. Dagegen wird der Prozeß der Aufstellung theoriegeleiteter Hypothesen (der sog. Entdeckungszusammenhang; vgl. Kubicek 1975, S. 38 f.; 1977, S. 10 ff.), der für die Betriebswirtschaftslehre als junge anwendungsorientierte Sozialwissenschaft weitgehend noch zu leisten ist, von dem kritischen Rationalismus vernachlässigt. Der Entdeckungszusammenhang kann aber gerade durch empirisches Arbeiten wirkungsvoll unterstützt werden, da auf diesem Weg detaillierte Kenntnisse über das Forschungsobjekt erworben werden können.

Basierend auf diesen Gedanken und geleitet durch ein betont anwendungs- und gestaltungsorientiertes Verständnis der Betriebswirtschaftslehre lehnt Ulrich (1981; 1982) den kritischen Rationalismus als wissenschaftstheoretische Grundlage für die Betriebswirtschaftslehre daher gänzlich ab. Die empirische Forschung sei in den angewandten Wissenschaften dann nicht auf die Prüfung von Hypothesen, sondern auf die "Erfassung typischer Probleme der Praxis und der Prüfung der von ihr entwickelten Gestaltungsmodelle im Anwendungszusammenhang ausgerichtet" (Ulrich 1981, S. 7).

Aus der Möglichkeit bzw. Notwendigkeit mit Hilfe der empirischen Forschung den Entdeckungszusammenhang von theoriegeleiteten Hypothesen herzustellen, formuliert Kubicek (1977, S. 12) Ansätze einer "Konstruktionsstrategie empirischer Forschung". Diese ist durch den Einsatz theoretischer, konzeptioneller Bezugsrahmen zur Ordnung des vorhandenen Vorwissens über das Forschungsobjekt und damit zur Steuerung des darauf aufbauenden Forschungsprozesses (vgl. Kirsch 1971, S. 241 ff.) gekennzeichnet und soll auf diesem Weg zur Entwicklung von Theorien hinführen.

Einen Hinweis, daß diese Form der empirischen Forschung dem derzeitigen Stand der Forschung in der Betriebswirtschaftslehre angemessen ist, liefern beispielsweise die empirischen Untersuchungen von Budde (1979) und Golling (1980) über die Organisationsstruktur von Investitionsentscheidungen sowie zur Planung unter Unsicherheit, die von ähnlichen methodischen Überlegungen geleitet sind.

Mit der vorliegenden empirischen Untersuchung soll daher ein Beitrag zur <u>Sammlung von Erfahrungswissen über die organisatorische Gestaltung des SE-Prozesses und dessen Management in Form von EDV-Projekten</u> in deutschen Unternehmen geleistet werden. Schon im Rahmen der Problemstellung dieser Arbeit wurde auf das dort vorhandene Wissensdefizit aufgrund der technischen Ausrichtung des Software Engineering hingewiesen. Damit ist die Arbeit auf den <u>Entdeckungszusammenhang</u> ausgerichtet. Gleichzeitig können im Sinne von Ulrich (1981) auch Probleme der Praxis aufgezeigt und vorgefundene Gestaltungsansätze geprüft werden. Zur Verdeutlichung des Untersuchungsdesigns soll zunächst der zugrundegelegte konzeptionelle Bezugsrahmen vorgestellt werden.

1.3 Erarbeitung eines konzeptionellen Bezugsrahmens

Aus der Notwendigkeit, in den SE-Prozeß auch das organisatorische und personelle Umfeld in den Unternehmen in die Untersuchung mit einzubeziehen (vgl. Abschnitt 1.1), ist es naheliegend und sinnvoll, auf das Grundmodell des situativen Ansatzes den konzeptionellen Bezugsrahmen aufzubauen. Nach dem situativen Ansatz können für die Erklärung und Gestaltung formaler Organisationsstrukturen keine generellen Überlegungen und Regelungen herangezogen werden, vielmehr sind jeweils unterschiedliche Einflußfaktoren (sog. Kontextfaktoren oder situative Faktoren) mit ihren jeweiligen Ausprägungen zu berücksichtigen (vgl. Staehle 1973; Staehle 1976; Kieser, Kubicek 1978, S. 105; Kieser, Kubicek 1983, S. 46). Die Kontextfaktoren und die Merkmale der Organisationsstruktur setzen den Rahmen für das Verhalten der Mitarbeiter des Unternehmens und bedingen insgesamt die Effizienz des Unternehmens. Diese empirisch zu ermittelnden Zusammenhänge sind in Anlehnung an Kieser und Kubicek (1978) in Abb. 1-1 dargestellt.

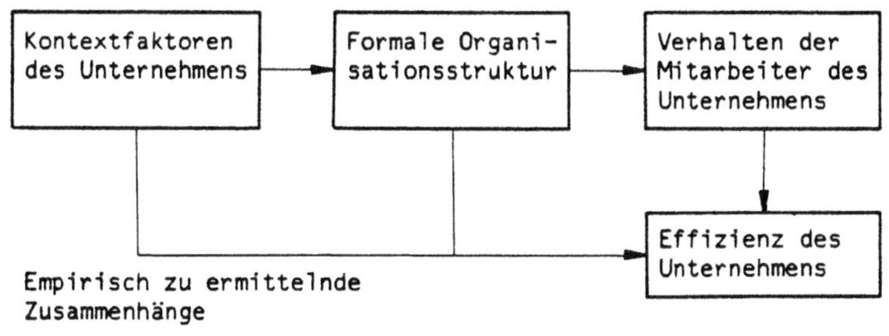

Abb. 1-1: Bezugsrahmen des situativen Ansatzes (in Anlehnung an Kieser, Kubicek 1978, S. 112)

Für die vorliegende Untersuchung wurde dieses Grundmodell in drei Richtungen weiterentwickelt (vgl. auch Wollnik 1980, Sp. 613) und der durchgeführten Pilotuntersuchung (zum zeitlichen Ablauf vgl. Abschnitt 1.4) zugrundegelegt (vgl. Selig 1982, S. 655 f.):

Es wurde eine

- Spezialisierung vorgenommen, indem die Betrachtung auf das Subsysstem EDV-Organisation abgestimmt und die formale Organisationsstruktur des Unternehmens als Kontextfaktor eingeordnet wurde,
- Prozeßorientierung ausgebildet, da erst in einem ablaufenden SE-Prozeß die Abgestimmtheit, d.h. Zweckmäßigkeit und Effizienz von organisatorischen Maßnahmen sowie das daraus resultierende Verhalten der Beteiligten zu beurteilen ist,
- Rückkopplung eingebaut, weil infolge von Erfahrungen während des SE-Prozesses entweder Zufriedenheit mit der derzeitigen Organisation und dem aufgetretenen Verhalten herrscht, wovon Stabilisierungstendenzen ausgehen, oder im entgegengesetzten Fall Änderungsbestrebungen ausgelöst werden (vgl. Welge, Fessmann 1980, Sp. 590; Uebele 1980, S. 88).

Basierend auf den inhaltlichen und methodischen Ergebnissen der Pilotuntersuchung (vgl. Möser, Selig 1981) wurde der so erweiterte erste Bezugsrahmen nochmals überarbeitet und in der in Abb. 1-2 wiedergegebenen Form für die Hauptuntersuchung verwendet. Zum besseren Verständnis sind einige Erläuterungen und Bemerkungen notwendig (vgl. im folgenden auch Selig 1982, S. 656).

Ausgangspunkt der Betrachtungen ist der SE-Prozeß. Auf ihn wirken als Einflußfaktoren die EDV-Organisation (insbesondere das EDV-Projektmanagement) und das

Verhalten der am SE-Prozeß Beteiligten. Beispielhaft für Verhaltensmerkmale sind die Verwendung formaler Regelungen zum SE-Prozeß, Konflikte zwischen den Beteiligten und die Anwendereinbeziehung in den SE-Prozeß zu nennen.

Bei der EDV-Organisation ist eine Dreiteilung in EDV-Funktion, funktionelles Projektmanagement und institutionelles Projektmanagement angebracht. Diese Merkmale üben nicht nur direkt einen Einfluß auf den SE-Prozeß aus, sondern auch indirekt über eine Verhaltenskanalisierung (vgl. Schanz 1981) der am Projekt Beteiligten. Der Begriff EDV-Funktion wird hier verstanden als "interfunktionaler Querschnittsbereich" (Hanssmann 1982, S. 399) ähnlich etwa der Unternehmensplanung. Dieser ist nicht nur auf die EDV-Abteilung(en) beschränkt, sondern umfaßt darüber hinaus auch die Unternehmensführung und die Anwender in den Fachbereichen, soweit diese am SE-Prozeß direkt oder indirekt beteiligt sind. Im wesentlichen werden aber Merkmale der EDV-Abteilung(en) subsumiert wie deren Größe, organisatorische Eingliederung und Aufbauorganisation. Mit den Ausschüssen zur Koordination der EDV-Funktion und der EDV-Planung wird die Perspektive auf das gesamte Unternehmen erweitert.

Aufgrund der Literatur und der durchgeführten Pilotuntersuchung war bekannt, daß der SE-Prozeß, soweit er einen gewissen Umfang übersteigt, in der Form von Projekten abgewickelt wird. Die daraus auf den SE-Prozeß wirkenden Einflußfaktoren können in Anlehnung an Zogg (1974, S. 172 f.) in das funktionelle und institutionelle Projektmanagement unterteilt werden. Unter dem funktionellen Projektmanagement werden die "dispositiven, projektbezogenen Aufgaben" der Projektplanung, -kontrolle und -steuerung sowie die damit in Verbindung stehenden Aufgaben der Projektinitiierung, Wirtschaftlichkeitsanalyse und Projektgenehmigung zusammengefaßt. Ein Einfluß auf die Gestaltung des SE-Prozesses ist ferner von Phasenkonzepten zu erwarten, die zusammen mit anderen Regelungen in EDV-Handbüchern zusammengefaßt sind und die Projektplanung und -kontrolle unterstützen. Das institutionelle Projektmanagement umfaßt dann die Träger dispositiver projektbezogener Aufgaben. So sind Einflüsse des Projektteams u.a. in seiner Größe und Struktur sowie des Projektleiters mit seinen Kompetenzen auf den SE-Prozeß anzunehmen.

Diese vorgestellten und als relevant erachteten Merkmale der EDV-Organisation bilden dann auch gleichzeitig den Rahmen und die Struktur für die Darstellung der empirischen Ergebnisse in der folgenden Arbeit.

Die gesamte EDV-Organisation wird wiederum von der Unternehmensumwelt und den allgemeinen Unternehmensmerkmalen wie der Größe, Branche und Organisationsform determiniert.

Die zahlreichen im SE-Prozeß verknüpften Struktur- und Verhaltensmerkmale bestimmen letztendlich die Effizienz des SE-Prozesses. Daher ist eine Messung der

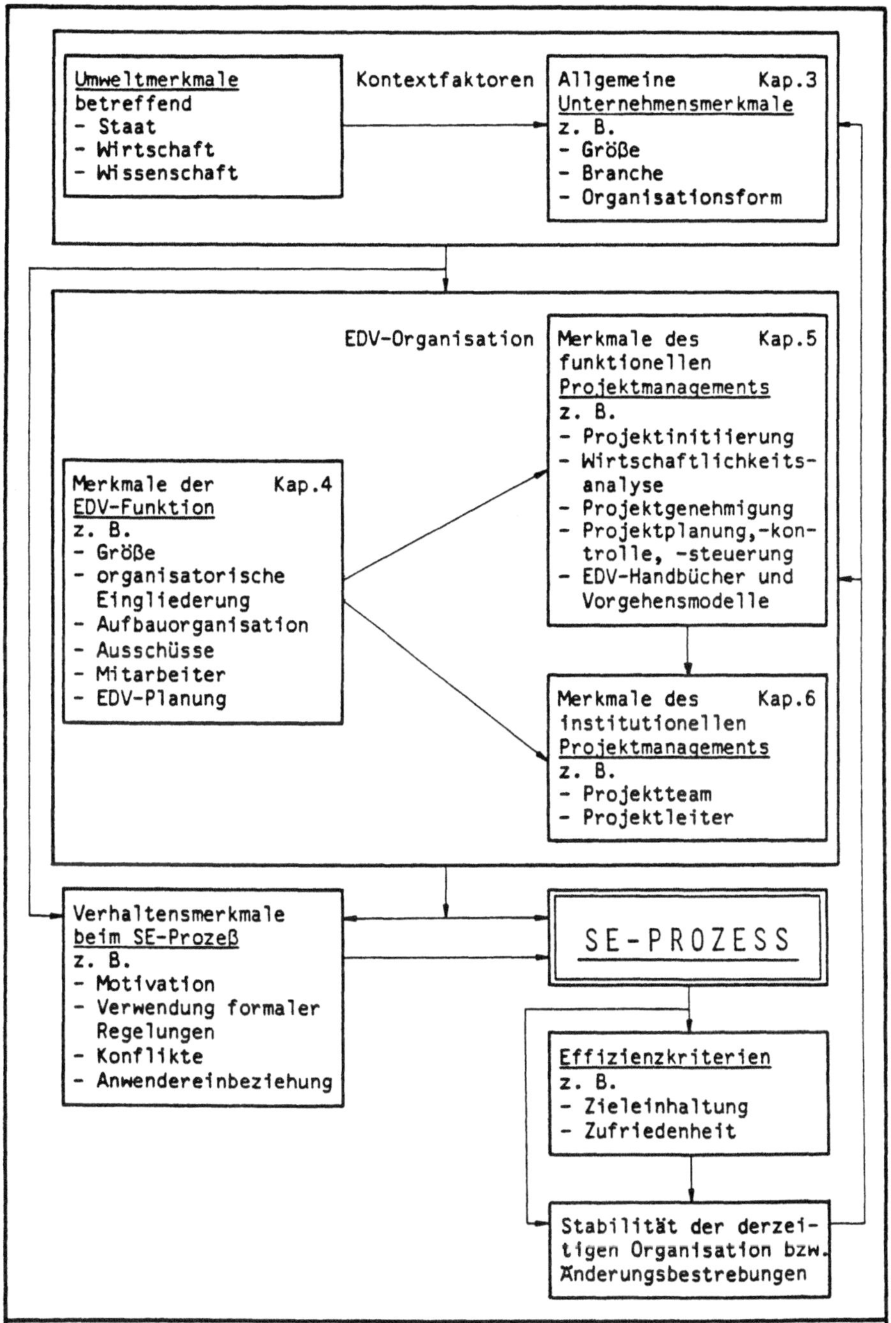

Abb. 1-2: Allgemeiner konzeptioneller Bezugsrahmen für die empirische Untersuchung des SE-Prozesses

Effizienz notwendig, weil allein dadurch eine über den Einzelfall hinausgehende Beurteilung vorgefundener organisatorischer Zustände und eine Begründung von Gestaltungsempfehlungen möglich ist. Dem stellen sich jedoch zwei Hindernisse in den Weg. Zum einen wird die Messung aufgrund der zahlreichen Einflußfaktoren und ihrer teilweise gegenläufigen Wirkung erschwert. Zum zweiten, und das ist entscheidender, ist eine direkte Messung der Effizienz nicht möglich. Für die umfassende Effizienzbewertung eines so komplexen Phänomens wie den SE-Prozeß müßte vielmehr eine große Anzahl unterschiedlicher Effizienzmerkmale wie Produktivität, Qualität, Zufriedenheit, Wirtschaftlichkeit, etc. (vgl. Gzuk 1975; Thom 1976; Grabatin 1980) herangezogen werden. Dies ist jedoch nur in einer die Effizienz in den Mittelpunkt stellenden Arbeit zu leisten. Im Hinblick auf die vorliegende Untersuchung wurden von Delpho (1982) zwar auch zahlreiche speziell auf den SE-Prozeß zugeschnittene Effizienzmerkmale entwickelt und zusammengestellt, deren Messung jedoch den Rahmen der Untersuchung gesprengt hätte. Es mußte somit eine Auswahl vorgenommen werden. Da SE-Prozesse in den Unternehmen in Form von EDV-Projekten organisatorisch abgewickelt werden und dafür entsprechende Planungen und Zielvorgaben zu leisten sind, wurde in der vorliegenden Untersuchung die Einhaltung bzw. Verfehlung der gesetzten Termin-, Kosten- und Leistungsziele im wesentlichen als Effizienzmerkmal herangezogen (vgl. Abschnitt 3.3).

1.4 Verlauf der Untersuchung

Das Doppelprojekt der empirischen Untersuchung des OR-Prozesses (Möser 1986) und des SE-Prozesses begann im Frühjahr 1980. Basierend auf einer Literaturanalyse wurde der erste, vorläufige konzeptionelle Bezugsrahmen aufgebaut und eine Pilotuntersuchung im Winter 1980/81 durchgeführt, deren Ergebnisse bei Möser und Selig (1981), Selig (1982) und Möser (1982) dokumentiert sind. Gestützt auf diese Ergebnisse und Erfahrungen sowie nach einer vertieften Literaturanalyse (u.a. Delpho 1982) wurden der vorgestellte Bezugsrahmen entwickelt und die Hauptuntersuchung in Form halbstandardisierter Interviews (bzgl. des SE-Prozesses in 36 Unternehmen) im Frühjahr 1982 gestartet und im Herbst des gleichen Jahres abgeschlossen. Begleitet wurde die Erhebung durch zwei in Form von Studien- bzw. Diplomarbeiten durchgeführte Einzelfallstudien (Verlemann 1982; Kräuter 1983).

Nach der Aufbereitung der Interviews wurde die umfangreiche Strukturierungsarbeit der erhaltenen Antworten in den Studien- und Diplomarbeiten von Krause (1983), Hamann (1983), Pfeiffer (1983), Soebandi (1984) und Brill (1984) geleistet. Die anschließende auf den Entdeckungszusammenhang ausgerichtete statistische Analyse wurde unterstützt durch die Arbeiten von Diefenbach (1984) und Runkel (1984).

Parallel zu der Interviewauswertung wurde eine Dokumentenanalyse der von den Unternehmen überlassenen EDV-Handbücher von Degen (1983), Doose (1983) und Harting (1983) vorbereitet und schließlich von Breiter (1983) und Jovy (1984) durchgeführt.

Erste Ergebnisse der Hauptuntersuchung sind bereits bei Möser (1984) und Selig (1984) veröffentlicht worden.

1.5 Aufbau der Arbeit

Der Aufbau der vorliegenden Arbeit ist im wesentlichen durch den in Abb. 1-2 vorgestellten konzeptionellen Bezugsrahmen geprägt. Nach der Vorstellung der eingesetzten Erhebungsmethoden und der Überlegungen, die der Auswahl der Unternehmen und der Interviewpartner zugrunde liegen (Kapitel 2), werden in Kapitel 3 die allgemeinen Unternehmensmerkmale sowie die Merkmale der Interviewpartner deskriptiv dargestellt und die im Rahmen der Arbeit verwendeten Effizienzmerkmale entwickelt.

Entsprechend des Bezugsrahmens (vgl. Abb. 1-2) werden in Kapitel 4 die Merkmale der EDV-Funktion vorgestellt, wobei die Eingliederung und Aufbauorganisation der EDV-Abteilung(en) sowie abschließend die EDV-Planung breiteren Raum einnehmen. Das funktionelle Projektmanagement wird in Kapitel 5 analysiert. Hier sei besonders auf die Wirtschaftlichkeitsanalyse, die Projektplanung, -kontrolle und -steuerung sowie auf Vorgehensmodelle in Form von Phasenkonzepten hingewiesen. In Kapitel 6 schließt sich dann das institutionelle Projektmanagement an. Neben dem Projektteam werden vor allem die Kompetenzen des Projektleiters untersucht, um anhand derer die verwendeten Projektorganisationsformen zu klären. Im Rahmen des institutionellen Projektmanagements werden dann noch die bei SE-Prozessen auftretenden Konflikte sowie die Anwendereinbeziehung in den SE-Prozeß eingehend betrachtet. Mit einer Zusammenfassung in Kapitel 7 wird die Arbeit abgeschlossen.

Innerhalb der einzelnen Abschnitte der Kapitel wird zur besseren Einordnung der empirischen Ergebnisse ein Überblick über den Stand der Literatur vermittelt. Anschließend werden die gewonnenen empirischen Ergebnisse mit den in der Literatur vertretenen Meinungen und anderen empirischen Untersuchungen verglichen. Breiteren Raum nehmen schließlich noch zwischen den erhobenen Merkmalen herausgearbeitete statistische Zusammenhänge ein. Soweit durch die empirischen Ergebnisse begründbar, werden dann Gestaltungsempfehlungen ausgesprochen.

2. Auswahl der Erhebungsmethoden, Unternehmen und Interviewpartner

Mit der vorliegenden Arbeit soll ein Beitrag zur Sammlung von Erfahrungswissen über die organisatorische Gestaltung des SE-Prozesses und dessen Management in Form von EDV-Projekten in deutschen Unternehmen geleistet werden (vgl. Kapitel 1). Aufbauend auf einer Faktenerhebung und den aufgenommenen Problemen und Erfahrungen der Praxis sollen Zusammenhänge und Defizite aufgezeigt und soweit ableitbar Gestaltungsempfehlungen vorgestellt werden. Aus dem Methodenspektrum der empirischen Sozialforschung waren nun diesen Inhalten und Zielen angemessene Erhebungsmethoden auszuwählen (Abschnitt 2.1). Weiterhin mußten Unternehmen und Interviewpartner bestimmt werden (Abschnitt 2.2), von denen zu erwarten war, daß ein ausreichender Erfahrungsschatz bei der Entwicklung von AWS und der Bewältigung der dabei auftretenden Probleme besteht. Die der Untersuchung zugrundegelegten Überlegungen seien im folgenden verdeutlicht.

2.1 Auswahl und Einsatz der Erhebungsmethoden

Im Mittelpunkt der vorliegenden Untersuchung steht die mündliche Befragung (Abschnitt 2.1.1). Für Teilbereiche konnten Ergebnisse einer Dokumentenanalyse der EDV-Handbücher einbezogen werden (Abschnitt 2.1.2). Daneben wurden mit Hilfe von Fallstudien (Abschnitt 2.1.3) Informationen gewonnen und die in den Interviews erhaltenen Ergebnisse kritisch reflektiert.

2.1.1 Befragung durch mündliches Interview

Bei jeder Befragung stellt sich die Aufgabe, die Vor- und Nachteile der schriftlichen gegen die mündliche Befragung abzuwägen. Bei einer Entscheidung zugunsten der mündlichen Befragung ist die Form der Frage, d.h. offene oder geschlossene Frage, festzulegen.

Den Vorteilen der schriftlichen Befragung, daß
- die Kosten niedriger sind,
- ein größerer Personenkreis erreicht wird,
- der Interviewer als Fehlerquelle wegfällt,
- eine größere Anonymität besteht,
- der zeitliche Druck wegfällt und daraus im allgemeinen eine höhere Antwortbereitschaft resultiert,

stehen die Nachteile gegenüber, daß
- die Rücklaufquote geringer ist,
- eine unkontrollierte Befragungssituation entsteht,

- Klärungsmöglichkeiten von Mißverständnissen verhindert werden und deshalb
- nur einfache Fragen für einfache Tatbestände gestellt werden können und
- die stimulierende Wirkung der Anwesenheit des Interviewers wegfällt

(vgl. etwa Scheuch 1973, S. 124 f.; Atteslander 1975, S. 116 f.; Wilk 1975, S. 187 f.; Selltiz et al. 1972, S. 13 ff.).

Da der Schwerpunkt der vorliegenden Untersuchung auf den Entdeckungszusammenhang und weniger auf die Repräsentativität der Ergebnisse gelegt wird, fallen die Vorteile der schriftlichen Befragung weniger ins Gewicht, während die Nachteile geradezu eine schriftliche Befragung in Anbetracht des Untersuchungsgegenstandes verbieten:

- Der größeren Anonymität ist bei der Befragung von Experten, die in ihrem Unternehmen oder auch darüber hinaus gewohnt sind, ihre Meinung zu vertreten keine besondere Bedeutung beizumessen; selbstverständlich wird in der Untersuchung auf die Anonymität Wert gelegt und wurde in den Interviews sowohl intern im Unternehmen als auch extern zugesichert.

- Aus der im Bezugsrahmen abgesteckten Untersuchungsbreite und dem Bemühen, Sachverhalte trotzdem möglichst detailliert aufzunehmen, ergab sich eine Vielzahl von Haupt- und Zusatzfragen. Eine daher notwendige, umfassende Informationsbereitschaft wäre in einer anonymen Beziehung zwischen Befrager und Befragten nicht zu erwarten gewesen, wodurch mit einer geringen Rücklaufquote zu rechnen gewesen wäre. Dies bestätigte sich durch mehrfache Hinweise der Interviewpartner, daß ein derart umfassender Fragenkatalog bei postalischer Zusendung unbeantwortet geblieben wäre.

- Außerdem ist in einem jungen und in der permanenten Wandlung begriffenen Untersuchungsgebiet wie der EDV und dessen Management mit Mißverständnissen und Unklarheiten bedingt durch synonym und homonym verwendete Begriffe zu rechnen. In der Erhebung konnte dem durch Klärung im Interview Rechnung getragen werden.

- Weiterhin erwies sich für die Beantwortung einzelner Fragen die Anwesenheit des Interviewers als unverzichtbar. Dadurch, daß die Relevanz bestimmter Fragen erklärt wurde, konnte die Motivation zur Beantwortung wesentlich erhöht sowie Hilfe zur Beantwortung angeboten werden. Andererseits wurde auf spekulative Antworten verzichtet, oder diese wurden als solche gekennzeichnet.

Die mündliche Befragung ist demnach für die Untersuchung des SE-Prozesses als angemessen zu bewerten. Darüber hinaus sollten aber auch Vorteile für die Interviewpartner, vor allem wenn es sich wie hier um Experten handelt, beachtet werden. Wie die Interviewpartner berichteten, werden die EDV-Abteilungen übermäßig mit schriftlichen Fragebögen belastet, die, wenn überhaupt, "lustlos" beantwortet würden. Damit sinken selbverständlich die Anwortbereitschaft, die Qualität der Ergebnisse und die Aufgeschlossenheit gegenüber empirischen Untersuchungen. Die Interviewsituation wurde dagegen positiv beurteilt, da allein aus der Reflektierung und Bewußtmachung bestimmter Sachverhalte durch den Befragten selbst neue Einsichten und Anregungen gewonnen worden wären. Mit der Zusage zum Interview wäre man endlich gezwungen gewesen, im Tagesgeschäft verdrängte, eher strategische Überlegungen wieder oder erstmals aufzugreifen.

Die mündliche Befragung wurde in Form halbstandardisierter Interviews vorgenommen, bei der "kein absolut gültiger und ausschließlicher Fragebogen" verwendet wird, sondern ein "flexibel aufgebautes und anzuwendendes Frageschema" (Atteslander 1975, S. 91). Damit bestand die Möglichkeit, unverstandene Fragen zu klären, Nebenfragen aufzunehmen und auch evtl. Fragen umzuformulieren und zu einem früheren oder späteren Zeitpunkt im Interview zu stellen, auch wenn diese Möglichkeiten restriktiv eingesetzt wurden. Die Interviews wurden durch den Autor persönlich durchgeführt und während der meisten Interviews durch den Autor der Paralleluntersuchung (Möser 1986) kontrolliert und unterstützt. Dadurch sollten Verzerrungen der Interviewergebnisse begrenzt werden. Andererseits konnten einzelne Fragen in interessant erscheinenden Fällen vertieft untersucht werden. Damit eröffnet sich die Chance, bemerkenswerte instruktive Lösungen zu einzelnen Problemen in der folgenden Arbeit eingehender darzustellen.

In der empirischen Sozialforschung wird als Frageform zwischen der geschlossenen Frage, gekennzeichnet durch vorgegebene Antwortmöglichkeiten, und der offenen Frage unterschieden. In dieser Untersuchung wurde bei den hauptsächlich eingesetzten Wissensfragen die offene Frageformulierung verwendet und nur in Ausnahmen und bei Wertungsfragen die geschlossene Frage in Form von Rating-Skalen benutzt. Der Befragte konnte dann z.B. als Antwortmöglichkeit ankreuzen: "sehr wichtig", "wichtig", "relativ wichtig", "nicht so wichtig", "unwichtig".

Die offene Frage verlangt von dem Befragten, sich an etwas zu erinnern, während bei der geschlossenen Frage lediglich etwas wiederzuerkennen ist (vgl. etwa Atteslander 1975, S. 104). Durch die hauptsächlich verwendete offene Frageform wurde zwar die Auswertung erschwert, so daß die Strukturierung der Antworten einen umfangreichen Raum in dem Forschungsprojekt einnahm, doch werden "Verzerrungen der Antworten durch vorgefaßte Meinungen des Forschers vermieden", die "Möglichkeit überraschender Einsichten (wird) vergrößert und ein vollständigeres Bild des Befragten erhalten" (Scheuch 1973, S. 84). Wesentlich für die Untersuchung war auch, daß "offene Fragen sich gewissermaßen selbst kontrollieren, d.h. daß man aus den Antworten eine eventuelle Überforderung des Befragten oder mangelnde Eindeutigkeit ablesen kann". Damit eignet sich die offene Frage vorzüglich zur Exploration eines Sachverhalts (Scheuch 1973, S. 86). Außerdem ist diese Frageform der Befragung von Experten angemessen, da ihnen der Eindruck vermittelt wird, daß ihr Urteil als wichtig und originär aufgenommen wird (vgl. auch Atteslander 1975, S. 104).

Negativ wirkt neben der erschwerten Auswertung, daß die Qualität der Ergebnisse von dem Interviewer abhängt. Mit der Durchführung der Interviews durch den Autor persönlich und die Ergänzung und Kontrolle durch den Autor der Paralleluntersuchung sollte diese Fehlerquelle möglichst eingedämmt werden.

2.1.2 Dokumentenanalyse

Neben den mündlichen Interviews wurde für einen Teil der Datenerhebung eine Dokumentenanalyse eingesetzt. Sie erstreckte sich auf die während der Interviews erhaltenen Handbücher der Unternehmen über die angestrebte Vorgehensweise beim SE-Prozeß. Diese im folgenden als EDV-Handbücher bezeichneten Dokumente enthalten als Kern ein Vorgehensmodell, genannt Phasenkonzept, das bei der Systementwicklung als Hilfsmittel angeboten oder auch vorgeschrieben wird. Das Vorgehensmodell kann angereichert sein mit Richtlinien über das institutionelle und funktionelle Projektmanagement sowie Vorschriften bzw. Hinweise auf einzusetzende bzw. einsetzbare Methoden zum Systementwurf, zur Programmierung, Dokumentation, etc.

Generell werden die EDV-Handbücher in dieser Untersuchung als Soll-Vorgehensweisen für die Entwicklung von AWS betrachtet. Dem steht die mündliche Befragung gegenüber, die der Ist-Situation wesentlich näher kommen dürfte. Ergebnisse der Dokumentenanalyse der EDV-Handbücher sind daher im folgenden immer als solche gekennzeichnet und evtl. ergänzend zu den Ergebnissen der Befragung oder als allein zur Verfügung stehendes Datenmaterial dargestellt.

Die bis zu 1300 Seiten umfassenden EDV-Handbücher wurden in 5 vom Autor betreuten Studien- und Diplomarbeiten analysiert (siehe Kapitel 1). Ziel der ersten 3 Arbeiten (vgl. Degen 1983; Doose 1983; Harting 1983) war es, zunächst unter Sichtung des Materials eine Abgrenzung der zu analysierenden Dokumente, eine Festlegung der Hauptkategorien und Unterkategorien der Analyse vorzunehmen sowie die Durchführbarkeit der Analyse nachzuweisen (zur Durchführung einer Dokumentenanalyse vgl. etwa Atteslander 1975, S. 78 ff.). Die Aufgabe bestand also darin, ein Konzept zu entwerfen und zu testen, mit dessen Hilfe die EDV-Handbücher quasi gefiltert und sortiert werden, so daß anschließend in jedem Feld vergleichbare Elemente enthalten sind. Von Breiter (1983) wurden dann die EDV-Handbücher sortiert und beurteilt. Anschließend konnten die Inhalte der einzelnen Elemente von Jovy (1984) untersucht und verglichen werden.

Das Analysekonzept wurde top-down in neun Hauptkategorien aufgeteilt, die nochmals eine dem Umfang und der Bedeutung der EDV-Handbücher angepaßte unterschiedlich differenzierte Feingliederung aufweisen (vgl. Doose 1983, S. 6 ff.). Die Hauptkategorien wurden als Matrixelemente der Dimensionen "Bestandteile" und "Sichten" eines EDV-Handbuchs gewonnen (vgl. Abb. 2-1). Unter Bestandteilen wird der grundsätzliche Aufbau unabhängig vom konkreten Inhalt eines Handbuches verstanden, bestehend aus Allgemeines, Aufbauorganisation, Ablauforganisation und Anhang (vgl. Müller-Nobeling 1980, Sp. 1559 ff.). Den Bezug zur Entwicklung von AWS stellen die Sichten her, und zwar die

- Produkt-Sicht, die Regelungen bzw. Empfehlungen zur Entwicklung des AWS, d.h. Entwurfs-, Test-, Dokumentationsregeln, etc. umfaßt,
- Projekt-Sicht, die Regelungen bzw. Empfehlungen zum funktionellen und institutionellen Projektmanagement umfaßt und die
- Handbuch-Sicht, worunter Informationen über Umfang und Gestalt des EDV-Handbuchs zusammengefaßt werden (vgl. Degen 1983, S. 7 ff.).

<table>
<tr><td rowspan="3">S
I
C
H
T
E
N</td><td>Pro-
dukt-
sicht</td><td>Grundlagen
der Pro-
duktent-
wicklung</td><td>Informa-
tions-
system</td><td>Produkt-
entwicklung</td><td rowspan="2">Verzeich-
nisse

Hilfs-
mittel</td></tr>
<tr><td>Pro-
jekt-
sicht</td><td>Projekt-
grundla-
gen</td><td>Projekt-
aufbau-
organisa-
tion</td><td>Projekt-
management</td></tr>
<tr><td>Hand-
buch-
sicht</td><td colspan="3">Information über das Handbuch</td><td>Verzeich-
nisse zum
Handbuch-
gebrauch</td></tr>
<tr><td></td><td></td><td>Allgemei-
nes</td><td>Aufbau-
organi-
sation</td><td>Ablauf-
organisation</td><td>Anhang</td></tr>
<tr><td></td><td></td><td colspan="4">B E S T A N D T E I L E</td></tr>
</table>

Abb. 2-1: Hauptkategorien des Analysekonzepts der EDV-Handbücher

Den Schwerpunkt des EDV-Handbuchs bildet mit dem Vorgehensmodell die Hauptkategorie "Produkt-Entwicklung". Dazu wurde von Harting (1983) ein Phasenkonzept als Referenzmodell konzipiert, auf das begrifflich im Rahmen der Arbeit zurückgegriffen wird. Unterschieden werden die Phasen des SE-Prozesses

- Vorstudie,
- Problemanalyse,
- Fachlicher Entwurf,
- EDV-Entwurf,
- Realisierung,
- Einführung.

In der Vorstudie sind Probleme und Schwachstellen zu beschreiben sowie erste Lösungsmöglichkeiten zu umreißen. Während der Problemanalyse wird das Problem konkretisiert, der Istzustand aufgenommen und ein Sollkonzept entwickelt. Das Sollkonzept ist während des fachlichen Entwurfs detailliert auszuarbeiten und damit sind die Anforderungen an das zu entwickelnde AWS spezifiziert. Parallel können erste EDV-Lösungen konzipiert werden. Der detaillierte EDV-Entwurf wird dann in Form der Programmvorgabe erstellt. Die Realisierung umfaßt anschließend die Codierung und die Tests. Mit der Einführung wird das AWS organisatorisch implementiert (vgl. Abschnitt 5.6.1).

Geprüft wurde während der mündlichen Befragung noch die Dokumentenanalyse von <u>Tätigkeitsaufschreibungen</u>, die während der Systementwicklung in der Mehrzahl der Unternehmen durchzuführen sind. Damit sollte die Vorgehensweise bei der Entwicklung von AWS nachvollzogen und die Reihenfolge und Interdependenzen der durchgeführten Aktivitäten analysiert werden. Diesem Vorhaben standen aber zwei entscheidende Hindernisse im Weg, so daß es fallengelassen werden mußte. Erstens wäre es schwierig gewesen, auf offiziellem Weg unter Einschaltung des Betriebsrats und der betroffenen Mitarbeiter selbst anonym eine Überlassung dieser Daten zu erreichen. Viel entscheidender war aber die Unzulänglichkeit des vorhandenen Datenmaterials. In Abschnitt 5.5.3 wird noch näher darauf einzugehen sein. Lediglich in einem einzigen Unternehmen lagen die Daten in der notwendig detaillierten Form vor, um das Projekt, die einzelne Teilaktivität und den durchführenden Mitarbeiter identifizieren zu können. Aus einer mangelnden Vergleichbarkeit mußte auf diese Erhebung daher verzichtet werden.

Eine Dokumentenanalyse konnte also nur für die EDV-Handbücher, die von 30 Unternehmen teilweise oder vollständig vorliegen, durchgeführt werden.

2.1.3 Einzelfallstudien

Parallel zu der mündlichen Befragung und der Dokumentenanalyse wurden 3 Fallstudien mit unterschiedlicher methodischer Nutzung durchgeführt. Den Fallstudien wurde der entwickelte konzeptionelle Bezugsrahmen (vgl. Abb. 1-2) zugrundegelegt.

Die erste Einzelfallstudie entstand in einem EDV-Dienstleistungsunternehmen, das während der Voruntersuchung befragt worden war. Verfolgt wurde das Ziel, durch teilnehmende Beobachtung an den wöchentlichen Statusbesprechungen die Vorgehensweise bei der Projektabwicklung und die Reihenfolge der Durchführung der einzelnen Aktivitäten aufzunehmen. Dadurch sollte eine größere Vertrautheit mit dem Forschungsgegenstand erzielt werden, um diese Erfahrung in die Entwicklung des strukturierten Fragebogens einbringen zu können (vgl. zur Funktion der Explorations-Studie Selltiz 1972, S. 64).

Die zweite und dritte Einzelfallstudie führten Verlemann (1982) und Kräuter (1983) in Unternehmen der chemischen Industrie und des Fahrzeugbaus durch. Während eines Zeitraums von etwa vier Monaten war parallel zu kleineren, in der Systementwicklung durchgeführten Aufgaben durch eine Vielzahl von Einzelgesprächen der strukturierte Fragebogen ausführlich schriftlich zu beantworten. Weiterhin wurde je ein EDV-Projekt detailliert im Ablauf untersucht und wiedergegeben.

In der zweiten Einzelfallstudie standen die Methode der Falldarstellung und ein allgemeiner Vergleich der Genauigkeit und Tiefe der Ergebnisse einer Fallstudie im Gegensatz zu einer mündlichen Befragung im Vordergrund. Die dritte Einzelfallstudie wurde durchgeführt, nachdem im Rahmen der Haupterhebung ein Interview mit Mitarbeitern des Unternehmens stattgefunden hatte. Ein Vergleich der Einzelfallstudie mit dem Interview sollte Schlüsse hinsichtlich der Realitätsnähe der erfaßten Daten aus den strukturierten Interviews und der Brauchbarkeit dieser Erhebungsmethode liefern und damit Verzerrungen erkennen lassen.

Insgesamt zeigte der Vergleich, daß - bei Abweichungen und Ergänzungen im Detail - die Strukturen und Tendenzen der Ergebnisse konsistent waren. Die Antwortbereitschaft der Interviewpartner und das der Untersuchung entgegengebrachte Interesse, das in der Befragung aber in der Regel auch vorhanden war, haben einen wichtigen Beitrag dazu geleistet. Einschränkungen werden nur bezüglich der Allgemeingültigkeit wertender Aussagen der Interviewpartner angemeldet. Weiterhin wird auf die nicht ausreichende Detaillierung bezüglich der methodischen Vorgehensweise bei der Systementwicklung hingewiesen (vgl. Kräuter 1983, S. 120 f.). Diesen beiden Hinweisen wird in der Auswertung der Untersuchung insofern Rechnung getragen, als Wertungen - soweit sinnvoll - auf die Person des Befragten und nicht auf das Unternehmen bezogen werden. Die Methoden des Software Engineering stehen ohnehin eher am Rande der Untersuchung.

2.2 Auswahl der Unternehmen und der Interviewpartner

Geleitet von dem Ziel der Untersuchung, Erfahrungswissen über die organisatorische Gestaltung des SE-Prozesses und dessen Management in Form von EDV-Projekten aufzunehmen sowie Zusammenhänge zwischen den erhobenen Merkmalen aufzuzeigen, mußten die Unternehmen und die Interviewpartner bestimmt und die Stichprobengröße festgelegt werden.

2.2.1 Auswahl der Unternehmen

In die Untersuchung sollten möglichst Unternehmen aufgenommen werden, von denen vermutet wurde, daß bei ihnen ein umfangreicher Erfahrungsfundus aufgrund vieler, in einem weiten Spektrum und über eine längere Zeit durchgeführter EDV-Projekte vorliegt. Daher wurden hauptsächlich Großunternehmen und große EDV-Dienstleistungsunternehmen angesprochen, da diese über einen längeren Zeitraum über eine entsprechend große EDV-Abteilung verfügen und dementsprechend eine größere Notwendigkeit für ein planvolles Management der Abteilung und der Projekte besteht.

Die konkrete Auswahl der Unternehmen ist in erster Linie von der Paralleluntersuchung im Operations Research (OR) beeinflußt worden. Dort wurde eine Vollerhebung der in der Bundesrepublik Deutschland einschließlich West-Berlin bestehenden OR-Gruppen angestrebt (vgl. Möser 1986).

Es bestand die Absicht, den SE-Prozeß und den OR-Prozeß möglichst im gleichen Unternehmenskontext zu untersuchen, um diesen als Einflußfaktor auf die Prozesse konstant zu halten und dadurch die Vergleichbarkeit der Untersuchungen zu erhöhen. Nachdem die Befragung im OR-Bereich vereinbart worden war, wurde dann der Kontakt zur EDV-Abteilung hergestellt. Dieser Weg der Unternehmensauswahl wurde in 26 der insgesamt 36 befragten Unternehmen beschritten. In einigen wenigen Unternehmen baten allerdings die Interviewpartner aus dem OR-Bereich, von einer Berufung auf ihre Person Abstand zu nehmen oder rieten direkt von einer Kontaktaufnahme ohne explizite Angabe von Gründen ab. Die restlichen 10 Unternehmen wurden angesprochen aufgrund uns bekannt gewordener, interessant erscheinender Ansätze zur Entwicklung von AWS. Bei diesem zweiten Weg der Kontaktaufnahme wurde lediglich eine einzige Absage erteilt.

Bedingt durch diese Unternehmensauswahl ist die Untersuchung nicht von vornherein als repräsentativ anzusehen, wobei dies auch nicht primäre Intention war. Allerdings dürften aufgrund der Präsenz der bedeutendsten produzierenden Branchen der Bundesrepublik Deutschland (vgl. Abschnitt 3.1) und der Verteilung der Größe der befragten Unternehmen die Ergebnisse auf große Industrieunternehmen ab etwa 1000 Beschäftigte und 100 Mio DM Umsatz allgemein übertragbar sein.

Darüber hinaus sind Unternehmen aus den Branchen Handel, Banken und Versicherungen befragt worden, so daß diese Brancheneinflüsse sichtbar gemacht werden können. Bei einer Reihe von Fragen und Problembereichen, wie etwa dem Projektmanagement und der Anwendereinbeziehung, bestehen keine Anzeichen dafür, daß die in Großunternehmen gewonnenen Erfahrungen nicht auch für die mittelständische Industrie gelten dürften.

Der Stichprobenumfang von 36 Unternehmen wurde so gewählt, daß zwar keine Schlüsse auf die Grundgesamtheit möglich sind, die Aussagen aber auf einer so breiten Basis und so hinreichend fundiert sind, daß statistische Tests über Zusammenhänge durchgeführt werden können.

2.2.2 Auswahl der Interviewpartner

Auch die Kriterien für die Auswahl der Interviewpartner ergaben sich aus dem Ziel der Erhebung, Erfahrungen aufzunehmen. Die Interviewpartner sollten über ausreichend fundierte Einsichten, Kenntnisse und Überblick über das Management der EDV-Abteilung hinsichtlich der Entwicklung von AWS oder das Management einzelner EDV-Projekte verfügen.

Für ein erstes Interview wurden daher Leiter der EDV-Abteilung (EDV-Leiter) und bei größeren EDV-Abteilungen Mitarbeiter mit Leitungsfunktion in der kommerziellen EDV-Anwendungsentwicklung (SE-Leiter), d.h. Leiter der Systementwicklung oder ihnen unterstellte Personen mit Leitungsaufgaben über mehrere Gruppen oder EDV-Projekte, angesprochen. Zusätzlich wurde der Wunsch geäußert, möglichst mit einem erfahrenen Projektleiter oder Mitarbeiter ein zweites Interview durchzuführen.

In dem ersten Interview sollte möglichst der gesamte Fragebogen beantwortet werden. Bei teilweise aufgetretenen zeitlichen Restriktionen wurden zumindest die abteilungsübergreifenden Merkmale erhoben. Ziel des zweiten Gesprächs war es, eher einzelprojektbezogen das Verständnis auf Seiten der Interviewer für die zuvor aufgenommenen Merkmale zu erhöhen und evtl. aufgetretene Mißverständnisse aus dem ersten Interview zu klären. Zusätzlich konnten einzelne offen gebliebene Fragen aus dem ersten Interview beantwortet und um Details ergänzt werden.

Teilweise war in den Interviews ein zweiter Mitarbeiter des Unternehmens anwesend, der sich aber weitgehend in einer passiven Rolle befand und nur nach Aufforderung des eigentlichen Interviewpartners Sachverhalte bestätigte oder im Einzelfall hinzufügte, ohne daß dadurch eine Beeinträchtigung der Interviewsituation zu verzeichnen war. Die in Form von Rating-Skalen gestellten Wertungsfragen wurden immer nur von einem Interviewpartner beantwortet und ansonsten auf eine strikte Trennung der Antwortenden geachtet.

Insgesamt wurden in die Untersuchung 58 Interviewpartner aufgenommen. Etwa in der Hälfte der Unternehmen standen zwei oder drei Interviewpartner zur Verfügung. Nicht berücksichtigt sind dabei Personen, meist EDV-Leiter oder SE-Leiter, die nur kurz ein einleitendes Gespräch führten. Im einzelnen wurden 8 EDV-Leiter, 28 SE-Leiter, 12 Projektleiter, 2 Mitarbeiter aus der Systementwicklung und 8 Spezialisten für EDV-Methoden (vgl. Abschnitt 3.2) befragt. In 34 der 36 Unternehmen verfügte zumindest einer der Interviewpartner über 10 oder mehr Jahre Erfahrung in der Datenverarbeitung, in den beiden restlichen Unternehmen immerhin über mehr als 5 Jahre. Damit kann das in der Kontaktaufnahme mit den Unternehmen geäußerte Ziel als erreicht angesehen werden, Interviewpartner mit großer Erfahrung in Datenverarbeitung und dem Management der Systementwicklung für die Interviews zu gewinnen.

Mit der Befragung von Mitarbeitern der EDV-Abteilung wird mit vielen Fragen unbeschadet durchaus selbstkritischer Antworten ein Eigenbild der Interviewpartner gezeichnet. Darüber hinaus wäre es gerade zu Fragen der Zusammenarbeit mit den Fachbereichen interessant und aufschlußreich, ein Fremdbild durch Befragung der Anwender (vgl. etwa Klein 1980, S. 24 ff.; Olson, Ives 1981) oder sogar der Unternehmensführung zu erhalten. Diese Frage wurde während des Untersuchungsdesigns intensiv diskutiert und aus zwei Gründen abschlägig entschieden:

- Ein repräsentatives Fremdbild der EDV-Abteilung eines jeden Unternehmens wäre nur durch die Befragung mehrerer Anwender entstanden. Ein Versuch im Rahmen einer Einzelfallstudie (vgl. Kräuter 1983, S. 112 f.) zeigte, daß das Fremdbild sehr streut und stark von den individuellen Kenntnissen und Erfahrungen der Anwender mit der Datenverarbeitung abhängt. Eine Benennung von Anwendern durch den Interviewpartner hätte selbst bei Vorgabe von Auswahlkriterien unweigerlich Verzerrungen hervorgerufen.

- Die Qualität der Untersuchung ist erheblich von der Informationsbereitschaft der Interviewpartner abhängig. Diese mußte daher vor Durchführung der Befragung hergestellt und während des Interviews erhalten werden. Die Gespräche sollten in einem engen Vertrauensverhältnis stattfinden. Der Wunsch zu einem Gespräch mit einem oder mehreren Anwendern hätte während der Kontaktaufnahme mit der EDV-Abteilung geäußert werden können. Dabei wurde aber die Gefahr gesehen, gerade in Unternehmen mit einem gespannten Verhältnis zwischen EDV-Abteilung und Anwendern auf eine Ablehnung des Interviews oder eine wesentlich geringere Informationsbereitschaft zu stoßen. Ein im Anschluß an das Interview geäußerter Kontaktwunsch hätte u.U. trotz aller Erklärungen bei den Interviewpartnern ein Gefühl der Kontrolle erzeugt und den Eindruck einer Täuschung hinterlassen.

2.3 Statistische Auswertung

Im Rahmen der Auswertung wurden in der Untersuchung statistische Verfahren eingesetzt, um die erhobenen und klassifizierten Daten auf statistisch signifikante Zusammenhänge und zur Beschreibung der Intensität dieser Zusammenhänge zu überprüfen. Der Nachweis derartiger Zusammenhänge war jedoch nicht primäres Ziel der Untersuchung. Dies hätte auch ein abgewandeltes Untersuchungsdesign mit größerem Stichprobenumfang zur Folge gehabt. Vielmehr ist das Hauptziel eine Erfahrungsaufnahme, die - soweit möglich - auch durch statistische Ergebnisse untermauert werden soll (vgl. Kapitel 1).

Im einzelnen wurden folgende Verfahren angewendet (vgl. etwa Sachs 1978; Heller, Rosemann 1981; speziell für diese Untersuchung Diefenbach 1984, S. 9 ff.; Runkel 1984, S. 4 ff.):

- Chi^2-Test zur Feststellung von Zusammenhängen nominalskalierter Daten,
- Punkt-Vierfelderkorrelation zur Beschreibung der Intensität von Zusammenhängen nominalskalierter Daten,
- Produkt-Moment-Korrelation zur Beschreibung der Intensität von Zusammenhängen intervallskalierter Daten,
- lineare Regression zur Untersuchung der Zusammenhänge intervallskalierter Daten,
- t-Test zur Prüfung von Mittelwertunterschieden zwischen zwei Gruppen,
- F-Test zur Prüfung des Verhältnisses der Varianzen von Gruppen.

Die Daten wurden im wesentlichen mit Hilfe des Programmpakets SPSS (Statistical Package for the Social Sciences) (vgl. Nie et al. 1975; Beutel et al. 1983; Norusis 1983) ausgewertet.

Bezüglich ihres Meßniveaus wurden die Daten folgendermaßen eingestuft:

- Als verhältnisskaliert Mitarbeiterzahlen in der EDV-Abteilung und den Unternehmen sowie Umsatzzahlen.

- Als intervallskaliert Werte aus den Rating-Skalen, obwohl es sich streng genommen um ordinalskalierte Werte handelt. Wenn die Distanzen zwischen den einzelnen Werten aber nicht wesentlich verschieden (vgl. Holm 1975, S. 44) und Begriffe sowie eine Numerierung vorgegeben sind (vgl. Scheuch, Zehnpfennig 1974, S. 107 f.), handelt es sich jedoch um mehr als bloße Ordinalzahlen und der Fehler ist daher vernachlässigbar (vgl. Holm 1975, S. 44).

- Alle weiteren Daten als nominalskaliert, auch wenn ein höheres Meßniveau vorliegt, vor allem aber Ja-Nein-Antworten.

Die statistischen Kennzahlen sind in den Tabellen und Abbildungen durch die Symbole bezeichnet:

n : Stichprobenumfang
Chi^2 : Chi-Quadrat-Wert
s : Signifikanzniveau
Phi : Punkt-Vierfelder-Korrelationskoeffizient
r : Produkt-Moment-Korrelationskoeffizient

Im Text und in den Tabellen werden zur Kennzeichnung der Wahrscheinlichkeit, mit der ein dargestellter Zusammenhang sich nicht zufällig ergeben hat, Signifikanzniveaus verwendet (vgl. Tab. 2-1). Dabei wird nicht wie üblich die Irrtumswahrscheinlichkeit α, sondern die Wahrscheinlichkeit s als einfacher zu interpretierender Wert angegeben.

Irrtumswahrscheinlichkeit	Signifikanz	Signifikanzniveau	Symbol
$0{,}25 < \alpha$	$s < 0{,}75$	nicht signifikant	n.s.
$0{,}10 < \alpha \leq 0{,}25$	$0{,}75 \leq s < 0{,}90$	tendenziell	(x)
$0{,}05 < \alpha \leq 0{,}10$	$0{,}90 \leq s < 0{,}95$	schwach signifikant	(+)
$0{,}025 < \alpha \leq 0{,}05$	$0{,}95 \leq s < 0{,}975$	signifikant	(++)
$\alpha \leq 0{,}025$	$0{,}975 \leq s$	stark signifikant	(+++)

Tab. 2-1: Kennzeichnung des Signifikanzniveaus

Für die Korrelationskoeffizienten als Maß für die Stärke des Zusammenhangs zweier Merkmale liegt folgende Interpretation zugrunde (vgl. Heller, Rosemann 1981, S. 122):

- 0,0 bis unter 0,2 sehr niedriger Zusammenhang
- 0,2 bis unter 0,4 niedriger Zusammenhang
- 0,4 bis unter 0,7 mittlerer Zusammenhang
- 0,7 bis unter 1,0 hoher Zusammenhang

Für den häufig in dieser Arbeit verwendeten Chi^2-Test werden in der Literatur strenge, teilweise unterschiedliche Einsatzvoraussetzungen zugrundegelegt (vgl. etwa Sachs 1978, S. 269 ff.; Heller, Rosemann 1981, S. 209 ff.; Claus, Ebner 1982, S. 249 ff.). Demnach muß die Stichprobengröße über 20 sein und die erwarteten Häufigkeiten in den einzelnen Feldern der Vierfeldertafel dürfen nicht kleiner als 5 sein. In neueren Veröffentlichungen werden diese Voraussetzungen jedoch in Frage gestellt (vgl. Norusis 1983 und die dort angegebene Literatur), so daß in dieser Arbeit in den wenigen Fällen, in denen diese Voraussetzungen nicht erfüllt werden, nicht auf den Fisher-Test ausgewichen und auch nicht die Yates-Korrektur (vgl. Sachs 1978, S. 272) eingesetzt wird. Einhelligkeit herrscht jedoch bei der Voraussetzung, daß kein Feld der Vierfeldertafel unbesetzt ist. Die statistischen Kennzahlen werden dann in Klammern genannt.

Ohnehin werden die statistischen Kennzahlen dem Leser nur als ergänzende Information mitgliefert. Vielmehr wird zur Unterstützung und Verdeutlichung der festgestellten Zusammenhänge an vielen Stellen das erhobenen Datenmaterial direkt vorgestellt.

3. Merkmale der Unternehmen und der Interviewpartner

Im Anschluß an die in Kapitel 2 vorgetragenen Gedanken über die Auswahl der Unternehmen und der Interviewpartner sollen in diesem Kapitel nun die als relevant erachteten Merkmale der einbezogenen Unternehmen (Abschnitt 3.1) und Interviewpartner (Abschnitt 3.2) rein deskriptiv vorgestellt werden. Damit kann erstens die Herkunft und Übertragbarkeit der Ergebnisse besser beurteilt werden. Zweitens finden die Unternehmensmerkmale als Kontextfaktoren (vgl. Abb. 1-2) Eingang in die in den Kapiteln 4 bis 6 vorgenommenen Analysen des EDV-Managements sowie des funktionellen und institutionellen Projektmanagements. Außerdem werden die Merkmale der Interviewpartner als Einflußfaktoren auf die Bewertung der Rating-Skalen in dieser Untersuchung herangezogen. Abschließend werden in Abschnitt 3.3 die in der Untersuchung verwendeten Effizienzmerkmale (vgl. Abb. 1-2) hergeleitet und vorgestellt.

3.1 Beschreibung der Unternehmen

In die Untersuchung wurden 36 Unternehmen einbezogen. Diese können nach den Merkmalen

- Branche,
- Rechtsform,
- Unternehmensgröße und
- Organisationsstruktur

klassifiziert werden.

Die erhobenen und im folgenden dargestellten Merkmalsausprägungen beziehen sich jeweils auf den rechtlichen und organisatorischen Bereich des Unternehmens, für den die besuchte EDV-Abteilung zuständig und in den sie in der Regel auch eingegliedert ist. Dies ist in den meisten Fällen das einzelne Unternehmen selbst und nicht der Konzern. Eine Ausnahme betrifft Unternehmen mit Spartenorganisation, in denen jede Sparte über eine eigene EDV-Abteilung verfügt und Daten nur für das Gesamtunternehmen vorliegen.

In die Untersuchung wurden Unternehmen der gesamten Bundesrepublik Deutschland einschließlich West Berlin aus insgesamt 15 Branchen einbezogen (vgl. Tab. 3-1). Die Einteilung erfolgte nach dem Branchenregister des Handbuchs der Großunternehmen (Hoppenstedt 1979). In der Stichprobe sind auch 3 EDV-Dienstleistungsunternehmen enthalten. Diese sind bezüglich der anderen Unternehmensmerkmale nicht mit den übrigen 33 Unternehmen vergleichbar, vielmehr entsprechen sie von der Aufgabenstellung her deren EDV-Abteilungen. Sie werden deshalb bei der Darstellung der folgenden Unternehmensmerkmale besonders gekennzeichnet.

Branche	Anzahl der Unternehmen
Industrieunternehmen	
Energiewirtschaft	2
Bergbau	2
Chemische Industrie	4
Mineralölverarbeitung /Vertrieb	5
Eisen- und Stahlerzeugung	2
Maschinenbau	3
Fahrzeugbau	2
Luft- und Raumfahrttechnik	1
Elektrotechnik	2
Nahrungs- und Genußmittel	2
Sonstige	
Groß- und Einzelhandel	1
Verkehr	1
Mischkonzerne	4
Kreditinstitute /Versicherungen	2
EDV-Dienstleistungen	3
	36

Tab. 3-1: Branchenzugehörigkeit der Unternehmen

Ein Vergleich mit dem Bruttoproduktionswert der einzelnen Branchen bei Diefenbach (1984, S. 30 ff.) zeigte, daß - gemessen am Umsatz - überproportional der Bergbau, die Mineralölverarbeitung sowie die Eisen- und Stahlerzeugung in die Untersuchung einbezogen sind. Unterproportional vertreten sind die chemische Industrie, der Maschinenbau, die Elektrotechnik sowie Nahrungs- und Genußmittel. Verglichen mit den 100 größten Unternehmen der Bundesrepublik Deutschland (Dürpisch 1982, S. 34 f.) gehören der Stichprobe eine große Anzahl von Bergbau-, Chemie- und Mineralölunternehmen und wenige bzw. keine Unternehmen aus dem Maschinenbau und dem Baugewerbe an.

Als Rechtsform tritt hauptsächlich die Aktiengesellschaft auf (vgl. Tab. 3-2).

Zur Operationalisierung der Unternehmensgröße werden zwei Merkmale herangezogen, die Mitarbeiterzahl und der Umsatz. Als Informationsquelle liegen von 34 Unternehmen Geschäftsberichte des Geschäftsjahres 1981 bzw. 1981/82 vor. Zwei Unternehmen werden aufgrund der Angaben der Interviewpartner eingeordnet. Bei dem Kreditinstitut wird als Vergleichsgröße für den Umsatz die Bilanzsumme zuzüglich der Indossamentverbindlichkeiten berücksichtigt, bei der Versicherung die Beitragseinnahme (vgl. Jeske 1982, S. 11).

Rechtsform	Anzahl der Unternehmen EDV-Dienstleistung	sonstige Branchen
AG		25
GmbH	2	5
KGaA		2
GmbH & Co KG		1
e.G.	1	
	3	33

Tab. 3-2: Rechtsform der Unternehmen

Umsatz in Mrd. DM / Beschäftigte	0,1-1	1-5	5-15	>15	Summe	%
< 1.000	1	-	-	-	1	3
1.000 - 4.999	2	-	3	3	8	25
5.000 - 19.999	-	9	1	-	10	30
20.000 - 49.999	-	5	4	-	9	27
> 50.000	-	-	4	1	5	15
Summe	3	14	12	4	33	
%	9	43	36	12		100

Tab. 3-3: Größe der befragten Unternehmen
(ohne EDV-Dienstleistungsunternehmen)

Bezogen auf 33 Unternehmen (ohne EDV-Dienstleistungsunternehmen) zeigt sich in Tab. 3-3 deutlich, daß fast ausschließlich Großunternehmen in der Untersuchung repräsentiert sind. Demnach hat nur ein Unternehmen weniger als 1000 Mitarbeiter und nur 3 Unternehmen haben weniger als 1 Mrd. DM Umsatz. Die Präsenz der Großunternehmen wird darin deutlich, daß aus der Liste der 100 umsatzstärksten Industrieunternehmen (vgl. Dürpisch 1982, S. 34 f.) 23 der untersuchten 28 Industrieunternehmen vertreten sind und sogar 17 der umsatzstärksten 50 Industrieunternehmen. In der Aufstellung der 100 größten Industrieunternehmen, veröffentlicht in der FAZ (vgl. Jeske 1982, S. 11), sind 24 der 36 Unternehmen anzutreffen, vier weitere unter den größten Handels-, Verkehrs- und Versicherungsunternehmen.

Die in den 33 Unternehmen (ohne die 3 EDV-Dienstleistungsunternehmen) angetroffene Organisationsstruktur für das gesamte Unternehmen kann mittels der erhobenen Organigramme der zweiten hierarchischen Ebene unterschieden werden in

- 13 Unternehmen mit "Verrichtungsorganisation", "auch als funktionale Organisation bezeichnet" (Bleicher 1981, S. 83) und

- 20 Unternehmen mit "Objektorganisation", "auch als divisionale Sparten- oder Unternehmungs- bzw. Geschäftsbereichs-Organisation bezeichnet" (Bleicher 1981, S. 94).

Dabei weisen die Unternehmen mit Spartenorganisation "Mischformen" (Kieser, Kubicek 1983, S. 97) der Organisation auf, indem auf der zweiten Unternehmensebene nicht ausschließlich das Gliederungsprinzip Objekt, sondern auch mit unterschiedlicher Intensität das der Verrichtung Anwendung findet. Eine exakte Unterteilung nach dem Grad der Divisionalisierung ist im Rahmen dieser Untersuchung nicht weiter möglich und wird auch nicht für notwendig erachtet. (Zur Problematik der Modifizierung der Objektorganisation siehe etwa Bleicher 1981, S. 95 ff.; Eisenführ 1980, Sp. 558 ff.; Kieser, Kubicek 1983, S. 94 ff.; Frese 1984, S. 500 ff. und die dort angegebene Literatur). Zwei der 20 Unternehmen verfügen über eine ausgeprägte Holding-Struktur.

3.2 Beschreibung der Interviewpartner

Ebenso wie die Merkmale der Unternehmen dienen die Merkmale der Interviewpartner zunächst der Charakterisierung der Stichprobe. Darüber hinaus werden die Merkmale als Einflußfaktoren auf Bewertungsfragen insbesondere in Form der Rating-Skalen in den Kapiteln 4 bis 6 herangezogen.

Als Merkmale der 58 Interviewpartner wurden in die Untersuchung aufgenommen:

- die Funktion,
- die Hierarchiestufe in der EDV-Abteilung,
- die Anzahl der unterstellten Mitarbeiter,
- der fachliche Inhalt der Tätigkeit,

- die Ausbildung nach Ausbildungsniveau und -fachgebiet,
- der berufliche Werdegang sowie
- die Erfahrung in Datenverarbeitung.

Die <u>Funktion der Interviewpartner</u> wurde bereits in Abschnitt 2.2.2 bei der Auswahl der Interviewpartner angesprochen. Sie sei hier nochmals in Zusammenhang mit den anderen Merkmalen der Interviewpartner dargestellt (vgl. Tab. 3-4).

Funktion	Anzahl	%
EDV-Leiter	8	14
SE-Leiter	28	48
Projektleiter	12	21
Mitarbeiter	2	3
Spezialisten für EDV-Methoden	8	14
	58	100

Tab. 3-4: Funktion der Interviewpartner

In die Kategorie EDV-Leiter werden Mitarbeiter der ersten Hierarchiestufe in der EDV-Abteilung bzw. der Abteilung Organisation und Datenverarbeitung eingeordnet. Ihnen unterstehen Mitarbeiter mit Leitungsfunktion in der kaufmännischen EDV-Systementwicklung (SE-Leiter), d.h. der Leiter Systementwicklung oder ihm unterstellte Mitarbeiter mit Leitungsfunktion über mehrere Projekte oder Gruppen. Demgegenüber hat ein Projektleiter nur Leitungsfunktion für ein Projekt. Daneben wurden Interviews mit Spezialisten für EDV-Methoden durchgeführt.

Die interviewten EDV-Leiter und SE-Leiter seien weiterhin nach ihrer Hierarchiestufe in der EDV-Abteilung und der Zahl ihnen unterstellter Mitarbeiter differenziert (vgl. Tab. 3-5). Hier wird sichtbar, daß der überwiegende Teil dieser Interviewpartner auf den Hierarchiestufen 1 bis 3 eingegliedert ist und Personalverantwortung über meist mehr als 20 Mitarbeiter hat. Demnach dürften die Interviewpartner über die erwartete Managementerfahrung verfügen.

Hierarchiestufe in der EDV-Abteilung \ Zahl der unterstellten Mitarbeiter	1-9	10-19	20-29	30-49	50-99	>100	Summe
1	-	-	1	-	3	4	8
2	-	2	4	4	3	1	14
3	2	4	1	2	1	-	10
4	2	1	-	1	-	-	4
Summe	4	7	6	7	7	5	36

Tab. 3-5: Hierarchiestufe der EDV-Leiter und SE-Leiter und ihnen unterstellte Mitarbeiter

Funktion \ Tätigkeitsbereich	I	II	II III	II III IV	III IV	IV	Summe
EDV-Leiter	-	-	-	7	1	-	8
SE-Leiter	-	-	6	13	6	3	28
Projektleiter	-	-	4	5	3	-	12
Mitarbeiter	-	2	-	-	-	-	2
Spezialisten für EDV-Methoden	8	-	-	-	-	-	8
Summe	8	2	10	25	10	3	58

Legende:

I : EDV-Methodenarbeit
II : fachlicher Entwurf von AWS
III : EDV-Entwurf von AWS
IV : Programmierung und Test

Tab. 3-6: Tätigkeitsbereiche der Interviewpartner

Ebenso wird die breite fachliche Qualifikation der Interviewpartner anhand des Inhalts der Tätigkeiten (vgl. Tab. 3-6) sichtbar. Lediglich die beiden befragten Mitarbeiter sind nur für den fachlichen Entwurf der AWS eingesetzt. Weiterhin sind auch nur drei SE-Leiter allein für die Programmierung zuständig. Dominierend sind dagegen die Interviewpartner mit dem breitesten fachlichen Tätigkeitsbereich, der bei dem fachlichen Entwurf der AWS beginnt, den EDV-Entwurf umfaßt und bis zur Programmierung reicht. Damit ist sichergestellt, daß qualifizierte Auskünfte über den gesamten SE-Prozeß von den Interviewpartnern erteilt werden können.

Die Ausbildung der Interviewpartner nach Fachgebiet und Niveau zeigt Tab. 3-7. Bei den in der Spalte Abitur angegebenen 3 Befragten handelt es sich um Studienabbrecher verschiedener Fachrichtungen, die eine betriebliche EDV-Ausbildung erhalten haben. Sichtbar wird der hohe Anteil von Mitarbeitern mit kaufmännischer Ausbildung. Dies stimmt auch mit den Angaben zu den sonstigen Mitarbeitern in der EDV-Abteilung überein (vgl. Abschnitt 4.6.1). Demgegenüber ist der Akademikeranteil der Interviewten höher als in der gesamten EDV-Abteilung. Eine Ausbildung als Naturwissenschaftler oder Informatiker wurde unter den Interviewpartnern nicht angetroffen.

Hinsichtlich des beruflichen Werdegangs sei unterschieden, ob der befragte Mitarbeiter direkt oder indirekt, d.h. nach einem Wechsel, den Weg in die Datenverarbeitung fand. Diese Unterscheidung erscheint insofern wichtig, als Interviewpartner, die zunächst im Fachbereich arbeiteten, die Probleme der Anwender mit der Datenverarbeitung aus eigener Erfahrung kennengelernt haben. Die Auswertung von 56 vorliegenden Antworten zeigt, daß

- 32 Interviewpartner (57%) direkt in der Datenverarbeitung begonnen haben und
- 24 Interviewpartner (43%) indirekt auf dem Weg über einen Fachbereich in die Datenverarbeitung kamen.

Fachgebiet \ Niveau	Lehre	Abitur	Fachschule/Akademie	Fachhochschule	Universität	Promotion	Summe	%
Wirtschafts-ingenieur				1	5		6	11
kaufmännisch	10		3	3	13	2	31	55
technisch	1		1		4	2	8	14
Mathematik					5	1	6	11
EDV-Kaufmann	1		1				2	4
Sonstige		3					3	5
Summe	12	3	5	4	27	5	56	K.A.: 2
%	22	5	9	7	48	9		

Tab. 3-7: Ausbildung der Interviewpartner

Die <u>Erfahrung</u> der Befragten in Datenverarbeitung ist durchweg als hoch bis sehr hoch einzustufen (vgl. Tab. 3-8), wobei sie erwartungsgemäß mit der Hierarchiestufe zunimmt.

Erfahrung in Jahren	Anzahl der Interviewpartner Absolut	%
0 - 4	1	2
5 - 9	8	14
10 - 14	22	39
15 - 19	15	27
20 - 24	4	7
über 25	6	11
Summe	56	100 K.A. : 2

Tab. 3-8: Erfahrung der Interviewpartner in Datenverarbeitung

3.3 Beschreibung der Effizienzmerkmale

Neben der Faktenerhebung und Zusammenfassung der in der Praxis verzeichneten Erfahrungen sollen mit der Untersuchung Gestaltungsempfehlungen gewonnen werden. Gestaltungsempfehlungen können zum einen aufgrund aufgenommener Erfahrungen weitergegeben werden. Über den Einzelfall hinausgehend sind Gestaltungsempfehlungen jedoch erst durch Beurteilung organisatorischer Zustände und Maßnahmen anhand von Effizienzmerkmalen möglich (vgl. Welge, Fessmann 1980, Sp. 578).

Trotz der in Abschnitt 1.3 geäußerten Hindernisse sind Effizienzmerkmale, die sich speziell auf die Entwicklung von AWS beziehen, im Hinblick auf diese Untersuchung von Delpho (1982) entwickelt und zusammengestellt worden. Unterschieden werden personelle und sachliche Effizienzmerkmale. Von den personellen Effizienzmerkmalen Akzeptanz, Zufriedenheit, Motivation und Attitüden fand die Zufriedenheit mit bestimmten organisatorischen Zuständen wie etwa mit der organisatorischen Eingliederung der EDV-Abteilung Eingang in die Erhebung.

Im Mittelpunkt der weiteren Effizienzbetrachtung stehen jedoch die sachlichen Effizienzmerkmale und hier vor allem die Häufigkeit und die Höhe der Verfehlung von Projektzielen. Die Häufigkeit von Projektabbrüchen und die Einsatzrate von implementierten AWS wurden zwar ebenfalls erhoben und werden in Abschnitt 5.1 auch dargestellt, doch haben sich diese beiden Merkmale entgegen den Erwartungen als nicht genügend aussagekräftig hinsichtlich ihrer Verwendung als Effizienzmerkmal erwiesen.

Zur Beurteilung der Güte von Projekten zur Entwicklung von AWS werden gewöhnlich drei Faktoren herangezogen, und zwar

- Kosten,
- Termine und
- Leistungen

(vgl. etwa Gotthardt 1979, S. 892; Gewald, Haake, Pfadler 1982, S. 35 ff.).

Die Leistungen können weiter aufgespalten werden (ähnlich auch bei Komarnicki, Wense 1982, S. 127 f.) in

- Leistungsumfang und
- Qualität.

Diese vier Faktoren können als Ziele verstanden werden, die in einem Zusammenhang stehen (vgl. Gewald, Haake, Pfadler 1982, S. 49 ff.; Komarnicki, Wense 1982, S. 127) und damit das Zielsystem von EDV-Projekten bilden. Besonders plastisch wird der Zusammenhang deutlich, vergegenwärtigt man sich ein in der Entwicklung stehendes AWS, dessen Leistungsumfang und Qualität zu Projektbeginn festgelegt wurde. Daraus wurden dann Schätzungen für den Fertigstellungstermin und die Kosten des EDV-Projekts abgeleitet. Gerät nun aus irgendeinem Grund (z.B. zusätzlich zu erfüllende Leistungen) der Fertigstellungstermin in Gefahr, bestehen verschiedene Möglichkeiten, darauf zu reagieren:

- Eine Terminüberschreitung wird akzeptiert, oder
- durch zusätzliche Mitarbeiter, d.h. höhere Kosten, wird versucht, den Termin zu halten (unter Beachtung des sog. Brooks'schen Gesetzes "Adding manpower to a late software project makes it later" Brooks 1974, S. 25), oder
- Minderungen im Leistungsumfang werden zugelassen, d.h. einzelne Funktionen nicht realisiert, oder
- Qualitätsmängel werden in Kauf genommen, etwa durch ungenügendes Testen des AWS.

Diese Zusammenhänge lassen sich plastisch durch eine "Decke" darstellen, die, an einer Ecke zu kurz geworden, dort zwar gestreckt werden kann, bis sie wieder paßt, aber zumindest an einer anderen Ecke Lücken entstehen läßt (vgl. Abb. 3-1, ähnlich auch Sneed 1982, S. 2/35; Sneed 1984, S. 32).

Der Grad der Erreichung dieser Ziele sollte in der Untersuchung nun erhoben und als Effizienzmerkmal herangezogen werden. Die entwickelten Merkmale sind damit dem "Ziel-Ansatz" zuzurechnen, der die "als Ziele interpretierbaren Aspekte der Leistungsfähigkeit" (kursiv im Original) eines Unternehmens in den Mittelpunkt stellt (Welge, Fessmann 1980, Sp. 579 f.).

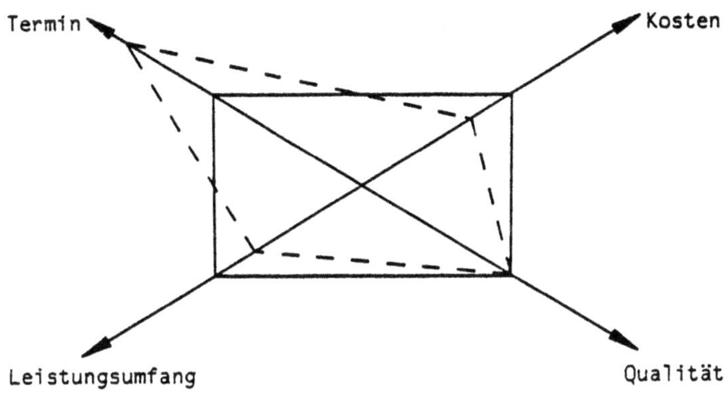

Abb. 3-1: Zielsystem von EDV-Projekten

In der Untersuchung wurde dazu den Interviewpartnern die Frage gestellt:

"In wieviel Prozent der Projekte, für die eine Planung von Leistungen, Terminen und Kosten erfolgt, werden alle drei Ziele erreicht."

Der zu nennende Prozentsatz sollte auf die erste, umfassende Projektplanung bezogen werden, wobei eine Toleranzgrenze von 10% als Verfehlung eingeräumt wurde. Problematisch ist bei dieser Bezugsgröße, daß die Projektplanung zu unterschiedlichen Zeitpunkten im SE-Prozeß erfolgen kann. Eine Bereinigung um diese Unterschiede brachte jedoch keine besseren Ergebnisse hinsichtlich der Trennschärfe des Effizienzmerkmals.

Aus der angegebenen Häufigkeit der Erreichung aller drei Ziele, d.h. umgekehrt, der Verfehlung <u>mindestens eines</u> Zieles, läßt sich ein erstes Effizienzmerkmal entwickeln, die <u>Häufigkeit der Verfehlung von Projektzielen</u>. Die aus 32 Unternehmen vorliegenden Prozentsätze schwanken zwischen 10% und 100% der Projekte bei einem Mittelwert von 57% und einem Median von 50%. Zu beobachten ist eine zweigipflige Verteilung (vgl. Tab. 3-9).

Zur Beurteilung der Validität der in diesem Abschnitt präsentierten Daten ist zu berücksichtigen, daß die Interviewpartner aufgrund fehlender exakter Zahlen auf Schätzungen zurückgreifen mußten und teilweise größere Schwierigkeiten in der Angabe eines Prozentsatzes hatten. Dieser Schwierigkeit und den daraus resultierenden Ungenauigkeiten wurde in Anbetracht der zweigipfligen Verteilung

Verfehlung in % der Projekte	Anzahl der Unternehmen
0 - 10	4
11 - 20	5
21 - 30	2
31 - 40	4
41 - 50	2
	17
51 - 60	1
61 - 70	1
71 - 80	3
81 - 90	2
91 - 100	8
	15
	32

Tab. 3-9: Häufigkeit der Verfehlung von Projektzielen

insofern Rechnung getragen, als die Stichprobe geteilt wurde in Unternehmen mit Verfehlungen eines Projektziels in bis zu 50% der Projekte und in über 50% der Projekte. Dadurch dürften Fehleinstufungen aufgrund ungenauer Schätzungen wesentlich reduziert worden sein, denn für die Interviewpartner war schwierig abzuschätzen, ob etwa bei 20% oder 30% der Projekte die Ziele nicht erreicht werden. Dagegen scheint es aufgrund der zweigipfligen Verteilung leicht abschätzbar zu sein, ob der Wert unter oder über 50% der Projekte liegt.

Ein zweites Effizienzmerkmal basierend auf der Zielerreichung läßt sich aus der Frage bestimmen:

"In welcher Größenordnung in Prozent der geplanten Größen bewegt sich die Zielverfehlung?"

Die Frage nach der Höhe von Zielverfehlungen zielt damit nicht auf einmalige Ausreißer ab, sondern auf übliche Überschreitungen. Die 28 Angaben bewegen sich von 10% bis 100% bei einem Extremwert von 200% bis 300% (vgl. Tab. 3-10). Die angesprochenen Schwierigkeiten hinsichtlich der Angabe von Prozentsätzen gelten insbesondere für diese Daten (vgl. auch Hamann 1983, S. 92 ff.; Diefenbach

Höhe der Verfehlung von Zielen in %	Anzahl der Unternehmen
0 - 20	8
21 - 40	8
	16
41 - 60	3
61 - 80	3
81 - 100	5
über 100	1
	12
	28

Tab. 3-10: Höhe der Verfehlungen von Projektzielen

1984, S. 15 ff.). Daher wird eine grobere Klassifikation gewählt und erneut eine Zweiteilung der Stichprobe vorgenommen.

Um der Datenunsicherheit zu begegnen, werden somit beide Effizienzmerkmale als nominalskaliert behandelt.

Zwischen den beiden vorgestellten Effizienzmerkmalen ist ein enger Zusammenhang festzustellen, d.h. Unternehmen mit häufigen Verfehlungen mindestens eines Zieles haben auch signifikant höhere Zielverfehlungen (vgl. Tab. 3-11).

Nach der Verwendung als Effizienzienzmerkmale seien die Ergebnisse abschließend noch inhaltlich interpretiert. Die Höhe und die Häufigkeit der Verfehlung der von den Unternehmen selbst gesetzten Projektziele sind in dem Umfang wohl überraschend und erschreckend. Erstaunlich ist die Offenheit, mit der diese Zielverfehlungen von den Interviewpartnern zugegeben wurden. Die Ergebnisse sind aber auch Ausdruck für den Bedarf an geeigneten Verfahren zur genaueren Schätzung der Termine und Kosten sowie der Steuerung und Kontrolle der Projekte, d.h. allgemein zum Management der EDV-Projekte.

Merkmal	Ausprägung	Höhe der Verfehlung von Projektzielen bis 40%	über 40%	statistische Kennzahlen
Häufigkeit der Verfehlung von Projektzielen	bis 50 %	11	1	Chi^2 = 14,24
	über 50 %	3	10	s = 99,9 % (+++)
				Phi = 0,75

Tab. 3-11: Zusammenhang zwischen der Häufigkeit und der Höhe der Verfehlung von Projektzielen

Von den drei Zielen Termine, Kosten und Leistungen werden Termine als häufigstes Überschritten, gefolgt von den Kostenüberschreitungen. Die Leistungen eines neuen AWS sollen dagegen meistens eingehalten werden. So werden in 11 Unternehmen regelmäßig die Termine und in 6 Unternehmen die Kosten überschritten, aber nur in 2 Unternehmen die Leistungen nicht erreicht. In 8 Unternehmen wurde betont, Terminüberschreitungen führten gleichzeitig auch zu Kostenüberschreitungen.

Die hier aufgeworfenen Probleme bei der Überschreitung von Terminen und Kosten werden nochmals in Abschnitt 4.1.5 verdeutlicht, wo die Zeit- und Kostenschätzung sowie die Einhaltung von Budgets und Terminen von den Interviewpartnern als die größten Problembereiche bei der Entwicklung von AWS bewertet werden. Die dort gewonnenen Ergebnisse korrelieren sehr stark mit den Angaben zur Häufigkeit von Zielverfehlungen und stützen damit deren Verwendung als Effizienzmaß.

Die damit vorgestellten Effizienzmerkmale können selbstverständlich nicht als alleiniges Maß für die Güte des SE-Prozesses und dessen Management sowie insgesamt für das Management der Systementwicklung herangezogen werden. Die Verwendung dieser Merkmale im weiteren Verlauf der Untersuchung zur Effizienzbeurteilung ist aber deshalb berechtigt, weil die Erreichung der Projektziele eines der größten Probleme bei der Entwicklung von AWS darstellt. Probleme in Zusammenhang mit der Entwicklung von AWS und der Beherrschung des SE-Prozesses haben dann stets Zielverfehlungen zur Folge.

4. Management der EDV-Abteilung

Einleitend wurde in dieser Arbeit bereits die wachsende Bedeutung der Informationsverarbeitung mit Hilfe der EDV hervorgehoben. Information wird als eine Ressource des Unternehmens und sogar als Produktionsfaktor bewertet (vgl. etwa IBM 1981; Reinermann 1981; Szyperski, Eschenröder 1983; Bullinger, Voegele, Litke 1983). Angesichts der wachsenden und wandelnden Bedeutung der Informationsverarbeitung kann und darf die Untersuchung des SE-Prozesses nicht auf die Entwicklung eines einzelnen AWS innerhalb der EDV-Abteilung beschränkt werden, vielmehr muß der Horizont auf die Gesamtheit der AWS mit ihrem Beitrag zur Informationsversorgung der Unternehmensführung und der einzelnen Fachbereiche geweitet werden. Für die Unternehmensführung und die Fachbereiche stellt sich zusammen mit der EDV-Abteilung somit eine bewußt wahrzunehmende Gestaltungsaufgabe in Form des Informationsmanagements.

Diese Aufgabe, im weiteren als EDV-Funktion bezeichnet, wird neben den klassischen Bereichen Produktion, Verkauf, etc. ähnlich der Unternehmensplanung oder dem Personalwesen als "interfunktionaler Querschnittsbereich" (Hanssmann 1982, S. 399) verstanden. Unter Berücksichtigung und Verwendung der technologischen Möglichkeiten der EDV (einschließlich der Kommunikationstechniken) sollen mittels der EDV-Funktion die Ziele und Strategien des Unternehmens unterstützt und der Informationsbedarf der Unternehmensführung sowie der Fachbereiche adäquat erfüllt werden.

Somit zeichnen sich bei der EDV-Funktion zwei Aufgabenbereiche ab, die einer engen Verbindung und Koordination bedürfen. Der erste Aufgabenbereich umfaßt die Gestaltung der Informationsinhalte, der ausschließlich dem Informationsempfänger, d.h. der Unternehmensführung bzw. den Entscheidungsträgern (auf unterschiedlichen Hierarchiestufen) in den Fachbereichen detailliert bekannt ist. Die Gestaltung der Informationsinhalte sollte auf der Basis "betriebswirtschaftlich fundierter Rahmenkonzepte" (Müller-Merbach 1983a, S. 822; siehe auch Müller-Merbach 1981) definiert werden. Der im weiteren als Anwender in den Fachbereichen bezeichnete Personenkreis konzipiert also seinen Informationsbedarf, der mit Hilfe von AWS erfüllt werden soll und beeinflußt damit entscheidend den Inhalt und den Aufbau des späteren AWS. Der zweite Aufgabenbereich umfaßt die Gestaltung und den Einsatz der Technologien, mit deren Hilfe Informationen (bzw. Daten als unbewertete Information) erfaßt, verarbeitet, gespeichert und verteilt werden. Organisatorisch konkretisiert sich der zweite Aufgabenbereich in einer oder auch mehreren EDV-Abteilung(en). Ungeachtet dieser Möglichkeit der Aufteilung sei im folgenden der Singular verwendet.

Im Rahmen der gesamten EDV-Funktion sind drei Teilfunktionen wahrzunehmen,

- das Management der EDV-Funktion,
- die Entwicklung und Wartung von AWS (als Synonym für Informations-, Kommunikationssysteme, etc.) und
- der Betrieb der dazu notwendigen Einrichtungen, d.h. der Systembetrieb.

Die Verteilung der einzelnen Teilfunktionen auf die EDV-Abteilung und die Anwender in den Fachbereichen ist unternehmensindividuell festzulegen und permanenter Wandlung unterworfen. Die klare gedankliche Trennung der beiden Aufgabenbereiche, Gestaltung der Informationsinhalte und Gestaltung und Einsatz der dazu notwendigen Technologien, kann in der betrieblichen Praxis verwischt sein. So ist einerseits aufgrund gesammelter Erfahrungen eine Mitsprache der EDV-Abteilung in der fachlichen Gestaltung und organisatorischen Handhabung der AWS denkbar. Andererseits kann im Rahmen der sog. individuellen Datenverarbeitung in den Fachbereichen auch von den Anwendern selber Informationsverarbeitung durchgeführt werden. Hilfsmittel sind dazu Datenbankabfrage- und Planungssprachen wie APL, die zugreifen auf von der EDV-Abteilung betriebene Rechner und gepflegte Datenbanken oder in den Fachbereichen installierte und betriebene Mikrorechner und Personal Computer (PC) (vgl. etwa Canning 1984; Scheer 1984).

Nicht aus den Augen zu verlieren ist jedoch die Ausgangsbasis, wonach beide Aufgabenbereiche gemeinsam erst ein unternehmensweites Informationsmanagement bilden. In den weiteren Untersuchungen werden daher die Aufgabenverteilung und die Zusammenarbeit zwischen Unternehmensführung, Anwendern in den Fachbereichen und EDV-Abteilung immer wieder von besonderem Interesse sein.

In dem der Untersuchung zugrundegelegten Bezugsrahmen (vgl. Abb. 1-2) wurden aufgrund der erwarteten Bedeutung der EDV-Funktion für die organisatorische Gestaltung des SE-Prozesses und dessen Management in Form von EDV-Projekten die Merkmale der EDV-Funktion gesondert ausgewiesen. Einflüsse sind von der EDV-Funktion auf die Ausgestaltung des funktionellen und institutionellen Projektmanagements (Kapitel 5 und 6) sowie auf die Verhaltensmerkmale der am SE-Prozeß Beteiligten zu unterstellen.

In dem vorliegenden Kapitel 4 werden im Rahmen der EDV-Funktion im wesentlichen Merkmale der EDV-Abteilung untersucht, jedoch immer im Hinblick auf die gesamte EDV-Funktion. Einleitend werden in Abschnitt 4.1 das Selbstverständnis der EDV-Abteilung, die Beurteilungskriterien und das sich daraus entwickelnde Image der EDV-Abteilung aufgezeigt. Als ein wesentliches Strukturmerkmal der EDV-Funktion und Einflußfaktor auf den SE-Prozeß wird anschließend die Größe der EDV-Abteilung (Abschnitt 4.2) ausgewiesen. Die aufbauorganisatorischen Aspekte der Verbindung von EDV-Abteilung und EDV-Funktion werden mit der organisatorischen

Eingliederung der EDV-Abteilung in das Unternehmen (Abschnitt 4.3), der Aufbauorganisation der EDV-Abteilung und speziell der kaufmännischen Systementwicklung (Abschnitt 4.4) sowie der Ausschüsse zur unternehmensweiten Koordination der EDV-Funktion (Abschnitt 4.5) aufgegriffen. Dem personellen Umfeld des SE-Prozesses wie der Ausbildung und Erfahrung der Systementwickler sowie deren Motivation wird in Abschnitt 4.6 Rechnung getragen. Als sehr bedeutend für die gesamte unternehmensweite EDV-Funktion wird in Abschnitt 4.7 die EDV-Planung herausgestellt. Mit der langfristigen EDV-Planung konkretisiert sich die strategische Ausrichtung der EDV-Funktion auf die Ziele und Strategien des Unternehmens sowie den Informationsbedarf der Anwender in den Fachbereichen. In der kurzfristigen EDV-Jahresplanung ist dann die konkrete Auswahl der zu entwickelnden AWS vorzunehmen. Diese Planungsaktivitäten finden schließlich ihren Niederschlag in dem Budget der EDV-Abteilung. Abschließend werden die eingesetzten Verrechnungsmethoden als wichtiges Instrument zur Steuerung der EDV-Funktion gesondert untersucht.

4.1 Ziele, Selbstverständnis, Beurteilungskriterien und Probleme der EDV-Abteilung

Einleitend wurde in Kapitel 4 der Grundsatz ausgesprochen, daß die EDV-Funktion und damit auch die EDV-Abteilung die Unternehmensziele und -strategien zu unterstützen hat. Daher wurde in der Untersuchung der Frage nachgegangen, inwieweit in der EDV-Abteilung schriftlich ausgearbeitete Ziele und Aufgabenbeschreibungen fixiert sind (Abschnitt 4.1.1). Die angegebenen Ziele und Aufgaben lassen sich dann nach dem darin zum Ausdruck kommenden eher dienenden oder mehr gestaltenden Selbstverständnis der EDV-Abteilung im Verhältnis zu den Anwendern in den Fachbereichen analysieren (Abschnitt 4.1.2). In Form eines Selbstbildes sollten die Interviewpartner anschließend angeben, nach welchen Kriterien ihres Erachtens nach die EDV-Abteilung von den Anwendern in den Fachbereichen und der Unternehmensführung beurteilt wird. An dem von den Interviewpartner bewerteten Image der EDV-Abteilung läßt sich dann ablesen, wie gut diese Kriterien erfüllt werden. Die für ein positives oder negatives Image genannten Gründe liefern dann nicht nur Ansatzpunkte für eine vordergründige Imageverbesserung, sondern auch von der EDV-Abteilung anzustrebende Ziele und Gestaltungsmaßmahmen (Abschnitt 4.1.3). Abschließend werden in einem Überblick die von den Interviewpartnern empfundenen Hauptprobleme der EDV-Abteilung (Abschnitt 4.1.4) und speziell die Problembereiche bei der Entwicklung von AWS (Abschnitt 4.1.5) vorgestellt.

4.1.1 Verbreitung von EDV-Abteilungszielen und Aufgabenbeschreibungen

Um Ziele für die EDV-Abteilung abgestimmt auf die Unternehmensziele aufstellen und verfolgen zu können, ist es notwendig, daß erstens Unternehmensziele bestehen, zweitens diese möglichst schriftlich fixiert und drittens in der EDV-Abteilung, zumindest aber dem EDV-Leiter und den SE-Leitern, bekannt sind.

Ziele sind gekennzeichnet durch die Merkmale "Angabe eines Resultates menschlichen Handelns, Zukunftsbezogenheit und positive Valenz" (Strebel 1981, S. 458 und die dort angegebene Literatur). Ziele - und damit auch Unternehmensziele - üben zwei wesentliche Funktionen aus, eine Steuerungs- und eine Koordinierungsfunktion. Die Steuerungsfunktion ergibt sich aus der Vorgabe operationalisierter Ziele, die in konkreten Entscheidungssituationen als Kriterien für die Beurteilung von Alternativen herangezogen werden können, um so das Handeln der Entscheidungsträger im Sinne des Unternehmens zu beeinflussen (vgl. Hauschildt 1980, Sp. 2423; Strebel 1981, S. 458). Die Koordinierungsfunktion wird darin deutlich, "daß die von verschiedenen Instanzen in unterschiedlichen Angelegenheiten und oft unabhängig voneinander getroffenen Entscheidungen zusammengenommen zur Erfüllung übergeordneter Unternehmensziele beitragen" (Strebel 1981, S. 458).

In den Interviews sollten die Verbreitung der Unternehmensziele, ihre Bedeutung für die EDV-Abteilung und die Verbeitung von Zielen für die EDV-Abteilung in Erfahrung gebracht werden. Nach Wissen der Interviewpartner bestehen in 29 von 32 Unternehmen (91%) (viermal keine Angabe) Unternehmensziele, die in 23 Unternehmen (72%) schriftlich fixiert sind. Inhaltlich bekannt waren die Unternehmensziele den Interviewpartnern aus 19 Unternehmen, wenigstens teilweise bekannt in weiteren vier und überhaupt nicht bekannt in ebenfalls vier Unternehmen (zweimal keine Angabe). Alle befragten EDV-Leiter kannten die Unternehmensziele, bei den SE-Leitern war dies jedoch häufig schon nicht mehr der Fall.

Soweit ergänzende Angaben vorliegen, wird den Unternehmenszielen meist eine hohe Bedeutung im Unternehmen zugesprochen, und 8 von 9 sich äußernden Interviewpartnern sehen auch eine Bedeutung für die EDV-Abteilung, indem die Ziele eine Orientierungshilfe bieten.

Ziele für die EDV-Abteilung bestehen in etwa der Hälfte der Unternehmen, die auch über Unternehmensziele verfügen (14 von 29, 48%). In drei Unternehmen wurde angegeben, es würden nur projektbezogene Ziele festgelegt, die im Einklang mit den Unternehmenszielen seien.

Aufgabenbeschreibungen für die EDV-Abteilung wurden in schriftlicher Form in 22 Unternehmen (65%) angetroffen (zweimal keine Angabe). In drei dieser Unternehmen ergeben sich die Aufgabenbeschreibungen als Summe der Funktionsbeschreibungen, die einzelnen Mitarbeitern zugeordnet werden können. Zwei weitere Interviewpartner gaben den Hinweis, daß in ihren Abteilungen zwar keine expliziten Aufgabenbeschreibungen vorhanden, diese im Grunde aber aus dem EDV-Rahmenplan (vgl. Abschnitt 4.7.1) zu entnehmen sind.

Neben den teilweise genannten Abteilungszielen und -aufgaben wurden die Interviewpartner gebeten, die Hauptaufgaben der EDV-Abteilung pointiert darzustellen. Im wesentlichen wurde die Entwicklung und Wartung der AWS und der Betrieb des Rechenzentrums genannt. Interessanter ist es jedoch, das aus den Antworten abzulesende Selbstverständnis der EDV-Abteilung auszuwerten.

4.1.2 Selbstverständnis der EDV-Abteilung

In den Gesprächen mit den Interviewpartnern wurden zwei gegensätzliche Grundeinstellungen über die Ziele und Aufgaben der EDV-Abteilung im Unternehmen deutlich, die unter dem Begriff Selbstverständnis der EDV-Abteilung zusammengefaßt werden sollen. Nach der einen Grundeinstellung wird die EDV-Abteilung als reine Dienstleistungs- oder Servicefunktion der Fachbereiche gesehen, die deren Anforderungen an Informationsversorgungsleistungen möglichst reibungslos und im Extremfall kritiklos zu erfüllen hat. So betont auch Szyperski (1978, S. 10), die EDV-Abteilung und die AWS haben eine "Servicefunktion zu erfüllen; sie müssen sich inhaltlich, prozessual und organisatorisch den Unternehmungsaufgaben und deren Erfüllung anpassen". Kennzeichnende Antworten der Interviewparner sind für diese Einstellung etwa: 'Bereitstellung der richtigen Information zum richtigen Zeitpunkt' oder 'Befriedigung der Bedürfnisse der Anwender'. Diese Einstellung kann so weit führen, daß die EDV-Abteilung, wie in einem Extremfall beobachtet, über keine Kontrolle der eigenen Ressourcen mehr hat und zum reinen Werkzeug der Fachbereiche geworden ist.

Bezeichnet werden soll diese Grundeinstellung mit einem dienenden im Gegensatz zu einem aktiv gestaltenden Selbstverständnis der EDV-Abteilung. Diese gestaltende Grundeinstellung wird beispielsweise in der Antwort deutlich, daß als Aufgabe der EDV-Abteilung die 'Umgestaltung der Ablauforganisation mittels Datenverarbeitung mit dem Ziel der Rationalisierung' gesehen wird. In dem am weitesten in diese Richtung tendierenden Unternehmen werden die Abläufe so rasch auf die EDV umgestellt, daß die Fachbereiche als Anwender nur mit Mühe in der Umstellung ihrer organisatorischen Abläufe Schritt halten, geschweige denn Anforderungen an neue AWS stellen können.

Zwischen diesen extremen Grundeinstellungen, die auch als Machtverteilung zwischen EDV-Abteilung und Fachbereichen interpretierbar sind, lassen sich die besuchten EDV-Abteilungen einordnen. Neben den beiden Klassen, in denen entweder ein dienendes oder ein gestaltendes Selbstverständnis dominiert, werden in eine dritte Klasse die EDV-Abteilungen eingestellt, bei denen sowohl dienende als auch gestaltende Elemente zu erkennen sind. Ausgenommen von dieser Betrachtung werden die drei EDV-Dienstleistungsunternehmen und von 6 Unternehmen sind die Hinweise zu undeutlich, um eine Einordnung vornehmen zu können.

Von den verbleibenden 27 EDV-Abteilungen wurde festgestellt:

- in 16 (59%) ein dominierendes dienendes Selbstverständnis,
- in 7 (26%) sowohl ein dienendes als auch ein gestaltendes,
- in 4 (15%) ein dominierendes gestaltendes Selbstverständnis.

Diese Zahlen verdeutlichen die in den Interviews erkennbar gewordene Tendenz, daß das dienende Selbstverständnis gegenüber dem gestaltenden überwiegt. Es entstand der Eindruck, daß viele Abteilungen in eine rein defensive Rolle gedrängt wurden, teilweise bedingt durch Mißerfolge in der Vergangenheit. Eine offensive Rolle mit einem dominierend gestaltenden Selbstverständnis wurde in nur wenigen EDV-Abteilungen vorgetragen und dies von EDV-Leitern oder SE-Leitern, die den Eindruck einer starken Persönlichkeit verbunden mit hoher fachlicher Kompetenz vermittelten. Es kann vermutet werden, daß dieses dominierend gestaltende Selbstverständnis gegen den Druck der Fachbereiche nur so lange beibehalten werden kann, wie der Erfolg der EDV-Abteilung in der Rationalisierung der Abläufe und der Informationsversorgung der Anwender anhält. Anhaltender Mißerfolg dürfte, wie in einigen EDV-Abteilungen angedeutet, zu einer Machtverschiebung und tendenziell zu einem dienenden Selbstverständnis führen.

Andererseits zeigen zwei Erhebungen von Streicher und Sandscheper (1982, T.1, S. 45 und 1985b, S. 40) die Stärkung eines gestaltenden Selbstverständnisses auf. Zu den Aussagen "Berater der Fachabteilungen", "Motor der Rationalisierung" und "Initiator des Unternehmensfortschritts" bekannten sich 1980 bzgl. ihrer EDV-Abteilungen erst 60%, 57% und 30% der Befragten, im Jahr 1984 waren es bereits 63%, 56% und 37% der Befragten.

Zu fordern ist ein Selbstverständnis, das sowohl gestaltende als auch dienende Elemente enthält. Die EDV-Abteilung sollte weder ein Spielball der Fachbereichsinteressen sein noch als ein mit Eigeninteressen belastetes Machtinstrument eingesetzt werden. Anzustreben ist vielmehr eine Dienstleistungsabteilung, die zusammen mit den Fachabteilungen ein auf die Unternehmensziele abgestimmtes, unternehmensweites Konzept zur Informationsverarbeitung erstellt und verfolgt (vgl. auch Diebold 1982, S. 2).

4.1.3 Beurteilungskriterien und Image der EDV-Abteilung

Vor dem Hintergrund des festgestellten vorwiegend dienenden Selbstverständnisses der EDV-Abteilung sei nun untersucht, nach welchen Kriterien nach Ansicht der Interviewpartner die EDV-Abteilung von den Anwendern in den Fachbereichen und der Unternehmensführung beurteilt wird. Neben dem so erhobenen Selbstbild wäre eine Fremdbildanalyse sicherlich reizvoll gewesen, auf diese mußte jedoch aus den bereits erläuterten Gründen verzichtet werden (vgl. Abschnitt 2.2.2).

Diese vermeintlichen Beurteilungskriterien können aber als Ziele interpretiert werden, nach denen die EDV-Abteilung ausgerichtet wird bzw. ausgerichtet werden sollte.

Die genannten Kriterien lassen sich in drei Kategorien unterteilen. Die erste Kategorie umfaßt Kriterien, die sich auf die Durchführung von EDV-Projekten beziehen und zwar insbesondere hinsichtlich der Termine, Kosten und der Zusammenarbeit mit Anwendern. Antwortbeispiele sind etwa

- 'Zeitgerechte Bereitstellung der geforderten EDV-Leistung',
- 'Termintreue',
- 'schnelle Reaktion auf die Anwenderwünsche',
- 'Kosteneinhaltung',
- 'Art und Weise der Zusammenarbeit zwischen Mitarbeitern der EDV-Abteilung und den Fachbereichen',
- 'Qualität der Arbeit, d.h. funktionelle Abwicklung der Projekte',
- 'keine Projektmißerfolge' und
- 'Selbständigkeit der EDV-Abteilung beim Aufgreifen von Problemfeldern und deren Lösung'.

In die zweite Kategorie werden Kriterien bzgl. der entwickelten AWS, d.h. des Produkts, aufgenommen wie etwa

- 'Akzeptanz',
- 'Qualität',
- 'Funktionserfüllung' und
- 'Fehlerfreiheit'

der entwickelten Systeme.

Mehr auf die Auswirkungen der AWS beziehen sich die Kriterien der dritten Kategorie wie z.B.:

- 'wirtschaftlicher Einsatz der Datenverarbeitung im Unternehmen',
- 'Reduzierung der Arbeitslast',
- 'Nachweis der Kosteneinsparung durch die entwickelten Systeme',

Beurteilungskriterien	Unternehmen Anzahl		Unternehmen Prozent	
Durchführung des EDV-Projekts		21		60
Termine	17		47	
Kosten	6		17	
Zusammenarbeit mit Anwendern	5		14	
Sonstige	5		14	
Anwendungssystem (Produkt)		25		71
Auswirkungen der Anwendungssysteme		4		11
(Mehrfachnennungen)		n = 36		100

Tab. 4-1: Beurteilungskriterien der EDV-Abteilung

Als Ergebnis ist in Tab. 4-1 festgehalten, daß als Beurteilungskriterien hauptsächlich die AWS als Produkt des SE-Prozesses sowie die Durchführung der EDV-Projekte gesehen werden. In diesen Kriterien drückt sich das dienende Selbstverständnis der EDV-Abteilung sowie die Hinwendung zum Anwender in den Fachbereichen aus. Bei der Durchführung der EDV-Projekte spielen Termine wiederum eine deutlich größere Rolle als die Kosten (vgl. auch Abschnitt 3.3).

In enger Verbindung zu den Beurteilungskriterien ist das Image der EDV-Abteilung zu sehen. Erfaßt werden sollte also ein "vorgefaßtes, festumrissenes Vorstellungsbild" (Duden 1973, Bd. 1, S. 347) der EDV-Abteilung. Die exakte Fragestellung lautete:

"Wie, glauben Sie, wird Ihre Abteilung im Unternehmen gesehen?"

In den von 35 Unternehmen erhaltenen Antworten ist zunächst eine Einstufung des Image abzulesen in 'gut', 'mittel' bzw. 'teils-teils' und 'schlecht'. Wertvoller für die Analyse sind jedoch die genannten Faktoren, die nach Ansicht der Befragten zu einem guten oder schlechten Image führen. Bis auf wenige Ausnahmen entstand in den Interviews der Eindruck einer sehr offenen und wahrheitsgemäßen Beantwortung, die teilweise sehr drastische Darstellungen enthielt.

- Ein insgesamt sehr gutes, gutes oder bedingt gutes Image wurde der EDV-Abteilung in 9 Unternehmen (26%) zuerkannt.

- Ein teilweise gutes und teilweise schlechtes Image in Abhängigkeit von einzelnen Fachbereichen, Abteilungen oder Personen oder auch ein insgesamt mittleres Image wurde in 19 Unternehmen (54%) gesehen.

- Ein insgesamt schlechtes oder sehr schlechtes Image wurde der EDV-Abteilung in 7 Unternehmen (20%) zugesprochen.

In 8 Unternehmen wies man aber auf eine Verbesserung des Image in der jüngeren Vergangenheit hin, nur in einem Unternehmen sei eine Verschlechterung eingetreten.

Interessanter als diese Häufigkeiten und Prozentzahlen sind jedoch die von den Interviewpartnern zusätzlich genannten Faktoren, die bei ihrer Abwesenheit zu einer Verschlechterung des Images führen bzw. Faktoren, die bei ihrer Anwesenheit zu einer Verbesserung des Images beitragen. Bevor im Anschluß die einzelnen Faktoren ausführlich einzeln vorgestellt werden, sei mit der Abb. 4-1 ein Überblick vermittelt.

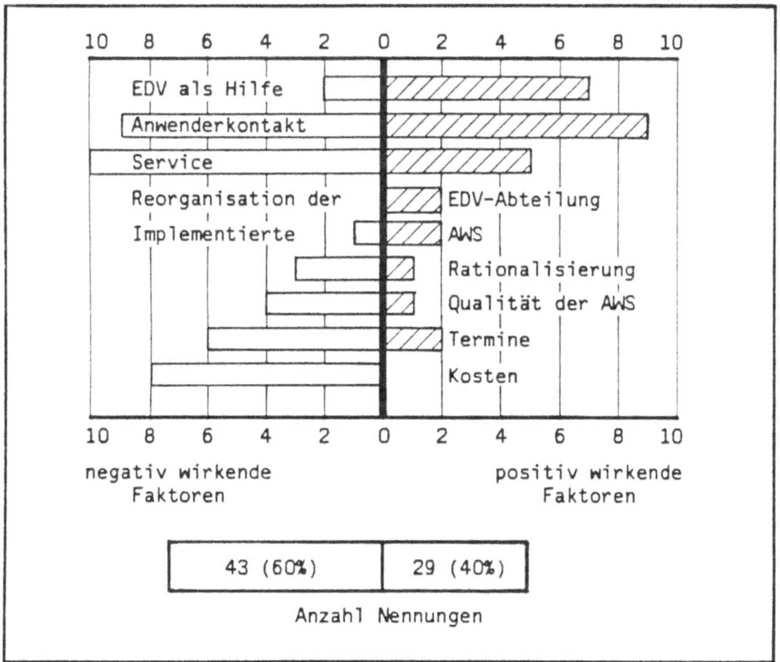

Abb. 4-1: Positiv und negativ wirkende Faktoren auf das Image der EDV-Abteilung

Positiv auf das Image der EDV-Abteilung wirkt zunächst die Tatsache, daß die entwickelten AWS als eine Hilfestellung, Unterstützung, Entlastung und Arbeitserleichterung von den Fachbereichen gesehen werden. Negativ werden jedoch die mögliche Abhängigkeit von der Datenverarbeitung und ihr Auftreten als 'möglicher Dominanzfaktor mit Mißtrauen' beachtet.

Eng damit verbunden ist die Qualität der AWS, die sich in einer umständlichen Handhabung, anfallenden Mehrarbeit oder zu großen Kompliziertheit ausdrückt und ein schlechtes Image verursacht.

Anwenderkontakte und eine Anwendereinbeziehung in den SE-Prozeß wirken positiv auf das Image der EDV-Abteilung. Ein fehlender Kontakt und keine Einbeziehung hat dagegen negative Auswirkungen zur Folge. Positiv auf das Image hat sich nach Ansicht der Interviewpartner gezeigt, die 'Sprache der Anwender zu sprechen', 'mehr mit den Anwendern zusammenzuarbeiten', 'mehr Aufklärungsarbeit zu leisten' und z.B. 'die Kommunikationsfähigkeit der EDV-Mitarbeiter zu erhöhen'. So bestehen z.B. 'keine Kommunikationsprobleme, da durch EDV-Mitarbeiter, die in die Fachbereiche gewechselt sind, dort EDV-Wissen angesammelt wurde und daher die Schwierigkeiten der EDV-Abteilung verstanden werden'. Ähnlich verlautete, 'die Anwender, die Erfahrung mit der Datenverarbeitung machten, werden selbständiger, sind eher zur Mitarbeit bereit und ihr Wissen über die Datenverarbeitung erhöht sich'. Hier stellt sich für die EDV-Abteilung also die Aufgabe des Wissenstransfers in die Fachbereiche, denn 'Angst vor Neuem', 'enttäuschte, z.T. von der EDV-Abteilung zusätzlich geweckte Erwartungen', 'geringes Verständnis', 'ein Mantel des Geheimnisvollen' sowie 'ein Hauch des Spezialisten gepaart mit dem Odium des Unglaublichen' führten zu einem schlechten Image.

Ein häufig genannter Faktor mit positiven und negativen Auswirkungen stellt der von der EDV-Abteilung gebotene Service dar. Wirksam wurde das Image dadurch verbessert, daß 'Kleinigkeiten in Programmen schnell geändert' und 'Ad-hoc-Anforderungen der Anwender eher erledigt' wurden. Gerade in diese Servicelücke der EDV-Abteilungen sind einige OR-Gruppen gestoßen und haben u.a. dadurch ihre Existenz gesichert (vgl. Möser 1986). Positiv wirkte sich auch die Einführung der individuellen Datenverarbeitung aus. Ein 'im Hintergrund bleibender Servicegedanke' der EDV-Abteilung, der hinreichend bekannte 'Entwicklungsstau', 'viele nicht realisierte Anwenderwünsche' sowie eine 'schwerfällige', 'innovationshemmende' EDV-Abteilung hatten dagegen negative Auswirkungen auf das Image der EDV-Abteilung.

Eine Reorganisation der EDV-Abteilung in Richtung einer größeren Anwendernähe erwies sich ebenfalls als positiv. In Verbindung mit dem Anwenderkontakt und dem Servicegedanken steht sicherlich die genannte Erscheinung, in jenen Abteilungen als EDV-Abteilung ein gutes Image zu haben, wo AWS implementiert sind, und in jenen ein schlechtes, wo noch nicht die Gelegenheit bestand, die Fähigkeiten der EDV-Abteilung unter Beweis zu stellen.

So wie die Datenverarbeitung einerseits als Hilfe gesehen wird, wird andererseits die damit verbundene Rationalisierung, die meist auf Personalfreisetzung beruht, mit Angst und Mißtrauen betrachtet und ist dem Image der EDV-Abteilung meist abträglich.

Der Termintreue bei EDV-Projekten wurde nur in zwei Unternehmen eine positive Auswirkung auf das Image zugesprochen, vielmehr wird durch Überschreitungen und lange Entwicklungszeiten eher ein negatives Image bewirkt.

Noch gravierender ist der negative Einfluß der Kosten auf das Image der EDV-Abteilung. So wird die EDV-Abteilung als 'Kostenverursacher' und als 'zu teuer' angesehen. Kostenüberschreitungen hätten eine negative Wirkung auf das Image zur Folge, jedoch wird in keinem Unternehmen eine positive Wirkung aufgrund einer Einhaltung der geplanten Kosten angezeigt. Um so erstaunlicher ist, daß in der EDV-Abteilung den Kosten im Gegensatz zu den Terminen und Leistungen des AWS geringere Bedeutung beigemessen wird, wie weitere Analysen noch zeigen werden.

Die Faktoren mit ihren positiven und negativen Auswirkungen auf das Image der EDV-Abteilung, wie sie in Abbildung 4-1 zusammengestellt wurden, erinnern an die Darstellung von Herzbergs Zwei-Faktoren-Theorie (1968). Bezüglich der Motivation von Mitarbeitern unterschied er zwischen Faktoren, die Unzufriedenheit verhindern, aber keine Zufriedenheit bewirken (Hygienefaktoren) und Faktoren, die Zufriedenheit herstellen können (Motivatoren).

In Übertragung dieser Gedanken auf das Image der EDV-Abteilung ist zu vermuten, daß es Faktoren gibt, deren Erfüllung Zufriedenheit der Anwender und ein gutes Image der EDV-Abteilung bewirken. Hierzu sind namentlich der Anwenderkontakt und die Anwendereinbeziehung in den SE-Prozeß, ein Anbieten der Datenverarbeitung als ein Hilfsmittel und ein guter Service zu zählen. Andere Faktoren führen anscheinend nicht zu einer Zufriedenheit der Anwender und zu einem guten Image der EDV-Abteilung, vielmehr verhindern diese nur Unzufriedenheit bzw. ein schlechtes Image. Zu diesen Faktoren sind die Qualität der AWS, Termineinhaltung und Kosten zu zählen, gerade also die Ziele, die mit dem Projektmanagement (vgl. Abschnitt 3.3) erreicht werden sollen. Die Erfüllung der gesetzten Qualitäts-, Termin- und Kostenziele ist für die Anwender demnach eine Selbstverständlichkeit und wird nicht mit einem guten Image und wohl auch nicht mit Anerkennung der Leistung belohnt.

Zur Verbesserung des Image der EDV-Abteilung sei nochmals Herzberg herangezogen, der rät, "die leicht zu identifizierenden negativen Aspekte in den Hygiene-Faktoren zu eliminieren und sich voll auf die Motivatoren zu konzentrieren" (Herzberg 1968, zitiert bei Staehle 1980, S. 237). Die bei der Darstellung der einzelnen Faktoren genannten Gestaltungsempfehlungen liefern dafür eine Reihe von Anregungen.

Die letzten drei in Abbildung 4-1 dargestellten Faktoren 'Qualität der AWS', 'Termine' und 'Kosten' sind schon aus Abschnitt 3.3 als Projektziele bekannt. Es ist daher reizvoll zu überprüfen, ob das Image der EDV-Abteilungen unter häufigen und hohen Projektzielverfehlungen leidet. In der Tat ist in diesen Unternehmen ein signifikant schlechteres Image zu verzeichnen (vgl. Tab. 4-2) als in den Unternehmen mit selteneren und geringeren Projektzielverfehlungen. Dies unterstreicht nochmals die Bedeutung der gesetzten Projektziele, um ein schlechtes Image der EDV-Abteilung zu vermeiden.

Merkmal	Ausprägung	Image der EDV-Abteilung			statistische Kennzahlen
		gut	mittel	schlecht	
Häufigkeit der Verfehlung von Projektzielen	bis 50 %	7	9	0	Chi^2 = 3,48; s = 93,8 % (+)
	über 50 %	2	7	6	Phi = 0,34
Höhe der Verfehlung von Projektzielen	bis 40 %	6	11	3	(Chi^2 = 2,70)
	über 40 %	0	5	2	(s = 89,0 %)

Tab. 4-2: Image der EDV-Abteilung und Verfehlung von Projektzielen

Bedeutung erlangt ein gutes Image der EDV-Abteilung insofern, als es u.a. die Durchsetzung einer strategischen EDV-Rahmenplanung, die Projektauswahl (vgl. Abschnitt 4.7) und die Projektarbeit oder auch allgemein die Zusammenarbeit zwischen EDV-Abteilung, Unternehmensführung und Fachbereichen durch mehr entgegengebrachtes Vertrauen fördert.

4.1.4 Hauptprobleme der EDV-Abteilung

In den Interviews wurde eingangs die Frage nach den Hauptproblemen der EDV-Abteilung gestellt, um für das weitere Interview sensibilisiert zu sein. Aus dem nämlichen Grund seien die Antworten im folgenden zusammengestellt.

Probleme mit den Anwendern werden am häufigsten genannt (vgl. Tab. 4-3). Beklagt werden 'ein fehlendes gegenseitiges Verständnis zwischen Anwendern und EDV-Abteilung', 'zu geringes Problemverständnis der Anwender', 'unklare Spezifikationen der Anforderungen durch die Anwender', 'zu geringe Identifikation der Anwender mit den Systemen' u.v.a. mehr. Auf diese Probleme wird im Rahmen der Anwendereinbeziehung in den SE-Prozeß (Abschnitt 6.4) noch ausführlicher eingegangen werden.

Neben der Schwierigkeit, den Servicegedanken in der EDV-Abteilung zu verbreiten, werden Probleme mit zu geringen oder an den Umsatz gekoppelten EDV-Budgets aufgeführt sowie Hardwareprobleme, insbesondere zu geringer Rechnerkapazität.

Das am zweithäufigsten genannte Problem betrifft die zu geringe Personalkapazität. In Zusammenhang damit sind die Nachwuchsprobleme zu sehen, die sich in 'zu wenig hochqualifizierten Mitarbeitern für Führungsaufgaben' und 'unter Zeitdruck durchgeführter Aus- und Weiterbildung' ausdrücken. Fragen der Ausbildung und Motivation der Mitarbeiter werden in Abschnitt 4.6 eingehend untersucht.

Als Probleme werden weiterhin die Termineinhaltung sowie zu hohe EDV-Kosten bzw. aus Wirtschaftlichkeitsargumenten gescheiterte EDV-Projekte empfunden.

Als Systementwicklungsprobleme sind das 'Fehlen einer anerkannten Vorgehensweise zum Software Engineering und zum Projektmanagement', allgemeine 'Ablaufprobleme in der Systementwicklung' sowie 'Akzeptanzprobleme bzgl. der Richtlinien, Handbücher und Methoden zur Systementwicklung' zusammengefaßt.

Eine 'fehlende langfristige EDV-Planung', 'zu alte Anwendungssysteme', 'persönliche Differenzen zwischen den Leitern der Organisations- und der EDV-Abteilung' u.a. sind unter sonstige Probleme subsumiert.

Auffallend ist die Konzentration der Antworten der EDV-Leiter auf die Bereiche Anwender, Termine und Kosten, also von der EDV-Abteilung eher nach außen gerichtete Merkmale, während die SE-Leiter mehr auf die nach innen gerichtete Bereiche Personalkapazität, Hardware(-kapazität) und EDV-Budget hinweisen.

Problembereich	Funktion				Anzahl	
	EDV - Leiter	SE - Leiter	Projektleiter	EDV-Methoden	Interviewpartner	Unternehmen
Anwender	4	4	4	2	14	13
Service	-	1	1	-	2	2
EDV-Budget	-	4	-	-	4	4
Hardware	-	5	-	1	6	5
Personalkapazität	-	9	1	1	11	11
Nachwuchs	-	2	-	1	3	3
Termine	2	1	1	1	5	5
Kosten	2	2	-	-	4	4
Systementwicklung	-	1	1	2	4	4
Sonstige	1	3	2	1	7	6
Anzahl Interview partner bzw. Unternehmen	7	21	8	6	42	33

Tab. 4-3: Hauptprobleme der EDV-Abteilung

4.1.5 Problembereiche bei der Entwicklung von Anwendungssystemen

Neben den allgemeinen Hauptproblemen der EDV-Abteilung sollten die speziell bei der Entwicklung von AWS auftretenden Problembereiche von den Interviewpartnern durch eine geschlossene Frage in Form einer Rating-Skala bewertet werden. Angekreuzt werden konnte mit einer Bewertungsziffer von 1 bis 5 'sehr großer', 'großer', 'mittlerer', 'kleiner' und 'kein' Problembereich (vgl. Abb. 4-2).

Aus dem arithmetischen Mittel der Bewertung von 57 Interviewpartnern wird deutlich (vgl. auch Selig 1984, S. 215), daß:

- die Zeit- und Kostenschätzung der EDV Projekte und die Einhaltung der Projektbudgets und Termine die größten Problembereiche bei der Entwicklung von AWS darstellen. Diese Bewertung rechtfertigt nochmals, die Häufigkeit und die Höhe der Verfehlung der gesetzten Projektziele als Effizienzmerkmale des SE-Prozesses heranzuziehen. Methoden und Verfahren der Aufwands- und damit Kosten- und Terminschätzung werden in Abschnitt 5.3.5 vorgestellt. Die Projektplanung, -kontrolle und -steuerung wird dann eingehend in Abschnitt 5.5 thematisiert.

- Als weitere, wenn auch nicht so gravierende Probleme treten die Spezifikation der Anforderungen (vgl. auch Abschnitte 5.1.2 und 5.6.1), Qualitätsstandards und die Qualitätskontrolle (vgl. auch Abschnitte 4.4.4 und 5.5) sowie die Dokumentation (vgl. auch Abschnitt 5.6.2) hervor.

- Nochmals leicht abgestuft werden die Probleme bei dem Finden geeigneter Projektleiter (vgl. auch Abschnitte 4.6.2 und 6.2), Probleme mit der Anwendereinbeziehung (vgl. auch Abschnitt 6.4) und der Akzeptanz neuer Methoden in der Systementwicklung (vgl. auch Abschnitt 5.6) gewertet.

- Als sichtbar unproblematisch erweist sich das Finden geeigneter Projekte sowie die Codierung.

Von der Tendenz her decken sich diese Ergebnisse mit denen von Abel et al. (1980, S. 53), die auch die Zeit- und Kostenschätzung sowie die Spezifikation der Anforderungen als die größten Problembereiche herausstellen.

Deutliche Unterschiede in dem Problemempfinden sind erkennbar, teilt man die Interviewpartner hinsichtlich ihrer Funktion auf in EDV-Leiter, SE-Leiter, Projektleiter und Spezialisten für EDV-Methoden. Die Problembereiche werden danach von den EDV-Leitern insgesamt meist niedriger und von den Spezialisten für EDV-Methoden deutlich höher als im arithmetischen Mittel aller Antworten eingestuft. Das niedrige Problemempfinden der EDV-Leiter fällt in erster Linie bei der Zeit- und Kostenschätzung sowie dem Punkt Qualitätsstandards und -kontrolle auf. Hier liegen auch signifikante Bewertungsunterschiede gegenüber den Projektleitern vor, die für die Termine und Kosten des Projekts sowie für die Qualität der AWS verantwortlich zeichnen. Das hohe Problemempfinden der Projektleiter wird jedoch von den EDV-Leitern nicht geteilt. Dies kann Konflikte bei der Entwicklung von AWS zur Folge haben (vgl. Abschnitt 6.3). Die Spezikation der Anforderungen wird von EDV-Leitern dagegen als größter Problembereich empfunden. Die Bewertung der SE-Leiter deckt sich fast mit dem arithmetischen Mittel aller Angaben.

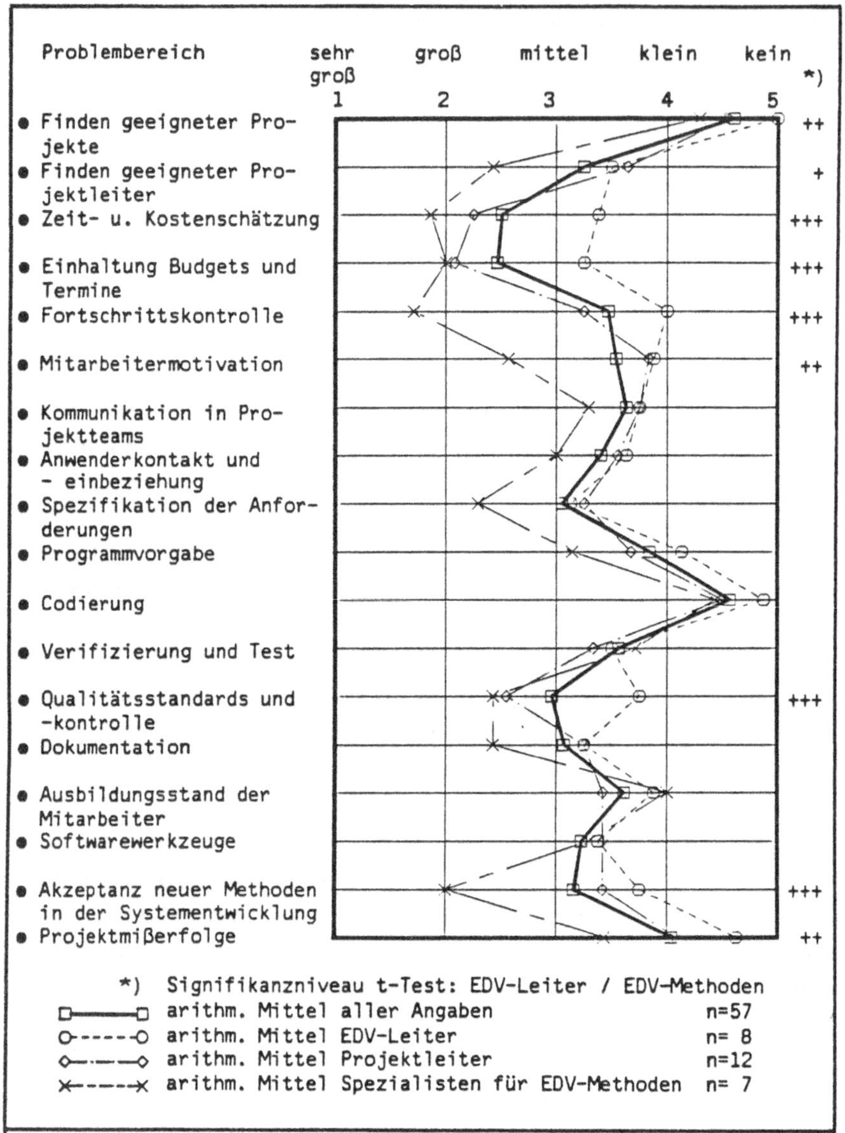

Abb. 4-2: Problembereiche bei der Entwicklung von AWS in Abhängigkeit von der Funktion der Interviewpartner

Weitere dominante Einflüsse auf das Problemempfinden zeigen die EDV-Erfahrung der Interviewpartner sowie die Größe der EDV-Abteilung, aus der der Interviewpartner kommt. Auch wenn die Größe der EDV-Abteilungen erst im nächsten Abschnitt (4.2) vorgestellt wird, soll jedoch schon hier dieser Einfluß verdeutlicht werden.

Mit der Zunahme der EDV-Erfahrung werden die Probleme in der Regel als geringer empfunden. Nicht auszuschließen ist, daß diese Tendenz lediglich auf eine erhöhte Reizschwelle, d.h. eine Abstumpfung gegenüber den Problemen zurückzuführen ist. Es ist jedoch eher anzunehmen, daß die Probleme bei Interviewpartnern mit großer EDV-Erfahrung in der Tat geringer sind. In Abb. 4-3 wird die Stichprobe getrennt in Interviewpartner mit 15 und mehr bzw. weniger als 15 Jahren EDV-Erfahrung. In der letzten Spalte ist basierend auf einem t-Test das Signifikanzniveau der Mittelwertunterschiede festgehalten.

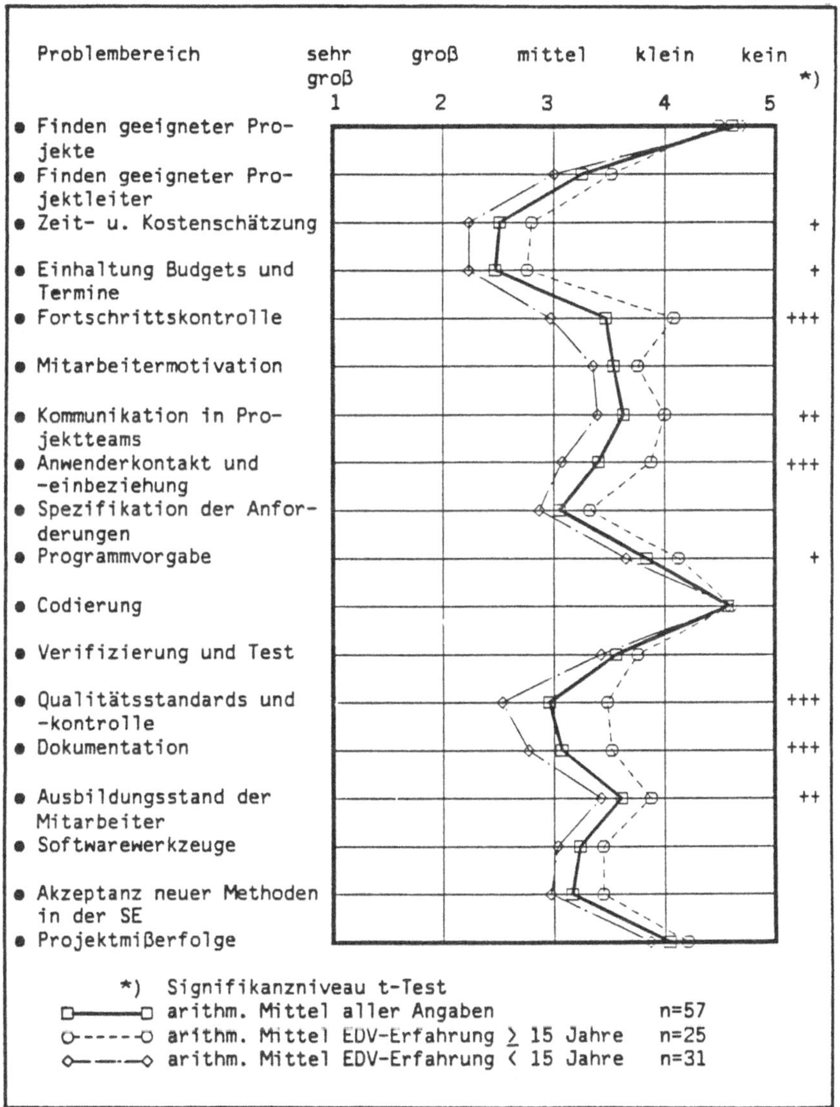

Abb. 4-3: Problembereiche bei der Entwicklung von AWS in Abhängigkeit von der EDV-Erfahrung der Interviewpartner

Demnach vermindern sich durch eine große Erfahrung vor allem die Probleme bei der Fortschrittskontrolle, bei der Anwendereinbeziehung, bei den Qualitätsstandards und der Qualitätskontrolle sowie bei der Dokumentation (vgl. auch die Regressionsanalysen bei Runkel 1984, S. 71).

Durchgängig über alle Bereiche wächst außerdem das Problemempfinden mit der Größe der EDV-Abteilung (vgl. Abb.4-4).

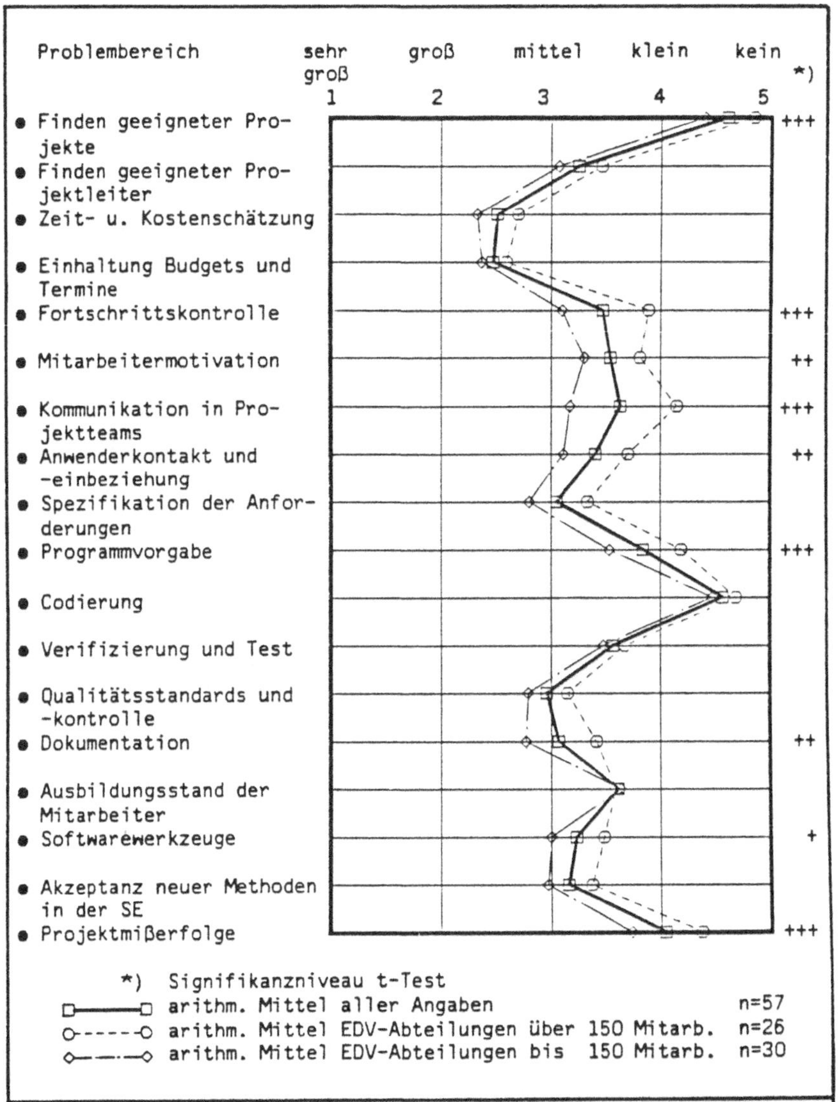

Abb. 4-4: Problembereiche bei der Entwicklung von AWS in Abhängigkeit von der Größe der EDV-Abteilung

Signifikant ist die Zunahme der Probleme insbesondere bzgl. des Findens geeigneter Projekte, der Fortschrittskontrolle, der Kommunikation in Projektteams, der Spezifikation der Anforderungen und der Programmvorgabe. Weiterhin haben Projektmißerfolge in größeren Abteilungen ein stärkeres Gewicht. Diese Unterschiede in der Bewertung sind wohl durch den höheren Koordinationsbedarf in größeren EDV-Abteilungen begründbar. Dokumente wie die Anforderungsspezifikation und Programmvorgabe oder allgemein die Dokumentation gewinnen in größeren Abteilungen eine höhere Bedeutung als in kleineren Abteilungen, wo der persönliche Kontakt zwischen den Mitarbeitern noch intensiver wahrgenommen werden kann und Unzulänglichkeiten in der Dokumentation ausgleicht.

Die Unterschiede in der Bewertung in Abhängigkeit von der Erfahrung und der Größe der EDV-Abteilung zeigen sich auch, wenn diese Analysen lediglich für SE-Leiter ausgeführt werden und damit der Einfluß des Merkmals Funktion ausgeschlossen wird.

Weiterhin wurde der Einfluß des <u>Ausbildungsniveaus</u> bei den Problembereichen Spezifikation der Anforderungen, Programmvorgabe, Verifizierung und Test sowie Qualitätsstandards nachgewiesen. Interviewpartner mit wirtschaftswissenschaftlichem Universitätsabschluß stuften diese Problembereiche höher ein als Interviewpartner mit kaufmännischer Lehre.

In Abschnitt 3.3 wurde bereits auf die starken Zusammenhänge zwischen der Häufigkeit der Verfehlungen der Projektziele und den bewerteten Problembereichen hingewiesen. In Unternehmen, in denen häufig die Projektziele verfehlt werden, werden folgende Problembereiche signifikant höher bewertet:

- die Zeit- und Kostenschätzung (r = 0,31 (++)),
- die Einhaltung der Budgets und Termine (r = 0,67 (+++)),
- die Fortschrittskontrolle (r = 0,38 (+++)),
- Qualitätsstandards und -kontrolle (r = 0,32 (++)) und
- Projektmißerfolge (r = 0,43 (+++)).

Gerade die hohe Korrelation mit der Einhaltung der Budgets und Termine weist doch auf eine relativ hohe Validität der in Abschnitt 3.3 vorgestellten Prozentsätze hin, mit denen Projektziele verfehlt werden, denn beide Fragen wurden unabhängig und zeitlich weit auseinanderliegend im Interview gestellt.

4.2 Größe der EDV-Abteilung

Als ein wesentliches Strukturmerkmal wurde im Rahmen der Untersuchung die Anzahl der Mitarbeiter in der EDV-Abteilung erhoben, das im folgenden als Maß für die Größe der EDV-Abteilung verwendet wird. Dieses Merkmal kennzeichnet zum einen die erhobene Stichprobe und ist weiterhin, wie im Abschnitt 4.1.5 schon sichtbar wurde, als Einflußfaktor auf andere erhobene Merkmale wirksam. Zusätzlich wird die Anzahl der Mitarbeiter in der Systementwicklung dargestellt. Anschließend wird der Zusammenhang zwischen der Größe der EDV-Abteilung und den allgemeinen Unternehmensmerkmalen Mitarbeiterzahl, Umsatz und Branche aufgezeigt.

In der vorliegenden Untersuchung sind mit Ausnahme von zwei Abteilungen, die 50 oder weniger Mitarbeiter umfassen, nur mittlere und große EDV-Abteilungen (94%) und entsprechende Abteilungen für Systementwicklung vertreten (vgl. Tab. 4-4) (vgl. die Einteilung von Meller 1967, S. 93).

Anzahl der Mitarbeiter in der EDV-Abteilung bzw. in den EDV-Dienstleistungsunternehmen	Anzahl der Unternehmen	Anzahl der EDV-Dienstleistungsunternehmen
25 - 50	2	
51 - 100	8	
101 - 150	8	
151 - 250	4	1
251 - 400	8	
über 400	3	2
	33	3

Anzahl der Mitarbeiter in der kaufmännischen Systementwicklung	Anzahl der Unternehmen	Anzahl der EDV-Dienstleistungsunternehmen
0 - 25	6	
26 - 50	9	
51 - 75	6	1
76 - 100	1	
101 - 150	4	
151 - 250	6	1
über 250	1	
keine Angabe		1
	33	3

Tab. 4-4: Anzahl der Mitarbeiter in der EDV-Abteilung und in der kaufmännischen Systementwicklung

Vergleichbar mit der Größe der EDV-Abteilung von Unternehmen ist die Unternehmensgröße der drei EDV-Dienstleistungsunternehmen. Beide Größenangaben werden in Tab. 4-4 wiedergegeben. Die kleinste EDV-Abteilung hat 26 Mitarbeiter, die größte ca. 650 Mitarbeiter. Größer sind lediglich zwei der drei Unternehmen aus dem EDV-Dienstleistungsbereich mit je etwa 1500 bzw. 1600 Mitarbeitern.

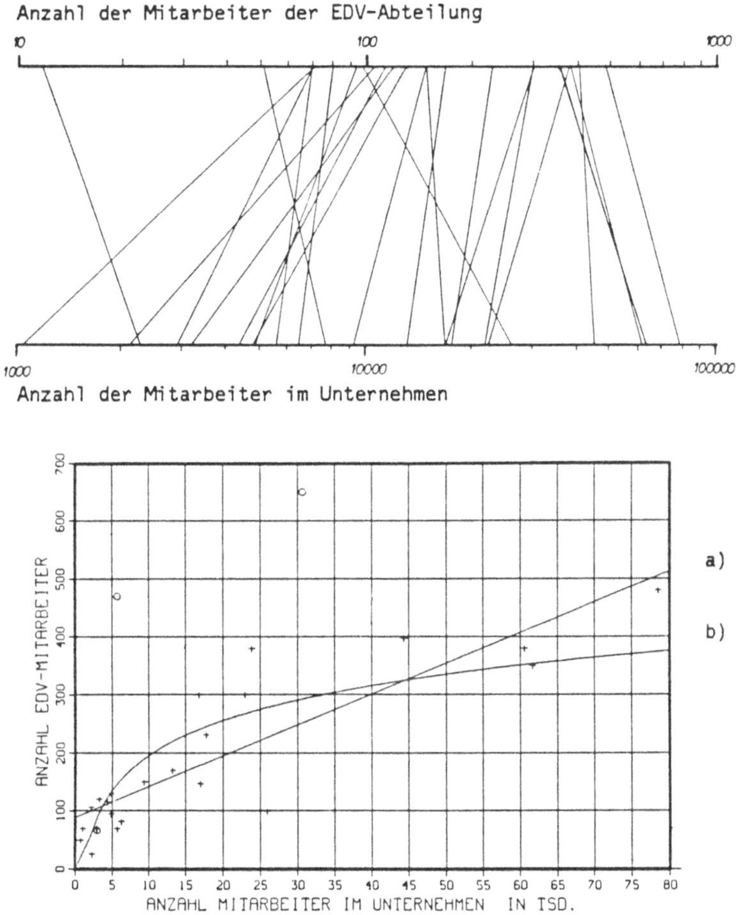

n = 23

a) Linearer Ansatz r = 0,87 (vgl. Tab. 4-5)
b) Approximation (vgl. Tab. 4-5)
\+ Industrieunternehmen
o Banken, Versicherungen, Verkehr

Abb. 4-5: Zusammenhang für Industrieunternehmen zwischen der Größe des Unternehmens und der Größe der EDV-Abteilung (in Anzahl der Mitarbeiter)

Die Mitarbeiterzahlen enthalten auch permanent in der EDV-Abteilung beschäftigte externe Mitarbeiter. Diese Erweiterung wird vorgenommen, um die Vergleichbarkeit zwischen den Unternehmen zu erhöhen. Im allgemeinen ist die Zahl der externen Mitarbeiter als gering anzusehen, lediglich in sieben Abteilungen sind es über 5% der eigenen Mitarbeiter. In zwei Unternehmen liegt der Fremdkapazitätsanteil aber bei 24 bzw. 30 Prozent, wodurch nach Angabe der Interviewpartner u.a. aufgrund der ungleichen Vergütung Personalprobleme aufgeworfen werden.

Eine hohe Korrelation besteht erwartungsgemäß zwischen der Größe der EDV-Abteilung und der Größe des Unternehmens. Zu dieser Analyse werden die Mitarbeiterzahlen der Unternehmen verwendet (vgl. Abschnitt 3.1). Um den Brancheneinfluß zunächst möglichst zu unterdrücken, werden für die durchgeführten Regressions- und Korrelationsanalysen nur die 29 Industrieunternehmen herangezogen, wobei von 23 dieser Unternehmen ausreichend exakte Daten vorliegen.

Streicher und Sandscheper (1982, T.2, S. 98) sehen den Einfluß als "ziemlich linear" an und in der Tat ergibt eine lineare Regression (vgl. Tab. 4-5, Abb. 4-5) einen Korrelationskoeffizienten von r = 0,87 (+++), also einen sehr starken Zusammenhang. Eine bessere Anpassung an das Datenmaterial zeigt jedoch eine Approximation durch eine Wurzelfunktion mit einem zusätzlichen linearen und konstanten Glied. Ersichtlich wird dies aus den Summen der Abstandsquadrate (vgl. Tab. 4-5). Somit ist im Gegensatz zu Streicher und Sandscheper (1982, T.2, S. 98) eine degressive Zunahme der Mitarbeiterzahl in der EDV-Abteilung mit wachsender Unternehmensgröße als realistischer anzunehmen.

Funktionstyp	Regressionsfunktion	Summe der Abstands-quadrate
linearer Ansatz	$Y = 88{,}55 + 0{,}0053\ X$	94 780
logarithmischer Ansatz	$Y = -604{,}4 + 199{,}9 \log_{10} X$	107 798
Polynom - Approximation	$Y = -7{,}44 - 2{,}42 * 10^{-4} X + 1{,}72 \sqrt{X}$	75 727

Tab. 4-5: Zusammenhang für Industrieunternehmen zwischen der Größe des Unternehmens und der Größe der EDV-Abteilung (in Anzahl der Mitarbeiter)

Wie aus Tab. 3-3 schon ersichtlich wurde, besteht auch ein enger Zusammenhang zwischen dem Umsatz und der Mitarbeiterzahl im Unternehmen. Daraus folgt dann auch ein Zusammenhang zwischen dem Umsatz und der Größe der EDV-Abteilung. Der Korrelationskoeffizient beträgt ebenfalls r = 0,87 (+++). Auf eine graphische Darstellung sei jedoch verzichtet.

Der <u>Brancheneinfluß</u> auf die Größe der EDV-Abteilung wird am stärksten sichtbar in den beiden Quotienten

- $\frac{\text{Mitarbeiter in der EDV-Abteilung}}{\text{Mitarbeiter im Unternehmen}}$ in %

- $\frac{\text{Mitarbeiter in der EDV-Abteilung}}{\text{Umsatz}} \cdot 10^5$

Diese Quotienten nehmen für einzelne Branchen jeweils charakteristische Größenordnungen an (vgl. Abb. 4-6). Der Prozentsatz der Mitarbeiter in der EDV-Abteilung zur Gesamtmitarbeiterzahl liegt in den untersuchten Unternehmen schwerpunktmäßig zwischen 0,5 % und 2,75 % und speziell bei der chemischen Industrie zwischen 0,5 % und 1,75 %.

In der Mineralölverarbeitung ist der Anteil der EDV-Mitarbeiter mit 1,25 % bis knapp 5% schon deutlich höher, ebenso wie in den beiden eisen- und stahlerzeugenden Unternehmen, deren Zahlen mit 1,5 % bis 2 % sehr dicht zusammenliegen. Auffallend ist ein Unternehmen aus den EDV-intensiven Branchen Banken, Versicherungen und Verkehr mit einem Quotienten von über 8 Prozent.

Bezogen auf den Umsatz sind die Quotienten der Mineralölunternehmen relativ niedrig und liegen sehr nahe zusammen. Ebenso sind die Quotienten der beiden Unternehmen aus dem Fahrzeugbau benachbart. Auch wenn mit diesen Quotienten keine repräsentativen Ergebnisse vorgelegt werden können, so wird doch der Brancheneinfluß deutlich aufgezeigt.

Abschließend sei noch die historische Entwicklung der Mitarbeiterzahlen der EDV-Abteilung und die zukünftige Tendenz angedeutet. Auch wenn nur von 12 Unternehmen aussagekräftige Angaben vorliegen, so läßt sich doch in etwa nachverfolgen, daß nach einem z.T. rapiden Wachstum seit Mitte bis Ende der 70er Jahre eine Stagnation oder sogar ein geringfügiger Rückgang der Mitarbeiterzahl zu verzeichnen ist.

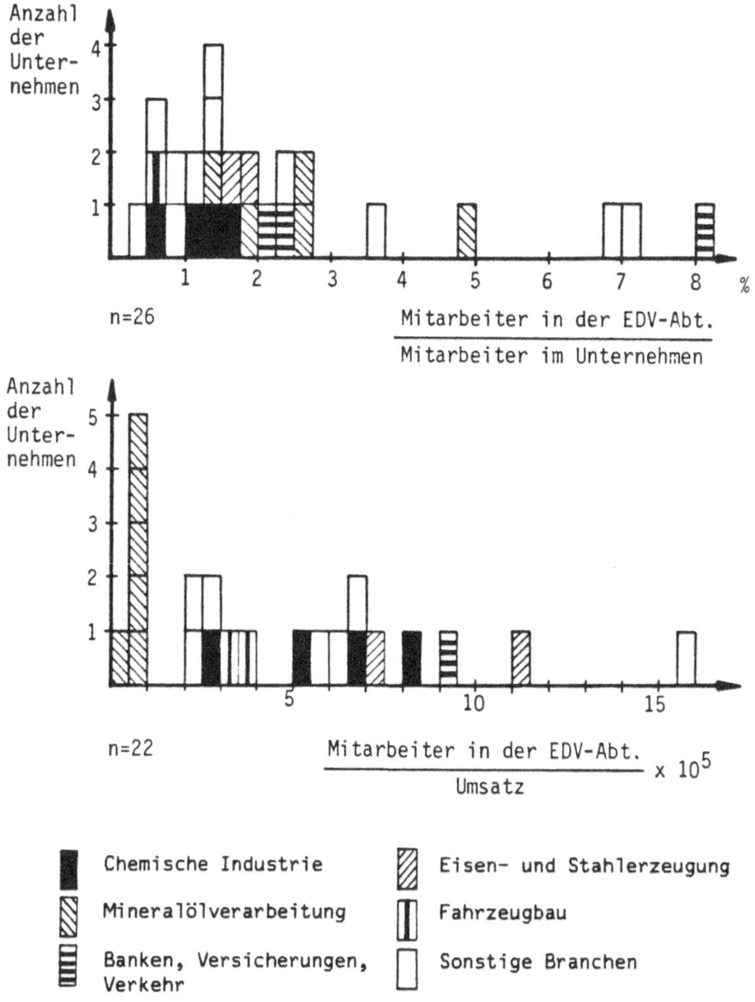

Abb. 4-6: Dracheneinfluß auf die Größe der EDV-Abteilung

Auch wird in einigen Unternehmen insofern umstrukturiert, als die Zahl der Datenerfassungskräfte verringert und die Anzahl der Systementwickler erhöht wird, so daß die Gesamtmitarbeiterzahl etwa konstant bleibt. Diese Tendenz dürfte sich fortsetzen, indem der Produktivitätsgewinn in der Systementwicklung etwa durch effizientere Methoden und Techniken und damit bedingte Freisetzungen von Mitarbeitern aufgewogen werden durch anspruchsvollere, ehrgeizigere Entwicklungsvorhaben sowie zunehmende Wartung bestehender AWS, die zusätzlichen Personalbedarf beanspruchen.

4.3 Eingliederung der EDV-Abteilung in das Unternehmen

Das Unterstellungsverhältnis der EDV-Abteilung, so betont Meller, sei "für das wirtschaftliche und inhaltliche Ergebnis" der von der EDV-Abteilung "zu erfüllenden Aufgaben von wesentlich größerer Bedeutung als bei allen anderen Fachabteilungen der Unternehmen" (Meller 1967, S. 142). Dabei sollte die Eingliederung in Abhängigkeit von den wahrgenommenen Aufgaben der EDV-Abteilung und der Breite des EDV-Einsatzes in den Unternehmen vorgenommen werden (vgl. Futh 1976, S. 188).

Wie in der Befragung deutlich wurde, ist in den einbezogenen Unternehmen heute davon auszugehen, daß die Datenverarbeitung unternehmensweit eingesetzt wird und in nahezu alle Fachbereiche Einzug gehalten hat. Nur in Ausnahmen wurden "weiße Flecken in der Informationsversorgungslandschaft" von den Interviewpartnern genannt und nur in wenigen Unternehmen dominiert noch der Fachbereich Rechnungswesen.

Vor diesem Hintergrund sollen zunächst aus der Literatur bekannte Eingliederungen der EDV-Abteilung mit ihren Einsatzbedingungen sowie Vor- und Nachteilen aufgezeigt werden (Abschnitt 4.3.1). In diesem Literaturüberblick und den anschließend gegenübergestellten empirischen Ergebnissen (Abschnitt 4.3.2) wird sowohl die horizontale Eingliederung, d.h. der Bereich, als auch die vertikale Eingliederung, d.h. die Hierarchiestufe, untersucht. Hinweise für die angemessene Eingliederung der EDV-Abteilung liefern in der Vergangenheit durchgeführte Umorganisationen und Aussagen der Interviewpartner über ihre Zufriedenheit bzw. Unzufriedenheit mit der jetzigen Eingliederung.

Neben der Frage der Eingliederung gewinnt aktuell gerade die Frage der Zentralisierung versus Dezentralisierung der EDV-Abteilung an Bedeutung. Hierzu sollen ebenfalls theoretische Konzepte (Abschnitt 4.3.3) neben empirische Ergebnisse (Abschnitt 4.3.4) gestellt werden.

4.3.1 Eingliederung der EDV-Abteilung in der Literatur

Prinzipiell werden in der Literatur drei Möglichkeiten mit mehreren Ausgestaltungsformen zur Eingliederung der EDV-Abteilung aufgezeigt,

- die Eingliederung in einen Fachbereich, z.B. dem Rechnungswesen,
- die Eingliederung direkt unter die Unternehmensführung und
- die Ausbildung eines eigenen Vorstandsbereichs

(vgl. etwa Meller 1967, S. 142 ff.; Heilmann 1971, S. 20 ff.; Futh 1976, S. 188 f.; Wedekind 1976, S. 20 ff.; Seibt 1980, Sp. 514; Szyperski, Eschenröder 1983, S. 34).

Die Eingliederung in einen Fachbereich wird durchweg historisch begründet. Die Datenverarbeitung konnte aufgrund ihres technologischen Stands in den 50er Jahren zunächst nur in einzelnen Abteilungen für begrenzte Anwendungen der Massendatenverarbeitung eingesetzt werden (vgl. Brack 1979, S. 6). Dort wurde die Datenverarbeitung dann als Untergruppe eines Fachbereichs meist im Rechnungswesen auch organisatorisch eingegliedert (vgl. Meller 1967, S. 142). Gibson und Nolan bezeichnen diese Zeit in ihrem häufig übernommenen (vgl. etwa Horvath 1977, S. 965) Phasenschema des EDV-Wachstums mit "Initiierung" (vgl. Nolan 1973; Gibson, Nolan 1974; Nolan 1979). Während der anschließenden zweiten Phase "Expansion" konnte häufig ein Aufstieg in dem betreffenden Fachbereich beobachtet werden (vgl. Gibson, Nolan 1974, S. 77 ff.) und damit wurde gleichzeitig eine eigene Gliederungseinheit herausgebildet (vgl. Meller 1967, S. 143).

Diese Eingliederung war so lange gerechtfertigt, wie die Schwerpunkte der EDV-Aktivitäten z.B. in dem Finanz- und Rechnungswesen lagen. Mit der Erweiterung des Anwendungsspektrums, wie es heute zu verzeichnen ist, traten negative Auswirkungen auf. So kann es zu Prioritätenverschiebungen kommen, da der EDV-Leiter bei Kapazitäts- und Terminengpässen an die Anweisungen seines unmittelbaren Vorgesetzten gebunden ist (vgl. Futh 1976, S. 189; Lucas 1981, S. 348). Weiterhin fehlen nach Heilmann (1971) die intensiven Kontakte zwischen der Unternehmensführung und der EDV-Abteilung, die für eine erfolgreiche, auf die Unternehmensziele abgestimmte EDV-Planung notwendig sind.

Die Konsequenz aus diesen Nachteilen sollte eine Trennung von dem Erstanwenderbereich sein. Nach Gibson und Nolan (1974, S. 77 ff.) ist dies für die dritte Phase des EDV-Wachstums, "Formalisierung", charakteristisch. Eine Eingliederung der EDV-Abteilung direkt unter die Unternehmensführung entweder als selbständige Fachabteilung oder als Stabsabteilung sei anzustreben. Während einige Autoren keine Präferenz angeben (vgl. etwa Heilmann 1971, S. 22; Futh 1976, S. 189), wird von Wedekind (1976, S. 22) die Stabsabteilung vorgezogen, da dort "die Dienstleistungsfunktion der Datenverarbeitung gegenüber der Leitung und den Fachabteilungen am klarsten zum Ausdruck kommt". Hellfors (1971, S. 28) sieht ebenfalls durch einen Stab direkt unter der Unternehmensführung die notwendigen Bedingungen

- eines "<u>umfassenden Wirkungsbereichs</u>" für das gesamte Unternehmen,
- einer "<u>Distanz</u> zu den Alltags- und Einzelaufgaben" aller Fachbereiche, um eine neutrale, objektive Position einnehmen zu können,
- eines "<u>Überblicks über alle</u> betrieblichen Datenverarbeitungs- und Informationsvorgänge" sowie

- einer "ausreichenden Kompetenz" zur Planung und Durchsetzung neuer AWS am ehesten gewährleistet.

Die daher notwendige Reorganisation werde aber aufgrund des damit verbundenen Aufwands (vgl. Hellfors 1971, S. 27) und des mittlerweile gewachsenen Machtpotentials des Fachbereichsleiters, in dem die EDV-Abteilung eingegliedert ist, häufig nicht durchgeführt.

Es stellt sich dann auch noch die Frage, an welches Mitglied der Unternehmensführung der EDV-Leiter berichtet und ob dieser Berichtsweg nicht ebenfalls gewisse Prioritätenverschiebungen zur Folge hat.

Einige Autoren plädieren jedoch unverändert für eine Eingliederung der EDV-Abteilung in den Fachbereich Finanz- und Rechnungswesen. Als Zweck des Rechnungswesens und insbesondere des Controlling wird die Informationsverarbeitung und -versorgung in dem "notwendigen Genauigkeits- und Verdichtungsgrad am richtigen Ort und zum richtigen Zeitpunkt" (Horvath 1979, S. 318) für Planungs-, Kontroll- und Steuerungsaufgaben gesehen (vgl. Bleicher 1970, Sp. 1292 f.; Grochla 1970, Sp. 1090; Szyperski 1970, Sp. 1510). Durch die extensive Aufgabenbeschreibung des Rechnungswesens, wie es gerade die jüngste Entwicklung immer mehr gebietet, muß "eine Abgrenzung des Rechnungswesens von der betrieblichen Informationsverarbeitung als problematisch angesehen werden" (Grochla 1970, Sp. 1090). So sieht Müller-Merbach (1976, S. 137) das Rechnungswesen neben der Datenverarbeitung als einen "Teil des betrieblichen Informationssystems" (vgl. auch Müller-Merbach, Sommer 1982, S. 265 f.). Daher sollten Rechnungswesen, Datenverarbeitung und auch Operations Research als quantitative Disziplinen "in enger Verknüpfung und gegenseitiger Abhängigkeit" (Müller-Merbach 1978, S. 13) verstanden werden, die sich "um das zentrale technische Hilfsmittel der EDV-Anlage" als "Nutznießer ihrer Leistungsfähigkeit" gruppieren. Und Grochla (1970, Sp. 1101) folgert, "sowohl die Abteilung Rechnungswesen als auch die Datenverarbeitung erbringen Informationsdienstleistungen für alle anderen Abteilungen. Eine organisatorische Trennung dieser beiden Stellen ist angesichts der weitgehenden Identität der von ihnen auszuführenden Informationsverarbeitungsaufgaben nicht zu vertreten. Im Sinne einer Vereinheitlichung der Erfassungs- und Aufbereitungsprozesse bei der Informationsverarbeitung wird daher die Forderung nach einer Zentralisation der gesamten Informationswirtschaft der Unternehmung in einem Bereich erhoben, der der obersten Unternehmungsführung direkt zugeordnet ist".

Dem ist sicherlich insoweit zuzustimmen, als man primär die kommerzielle, kaufmännische Datenverarbeitung betrachtet. Mit einem weiteren Vordringen der EDV in nichtkommerzielle Bereiche dürfte dieser Forderung dagegen weniger zu folgen sein. Zu denken ist etwa an den Bereich des Computer Aided Design und Manufacturing (CAD/CAM) oder die technisch-wissenschaftliche Datenverarbeitung. Denn aufgrund der neuen Aufgabengebiete für die Datenverarbeitung und der in diesen Bereichen nicht mehr vorhandenen Identität der Informationsverarbeitungsaufgaben mit dem Rechnungswesen sind neue Formen der Eingliederung der EDV-Abteilung zu erwägen.

Eine Lösung könnte die Trennung der Systementwicklung mit unterschiedlicher Eingliederung für kommerzielle und für technisch-wissenschaftliche Anwendungen bei einem gemeinsamen Systembetrieb sein. Als Entwicklungsschritt in die gleiche Richtung wird die Trennung und unterschiedliche Unterstellung der mehr anwenderorientierten Systementwicklung und des Systembetriebs vorgeschlagen (vgl. Heilmann 1971, S. 22 f.; Seibt 1980, Sp. 517 ff.). Damit wird bereits die Frage der Zentralisierung bzw. Dezentralisierung der EDV-Abteilung angeschnitten, die aber erst in Abschnitt 4.3.3 vertieft sei.

Einige Autoren plädieren in jüngeren Veröffentlichungen dagegen zusammen mit einer Betonung der Information als einer Ressource des Unternehmens für einen eigenen, vom Finanz- und Rechnungswesen gelösten Vorstandsbereich für Informations- und Kommunikationswesen (vgl. Scheer 1981, S. 49; Szyperski, Eschenröder 1983, S. 34; Bullinger, Voegele, Litke 1983, S. 79; Schwarze 1984, S. 16).

Begründet wird dieser eigenständige Vorstandsbereich mit

- dem wachsenden Bedarf der Unternehmensführung "nach besseren und weitreichenderen Informationen" (Scheer 1981, S. 49),
- dem zunehmenden Gewicht der Information für das Unternehmen und die immer tiefer in die Unternehmensorganisation eingreifenden Entscheidungen über den Einsatz der Datenverarbeitung (vgl. Scheer 1981, S. 49; Szyperski, Eschenröder 1983, S. 25),
- der Überforderung des Managements aufgrund der zunehmenden Komplexität in der "Koordination der Informationsabläufe im Büro- und Verwaltungsbereich" (Szyperski, Eschenröder 1983, S. 25 f.; siehe auch Bullinger, Voegele, Litke 1983, S. 79, die diesen Grund in den Mittelpunkt stellen),
- der Notwendigkeit einer umfassenden Sichtweise der möglichen Informationstechniken in organisatorischer und technischer Sicht für das gesamte Unternehmen (vgl. Szyperski, Eschenröder 1983, S. 26; Schwarze 1984, S. 16 f.).

Daraus ergeben sich für den Vorstand Informations- und Kommunikationswesen z.B. die folgenden Aufgaben:

- Förderung und Koordination aller "Unternehmensaktivitäten der Daten-, Text-, Bild- und Sprachbearbeitung, -übertragung und -speicherung, und zwar sowohl in kaufmännischer und technischer Sicht, als auch in technischen ... , sozialen, psychologischen und anderen Fragen" (Schwarze 1984, S. 16).

- Verbesserung der Qualität von Entscheidungen durch bessere Informationsversorgung (vgl. im weiteren Szyperski, Eschenröder 1983, S. 32),
- Bewertung von Informationen unter Kosten-Nutzen-Aspekten (vgl. auch Abschnitt 5.3),
- Integration der EDV-Planung in die Unternehmensplanung (vgl. auch Abschnitt 4.7),
- Gestaltung einer "Informationsstruktur der Unternehmung" (vgl. auch Müller-Merbach 1983a, S. 822).

Mit dieser Aufgabenbeschreibung sollen die eingangs betonten beiden Teilfunktionen der EDV-Funktion, die Gestaltung der Informationsinhalte sowie die Gestaltung und der Einsatz der Informations- und Kommunikationstechnologien, zusammengeführt werden. Es ist jedoch anzuzweifeln, daß diese umfassende Aufgabe von einem einzigen Bereich geleistet und von dem entsprechenden Mitglied der Unternehmensführung auch vertreten werden kann. Vielmehr sei die Meinung vertreten, daß es eines Zusammenwirkens der Unternehmensführung, der Anwender in den Fachbereichen und der EDV-Abteilung bedarf, um eine zufriedenstellende Informationsversorgung im Unternehmen sicherzustellen.

4.3.2 Eingliederung der EDV-Abteilung in der Untersuchung

Nachdem die Meinungen der Literatur hinsichlich der Eingliederung der EDV-Abteilung in das Unternehmen vorgestellt wurden, werden nun die in der Praxis realisierten Eingliederungen anhand der Position des EDV-Leiters aufgezeigt. Dabei sei zwischen der horizontalen und der vertikalen Eingliederung unterschieden. Zunächst werden die in den Unternehmen zum Erhebungszeitpunkt praktizierten Lösungen vorgestellt. Anschließend sollen Tendenzen verdeutlicht werden anhand

- von Umorganisationen, die als Indizien für erkannte und behobene Ineffizienzen gewertet werden können,
- der genannten Gründe für diese Umorganisation,
- der Zufriedenheit bzw. Unzufriedenheit mit der derzeitigen Eingliederung und
- von Anzeichen auf ungünstige Eingliederungen aufgrund der festgestellten Zusammenhänge mit der Verfehlung von Projektzielen, dem Auftreten von Konflikten, etc.

Dabei wird sich - wie schon bei dem Literaturüberblick angedeutet wurde - basierend auf den empirischen Ergebnissen keine eindeutige Empfehlung hinsichtlich der Eingliederung der EDV-Abteilung ableiten lassen.

Die Eingliederung als eigenen Vorstandsbereich weisen 2 der 33 EDV-Abteilungen (6%) auf (vgl. Tab. 4-6). Beide Unternehmen kommen aus der Branche Banken und Versicherungen, wo die Datenverarbeitung eine im Vergleich zu anderen Branchen wichtige Funktion für das Unternehmen einnimmt. McFarlan, McKenney und Pyburn (1983, zitiert bei Canning 1984, S. 3) betonen die "strategische Rolle" der AWS in diesen Branchen, da die jetzigen und auch die zukünftigen AWS unmittelbar die Unternehmensziele unterstützen und einen wesentlichen Einfluß auf den Unternehmenserfolg haben.

Eingliederung der EDV-Abteilung	Organisationsstruktur des Unternehmens		Unternehmen	
	Verrichtungs-organisation (funktional)	Objektorganisation (Spartenorg.)	Anzahl	%
Fachbereich Finanz- und Rechnungswesen	5	14	19	58
sonstige Fachbereiche	4	1	5	15
eigener Vorstandsbereich	1	1	2	6
Stab/Linie bei dem Vorstandsvorsitzenden, Geschäfts- oder Spartenleiter	3	4	7	21
Summe	13	20	33	100
statistische Kennzahlen	Chi^2 = 3,21 s = 92,7 % (+)	Phi = 0,31		

Tab. 4-6: Organisationsstruktur des Unternehmens und Eingliederung der EDV-Abteilung

Direkt dem Vorstandsvorsitzenden, dem Geschäftsführer oder dem Spartenleiter als Stab bzw. als Linie unterstellte EDV-Abteilungen treten in 7 Unternehmen (21%) auf. Als dominierende Eingliederung erweist sich dagegen in 19 Unternehmen (58%) die dem Leiter Finanz- und Rechnungswesen, Controlling o.ä. unterstellte EDV-Abteilung. Nur in 5 Unternehmen (15%) ist sie sonstigen Fachbereichen unterstellt, und zwar je einmal den Vorstandsbereichen Fertigung, Technik, Versorgung und Einkauf, Organisation und Personal sowie Zentralfunktionen.

Die häufige Eingliederung im Finanz- und Rechnungswesen ist einerseits erstaunlich in Anbetracht der häufig ablehnenden Haltung gegenüber dieser Eingliederung in der EDV-Literatur, stützt aber die Meinungen, die eine enge Verbindung zu dem Rechnungswesen betonen (vgl. Abschnitt 4.3.1). Die erhobenen Daten stehen auch im Einklang mit den Ergebnissen anderer empirischer Untersuchungen. In der Stichprobe von Wurster (1967, S. 86 ff.), die 20 Mittel- und Großbetriebe umfaßte, waren 9 EDV-Abteilungen (45%) im Finanz- und Rechnungswesen eingegliedert. Eine Studie in den USA von 1976 über 150 zufällig ausgewählte große Industrieunternehmen und Regierungsbehörden zeigte, daß unter Ausschluß der Finanzinstitute und Regierungsbehörden ebenfalls knapp 50% der EDV-Abteilungen an den Bereich Finanz- und Rechnungswesen berichtete (vgl. Kroeber, Watson 1979, S. 167). Bei einer Stichprobe von 30 Schweizer Mittel- und Großunternehmen erhob Zuberbühler (1972, S. 124) ähnliche Prozentsätze. Dort waren 33% der EDV-Abteilungen der Geschäftsleitung unterstellt, 50% dem Leiter Finanz- und/ oder Rechnungswesen und 17% dem Leiter Administration.

Der Vergleich der Eingliederung der EDV-Abteilung in Verbindung mit der Organisationsstruktur des Unternehmens zeigt eine Dominanz der Eingliederung im Finanz- und Rechnungswesen bei Objektorganisation (vgl. Tab. 4-6). Gerade in Unternehmen mit Objektorganisation ist das Finanz- und Rechnungswesen als zentrale Instanz zur Informationsgewinnung und -verarbeitung für die Unternehmensführung von Bedeutung, um eine Koordination der Unternehmensteile zu erreichen (vgl. Schmalenbach 1948, S. 12). Beide Aufgaben sind, wenn auch mit veränderten Schwerpunkten, von der EDV-Abteilung wahrzunehmen, so daß sich eine organisatorische Nähe wohl anbietet. Allerdings sollten die negativen Aspekte nicht vernachlässigt werden. Darauf wird aber nochmals zurückzukommen sein.

Als nächstes sei die <u>vertikale</u> Eingliederung der EDV-Abteilung anhand der Position des EDV-Leiters aufgezeigt. Dabei stellt die Unternehmensführung die erste Hierarchiestufe dar. Die Analyse zeigt, daß der in der Literatur geforderten hierarchisch hohen Eingliederung des EDV-Leiters in der Regel Rechnung getragen wird:

- Neben den 2 EDV-Leitern (6%) in Vorstandspositionen (s.o.)
- sind in der 2. Hierarchiestufe 25 der EDV-Leiter (76%) eingliedert
- und nur 5 (15%) in der 3. Hierarchiestufe sowie
- nur ein einziger (3%) in der 4. Hierarchiestufe.

Somit berichten über 80 Prozent der EDV-Leiter direkt der Unternehmensführung oder gehören sogar der Unternehmensführung an. In der empirischen Untersuchung von Wurster (1967, S. 89 ff.) lag der Anteil erst bei 20 Prozent. Der anhand der Literatur zuvor aufgezeigte Wandel ist hier deutlich ablesbar. Auch schon in der kurzen Zeitspanne von 1980 bis 1984 haben sich sichtbare Änderungen in der vertikalen Eingliederung vollzogen. Nach der empirischen Erhebung von Streicher und Sandscheper (1982, T.1, S. 44) gehörten im Jahr 1980 erst 4 % der EDV-Leiter der Unternehmensführung an und 41 % standen als Bereichsleiter auf der zweiten Hierarchiestufe. Im Jahr 1984 waren die entsprechenden Prozentzahlen auf 6,2 % und 61,6 % gestiegen (vgl. Streicher, Sandscheper 1985b, S. 38).

Einleitend wurde bereits angedeutet, daß allgemein eine Umorganisation, hier speziell eine Änderung in der Eingliederung der EDV-Abteilung, als ein Anzeichen für eine Ineffizienz gewertet werden kann. Eine Änderung der Eingliederung wurde in insgesamt 11 Unternehmen berichtet:

- In 4 Unternehmen wurde mit der Bildung einer zentralen EDV-Abteilung aus bisher in verschiedenen Bereichen des Unternehmens angesiedelten EDV-Abteilungen diese neue zentrale EDV-Abteilung dem Vorstandsvorsitzenden als Stab zugeordnet. Später wechselte allerdings die EDV-Abteilung in einem Unternehmen in den Bereich Finanz- und Rechnungswesen.

- In 2 Unternehmen nahm man gleichzeitig mit der Zentralisierung eine Eingliederung in das Finanz- und Rechnungswesen vor, in einem weiteren Unternehmen in den Produktionsbereich.

- In je einem Unternehmen der chemischen Industrie und des Fahrzeugbaus wurde der EDV-Abteilung ein eigener Vorstandsbereich eingeräumt, doch kam es nach 4 bzw. 7 Jahren zu einer Rückgliederung in den Bereich Finanz- und Rechnungswesen. Demnach hatte sich dort diese Eingliederung nicht bewährt!

- In einem Unternehmen wechselte die EDV-Abteilung aus einem operativen Vorstandsbereich in den Bereich Organisation und Personal, der dem Arbeitsdirektor zugeordnet ist. Diese Eingliederung wurde begrüßt, da die zunehmend auftretenden Konflikte um Rationalisierungsvorhaben nicht mehr im Vorstand, sondern auf der Ebene darunter ausgetragen werden.

- In dem elften Unternehmen wurde die EDV-Abteilung nach insgesamt bisher fünf Wechseln zwischen Verwaltung und Technik letztmalig in dem Bereich Technik eingegliedert.

Diese Einzelfälle zeigen die relativ häufige Eingliederung der EDV-Abteilung nach einer Umorganisation als Stab bei dem Vorstandsvorsitzenden. Daneben kam es jedoch in 5 Unternehmen zu Eingliederungen im Bereich Finanz- und Rechnungswesen. In einer Zeit, in der der Wirkungsbereich der EDV-Abteilung auf das gesamte Unternehmen ausgedehnt wurde, kann die (Wieder-)Eingliederung der EDV-Abteilung in diesen Bereich nicht mehr ausschließlich historisch begründet werden und auf Widerständen gegen Änderungen beruhen. Ausschlaggebend dürften die gemeinsamen Informationsversorgungsaufgaben von EDV-Abteilung und Rechnungswesen gewesen sein.

Die Ausbildung eigener Vorstandsbereiche außerhalb der Branche Banken und Versicherungen wurde, wie die Bespiele zeigen, dagegen rückgängig gemacht. Die entsprechenden Forderungen jüngeren Datums nach einem eigenen Vorstandsbereich sind in den Unternehmen demnach noch nicht aufgenommen und umgesetzt worden.

Nachdem bisher die frühere und die gegenwärtige Eingliederung der EDV-Abteilung analysiert wurde, sei nun auf die von den Interviewpartnern geäußerte Zufriedenheit bzw. Unzufriedenheit mit der jetzigen Eingliederung eingegangen, um anhand dieses Merkmals Tendenzen aufzeigen und Gestaltungsempfehlungen ableiten zu können. Bei der Unzufriedenheit seien zwei Stufen unterschieden, die direkt geäußerte Unzufriedenheit mit einem konkreten Zustand und die indirekt geäußerte Unzufriedenheit in Form eines Verbesserungsvorschlags. Insgesamt liegen Angaben aus 31 Unternehmen vor, wobei Interviewpartner aus 21 Unternehmen ihre Zufriedenheit, 4 ihre direkte und 6 ihre indirekte Unzufriedenheit ausdrücken (vgl. Tab. 4-7).

Auffallend hoch ist die Unzufriedenheit bei Interviewpartnern, deren EDV-Abteilung im Finanz- und Rechnungswesen eingegliedert ist. Gründe für die direkte Unzufriedenheit nannten Interviewpartner in 3 der 4 Unternehmen. Dabei war in zwei Fällen die Beeinflussung der Prioritätenvergabe bei EDV-Projekten ausschlaggebend. In dem dritten Unternehmen lag die Ursache in der Dezentralisierung der Systementwicklungsfunktion und den sich daraus ergebenden Abstimmungsproblemen, also einer Ursache, die nicht direkt der Eingliederung in dem Bereich zuzurechnen ist.

Aber auch umgekehrt lassen sich aus der Begründung für die Zufriedenheit notwendige Bedingungen für eine Eingliederung in das Finanz- und Rechnungswesen erkennen. Die Interviewpartner waren mit dieser Eingliederung zufrieden, weil

- der eigene Vorstand aus der EDV-Abteilung kam,
- der EDV-Leiter eine starke Machtposition bei dem Vorstand hat und Verbindungen der EDV-Abteilung mit dem Unternehmen über Ausschüsse bestehen,
- der Finanzbereich der Hauptauftraggeber ist,
- alle Freiheiten auch bzgl. der Wahl neuer AWS bestehen.

Eingliederung der EDV-Abteilung	zufrieden Anzahl	direkt unzufrieden Anzahl	indirekt unzufrieden Anzahl	k.A	Summe
Fachbereich Finanz- und Rechnungswesen	9	4	4	2	19
Sonstige	12	-	2	-	14
- eigener Vorstandsbereich	2	-	-		
- Stab	6	-	1		
- sonstige Funktionsbereiche	4	-	1		
Summe	21	4	6	2	33
statistische Kennzahlen	Chi^2 = 3,77 s = 94,8 % (+)		Phi = 0,35		

Tab. 4-7: Zufriedenheit bzw. Unzufriedenheit mit der gegenwärtigen organisatorischen Eingliederung der EDV-Abteilung

Die Unzufriedenheit der Interviewpartner scheint aber auch von der hierarchischen Eingliederung der EDV-Abteilung abhängig zu sein. Von den 6 Unternehmen mit Eingliederung der EDV-Abteilung in der 3. und 4. Hierarchiestufe wurde nur in zwei Fällen Zufriedenheit, aber in drei Unzufriedenheit geäußert, während das entsprechende Verhältnis bei der 1. und 2. Hierarchiestufe einschließlich der Stäbe 19 Zufriedene zu 7 Unzufriedene beträgt.

Mit den bereits im Kapitel 1 und Abschnitt 3.3 genannten Einschränkungen hinsichtlich der Effizienzmerkmale sei im folgenden noch der Weg beschritten, die Güte der Eingliederung der EDV-Abteilung nicht nur über die geäußerte Zufriedenheit bzw. Unzufriedenheit der Interviewpartner abzuschätzen, sondern direkt wie in der Studie von Kroeber und Watson (1979, S. 168) zu messen. Dort wurden EDV-Leiter gebeten, die Wirtschaftlichkeit ihrer AWS zu beurteilen. Auch wenn die Unterschiede nicht gravierend waren, so gaben doch 12% der EDV-Leiter, die im Finanz- und Rechnungswesen eingegliedert waren, an, bei ihren AWS überstiegen die Kosten den Nutzen, während nur 1,4% der restlichen EDV-Leiter diese Meinung teilten.

In der vorliegenden Untersuchung wurde als Effizienzmaß die Häufigkeit und die Höhe der Verfehlung von Projektzielen verwendet (vgl. Abschnitt 3.3). Als Ergebnis wird die Tendenz sichtbar, daß in EDV-Abteilungen, die im Finanz- und Rechnungswesen eingegliedert sind, die Projektziele häufiger verfehlt werden als in den restlichen EDV-Abteilungen (vgl. Tab. 4-8). Hinsichtlich der Höhe der Termin-, Kosten und/oder Leistungsverfehlungen sind keine Unterschiede hervorgetreten.

Merkmal	Ausprägung	Organisatorische Eingliederung: Fachber. Finanz- & Rechnungswesen	Organisatorische Eingliederung: Sonstige	statistische Kennzahlen
Häufigkeit der Verfehlung von Projektzielen	bis 50 %	7	7	Chi^2 = 1,68
	über 50 %	11	4	s = 80,5 % (x) Phi = 0,24

Tab. 4-8: Organisatorische Eingliederung der EDV-Abteilung und Häufigkeit der Verfehlungen von Projektzielen

Auch ist der Zusammenhang statistisch nicht signifikant - und selbst wenn, dürfte eine unmittelbarere Ursache-Wirkungs-Beziehung nur schwer begründbar sein. Doch werden mit diesem Ergebnis zunächst jene von Kroeber und Watson (1979) sowie die Aussagen über die Zufriedenheit bzw. Unzufriedenheit hinsichtlich der Eingliederung gestützt. Zweifel sind aber insofern angebracht, als ein Zusammmenhang zwischen der organisatorischen Eingliederung und der Verrechnungsmethode für EDV-Kosten und -Leistungen besteht (vgl. Abschnitt 4.7.4), denn EDV-Abteilungen mit Eingliederung im Finanz- und Rechnungswesen setzen tendenziell häufiger Verrechungspreise und weniger Gemeinkostenumlagen ein. Da weiterhin ein Zusammenhang zwischen dem Einsatz von Verrechnungspreisen und häufiger festgestellten Projektzielverfehlungen besteht (vgl. Abschnitt 4.7.4), kann vermutet werden, daß in EDV-Abteilungen, die im Finanz- und Rechnungswesen eingegliedert sind, die Zielverfehlungen lediglich genauer erfaßt und durch den Einsatz von Verrechnungspreisen erst sichtbar werden.

Die Zweifel an dem in Tab. 4-8 verdeutlichten Ergebnis sind auch auf die Studie von Kroeber und Watson (1979) übertragbar.

Ein statistisch signifikanter Zusammenhang ist aber zwischen der geäußerten Zufriedenheit bzw. Unzufriedenheit mit der organisatorischen Eingliederung und der Häufigkeit und vor allem mit der Höhe von Zielverfehlungen in EDV-Projekten feststellbar (vgl. Tab. 4-9).

Unzufriedenheit mit der Eingliederung wurde also in den Unternehmen laut, in denen es auch zu häufigen und hohen Projektzielverfehlungen kommt. Dies gibt Anlaß zu der Vermutung, daß u.a. aufgrund von Projektzielverfehlungen ein gewisser Unmut in der EDV-Abteilung besteht, der die Hoffnung nährt, bei einer anderen organisatorischen Eingliederung etwa durch mehr Kompetenzen eine effektivere EDV-Arbeit leisten zu können. Es ist aber die Frage aufzuwerfen, ob nicht durch andere Maßnahmen wie ein besseres Projektmanagement diese höhere Effizienz und damit mehr Zufriedenheit erreicht werden kann.

Merkmal	Ausprägung	Zufriedenheit mit der organisat. Eingliederung: ja	nein	statistische Kennzahlen
Häufigkeit der Verfehlung von Projektzielen	bis 50 %	11	3	Chi^2 = 3,04
	über 50 %	6	7	s = 92,0 % (+)
				Phi = 0,34
Höhe der Verfehlung von Projektzielen	bis 40 %	17	3	Chi^2 = 5,11
	über 40 %	4	7	s = 97,6 % (+++)
				Phi = 0,42

Tab. 4-9: Zufriedenheit mit der organisatorischen Eingliederung der EDV-Abteilung und der Verfehlung von Projektzielen

Schließlich sei an dieser Stelle schon darauf hingewiesen, daß in Unternehmen, in denen die EDV-Abteilung im Finanz- und Rechnungswesen eingegliedert ist, häufiger Konflikte mit den Anwendern bei der Entwicklung von AWS auftreten (vgl. Abschnitt 6.3.2). Ebenso sind häufiger Konflikte mit den Anwendern dann die Folge, wenn der EDV-Leiter auf der ersten oder zweiten Hierarchiestufe im Unternehmen angesiedelt ist und damit über einen größeren Einfluß verfügt.

Zusammenfassend läßt sich anhand der Argumente der Literatur und den empirischen Ergebnissen demnach keine eindeutige Empfehlung bezüglich der Eingliederung der EDV-Abteilung ableiten.

Am häufigsten ist in den Unternehmen vor allem bei einer bestehenden Spartenorganisation die EDV-Abteilung aufgrund der Aufgabennähe dem Finanz- und Rechnungswesen zugeordnet. Gegen die historische Begründung dieser Eingliederung sprechen die beobachteten Umorganisationen in Richtung des Finanz- und Rechnungswesens. Dagegen besteht in den im Finanz- und Rechnungswesen angesiedelten EDV-Abteilungen eine gewisse Unzufriedenheit mit der Eingliederung, die mit häufigeren Verfehlungen der Projektziele und mit mehr Konflikten mit den Anwendern bei der Entwicklung von AWS einhergeht. Bei dieser Form der Eingliederung ist es zwingend notwendig, die damit verbundenen Nachteile etwa in Form von Prioritätenverschiebungen aufzufangen. Hierzu bietet sich die Bildung von EDV-Ausschüssen an (vgl. Abschnitt 4.4), die Einfluß auf die EDV-Langfristplanung (vgl. Abschnitt 4.4 und 4.7) und die konkrete Prioritätenvergabe für neue EDV-Projekte nehmen. Auch innerhalb des Finanz- und Rechnungswesens ist der EDV-Abteilung eine möglichst autonome, neutrale Position einzuräumen.

Für die in einigen Unternehmen festgestellte Eingliederung der EDV-Abteilung als Stab bei dem Vorstandsvorsitzenden, dem Geschäftsführer oder Spartenleiter spricht vor allem die Neutralität der EDV-Abteilung gegenüber den einzelnen Fachbereichen. In der Erhebung wurden auch mehrere Umorganisationen in diese Richtung festgestellt.

Die Bildung eines eigenen Vorstandsbereichs kann allgemein nicht empfohlen werden. Lediglich in den Unternehmen, in denen der Informationsversorgung eine strategische Bedeutung für das Unternehmen zugesprochen werden muß - wobei dies in Zukunft neben Banken und Versicherungen für immer mehr Unternehmen zutreffen wird - scheint eine Vertretung in der Unternehmensführung angebracht zu sein. Neben den beiden erhobenen Rückbildungen dieser Eingliederung spricht gegen einen eigenen Vorstandsbereich die damit entstehende Machtfülle, die u.a. negative Konsequenzen hinsichtlich der Zusammenarbeit mit den Anwendern in den Fachbereichen zur Folge hat, wie spätere Analysen noch aufzeigen werden. Die im Literaturüberblick genannten Vorteile eines eigenen Vorstandsbereiches sind dann mit diesen Nachteilen wohl abzuwägen.

Bei der Diskussion der Eingliederung der EDV-Abteilung wurde bisher nicht auf die Möglichkeiten der Verteilung der EDV-Mitarbeiter auf mehrere Bereiche des Unternehmens eingegangen. Dieser Aspekt betrifft die Zentralisierung bzw. Dezentralisierung der EDV-Abteilung, aber auch darüber hinaus die Zentralisierung bzw. Dezentralisierung der gesamten EDV-Funktion.

4.3.3 Zentralisierung versus Dezentralisierung der EDV-Funktion in der Literatur

Die zahlreichen Veröffentlichungen auf dem Gebiet der Hardwareentwicklung in Richtung kleinerer Rechenanlagen, den Mini-, Mikro- und Personal Computern, sowie die entsprechenden Marketingmaßnahmen der Hersteller lassen den vordergründigen Eindruck aufkommen, bei der Dezentralisierung der Datenverarbeitung handele es sich primär um eine technische Fragestellung. Zwar hat die Diskussion durch das wesentlich verbesserte Preis-Leistungs-Verhältnis der Kleinrechner und die Möglichkeit deren Vernetzung erneut an Aktualität gewonnen, doch dürfen die organisatorischen Konsequenzen keinesfalls vernachlässigt werden.

Für die meisten technisch orientierten EDV-Mitarbeiter bedeutet dezentralisierte Datenverarbeitung einfach eine Verbreitung von Hardware und Daten an vielen Stellen im Unternehmen; doch ist diese Sichtweise unzureichend, da die vielen Aktivitäten vergessen werden, ohne die AWS nicht ihre Funktion erfüllen würden (vgl. Buchanan, Linowes 1980a, S. 145). Folgerichtig betont Hasenkamp (1983, S. 63): "Bei der Dezentralisierung ist die Hardware aber nur eine Komponente; viel größere Schwierigkeiten kann die System- und Anwendungssoftware mit sich bringen, und organisatorische Probleme spielen wohl die weitaus größte Rolle."

Das Entscheidungsproblem der Zentralisierung versus Dezentralisierung der Datenverarbeitung muß also umfassender betrachtet werden. Seibt (1981, S. 334) unterscheidet dazu die beiden "Ebenen" Rechner und Organisation im Sinne einer aufbauorganisatorischen Verteilung der EDV-Abteilung. In der anglo-amerikanischen Literatur hat sich eine Dreiteilung in die Funktionen EDV-Management, Systementwicklung und Systembetrieb im Sinne einer Betrachtung der gesamten EDV-Funktion durchgesetzt (vgl. Rockart, Bullen, Leventer 1977, S. 15 f.; Olson, Davis 1981, S. 126; ähnlich auch Buchanan, Linowes 1980a; 1980b).

Unter EDV-Management werden die Managementaktivitäten der unternehmensweiten EDV-Funktion wie Strategiebestimmung, Planung, Erstellung des EDV-Budgets, Auswahl zu realisierender AWS, Projektmanagementrichtlinien, etc. zusammengefaßt. Bei der Systementwicklung wird die Zentralisierung bzw. Dezentralisierung der durchzuführenden Aktivitäten betrachtet und zwar einmal die Frage der Verteilung des dazu notwendigen EDV-Personals (also die Dezentralisierung der EDV-Abteilung) und weiterhin die Frage der Anwendereinbeziehung in den Prozeß der Entwicklung von AWS (SE-Prozeß). Schließlich umfaßt der Systembetrieb den eingangs dieses Kapitels angesprochenen Aspekt der Dezentralisierung der Hardware, also des Rechenzentrums mit allen dazugehörenden Nebenfunktionen, der Datenerfassung, -haltung, -verarbeitung, etc.

Das "äußerst komplexe und schlecht strukturierte Entscheidungsproblem" (Kretzschmar, Mertens 1982, S. 237) der Zentralisierung bzw. Dezentralisierung der EDV-Funktion kann einer Lösung dadurch nähergebracht werden, daß diese drei Funktionen in eine Reihe von Teilfunktionen aufgeteilt werden und jeweils ein Spektrum von unterschiedlich dezentralen Lösungsmöglichkeiten aufgestellt wird (vgl. als Vorbild zur Vorgehensweise in der Konstruktionslehre des Maschinenbaus Pahl, Beitz 1977, S. 80 ff.). Die verschiedenen Teilfunktionen sind dabei bezüglich ihres Zentralisierungs-Dezentralisierungs-Grades weitgehend unabhängig voneinander (vgl. Rockart, Bullen, Leventer 1977, S. 29; Buchanan, Linowes 1980a, S. 145; Seibt 1981, S. 340 f.; Olson, Davis 1981, S. 132; Duggen, Ishander, Pohl 1983, S. 66). Eine zentrale Hardwarelösung bedingt z.B. nicht notwendigerweise eine zentrale organisatorische Eingliederung der Systementwicklungsabteilung.

Durch Kombination der verschiedenen möglichen Teillösungen ergibt sich eine Vielzahl von Lösungsalternativen, die zu bewerten sind. Um das Spektrum von vornherein einzuengen, können sog. "Vorentscheidungsmodelle" (Kretzschmar, Mertens 1982, S. 238) eingesetzt werden, die die "Richtung, in der die Lösung gesucht werden muß" angeben. Als brauchbar, d.h. mit den Ergebnissen einer detaillierten Untersuchung von der Tendenz her übereinstimmend, erwiesen sich (vgl. Kretzschmar, Mertens 1982, S. 251) das auf die Nutzwertanalyse aufbauende Modell von Rockart, Bullen und Leventer (1977) und das die Anwendereinbeziehung in den Vordergrund stellende Modell von Buchanan und Linowes (1980a, 1980b). Dagegen ist das Modell von Slonim, Schmidt und Fisher (1979) wegen der starken Hardware-Orientierung und der ungenügenden Berücksichtigung der Systementwicklungs- und Managagementaspekte als weniger hilfreich anzusehen.

Das Ziel der Verteilung der EDV-Funktion im Unternehmen sollte generell die Anpassung an die Unternehmensziele und die formale Unternehmensstruktur sein (vgl. Buchanan, Linowes 1980a, S. 145). Denn Konflikte entstehen, so das Ergebnis einer empirischen Untersuchung von 43 Unternehmen in den USA, wenn die Verantwortung, die Befugnisse und Kontrollmöglichkeiten über die Ressource Information nicht mit denen auf der Ebene der allgemeinen Geschäftsführung übereinstimmen (vgl. Olson, Davis 1981, S. 128). So sollten die Ziele des Unternehmens, die Interessen der Unternehmensmitarbeiter sowie die sachlogischen und strukturellen Randbedingungen des Unternehmens den Anstoß für die Gestaltung von AWS geben und diese den Grad der Dezentralisierung der EDV-Funktion bestimmen (vgl. Seibt 1981, S. 345 f.).

Konkret wird dies in dem Modell von Rockart, Bullen und Leventer (1977, S. 34 ff.). Hier werden die drei aus empirischer Forschung entstandenen Einflußfaktorengruppen Organisation des Unternehmens, Organisation der Teilbereiche, in die

Dezentralisierung erfolgen könnte, und Anforderungen der Anwendungen unterschieden. Aus der Gruppe Organisation des Unternehmens wirken eine dezentralisierte Grundorganisation des Unternehmens und eine Vielzahl von Produkten, Techniken und Märkten sowie multinationale Aktivitäten eher dezentralisierend, während der Wunsch nach einer einheitlichen Planung und Kontrolle, eine momentan zentrale EDV-Abteilung, gute Kontakte zu den Fachbereichen sowie ein professionell geführtes Rechenzentrum einen zentralisierenden Einfluß ausüben. Ähnlich ist es bei der Organisation des Teilbereiches. Dort geht z.B. von einer hohen Spezialisierung und der Notwendigkeit nach unternehmerischer Tätigkeit eine dezentralisierende Wirkung aus. Aus der dritten Faktorengruppe wirken bestimmte AWS, etwa für die Unternehmensplanung, zentralisierend, andere AWS, etwa für die Arbeitsfortschrittskontrolle, eher dezentralisierend. So erfordern auch manche AWS eine spezielle Hardware bzw. Datenorganisation, die eher zentral bzw. dezentral realisiert werden kann.

Dieses Entscheidungsproblem erfordert zum einen, daß alle Ebenen des Managements mit einbezogen werden (vgl. Buchanan, Linowes 1980b, S. 144) und zum anderen, daß eine unternehmensweite EDV-Rahmenplanung, die in die Unternehmensplanung zu integrieren ist, durchgeführt wird (vgl. auch Duggen, Ishander, Pohl 1983, S. 70). Auf diesen Aspekt wird noch in Abschnitt 4.7 zurückzukommen sein.

Ein planvolles Vorgehen ist auch deshalb notwendig, weil mit zunehmender Dezentralisierung eine Koordination und Abstimmung immer notwendiger wird (vgl. Seibt 1981, S. 339; Duggen, Ishander, Pohl 1983, S.70). Daher muß mit einer erfolgreichen Dezentralisierung eine Standardisierung und Formalisierung einhergehen (vgl. Olson, Davis 1981, S 126).

4.3.4 Zentralisierung versus Dezentralisierung der EDV-Abteilung in der Untersuchung

Die in der Literatur genannten Empfehlungen zur Lösung des Entscheidungsproblems der Zentralisierung versus Dezentralisierung der EDV-Funktion seien nun um die empirischen Ergebnisse ergänzt. Aus der Erhebung liegen als Ausgestaltungsformen der Zentralisierung versus Dezentralisierung der EDV-Abteilung 3 prinzipielle Möglichkeiten vor: die Eingliederung der EDV-Abteilung als zentrale EDV-Abteilung, die Trennung in eine zentrale mit mehreren dezentralen EDV-Abteilungen und drittens ausschließlich dezentrale EDV-Abteilungen. Anhand der Einzelfälle soll das gesamte vorgefundene Spektrum in seinen vielfältigen Ausgestaltungsmöglichkeiten ausgeleuchtet werden. Weiterhin werden durchgeführte Umorganisationen in Richtung einer Zentralisierung oder Dezentralisierung betrachtet und danach untersucht, ob sich daraus Tendenzen ableiten lassen.

Abschließend wird von einem Unternehmen berichtet, das im Rahmen der Erhebung sehr detaillierte Einblicke in die aktuell geführte Diskussion gewährt hat.

Die Frage der Zentralisierung bzw. Dezentralisierung berührt über die organisatorische Eingliederung der EDV-Abteilung hinaus die gesamte EDV-Funktion, wie es in dem Modell von Buchanan und Linowes (1980a, 1980b) auch deutlich wird. Sie umfaßt die Verteilung von Macht und von Kompetenzen, d.h. die Entscheidungsbefugnisse über die einzelnen Teilfunktionen der EDV-Funktion, zwischen der zentralen EDV-Abteilung, dezentralen EDV-Abteilungen, der Unternehmensführung und schließlich den Anwendern in den Fachbereichen. Diese Frage wird uns in diesem und den folgenden Kapiteln immer wieder beschäftigen.

Entgegen der intensiven Diskussion in der Literatur ist es überraschend, daß nur 10 der 33 Unternehmen dezentrale EDV-Abteilungen aufweisen (vgl. Tab. 4-10). Nicht berücksichtigt sind in dieser Zahl drei Unternehmen aus den Branchen Mineralöl und Chemie, die eigene, getrennte EDV-Abteilungen für Prozeßtechnik bzw. Forschung und Entwicklung ohne Bezug zu der kommerziellen Datenverarbeitung gebildet haben. Es ist aber darüber hinaus davon auszugehen, daß in einzelnen Fachbereichen Mitarbeiter über Kenntnisse in Datenverarbeitung

Eingliederung der EDV-Abteilung	Organisationsstruktur des Unternehmens		Unternehmen	
	Verrichtungsorganisation	Objektorganisation	Anzahl	%
zentral	11	12	23	70
zentral und dezentral	2	7	9	23
dezentral	-	1	1	7
Summe	13	20	33	100
statistische Kennzahlen	Chi^2 = 2,26 s = 86,7 % (x)	Phi = 0,26		

Tab. 4-10: Zentralisierung bzw. Dezentralisierung der EDV-Abteilung und Organisationsstruktur des Unternehmens

verfügen und mittels Personal Computer oder allgemein der individuellen Datenverarbeitung Informationsverarbeitung betreiben. Jedoch dokumentiert sich dies nicht in der Bildung eigener EDV-Abteilungen.

Dezentrale EDV-Abteilungen treten hauptsächlich (8 der 10) in Unternehmen mit Spartenorganisation auf. Die geforderte Anpassung der EDV-Funktion an die allgemeine Geschäftstätigkeit kommt hierin zum Ausdruck. Nur in zwei Unternehmen mit funktionaler Organisationsstruktur, beide aus der Branche Fahrzeugbau, bestehen neben einer zentralen EDV-Abteilung mehrere dezentrale Abteilungen. In einem dieser Unternehmen obliegen der zentralen EDV-Abteilung die Programmierung und der Systembetrieb (Rechenzentrum), während die dezentralen Abteilungen in den Fachbereichen den Entwurf der neuen AWS vornehmen. In dem zweiten Unternehmen befinden sich neben der zentralen EDV-Abteilung in allen Werken des Unternehmens kleinere EDV-Abteilungen, die disziplinarisch dem jeweiligen Werksleiter und fachlich der zentralen EDV-Abteilung unterstellt sind. Sie nehmen standortspezifische EDV-Funktionen wahr und sind als Repräsentanten der Werke bei übergreifenden Anwendungsentwicklungen anzusehen.

In 8 der 20 Unternehmen (40%) mit Spartenorganisation wurde die EDV-Abteilung in die Sparten dezentralisiert. Bis auf eine Ausnahme existieren aber weiterhin zentrale EDV-Abteilungen, die jedoch unterschiedliche Funktionen wahrnehmen.

- So sind in 3 der 8 Unternehmen die Systementwicklung und der Systembetrieb nicht vollständig dezentralisiert, d.h. beide Funktionen sind sowohl zentral als auch dezentral vorhanden. Zwei dieser 3 zentralen EDV-Abteilungen üben aber gegenüber den einzelnen Sparten mehr oder weniger eine Beratungsfunktion für große EDV-Projekte aus und verfügen über Richtlinienkompetenz z.B. für AWS im Rechnungswesen.

- In einem weiteren Unternehmen mit regionaler Objektorganisation aber gleicher Produktion ist das Rechenzentrum - bei zentraler Systementwicklung - auf die Betriebsstätten verteilt.

- Gerade der umgekehrte Fall ist in zwei Unternehmen mit unterschiedlichen Sparten aber regionaler Konzentration vorgefunden worden, nämlich zentrales Rechenzentrum mit auf die Sparten verteilter autonomer Systementwicklung.

- Einen weiteren Schritt in Richtung Dezentralisierung unternahm ein Unternehmen, dessen Sparten regional verteilt sind. Es besteht nur noch eine mit geringen Kompetenzen ausgestattete zentrale Informations- und Koordinationsgruppe, die allerdings das EDV-Handbuch als Standardisierungsinstrument herausgibt. Alle weiteren EDV-Funktionen sind in den Sparten angesiedelt.

- Über rein dezentrale EDV-Abteilungen in den Sparten verfügt schließlich das letzte, achte Unternehmen.

Vergleichbar sind hierbei die unter den letzten drei Punkten aufgeführten Unternehmen mit jeweils vollständig dezentralisierten Systementwicklungsabteilungen. Ein Brancheneinfluß wird in diesen vier Unternehmen sichtbar, denn sie gehören alle den Branchen Maschinenbau und Elektrotechnik an, die mit 5 Unternehmen in der Stichprobe vertreten sind. Im Gegensatz dazu ist in 8 der 9 Unternehmen aus den Branchen Mineralöl und Chemie die EDV-Abteilung im Finanz- und Rechnungswesen eingegliedert und - mit Ausnahme der oben erwähnten technisch-wissenschaftlichen Datenverarbeitung - in keinem Unternehmen auf die Sparten dezentralisiert. In dieser Schilderung der Einfälle dokumentiert sich die Anpassung der EDV-Abteilung als Teil der EDV-Funktion an die betrieblichen Notwendigkeiten.

Für eine Trendinterpretation seien im weiteren Umorganisationen der EDV-Abteilung in Richtung einer Zentralisierung bzw. Dezentralisierung betrachtet, die aus 9 Unternehmen berichtet werden. Wiederum zeigt sich zunächst überraschend im Vergleich zu der aktuell in der Literatur geführten Diskussion, in der ausschießlich in Richtung einer Dezentralisierung argumentiert wird, daß es

- in 8 Unternehmen zu einer Zentralisierung und nur
- in 1 Unternehmen zu einer Dezentralisierung der EDV-Abteilung kam.

Die bisher in verschiedenen Bereichen des Unternehmens, aber auch außerhalb des Unternehmens angesiedelten EDV-Abteilungen wurden während des Zeitraums von 1968 bis 1981 (!) zu einer EDV-Abteilung zentralisiert, davon in 2 Unternehmen unter Beibehaltung dezentraler EDV-Abteilungen mit geänderten Aufgabenstellungen. Dieser Prozeß war also nicht auf die Anfänge der Datenverarbeitung im Unternehmen beschränkt.

Als Grund für die Zentralisierung wird allgemein der Wunsch oder die Notwendigkeit nach stärkerer Koordination der EDV-Funktion angeführt.

Im Rahmen der Erhebung wurde lediglich aus einem Unternehmen eine Dezentralisierung berichtet, die im Zusammenhang mit der Spartenbildung im Jahre 1969 vorgenommen wurde. Damit wurde eine größere Nähe zum Anwender hergestellt.

Die empirischen Ergebnisse stehen damit im Gegensatz zu der Diskussion in der Literatur. Als Erklärung bieten sich mehrere Möglichkeiten an:

- Die Dezentralisierungsdiskussion konzentriert sich besonders auf die Verteilung und Vernetzung der Hardware unter Vernachlässigung der organisatorischen Konsequenzen.

- Ein dezentralisierter Einsatz von Kleinrechnern ist ohne die Bildung dezentraler EDV-Abteilungen möglich. Eine zentrale Planungs-, Koordinierungs-, Beratungs- und Kontrollstelle, wie sie in der Literatur zur Vermeidung eines "PC-Wildwuchses" allgemein gefordert wird, ist in der EDV-Abteilung durchaus ausreichend als aufbauorganisatorische Maßnahme (vgl. etwa Rockart, Flannery 1983, S. 782 ff.; Dummel, Giesel 1984, S. 19; o.V. 1984a, S. 95).

- Die Forderung nach Dezentralisierung ist weniger auf die EDV-Abteilung als auf die EDV-Funktion gerichtet. Es ist weniger eine Zerschlagung der zentralen EDV-Abteilung beabsichtigt als eine Dezentralisierung der Kompetenzen und eine Dezentralisierung des Managements einer EDV-Funktion. Mit der Forderung nach Dezentralisierung sollen die "Mauern" um die Ressource Information und deren Verarbeitung "niedergerissen" werden, wobei neue Formen der Kompetenz- und Machtverteilung zwischen EDV-Abteilung und Anwenderbereichen gesucht werden oder sich aufgrund der Dezentralisierung der Hardware faktisch ergeben.

Mit dem im folgenden dargestellten Einzelfall soll dieser Prozeß verdeutlicht werden. Bei dem Unternehmen handelt es sich um einen Mischkonzern mit Spartenorganisation. Die EDV-Abteilung war früher stark zentral orientiert und entsprechend auch die EDV-Funktion. Eine Dezentralisierung wurde nur vorsichtig eingeleitet. Auslöser für eine verstärkte Forderung nach einer Dezentralisierung der EDV-Funktion waren massive Schwierigkeiten speziell in einem Projekt zur Entwicklung eines AWS, das generelle Skepsis an dem praktizierten Hardware-Konzept aufkommen ließ. Die Forderung des Spartenmanagements richtete sich konkret auf eine Dezentralisierung der Hardware eines bestimmten, anderen Herstellers und wurde durch einen als äußerst dringend beschriebenen Anwendungsstau unterstrichen. Typisch an dieser Situation ist, wie in Abschnitt 4.3.3 betont, die Konzentration auf die Hardware-Frage, obwohl auch hier die dahinterstehende Forderung auf eine generelle Dezentralisierung der EDV-Funktion hinauslief, d.h. auf Kompetenzen hinsichtlich des Zugriffs auf die Ressource Information. Generelle Entscheidungsbefugnisse des Spartenmanagements und Befugnisse im Bereich der EDV-Funktion fielen hier deutlich auseinander.

Zur Lösung der Probleme wurde zunächst ein unternehmensweiter EDV-Ausschuß (siehe Abschnitt 4.4) als Beratungs- und Abstimmungsforum geschaffen. Eine Entschärfung der Hardware-Frage wurde u.a. dadurch erreicht, daß die EDV-Funktion gedanklich in ihre Teilfunktionen aufgespalten und die Breite der prinzipiellen Lösungsmöglichkeiten von einer extremen Zentralisierung bis hin zu einer sehr starken Dezentralisierung aufgezeigt wurden. Die Verteter der Sparten hatten nun für jede einzelne Teilfunktion den für ihren Bereich gewünschten Grad der Dezentralisierung zu diskutieren und formulieren. Es zeigte sich, daß bei vielen Teilfunktionen der gewünschte Dezentralisierungsgrad mit den Vorstellungen der zentralen EDV-Abteilung übereinstimmten bzw. die Unterschiede überbrückbar waren. Nur bei einzelnen Teilfunktionen differierte die Bewertung, so daß diese einer weiteren Klärung und Abstimmung unterzogen werden konnten. Als Ergebnis ist dabei wesentlich, daß durch die Mitwirkung in dem EDV-Ausschuß mehr gegenseitiges Verständnis erzeugt wurde und die Frage der Hardware von Kompetenzkonflikten befreit werden konnte. Damit war der Weg offen für eine rationalere Behandlung der Verteilung der Hardware, die einer Wirtschaftlichkeitsbetrachtung nähergebracht werden konnte.

Zu beachten ist, daß bereits mit der Einrichtung des zentralen EDV-Ausschusses und ähnlicher Gremien auf Spartenebene eine Dezentralisierung der EDV-Funktion, und zwar des EDV-Managements, eingeleitet und den Anwenderbereichen mehr Mitsprache eingeräumt wurde. Das Management der EDV-Funktion wurde damit auf eine breitere Basis gestellt.

Abschließend sei mit Nachdruck betont, daß die Dezentralisierung als Teil einer EDV-Gesamtstrategie planvoll in Verbindung mit der EDV-Rahmenplanung (vgl. Abschnitt 4.7.1) durchgeführt werden sollte und gleichzeitig die Notwendigkeit einer Koordination zu prüfen ist (vgl. etwa o.V. 1984a, S. 95).

Diese Koordination gilt für alle Teilfunktionen der EDV, das EDV-Management, die Systementwicklung und den Systembetrieb, d.h. auch für die Hardware. Doppelarbeiten etwa bei der Systementwicklung sind zu vermeiden, auf die Kompatibilität der Hardware einschließlich der Kleinrechner sowie auf Einheitlichkeit der Datenbasis, etc ist zu achten. Besondere Brisanz erfährt dieses Thema noch durch die Dynamik auf dem Gebiet der Personal Computer und deren Einsatz in den Fachbereichen. Denn es gilt zu bedenken, daß lokale, isolierte Anwendungen von heute, morgen zur Integration mit anderen AWS und zentralen Daten streben. So kommt hier auch der EDV-Methodenarbeit und der Qualitätssicherung eine erhöhte Bedeutung in der Setzung von Standards und deren Kontrolle zu. Dieser Aspekt ist wiederum verknüpft mit dem Problem der Weiterbildung der Mitarbeiter, um auch bei dezentralisiertem Systementwicklungspersonal auf ein einheitliches, aktuelles Wissen über die EDV-Technologie und Methodologie zurückgreifen zu können. Mit diesen Fragen, die hier nur angerissen werden konnten, wird u.a. die Aufbauorganisation der EDV-Abteilung und insbesondere der Systementwicklung aufgeworfen, die im nächsten Kapitel eine eingehende Erörterung erfahren.

4.4 Aufbauorganisation der EDV-Abteilung

Nachdem im Abschnitt 4.3 die organisatorische Eingliederung von EDV-Abteilungen in die Unternehmen behandelt wurde, sei nun die Aufbauorganisation der EDV-Abteilungen selber diskutiert. Da die Entwicklung und der Einsatz von AWS fast immer mit Fragen der ablauforganisatorischen Gestaltung in den Fachbereichen verbunden ist, sei zunächst der Zusammenhang von EDV-Abteilungen und Organisationsabteilungen betrachtet (Abschnitt 4.4.1). In zahlreichen Fällen sind die Organisations- und die EDV-Aufgaben in einer gemeinsamen Abteilung zusammengefaßt. Anschließend wird daher die Gliederung der EDV-Abteilungen analysiert (Abschnitt 4.4.2). Im Hinblick auf das Ziel der Arbeit ist es ausreichend, nur die zweite Hierarchiestufe der EDV-Abteilungen zu untersuchen. Eine detailliertere Betrachtung ist aber bezüglich der Entwicklung von AWS interessant. Die Gliederung der kaufmännischen Systementwicklungsabteilungen wird daher anschließend diskutiert (Abschnitt 4.4.3).

Einleitend wurde in Kapitel 1 die Entwicklung der Disziplin des Software Engineering als Reaktion auf die Schwierigkeiten bei der Entwicklung von AWS hervorgehoben. Die aufbauorganisatorische Konsequenz war in einigen EDV-Abteilungen der Aufbau von eigenen Gruppen für EDV-Methoden und für Qualitätssicherung. In Abschnitt 4.4.4 wird deshalb untersucht, wie verbreitet diese Gruppen in den Unternehmen sind.

4.4.1 Aufbauorganisatorische Zusammenfassung oder Trennung von Organisations- und EDV-Abteilung

Die Organisationsabteilung nimmt Gestaltungsaufgaben sowohl hinsichtlich der Aufbauorganisation als auch hinsichtlich der Ablauforganisation wahr. Vor allem bei ablauforganisatorischen Fragestellungen bestehen sehr enge Beziehungen zu der EDV-Abteilung aufgrund der "Gleichheit des Objekts ihrer Tätigkeiten" (Meller 1967, S. 32). Während von der EDV-Abteilung das AWS entwickelt wird, strukturiert die Organisationsabteilung die zur Aufgabenerfüllung der Fachbereiche erforderlichen Arbeitsprozesse (vgl. Kosiol 1980b, Sp. 1), die von dem AWS unterstützt und verbessert werden sollen. Häufig erschließt sich ein mit dem Einsatz eines AWS angestrebter Rationalisierungseffekt erst durch die dann mögliche Reorganisation der jeweiligen Arbeitsprozesse. Damit sind die Ablauforganisation und die Systementwicklung ein inniges "Gestaltungs- und Auftragserfüllungsverhältnis" (Meller 1967, S. 31) gegenüber den Fachbereichen eingegangen. Im einzelnen können der Organisationsabteilung im Rahmen der Entwicklung und organisatorischen Implementierung von AWS folgende Aufgaben übertragen werden. Sie koordiniert zwischen den Anforderungen der Fachbereiche und den technischen Realisierungsmöglichkeiten der Datenverarbeitung, sie prüft die Notwendigkeit einer Umstellung der Arbeitsprozesse auf das Hilfsmittel EDV-Anlage, sie wirkt bei der Gestaltung der neuen AWS und hauptsächlich an den ablauforganisatorischen Auswirkungen auf die Fachbereiche mit, und sie kontrolliert die EDV-Abteilung (vgl. Meller 1967, S. 54). Damit soll der Gefahr begegnet werden, unwirtschaftliche AWS zu erstellen und manuelle Arbeitsprozesse ohne umfassende organisatorische Analyse kritiklos auf das Hilfsmittel EDV-Anlage zu übernehmen.

In Anbetracht des engen Zusammenwirkens kann einerseits eine aufbauorganisatorische Verbindung der Organisationsabteilung und der EDV-Abteilung, wie sie mehrfach in den Interviews von Mitarbeitern der EDV-Abteilung gefordert wurde, vorteilhaft sein. Andererseits wird zur möglichst objektiven Beratung der Fachbereiche eine gewisse Neutralität auch und gerade gegenüber der EDV-Abteilung als notwendig erachtet (vgl. Meller 1967, S. 56 ff.; Futh 1976, S. 193; Voßberg 1980, Sp. 1442).

Nach diesem Überblick über die möglichen Aufgaben einer Organisationsabteilung im Rahmen des SE-Prozesses und die darauf aufbauenden Folgerungen hinsichtlich der Eingliederung der Organisations- und EDV-Abteilung seien im weiteren die in der Praxis festgestellten Formen der Eingliederung vorgestellt.

Bei den 33 Unternehmen (ohne EDV-Dienstleistungsunternehmen) wurden sehr vielfältige Eingliederungen der Organisationsabteilung angetroffen, die bezüglich ihrer aufbauorganisatorischen Nähe zur EDV-Abteilung in drei Gruppen eingeteilt werden können. In der dritten Gruppe sollen noch fünf Varianten unterschieden werden.

- Die erste Gruppe ist mit 8 (24%) Unternehmen besetzt. In diesen Unternehmen sind Organisations- und EDV-Abteilung in verschiedene Bereiche eingegliedert, d.h. sie sind im Falle einer Aktiengesellschaft zwei verschiedenen Vorstandsmitgliedern zugeordnet.

- Die zweite Gruppe besteht aus 4 Unternehmen (12%). Bei dieser Eingliederungsform sind zwar beide Abteilungen in demselben Bereich angesiedelt, die vorgesetzte Instanz ist jedoch fachfremd bezüglich Organisation und Datenverarbeitung.

- Meistens (21 Unternehmen, 64%) bilden jedoch Organisationsabteilung und EDV-Abteilung eine gemeinsame Abteilung. Die Organisationsabteilung ist allerdings auf unterschiedlichen Hierarchiestufen in dieser gemeinsamen Abteilung verankert und gewinnt damit unterschiedliche Bedeutung.

- Nur in drei Unternehmen steht die Organisationsabteilung parallel zu der EDV-Abteilung, und beiden Abteilungen ist eine gemeinsame, fachkompetente Instanz übergeordnet.
- Am häufigsten (12 Unternehmen) ist die Organisationsabteilung in der gemeinsamen Abteilung auf der zweiten Hierarchiestufe parallel zu den Abteilungen Systementwickung, Programmmierung, Rechenzentrum, etc. eingegliedert (vgl. Abschnitt 4.4.3).
- In einem Unternehmen steht die Organisationsabteilung auf der dritten Hierarchiestufe.
- In den restlichen 5 Unternehmen existiert keine eigenständige Organisationsabteilung. Bei zwei dieser Unternehmen trägt die gemeinsame Abteilung lediglich die Bezeichnung "Organisation und Datenverarbeitung".

Demnach werden in den Unternehmen die Organisationsabteilung und die EDV-Abteilung überwiegend in einer gemeinsamen Abteilung zusammengefaßt, und die Neutralität der Organisationsabteilung wird sowohl gegenüber den Fachbereichen als auch gegenüber der EDV-Abteilung zugunsten einer reibungsloseren Zusammenarbeit mit der EDV-Abteilung aufgegeben. Von einer "Gleichrangigkeit" von Organisation und Datenverarbeitung, wie sie Abel et al. (1980, S. 61) anhand ihrer Erhebungsergebnisse sehen, kann jedoch nicht ausgegangen werden. Denn aufgrund des personellen Übergewichts und der Anzahl paralleler Abteilungen dominiert meistens die Datenverarbeitung.

Die Tendenz zu einer engen aufbauorganisatorischen Verbindung der Organisation und der Datenverarbeitung wird noch zusätzlich durch die kürzlich in drei Unternehmen vorgenommene Zusammenlegung zu einer gemeinsamen Abteilung unterstützt. Lediglich in einem Unternehmen fand eine Trennung statt, die jedoch wieder rückgängig gemacht werden soll.

Im Vergleich zu den eingangs genannten möglichen Aufgaben der Organisationsabteilung ist deren Bedeutung für den SE-Prozeß aufgrund der Erhebungsergebnisse jedoch als gering zu werten. Lediglich in 6 Unternehmen sind die Organisationsabteilungen nennenswert am SE-Prozeß beteiligt und erstellen z.B. den fachlichen Entwurf. In der Regel nehmen Organisationsabteilungen gestaltende Aufgaben der Aufbau- und Ablauforganisation ohne EDV-Bezug wahr und schon mit Abschwächung Aufgaben aus dem Bereich der Büroorganisation einschließlich der Textverarbeitung. Die Organisationsaufgaben im Rahmen des SE-Prozesses werden dagegen stärker von den Systementwicklern bzw. EDV-Organisatoren in der EDV-Abteilung durchgeführt.

Als Ergebnis kann die häufig beobachtete Zusammenlegung der Organisations- und EDV-Abteilung aufgrund der Bedeutung der EDV für die organisatorische Gestaltung der Arbeitsprozesse in den Fachbereichen durchaus empfohlen werden. Sicherzustellen ist allerdings, daß die Organisationsaufgaben bei der Entwicklung von AWS weiterhin intensiv wahrgenommen und nicht bedingt durch eine zu starke EDV-Orientierung der Mitarbeiter vernachlässigt werden. Denn auch "gute Programme können niemals einen mangelhaften und nicht voll durchdachten organisatorischen Unterbau ausgleichen" (Futh 1976, S. 189 ff.).

4.4.2 Organisatorische Gliederung der EDV-Abteilung

Anknüpfend an die organisatorische Eingliederung der Organisationsabteilung sei im folgenden die Gliederung der EDV-Abteilung betrachtet. Damit wird gleichzeitig die anschließende detaillierte Untersuchung der Gliederung der kaufmännischen Systementwicklung vorbereitet.

Wesentlicher Einfluß auf die Gliederung der EDV-Abteilung geht von der Abteilungsgröße aus (vgl. Meller 1967, S. 93; Heilmann 1971, S. 18). In der durchgeführten Erhebung sind bis auf zwei Ausnahmen nur mittlere (50 bis 150 Mitarbeiter) und große (über 150 Mitarbeiter) EDV-Abteilungen vertreten (vgl. die Einteilung von Meller 1967, S. 93). Daher war nicht zu erwarten, das gesamte Spektrum der in der Literatur aufgezeigten Gliederungen auch anzutreffen (vgl. etwa Meller 1967, S. 90 ff.; Hellfors 1971; Seibt 1980, Sp. 520 ff.). Darüber hinaus sind die Gliederungen ohnehin als idealtypisch oder beispielhaft zu verstehen, die sich empirisch auch nicht bestätigen ließen. Vielmehr muß die in der Literatur (vgl. Meller 1967, S. 93; Hellfors 1971, S. 61) bereits geäußerte Meinung nachdrücklich bekräftigt werden, daß in der Praxis eine in dem Ausmaß doch unerwartete Fülle von organisatorischen Gliederungsformen angetroffen wurde. Ein Vergleich wird dadurch sehr erschwert, und mit Einzeldarstellungen könnten allenfalls der Literatur neue Beispiele hinzugefügt werden. Deshalb sei stattdessen im weiteren der Weg beschritten, lediglich die organisatorische Gliederung auf der zweiten Hierarchiestufe in der EDV-Abteilung zu betrachten, um daraus das generelle Gliederungskriterium und die Bedeutung einzelner Abteilungen erkennen zu können.

Die organisatorische Gliederung der EDV-Abteilung wird in den Unternehmen nach dem Kriterium <u>Verrichtung</u> (Verrichtungsgliederung) oder <u>Objekt</u> (Objektgliederung) vorgenommen. Bei der Verrichtungsgliederung wird beispielsweise nach den Hauptfunktionen der Datenverarbeitung Systementwicklung, Programmierung und Systembetrieb (Rechenzentrum) strukturiert. Bei einer Objektgliederung wird bereits auf der zweiten Hierarchiestufe der EDV-Abteilung etwa die Systementwicklung nach Anwendungsgebieten (z.B. kaufmännische, technisch-wissenschaftliche Systementwicklung) aufgeteilt. Im einzelnen wurde auf der zweiten Hierarchiestufe

- in 20 EDV-Abteilungen eine Verrichtungsgliederung angetroffen und
- in 15 EDV-Abteilungen eine dominierende Verrichtungsgliederung, die durch eine Objektgliederung durchbrochen ist. Bei dieser Mischform ist die Funktion Systementwicklung bereits in mindestens zwei Anwendungsgebiete aufgeteilt. Detaillierte Betrachtungen schließen sich hierzu im nächsten Abschnitt 4.4.3 an.
- Nur in einem EDV-Dienstleistungsunternehmen mit daneben weiteren Dienstleistungen wurde eine Objektgliederung vorgefunden.

Gemeinsam ist allen Gliederungen der EDV-Abteilungen lediglich, daß die Hauptfunktionen Systementwicklung und Systembetrieb auf der zweiten Hierarchiestufe angesiedelt sind. Parallel waren noch folgende Funktionen eingegliedert:

- aus der Systementwicklung und dem Systembetrieb abgeleitete und sie ergänzende Funktionen (vgl. Hellfors 1971, S. 48 ff.), wie Entwicklung von Methoden zur rationelleren Erstellung von AWS (EDV-Methodengruppe, siehe Abschnitt 4.4.4), Entwicklung und Pflege von Betriebssystemen und Datenbanken, etc. (10 EDV-Abteilungen),

- Informationsfunktionen, wie etwa Beratung und Schulung von Anwendern für die individuelle Datenverarbeitung (7 EDV-Abteilungen),

- zugeordnete Funktionen (vgl. Hellfors 1971, S. 55 ff.), in erster Linie die Organisation, aber auch Operations Research (siehe Abschnitt 4.4.4) (18 EDV-Abteilungen),

- Management(hilfs-)funktionen der Datenverarbeitung, wie Planung und Kontrolle, EDV-Controlling sowie Verwaltung (15 EDV-Abteilungen).

Anhand der in der Aufzählung angegebenen Häufigkeiten lassen sich die Bedeutung und die Eigenständigkeit bestimmter Funktionen abschätzen.

Hingewiesen sei zunächst auf die EDV-Methodengruppen, die im Abschnitt 4.4.4 noch vertiefend untersucht werden. Weiterhin seien die Informationsfunktionen hervorgehoben, die gerade im Zuge einer Dezentralisierung der EDV-Funktion an Bedeutung gewinnen dürften. In den angeführten 7 Unternehmen war diese Funktion nicht innerhalb der Systementwicklung angesiedelt, sondern hatte schon ein solches Gewicht erlangt, daß sie als eigenständige Abteilung ausgegliedert wurde. Eine größere Bedeutung als sich ohnehin schon in den 15 Nennungen ausdrückt, dürften mit einer Intensivierung der EDV-Planung (vgl. Abschnitt 4.7) schließlich die Management(hilfs-)funktionen erlangen.

Nach der bisher im Mittelpunkt stehenden horizontalen Gliederung der EDV-Abteilung auf der zweiten Hierarchiestufe sei abschließend noch die vertikale Gliederung angesprochen. Die untersuchten EDV-Abteilungen weisen drei bis fünf Hierarchiestufen auf. Dabei ist erwartungsgemäß ein deutlicher Zusammenhang zwischen der Größe der EDV-Abteilung und der Anzahl der Hierarchiestufen nachweisbar. In kleinen und mittleren EDV-Abteilungen bis 150 Mitarbeitern werden im Mittel drei Hierarchiestufen gebildet und in größeren Abteilungen mit mehr als 150 Mitarbeitern meist vier oder sogar fünf Hierarchiestufen (vgl. Tab. 4-11).

Hierarchiestufen	Anzahl der Mitarbeiter in der EDV-Abteilung					
	0 - 50	51-100	101-150	151-250	251-400	>400
2	1	1	2	-	-	-
3	1	4	5	2	2	-
4	-	3	1	2	4	2
5	-	-	-	-	2	3
keine Angabe	-	-	-	1	-	-
n = 36	2	8	8	5	8	5
statistische Kennzahlen	Chi^2 = 10,3 s = 99,8 % (+++)			Phi = 0,54		

Tab. 4-11: Größe und Zahl der Hierarchiestufen der EDV-Abteilung

Da der SE-Prozeß in kaufmännischen Systementwicklungsabteilungen im Mittelpunkt der Erhebung steht, sei die Aufbauorganisation dieser Abteilungen näher analysiert. Dazu wird die Betrachtung der einzelnen Hierarchiestufen in der EDV-Abteilung jedoch aufgegeben.

4.4.3 Organisatorische Gliederung der kaufmännischen Systementwicklungsabteilung

Von der kaufmännischen Datenverarbeitung wird häufig die technisch-wissenschaftliche bzw. technisch-mathematische Datenverarbeitung organisatorisch getrennt. Diese Trennung kann neben der unterschiedlichen Anwendergruppe angebracht sein aufgrund der größeren Ein- und Ausgabeintensität der kaufmännischen AWS, der geringeren Zahl der Verarbeitungsoperationen, der geringeren Verwendung mathematischer Modelle und den unterschiedlichen eingesetzten Programmiersprachen (vgl. etwa Meller 1967, S. 74 und S. 99 ff.). Angetroffen wurde die Trennung in knapp der Hälfte der Unternehmen (17), wobei in drei Unternehmen kaufmännische und technisch-wissenschaftliche Datenverarbeitung in zwei verschiedenen Vorstandsbereichen eingegliedert waren. Bei den restlichen 14 Unternehmen wurde die Trennung der Systementwicklung innerhalb der EDV-Abteilung vorgenommen. In den technisch-wissenschaftlichen Systementwicklungsabteilungen ist in der Regel auch die Gruppe Operations Research eingegliedert, auf die noch in Abschnitt 4.4.4 kurz eingegangen wird.

Im folgenden sei ausschließlich die Gliederung der kaufmännischen Systementwicklung betrachtet.

Erneut wurden die Gliederungskriterien Verrichtung (z.B. Systemanalyse, Programmierung) und Objekt (z.B. nach den Anwendungsgebieten Finanzwirtschaft, Materialwirtschaft, etc.) angetroffen. In 16 der 36 Unternehmen ist die Systementwicklungsabteilung zweistufig untergliedert. Es kann unterschieden werden, nach welchem Kriterium zunächst (primäres Kriterium) und nach welchem Kriterium anschließend (sekundäres Kriterium) gegliedert wurde. Ist die Systementwicklung primär nach dem Kriterium Verrichtung und sekundär nach dem Kriterium Objekt gegliedert, dann besteht beispielsweise jeweils eine Abteilung für Systemanalyse und Programmierung, und die Abteilung Systemanalyse ist weiter nach den Anwendungsgebieten Finanzwirtschaft, Personalwirtschaft, Materialwirtschaft, etc. in Gruppen aufgeteilt.

In einem Drittel (12 von 36) der Unternehmen ist die Systementwicklung primär nach dem Kriterium Verrichtung gegliedert. Zusätzlich wurde die Verrichtungsgliederung noch in 3 Unternehmen als sekundäres Kriterium angetroffen. Als einzelne Funktionen treten EDV-Organisation, Systemanalyse, Systementwicklung und Programmierung in Form eigener Abteilungen auf. Eine wünschenswerte, für alle Unternehmen eindeutig zutreffende Zuordnung dieser Abteilungsbezeichnungen zu Aufgaben im SE-Prozeß ist nicht möglich. Jedoch sind die Mitarbeiter dieser Abteilungen in etwa zeitlich in der aufgeführten Reihenfolge am SE-Prozeß beteiligt. Die in einigen Unternehmen gebildeten Abteilungen Systementwicklung nehmen dabei annähernd die gleichen Aufgaben wahr wie in anderen Unternehmen die Abteilungen Systemanalyse und Programmierung. Die Aufgaben der EDV-Organisation sind in einigen Unternehmen mit den Aufgaben der Systemanalyse identisch, teilweise sind beide Abteilungen mit unterschiedlichen Aufgaben betraut. Die im einzelnen angetroffenen Kombinationen von Abteilungen sind in Tab. 4-12 aufgeführt. Als häufigste Nennung (7) fällt die Trennung von EDV-Organisation bzw. Systemanalyse und Programmierung auf, und in fünf Unternehmen wird zwischen EDV-Organisation und Systementwicklung aufgeteilt. In zwei Unternehmen bestehen sogar zwei Schnittstellen durch die Trennung in EDV-Organisation, Systemanalyse und Programmierung.

Beachtenswert sind außerdem die beiden Unternehmen mit einer Trennung von Neuentwicklung und Wartung auf Abteilungsebene, wie es auch etwa von Griese (1983, S. 37) gefordert wird. Von einem davon betroffenen Interviewpartner wird

Primäres Gliederungskriterium	Abteilungen Anzahl	%
Verrichtung	12	33
Objekt	22	61
gleichzeitig Verrichtung und Objekt	1	3
keine Gliederung	1	3
	36	100
Sekundäres Gliederungskriterium		
primär Verrichtung, sekundär Objekt	7	(von 12)
primär Objekt, sekundär Verrichtung	3	(von 22)
primär und sekundär Objekt	6	(von 22)
Art der Verrichtungsgliederung		
EDV-Organisation bzw. Systemanalyse / Programmierung	7	44
EDV-Organisation / Systementwicklung	5	31
EDV-Organisation / Systemanalyse / Programmierung	2	12,5
Neuentwicklung / Wartung	2	12,5
	16	100
Art der Objektgliederung		
Anwendungsbebiete	28	93
Rechnerstandort	1	3
Region	1	3
Zweck der AWS (Abrechnung, Information, Disposition)	1	3
(einschließlich einer Doppelnennung)	31	

Tab. 4-12: Gliederung der kaufmännischen Systementwicklung

diese Trennung jedoch als ein Problem beschrieben, da die Mitarbeiter aus Imagegründen lieber an Neuentwicklungen mitarbeiten, obwohl auch und gerade für die Wartung erfahrene Mitarbeiter eingesetzt werden müßten. Um die Demotivierung der mit Wartungsaufgaben betrauten Mitarbeiter aufzufangen (vgl. auch Abschnitt 4.6.5), wechseln die einzelnen Mitarbeiter zeitweise die Abteilungen und sie werden auch während der Wartungstätigkeiten mit kleineren Systementwicklungsaufgaben betraut. Diese negativen Konsequenzen dürften ein Grund für die geringe Verbreitung dieser Gliederungsform auf Abteilungsebene sein.

In über 60 Prozent der Unternehmen ist die Systementwicklungsabteilung dagegen nach dem Kriterium Objekt und hier bis auf Ausnahmen nach Anwendungsgebieten gegliedert. Vergleicht man die Anwendungsgebiete mit den Vorstandsbereichen des jeweiligen Unternehmens, so erkennt man, daß in 15 von 19 Unternehmen (mit nach Anwendungsgebieten gegliederten Systementwicklungsabteilungen) mindestens der Hälfte der Vorstandsbereiche entsprechende Anwendungsgebiete gegenüberstehen. In 5 dieser Unternehmen sind Anwendungsgebiete und Vorstandsbereiche identisch.

Zuberbühler (1972, S. 125 f.) hatte in den Jahren 1969/70 in der Schweiz nur bei 30% der Systementwicklungsabteilungen eine Gliederung nach Anwendungsgebieten erhoben. Der im Vergleich zur eigenen Untersuchung feststellbare Trend hin zur Gliederung nach Anwendungsgebieten wird noch unterstützt durch die Aussagen aus zwei Unternehmen, wonach die Gliederungsreihenfolge primär Verrichtung, sekundär Objekt kürzlich umgekehrt worden sei.

Eine Gliederung nach Anwendungsgebieten scheint sich vor allem in Systementwicklungsabteilungen mit mehr als 50 Mitarbeitern durchzusetzen. So weisen 75% dieser Abteilungen diese Gliederungsform auf und nur 50% der kleineren Abteilungen (Signifikanzniveau (+)). Demnach scheint es ab dieser Abteilungsgröße angebracht, Spezialisten für einzelne Anwendungsgebiete auszubilden und organisatorisch zusammenzufassen, während in kleineren Abteilungen eine größere Flexibilität des Mitarbeitereinsatzes notwendig ist. Daher seien abschließend die Vor- und Nachteile der Verrichtungs- und Objektgliederung nach Anwendungsgebieten anhand der Literatur zusammengestellt.

<u>Vorteile der Verrichtungsgliederung</u> werden gesehen in
- einer höheren Professionalisierung der Mitarbeiter,
- einem flexibleren Personaleinsatz,
- einer stärkeren Unternehmensgesamtsicht der AWS,
- einer besseren Datenintegration aus getrennten AWS und in
- einem stärkeren Zwang zur Dokumentation,

was eine Implementierung von generellen Standards und Prozeduren zur Folge habe (vgl. Zuberbühler 1972, S. 126; Gildersleeve 1974, S. 46; Ahituv, Hadass 1978,

S. 54). Gildersleeve (1974, S. 47) weist weiter darauf hin, daß eine funktionale Organisation gut in einer Produktionsumgebung arbeite. Und der SE-Prozeß ist durchaus als Produktionsprozeß, hier für das Produkt AWS, aufzufassen. Doch sieht man den SE-Prozeß als einen Entwicklungs- und erst recht als einen Kommunikationsprozeß (vgl. Domke 1982; 1983) mit dem späteren Anwender an, so wird der Vorteil der Gliederung nach Anwendungsgebieten deutlich. Eine Unternehmensgesamtsicht der AWS und deren Integration sollte ohnehin durch eine EDV-Rahmenplanung sichergestellt werden (vgl. Abschnitt 4.7.1).

Als Vorteile der Objektgliederung nach Anwendungsgebieten werden betont
- ein besserer Kontakt zum Anwender als Auftraggeber und Nutzer neuer und behender AWS und damit
- ein besseres Wissen um die Anforderungen der Anwender an die AWS,
- ein besserer Teamgeist bei Neuentwicklungen, verbunden mit geringeren Kommunikationsproblemen, weniger Mißverständnissen und klareren Verantwortlichkeiten sowie
- eine höhere Flexibilität im SE-Prozeß

(vgl. Zuberbühler 1972, S. 126; Ahituv, Hadass 1978, S. 55).

Der bessere Kontakt zum Anwender kann anhand dieser Untersuchung insofern bestätigt werden, als bei einer Gliederung nach Anwendungsgebieten bei der Entwicklung von AWS signifikant weniger Konflikte auftreten als bei einer Verrichtungsgliederung (vgl. Abschnitt 6.3.2.).

Um die Vorteile beider Gliederungskriterien zu verbinden, schlägt Gildersleeve (1974, S. 47) die Bildung einer projektfunktionalen Matrixorganisation vor, bei der durch die Beibehaltung der verrichtungsorientierten Organisation hochqualifizierte Mitarbeiter vorhanden seien, die Koordination und Kontrolle durch die Projektorganisation aber sichergestellt werde. Wie noch in Kapitel 6 deutlich werden wird, wird die Projektorganisation in der Praxis auch verbreitet angewendet, und zwar zur Koordination der Anwender an den Fachbereichen, der Organisationsabteilung und der EDV-Abteilung. Die Bildung einer zusätzlichen Schnittstelle in der EDV-Abteilung, etwa durch Trennung von Systemanalyse und Programmierung, ist aber aus den genannten Gründen im allgemeinen nicht als vorteilhaft anzusehen.

4.4.4 Spezielle Instanzen in der EDV-Abteilung

Die Analyse der Aufbauorganisation der EDV-Abteilung sei mit der Betrachtung spezieller Instanzen abgeschlossen. Wegen ihrer Bedeutung für den SE-Prozeß ist im Rahmen dieser Untersuchung eine evtl. vorhandene Gruppe oder Stelle für

EDV-Methoden sowie für Qualitätssicherung interessant. Aufgrund der durchgeführten Paralleluntersuchung im Operations Research sei auf die teilweise vorgenommene Eingliederung dieser Gruppe in die EDV-Abteilung hingewiesen.

Seit etwa einem Jahrzehnt ist die Erkenntnis gereift und hat sich in der Praxis auch durchgesetzt, daß AWS oder allgemein Software als Produkte anzusehen sind, die nach ingenieurmäßigen Prinzipien entwickelt werden sollten. Dies führte zur Entwicklung einer Vielzahl von Methoden und Techniken, mit deren Hilfe die Qualität der Software erhöht und der Entwicklungsprozeß produktiver und nachvollziehbarer gestaltet werden soll. Diese Methoden und Techniken werden unter dem Begriff "Software Engineering" zusammengefaßt (vgl. Kapitel 1). Jeder SE-Prozeß ist dabei unter den drei wesentlichen Ziel- und Planungsgrößen Leistung, Termin und Kosten zu sehen, wobei die Leistung unterteilt werden kann in Umfang und Qualität (vgl. Abschnitt 3.3). Zur Sicherstellung des EDV-Methodeneinsatzes und der Qualitätssicherung im SE-Prozeß wird ab einer gewissen Abteilungsgröße eine Institutionalisierung vorgeschlagen (vgl. etwa Sneed 1977, T.1, S. 821; Weigel 1980, S. 874; Gustafson, Kerr 1982, S. 5; Keutgen 1982, S. 67; van Megen 1983, S. 30).

Aufgaben einer EDV-Methodeninstanz sind vornehmlich

- "Methodenstudium, Sammeln von Anregungen und Informationen, Erprobung und Entscheidung über die Einführung,
- Implementierung (oder eigene Entwicklung) von Methoden, evtl. Wartung von SW (Software, Einfügung durch den Autor) -Werkzeugen
- Ausbildung, Beratung und Überwachung des Methodeneinsatzes"

(Abel et al. 1980, S. 131).

Die Aufgaben einer Qualitätssicherung können unterteilt werden in

- Qualitätsplanung,
- Qualitätsdurchführung und
- Qualitätskontrolle

(vgl. Bons, van Megen 1982b, T.2, S. 19).

In der Qualitätsplanung sind die Qualitätsziele bzw. Qualitätsmerkmale, deren Messung sowie sämtliche Maßnahmen zur Erreichung dieser Ziele festzulegen. Grundlage dafür sind schriftliche Standards, die von der Methodeninstanz zur Verfügung zu stellen sind. Die Durchführung der Qualitätssicherung hat Einfluß auf den SE-Prozeß und schließt neben den konstruktiven Maßnahmen auch die des permanenten Prüfens ein. Mit der Qualitätskontrolle wird die Qualität eines Zwischenprodukts im SE-Prozeß bzw. des Endprodukts selbst festgestellt. Qualitätssicherung umfaßt demnach "konstruktive" und "analytische" Maßnahmen (Bons, van Megen 1982a, S. 18), wobei die konstruktiven Maßnahmen von dem Verantwortlichen für den SE-Prozeß, d.h. dem Projektleiter, wahrzunehmen sind und die analytischen Maßnahmen auf eine unabhängige Qualitätssicherungsinstanz übertragen werden können bzw. sollen.

Nach dieser Charakterisierung der Aufgaben wird im folgenden anhand des empirischen Materials untersucht, inwieweit die Funktionen EDV-Methodenarbeit und Qualitätssicherung in den Unternehmen wahrgenommen werden und eine Institutionalisierung stattgefunden hat.

In der erhobenen Stichprobe von 36 Unternehmen ist die Funktion EDV-Methodenarbeit sehr weit verbreitet, nämlich in 28 Unternehmen (78%). Eine Institutionalisierung war in 24 Unternehmen (67%) festzustellen, je zwölfmal innerhalb bzw. außerhalb der Abteilung Systementwicklung. In den restlichen vier Unternehmen wird die Funktion nebenamtlich von einem Mitarbeiter wahrgenommen bzw. in einem Unternehmen, das über eine sehr hohe Standardisierung des SE-Prozesses verfügte, durch ein regelmäßig tagendes Gremium der Abteilungsleiter in der EDV-Abteilung. Demgegenüber hatten Abel et al. (1980, S. 62) nur in etwa jedem zweiten Unternehmen eine entsprechende Instanz angetroffen.

Eine Instanz für Qualitätskontrolle weisen nur 10 EDV-Abteilungen auf. Darüber hinaus wird in zwei Unternehmen diese Funktion von der Revision wahrgenommen, und in drei Fällen ist dies eine Aufgabe der Abteilungsleiter in der EDV-Abteilung. In drei weiteren Unternehmen ist eine Instanz geplant bzw. im Aufbau.

Eine Instanz für Qualitätskontrolle besteht nur in EDV-Abteilungen mit einer Instanz für Methodenarbeit. Damit wird die Voraussetzung entsprechender methodischer Standards für eine Qualitätskontrolle deutlich.

Neben der rein deskriptiven Darstellung kann noch aufgezeigt werden, durch welche Merkmale sich die EDV-Abteilungen auszeichnen, in denen diese Funktionen wahrgenommen werden und institutionalisiert sind. Festzustellen ist ein Einfluß der vertikalen Eingliederung der EDV-Abteilung und der Größe der EDV-Abteilung (vgl. Tab. 4-13). Als Stäbe oder auf der 3. bzw 4. Hierarchiestufe eingegliederte EDV-Abteilungen betreiben alle außer einer EDV-Methodenarbeit. Aufgrund fehlender bzw. geringerer Macht ist bei diesen Abteilungen der Zwang zur Formalisierung mittels Methoden zu vermuten. Die Wahrnehmung der EDV-Methodenfunktion und die Ausbildung einer EDV-Methodeninstanz in großen EDV-Abteilungen ist nicht überraschend, da erstens dort die Spezialisierung größer ist und zweitens zur Koordination mehr Formalismen notwendig sind. Bei der Instanz für Qualitätssicherung setzen sich diese Einflüsse, wenn auch abgeschwächt, fort.

Merkmal	Ausprägung	EDV-Methodenarbeit wahrgenommen ja	EDV-Methodenarbeit wahrgenommen nein	EDV-Methodeninstanz vorhanden ja	EDV-Methodeninstanz vorhanden nein
Hierarchiestufe des EDV-Leiters	1,2 ohne Stäbe	13	7	11	9
	3,4 mit Stäben	12	1	10	3
	statistische Kennzahlen	Chi^2 = 3,20 s = 92,6 % (+) Phi = 0,31		Chi^2 = 1,64 s = 79,9 % (x) Phi = 0,22	
Anzahl der EDV-Mitarbeiter	bis 150	11	7	9	9
	über 150	17	1	15	3
	statistische Kennzahlen	Chi^2 = 5,78 s = 98,4 % (+++) Phi = 0,40		Chi^2 = 4,50 s = 96,6 % (++) Phi = 0,35	

Tab. 4-13: Zusammenhänge zwischen der Eingliederung sowie der Größe der EDV-Abteilung und EDV-Methodenarbeit

In Verbindung mit der Paralleluntersuchung im Operations Research (OR) war auch die Eingliederung der OR-Gruppen von Interesse. OR-Gruppen bestehen in 26 der 36 Unternehmen (vgl. Abschnitt 2.2.1). Davon sind in 16 Unternehmen die OR-Aktivitäten in der EDV-Abteilung organisatorisch angesiedelt. Welche Konsequenzen dies für die Arbeit der OR-Gruppe auf den OR-Prozeß hat, ist Gegenstand der Arbeit von Möser (1986). Auswirkungen der OR-Gruppe auf die EDV-Abteilung sind nur begrenzt festzustellen. In einigen Unternehmen mit einer OR-Gruppe außerhalb der EDV-Abteilung waren die OR-Gruppen allerdings die ersten Anwender mit einem Terminal außerhalb der EDV-Abteilung und damit Schrittmacher für eine Öffnung der EDV-Abteilung in Richtung von Online-Systemen und einer Dezentralisierung der EDV-Funktion. Weiterhin wurde von einzelnen OR-Gruppen eine Konkurrenzsituation zur kaufmännischen Systementwicklung betont, da man in der Lage sei, kurzfristig die Realisierung kleinerer AWS vorzunehmen und so einen zusätzlichen Service für die Anwender in den Fachbereichen zu bieten. An diesem Punkt sollten Überlegungen anknüpfen, generell in allen EDV-Abteilungen einen derartigen Service einzurichten, um mit wenig Aufwand die Zufriedenheit der Anwender zu erhöhen.

4.5 Ausschüsse zur Koordination der EDV-Funktion

Neben der Eingliederung der EDV-Abteilung und der organisatorischen Gliederung der EDV-Abteilung sowie der Systementwicklungsabteilung nehmen temporäre Ausschüsse einen Einfluß auf die Entwicklung von AWS. Das Management der unternehmensweiten EDV-Funktion und komplexer EDV-Projekte erfordert eine Kommunikation und Koordination der EDV-Abteilung mit allen betroffenen und beteiligten Fachbereichen des Unternehmens sowie der Unternehmensführung. Neben den ständigen Informationsbeziehungen der Leiter der einzelnen Fachbereiche und -abteilungen kann diese Koordination durch die Bildung verschiedener Ausschüsse institutionalisiert werden (auch Kommissionen, Komitees, Gremien, etc. genannt).

Mit Ausschüssen soll allgemein eine "Pluralität der Willensbildung", eine "Koordinierung der Unternehmensteile", ein "direkter Informationsaustausch" und eine "Verbesserung der menschlichen Beziehungen" durch gegenseitiges Problemverständnis erreicht werden (vgl. Kosiol 1962, S. 159 ff.; 1980a, Sp. 1016 f.). Redel (1982) unterscheidet den Koordinations-, Innovations- und Konfliktaspekt, unter denen der Einsatz von Ausschüssen zu betrachten ist. Zwei Zwänge verleihen der Bildung von Ausschüssen in der Datenverarbeitung gerade in jüngster Zeit Bedeutung, erstens die Frage der Zentralisierung versus Dezentralisierung der EDV-Funktion - verbunden mit der Frage der Machtverteilung zwischen EDV-Abteilung und Fachbereichen - und zweitens die notwendige, aber schwierige Aufgabe der Verknüpfung der Ziele der EDV-Funktion mit den Unternehmenszielen (vgl. Nolan 1982, S. 72; vgl. das Unternehmensbeispiel in Abschnitt 4.3.4). Die dazu notwendige Koordination kann als eigentliche Aufgabe der Unternehmensführung angesehen werden, die diese jedoch bisher aus unzureichender Sachkenntnis den Spezialisten, oder aber wirkungsvoller, Ausschüssen überlassen hat (vgl. Seibt 1980, Sp. 517 f.).

In der Literatur wird überwiegend die Bildung von Ausschüssen zur Koordination der EDV-Funktion befürwortet (vgl. Canning 1973b, S. 1; Musiol 1974, T.1, S. 197; Knopf 1979, S. 451 f.; Klein 1980, S. 46; Kupper 1981, S. 63 f.; Nolan 1982, S. 72 ff.). Kritische Stimmen sind dagegen selten zu vernehmen (vgl. Bierig 1983, S. 288 ff.), auch wenn deren Argumente nicht vernachlässigt werden sollten. In Abschnitt 4.5.3 wird darauf noch zurückzukommen sein.

Die im Rahmen der Erhebung vorgefundenen Ausschüsse unterscheiden sich hauptsächlich hinsichtlich ihrer Besetzung (Abschnitt 4.5.1) und der von ihnen wahrgenommenen Aufgaben (Abschnitt 4.5.2). Eine Differenzierung nach der Entscheidungskompetenz hat sich als nicht aussagekräftig erwiesen.

Ausgeschlossen werden aus der Betrachtung die EDV-Dienstleistungsunternehmen, obwohl auch in einem dieser Unternehmen ein sog. Projektausschuß angetroffen wurde. Aufgrund der Trennung von Auftraggeber und Auftragnehmer in zwei unabhängige Unternehmen ist die Situation jedoch nicht mit den anderen Unternehmen vergleichbar.

4.5.1 Besetzung der Ausschüsse

Die Auswertung der empirischen Ergebnisse zeigt, daß aufgrund der Besetzung drei Arten von Ausschüssen unterschieden werden können. Sie seien bezeichnet als

- EDV-Ausschüsse,
- Fachausschüsse und
- Projektausschüsse.

Mit dieser Begriffsbildung wird teilweise auch schon der Kompetenzbereich zum Ausdruck gebracht.

Der EDV-Ausschuß steht unter der Leitung eines Mitgliedes der Unternehmensführung. Die Mitglieder des EDV-Ausschusses sind Vertreter der am meisten von der Datenverarbeitung betroffenen Fachbereiche (meist der Unternehmensführung unterstellte Bereichsleiter) sowie die Leiter der EDV-Abteilung, der Organisation, der Revision und des Controlling (vgl. auch Knopf 1979, S. 452; Klein 1980, S. 46; Kupper 1981, S. 64). Es handelt sich um einen unternehmensweiten Ausschuß, da bei dem bestehenden Anwendungsspektrum die Datenverarbeitung Eingang in nahezu alle Fachbereiche gefunden hat. Bei Großunternehmen mit Spartenorganisation kann der EDV-Ausschuß auch mit Vertretern der Sparten oder Vertretern der Fachbereiche der Sparten besetzt sein. Die Bezeichnung in der Praxis ist sehr unterschiedlich. Neben "EDV-Ausschuß" wurde "Steuerungsgremium", "Steering Committee", "Koordinierungsausschuß" etc. angetroffen. EDV-Ausschüsse sind auf Dauer eingerichtet.

Demgegenüber werden Projektausschüsse jeweils für ein einzelnes Projekt, häufig aber ausschließlich für Großprojekte eingesetzt. Sie bestehen nur für die Dauer der Projektdurchführung. Die Besetzung rekrutiert sich aus den vom Projekt betroffenen Fachbereichen, namentlich dem Auftraggeber, evtl. dem Leiter der Organisationsabteilung und dem EDV-Leiter, der sich teilweise durch den Leiter der Systementwicklungsabteilung vertreten läßt (vgl. auch Musiol 1974, I.1, S. 197; Klein 1980, S. 47). Zusätzlich können noch Mitarbeiter aus Abteilungen, die an dem Projekt beteiligt sind (z.B. Systembetrieb, Hardwarelieferant, Betriebsrat, externe Berater), eingebunden werden (vgl. auch Kupper 1981,

S. 64). Auch hier hat sich in Literatur und Praxis kein einheitlicher Begriff durchgesetzt. Gebräuchlich sind "Projektkommission", "Lenkungsausschuß", "Entscheidungsausschuß", etc.

Die dritte Ausschußart, der Fachausschuß, findet im Gegensatz zu den beiden anderen keine Erwähnung in der deutschsprachigen Literatur. Eine Einführung des Begriffs scheint jedoch aufgrund der zu EDV- und Projektausschüssen unterschiedlichen Besetzung und Zuständigkeiten angebracht. Mitglieder der Fachausschüsse sind jeweils die Vertreter verschiedener Fachabteilungen jeweils eines Bereichs mit meist intensivem EDV-Einsatz, wie z.B. dem Finanz- und Rechnungswesen, Vertrieb, Personal, etc. Der Ausschuß ist auf Dauer angelegt.

Eine Übersicht über die angetroffenen Ausschußarten ist in Tab. 4-14 für die 33 Unternehmen (ohne EDV-Dienstleistungsunternehmen) angelegt. Nicht aufgenommen sind Ausschüsse innerhalb der EDV-Abteilung, auch wenn sie die gleichen Aufgaben wahrnehmen sollten wie gemeinsame Ausschüsse aus Fachbereichen und EDV-Ab-

Ausschuß-arten pro Unternehmen	EDV-Ausschuß	Fach-ausschuß	Projekt-ausschuß	Unternehmen	
				Anzahl	%
0	-	-	-	7	21
1	1	-	-	9	
	-	-	1	5	
				14	43
2	2*	-	-	1	
	-	-	2*	1	
	1	1	-	4	
	1	-	1	4	
				10	30
3	2*	1	-	1	3
4	2*	1	1	1	3
Anzahl der Unternehmen	20 (61%)	6 (18%)	11 (33%)	33	100

* Ausschüsse mit unterschiedlicher Entscheidungskompetenz bzw. mit unterschiedlichen Aufgaben

Tab. 4-14: Besetzung der Ausschüsse

teilung. Demnach bestanden zum Erhebungszeitpunkt in 26 Unternehmen (79%) Ausschüsse, während lediglich in 7 der Unternehmen (21%) keine Ausschüsse zur Koordination der EDV-Funktion eingerichtet waren. EDV-Ausschüsse werden am häufigsten gebildet, nämlich in 20 Unternehmen (61%). Meist besteht auch nur eine Ausschußart (14 Unternehmen). Mehr als zwei Ausschußarten sind lediglich in zwei Unternehmen vorhanden, wobei dort eine Trennung in Informations- bzw. Beratungsausschuß sowie Entscheidungsausschuß (vgl. auch Kosiol 1962, S. 161 ff.; 1980a, Sp. 1014 f.) konsequent vollzogen wird.

Zu einem Vergleich mit der eigenen Erhebung heranziehbare empirische Ergebnisse liegen aus drei Ländern mit unterschiedlichen Erhebungszeitpunkten und verschiedenen Unternehmensgrößen vor (vgl. Tab. 4-15). Zuberbühler (1972, S. 130) berichtet aus der Schweiz, in 30% der Unternehmen aktive Ausschüsse angetroffen zu haben, wobei nicht die Ausschußart ersichtlich wird, auch wenn er in "managementorientiert" und "ausführungsorientiert" unterscheidet (Zuberbühler 1972, S. 33). Eine Erhebung aus dem Jahr 1980 in der Bundesrepublik Deutschland mit hauptsächlich kleinen und mittleren Unternehmen zeigt, daß in 40% der Unternehmen ein Gremium "in der Art eines DV-Koordinierungsausschusses" tätig war (Streicher, Sandscheper 1982, T.2, S. 98 ff.). Demgegenüber waren nach einer Studie aus den USA zum gleichen Erhebungszeitpunkt in den dort erfaßten Großunternehmen wesentlich stärker Ausschüsse zur Koordination der EDV-Funktion verbreitet (vgl. Nolan 1982, S. 72 ff.). Nolans Untersuchung ergab, daß in 85% der Unternehmen ein aktiver unternehmensweiter Ausschuß - vergleichbar mit dem EDV-Ausschuß - existiert, in 90% der Unternehmen Ausschüsse für die einzelnen Sparten ("Divisional Steering Committee") und in 80% Fachausschüsse ("Functional Steering Committee") bestehen (Nolan 1982, S. 78). Demnach sind in mindestens mehr als der Hälfte der Unternehmen gleichzeitig drei verschiedene Ausschußarten aktiv. Weiterhin stellt Nolan eine starke Steigerung des Prozentsatzes gegenüber der Situation Mitte der 70er Jahre fest, als erst etwas weniger als die Hälfte der Unternehmen einen unternehmensweiten EDV-Ausschuß hatte (Nolan 1982, S. 72).

Anhand dieses Vergleichs lassen sich hinsichtlich der Verbreitung von Ausschüssen folgende Tendenzen vermuten:

- ein Anstieg über die Zeit, betrachtet man die Erhebungen aus den Jahren 1969/70, Mitte der 70er Jahre und jüngste Zahlen,
- eine Zunahme mit der Unternehmensgröße (vgl. Streicher, Sandscheper 1982, T.2; Nolan 1982 und die eigene Erhebung),
- eine Zeitverschiebung zwischen den USA und der Bundesrepublik, vergleicht man Nolans Erhebung mit der eigenen. Da die USA häufig eine Vorreiterrolle bei organisatorischen Veränderungen einnimmt, ist auch in der Bundesrepublik eine vergleichbare Entwicklung denkbar.

Quelle	Jahr der Erhebung	Land	n	überwiegende Unternehmens-größe	Häufigkeit von EDV-Ausschüssen
1)	1969/70	Schweiz	30	mittel bis groß	30%
2)	1980	Deutsch-land	492	klein und mittel	40%
3)	1980	USA	127	groß	85%
eigene Erhebung	1982	Deutsch-land	33	groß	61%

1) Zuberbühler 1972, S. 130
2) Streicher, Sandscheper 1982, T.2, S. 98 ff.
3) Nolan 1982, S. 72 ff.

Tab. 4-15: Vergleich der Verbreitung von EDV-Ausschüssen in verschiedenen Erhebungen

<u>4.5.2 Aufgaben der Ausschüsse</u>

Aus den Managementaufgaben der EDV-Funktion und der EDV-Projekte lassen sich die Aufgaben von EDV-Ausschuß, Fachausschuß und Projektausschuß ableiten.

Auf der Basis des erhobenen Datenmaterials bietet sich eine Bildung von vier Aufgabenkategorien an:

- Kategorie A: Abstimmung der strategischen EDV-Planung
- Kategorie B: Ressourcenfreigabe für EDV-Projekte
- Kategorie C: Kontrolle und Steuerung der EDV-Projekte
- Kategorie D: Fachliche Unterstützung des Projektleiters

Unter der Kategorie A, <u>Abstimmung der strategischen EDV-Planung</u>, werden Aufgaben zusammengefaßt, die auf die Zielsetzung und langfristige Planung der EDV-Entwicklung ausgerichtet und auf die Unternehmensziele abgestimmt sind. Mit der Beratung und Genehmigung des erstellten EDV-Rahmenplans (vgl. Abschnitt 4.7.1) werden die einzusetzenden EDV-Technologien (Hardware, Datenbanken, etc.) und die in Angriff zu nehmenden Anwendungsgebiete festgeschrieben. Damit wird eine Planungsgrundlage für die EDV-Abteilung und die Fachbereiche hinsichtlich der Projekt-, Personal- und Finanzplanung geschaffen (vgl. auch Klein 1980, S. 47; Nolan 1982, S. 76).

Die Kategorie B, Ressourcenfreigabe an EDV-Projekte, ist auf die EDV-Rahmenplanung gestützt und umfaßt die Sammlung der Projektanträge, deren Beurteilung aufgrund quantifizierbarer und nichtquantifizierbarer Kriterien, die Entscheidung über die Prioritätenvergabe, die Bereitstellung der notwendigen Ressourcen und die Benennung des Projektleiters (vgl. auch Abschnitt 4.7.2). Dieser Prozeß kann auf Gesamtunternehmensebene und vorgeschaltet (oder auch allein) in einem Fachbereich bzw. einer Sparte ablaufen (vgl. auch Klein 1980, S. 47; Kupper 1981, S. 64; Nolan 1982, S. 76).

Die Kategorie C, Kontrolle und Steuerung der EDV-Projekte, umfaßt als Aufgaben die Überwachung des Projektfortschritts, die Kontrolle der Kosten und Termine, die Diskussion und Entscheidungsfindung bei Problemen, welche über den Kompetenzbereich des Projektleiters hinausgehen (z.B. Budget-, Termin- und Leistungsänderungen), allgemein die Entschärfung von Konflikten sowie die Koordination zwischen Anwenderbereich und EDV-Abteilung (vgl. auch Musiol 1974, T.1, S. 197 f.; Klein 1980, S. 47; Kupper 1981, S. 63 f.; Nolan 1982, S. 77). Der Projektleiter berichtet an dieses Aufsichtsgremium, das unternehmensweit, bereichsweit oder nur speziell für ein Projekt tätig sein kann.

In der Kategorie D, fachliche Unterstützung des Projektleiters, sind Aufgaben eingeordnet, die die konkrete fachliche Lösung von Problemen auf der Seite der Anwender oder auch auf der Seite der EDV-Abteilung betreffen. In diesen Ausschüssen werden Probleme angesprochen, Lösungen erarbeitet und verabschiedet.

Die vom EDV-Ausschuß, Fachausschuß und Projektausschuß wahrgenommenen Aufgaben sind in Tab. 4-16 zusammengestellt. Dabei ist zu beachten, daß eine Aufgabe in einem Unternehmen durch zwei Ausschüsse durchgeführt werden kann und damit Mehrfachangaben enthalten sind.

Die Abstimmung der strategischen EDV-Planung (Kategorie A) ist in 10 Unternehmen (30%) Aufgabe eines Ausschusses, und zwar ausschließlich des EDV-Ausschusses. Damit wird genau die Hälfte der EDV-Ausschüsse (10 von 20) für diese Aufgabe eingesetzt. In der von Nolan durchgeführten Erhebung übernahmen dagegen über 80% der EDV-Ausschüsse die vergleichbare Funktion "Direction setting" (vgl. Nolan 1982, S. 77). Neben dem sicherlich in der Bundesrepublik auch hier noch bestehenden Nachholbedarf könnte eine Erklärung , des Unterschiedes darin liegen, daß bei der Untersuchung von Nolan wahrscheinlich geschlossene Fragen, in der selbst durchgeführten Erhebung jedoch offenen Fragen eingesetzt wurden (zum Unterschied siehe Abschnitt 2.1.1).

Die Ressourcen für EDV-Projekte (Kategorie B) werden in 16 Unternehmen (48%) durch einen Ausschuß freigegeben, und zwar immer durch einen EDV-Ausschuß und in 4 Unternehmen zusätzlich durch einen Fachausschuß. Die Ressourcenfreigabe mit allen damit zusammenhängenden Aufgaben schält sich damit als Hauptaufgabe der EDV-Ausschüsse heraus, indem 80% (16 von 20) diese Aufgabe durchführen. Einen vergleichbar hohen Prozentsatz (85%) ermittelte Nolan (1982, S. 77).

In 18 Unternehmen (55%) werden Ausschüsse für die Aufgaben der Projektkontrolle und -steuerung (Kategorie C) gebildet. Sowohl EDV-Ausschuß als auch Fachausschuß werden dazu eingesetzt, meist jedoch ein spezieller Projektausschuß. Für den EDV-Ausschuß handelt es sich um eine untergeordnete Aufgabe, die nur oberflächlich durchgeführt werden kann, und lediglich 4 EDV-Ausschüsse (20%) sind dafür zuständig. Dagegen ist allen Fachausschüssen und mit einer Ausnahme allen Projektausschüssen diese Aufgabenkategorie übertragen.

Die fachliche Unterstützung des Projektleiters und seiner Mitarbeiter (Kategorie D) ist ausschließlich Aufgabe eines Projektausschusses.

Art des Ausschusses	Aufgabenkategorie				Anzahl der Unternehmen
	strat. EDV-Planung A	Ressourcenfreigabe B	Projektkontrolle C	fachl. Unterstützung D	
EDV-Ausschuß	10 (50%)	16 (80%)	4 (20%)	-	20 (100%)
Fachausschuß	-	4 (67%)	6(100%)	-	6 (100%)
Projektausschuß	-	-	10 (91%)	5 (45%)	11 (100%)
Summe	10 (3%)	16 (48%)	18 (55%)	5 (15%)	33 (100%)

Mehrfachangaben aufgrund der Überschneidung von Aufgaben

Tab. 4-16: Aufgaben der Ausschüsse

Eine weitere Differenzierung der Ausschüsse könnte hinsichtlich der Entscheidungskompetenz vorgenommen werden. Beratungsausschüsse, deren Kompetenz von dem unverbindlichen Meinungsaustausch bis zur Erarbeitung entscheidungsreifer Vorlagen reicht, wären zu trennen von Entscheidungsausschüssen (vgl. Kosiol 1962, S. 162 ff.), die zur "gemeinsamen vollzugsverbindlichen Lösung" eines Problems zusammenkommen (Frese o.J., S. 67). Diese gedankliche Trennung läßt sich in der Realität jedoch schwer nachvollziehen. Es ist daher der Beurteilung von Dullien

(1972, S. 97 f.) zuzustimmen, der unter Berufung auf die Ergebnisse von Witte (1968a, 1968b) argumentiert, daß "Entscheidung und Entscheidungsvorbereitung bei komplexen Problemen nicht zu trennen sind". Mit der Entwicklung verschiedener Entscheidungsalternativen wird nämlich regelmäßig schon eine Reihe von Vorentscheidungen gefällt, die dem "Effekt eines Vorschlages doch recht ähnlich werden" (Dullien 1972, S. 98). Außerdem ist die Entscheidungskompetenz in Abhängigkeit von dem jeweils zur Entscheidung anstehenden Problem zu sehen. So kann etwa die Prioritätenvergabe an EDV-Projekte von einem EDV-Ausschuß als entscheidungsreife Vorlage für den Vorstand erarbeitet werden, während die Benennung der Projektleiter in die Entscheidungskompetenz des EDV-Ausschusses fällt. Vor diesem Hintergrund konnten nur wenige Ausschüsse als reine Beratungsausschüsse identifiziert werden, und auch nur dann, wenn der unverbindliche Meinungsaustausch im Vordergrund stand. Auf eine weiter differenzierende Betrachtung sei daher verzichtet.

4.5.3 Kritische Würdigung der Ausschüsse

Nachdem die Verbreitung und die Aufgaben der EDV-, Fach- und Projektausschüsse vorgestellt wurden, soll nun untersucht werden, von welchen erhobenen Merkmalen des Unternehmens und der EDV-Abteilung die Bildung von Ausschüssen beeinflußt wird. Zusammenhänge sind erkennbar mit den Merkmalen Unternehmensgröße, Organisationsstruktur des Unternehmens, Eingliederung der EDV-Abteilung in das Unternehmen und Dezentralisierung der EDV-Abteilung.

Die bereits in Abschnitt 4.5.1 geäußerte Vermutung einer Zunahme der Ausschüsse mit der Unternehmensgröße (vgl. Abschnitt 3.1) wird durch die Erhebung bestätigt. Der Umsatz (größer 5 Mrd. DM) erweist sich dabei meistens als trennschärferes Kriterium als die Mitarbeiterzahl. In den 17 der 33 Unternehmen (52%) mit mehr als 5 Mrd. DM Umsatz wurden

- 60% der EDV-Ausschüsse (12 von 20) (Signifikanzniveau (x)),
- 67% der Fachausschüsse (4 von 6) (nicht signifikant),
- 80% der Projektausschüsse (8 von 10) (Signifikanzniveau (++)) angetroffen,
- und 83% der Unternehmen (10 von 12) mit mehr als einer Ausschußart liegen oberhalb dieser Umsatzgrenze (Signifikanzniveau (+++)).

Nur bei den Fachausschüssen ist die Mitarbeiterzahl des Unternehmens trennschärfer. Fünf der sechs Fachausschüsse bestehen in Unternehmen mit mehr als 20.000 Mitarbeitern (Signifikanzniveau (+++)).

Der Koordinationsbedarf der EDV-Funktion kann demnach in großen, speziell umsatzstarken Unternehmen nicht mehr allein über die Linienfunktion wahrgenommen werden. Eine Koordination über Ausschüsse scheint verstärkt angebracht zu sein (vgl. auch Redel 1982, S. 111 f.).

Weiterhin sind von der Organisationsstruktur des Unternehmens (vgl. Abschnitt 3.1) Einflüsse auf die Bildung von Ausschüssen zu verzeichnen. Von den 13 Unternehmen (39 %) mit einer reinen Verrichtungsorganisation arbeitet in 10 (77%) ein EDV-Ausschuß, in den 20 Unternehmen mit Objekt- bzw. Spartenorganisation nur in 50% der Unternehmen (Signifikanzniveau (x)). Darüber hinaus wurde bis auf eine Ausnahme in allen Unternehmen mit Verrichtungsorganisation mindestens eine Ausschußart eingerichtet und die restlichen 6 der insgesamt 7 Unternehmen ohne Ausschüsse (vgl. Tab. 4-14) haben Objektorganisation (Signifikanzniveau (+)). Der unternehmensweite Koordinationsbedarf der EDV-Funktion scheint in verrichtungsorientierten Unternehmens demnach höher zu sein. EDV-Ausschüsse sind tendenziell (Signifikanzniveau (x)) häufiger in Erscheinung getreten, wenn die EDV-Abteilung in einem Fachbereich eingegliedert ist. So verfügen nur 4 der 9 Unternehmen (44%) mit Eingliederung der EDV-Abteilung als eigenen Vorstandsbereich bzw. als Stab beim Vorstandsvorsitzenden über einen EDV-Ausschuß, dagegen 16 (67%) der restlichen 24 Unternehmen. Als Begründung kann herangezogen werden, daß mit der Bildung eines EDV-Ausschusses der in Abschnitt 4.3.1 angesprochenen potentiellen Prioritätenverschiebung durch den Fachbereichsleiter, dem die EDV-Abteilung unterstellt ist, entgegengewirkt wird. Bei Eingliederung als eigenen Vorstandsbereich bzw. als Stab bei dem Vorstandsvorsitzenden ist von vornherein eine neutralere Position der EDV-Abteilung gegeben und die Gefahr einer Bevorzugung eines Fachbereiches als geringer anzusehen. Andererseits ist vor dem Hintergrund der geringeren Verbreitung einer EDV-Planung in diesen EDV-Abteilungen (vgl. Abschnitt 4.7) nicht auszuschließen, daß diese EDV-Abteilungen versuchen, sich einer Kontrolle der Fachbereiche zu entziehen.

Schließlich beeinflußt eine Dezentralisierung der EDV-Abteilung, die in 10 Unternehmen zu verzeichnen ist (vgl. Abschnitt 4.3.4), die Bildung von Fachausschüssen, denn vier der sechs Fachausschüsse sind in diesen Unternehmen eingesetzt (Signifikanzniveau (++)). Die Koordination der EDV-Funktion durch Fachausschüsse scheint - bei allem Vorbehalt aufgrund der geringen Zahl von Nennungen - wohl dann angebracht zu sein, wenn durch eine Dezentralisierung der EDV-Abteilung die Gefahr einer unkoordinierten Entwicklungen in verschiedenen Sparten oder Werken bezüglich eines Anwendungsgebietes besteht. Damit sollen z.B. Mehrfachentwicklungen vermieden werden.

Demnach werden Ausschüsse zur Koordination der EDV-Funktion verstärkt eingesetzt in Unternehmen

- mit mehr als 5 Mrd. DM Umsatz bzw. mehr als 20.000 Mitarbeitern,
- mit Verrichtungsorganisation,
- mit einer EDV-Abteilung, die in einen Fachbereich eingegliedert ist,
- und mit einer dezentralisierten EDV-Abteilung.

Im Rahmen der Auswertung wurde weiterhin untersucht, inwieweit durch die Existenz von Ausschüssen die Zielverfehlung bei EDV-Projekten (vgl. Abschnitt 3.3) verringert wird, um daraus die Vorteilhaftigkeit von Ausschüssen begründen zu können. Die aufgestellten Kreuztabellen zeigen zwar durchgehend, daß in Unternehmen mit EDV-, Fach- und/oder Projektausschüssen die Zielverfehlungen seltener und geringer sind, aufgrund der Unsicherheit des Datenmaterials (vgl. Abschnitt 3.3) und der selten signifikanten Zusammenhänge kann dieser Nachweis aber nicht stichhaltig erbracht werden.

Ähnliche Erfahrungen veranlassen Bierig wohl auch zu der geäußerten Kritik an der Arbeit von Ausschüssen, denn trotz "Berater-, Lenkungs- und Entscheiderausschüssen werden Risiken nicht erkannt und Fehlentwicklungen nicht ... verhindert" (Bierig 1983, S. 288 ff.). Er rät daher zum Verzicht auf Ausschüsse, da die Aufgaben besser durch die Linie wahrnehmbar seien (Bierig 1983, S. 290). Wohl auf die Projektausschüsse beziehen sich die folgenden Kritikpunkte (Bierig 1983, S. 289 f.), wonach

- der Projektleiter eine fachlich wesentlich bessere Ausgangsbasis habe als ein einzelnes Ausschußmitglied,
- der Projektleiter einen Informationsvorsprung habe und daher Risiken verschweigen und unerwünschte Lösungen ausklammern könne,
- keine wirksame Kontrolle erfolge, da die Auschußmitglieder Entscheidungen mitgetragen haben und zu deren Verteidigung neigen,
- Beschlüsse von Ausschüssen gegen Kritik immun seien, da höhere Hierarchieebenen (z.B. der Vorstand) einbezogen wurden,
- eine Verantwortungsverschiebung vom Einzelnen auf das Kollektiv erfolge und damit wohl auch die Entscheidung risikofreudiger ausfalle ("risky-shift-Effekt") (vgl. etwa Redel 1982, S. 178 f. und die ausführliche Diskussion bei Manke 1980, S. 264 ff., der diese These nicht für empirisch abgesichert hält),
- das Konsensprinzip zu schwerfälligerer Entscheidungsfindung führe und die Funktionsverantwortlichen aus ihrer Verantwortung entließe,
- eine "Politik des Mittelmaßes" die Initiative und Kreativität des Einzelnen lähmen würde.

Mit dieser Härte der Kritik setzt Bierig einen Kontrapunkt zu der sonst positiven Einstellung in der Literatur gegenüber Ausschüssen zur Koordination der EDV-Funktion. Der Autor kann dieser Forderung nach Abschaffung der Ausschüsse in dieser Form jedoch nicht folgen, wenn auch anzuerkennen ist, daß negative Begleiterscheinungen wie in jedem Gruppenprozeß (vgl. etwa Rosenstiel 1980, Sp. 802 f.; Manke 1980; Redel 1982 und die dort angegebene Literatur) auftreten können. Diese sollten jedoch durch entgegenwirkende Prinzipien möglichst vermieden werden, um die positiven Aspekte um so besser zur Geltung kommen zu lassen.

Die Prinzipien sollten, wenn auch nicht festgeschrieben in Form einer Satzung, jedem Ausschußmitglied bekannt sein und deren Einhaltung sollte durch den Ausschußvorsitzenden, bei einem EDV-Ausschuß etwa durch ein Vorstandsmitglied, beachtet werden. Die in einem der befragten Unternehmen beachteten Prinzipien, die sich dort bewährt haben, seien im folgenden vorgestellt und weiterempfohlen:

- Nivellierung der Hierarchieunterschiede hinsichtlich freier Meinungssäußerung, übertragung von Einzelaufgaben, etc.,
- Vermeidung von formalen Abstimmungen,
- Förderung der gemeinsamen Meinungsbildung unter Beibehaltung der Linienverantwortung,
- Vermeidung des Konsensprinzips; evtl. Weitergabe der Entscheidung an einen höheren Ausschuß oder die Unternehmensführung unter Darstellung der Alternativen einschließlich ihrer Konsequenzen,
- volle Beibehaltung der Linienverantwortung und kein Verstecken hinter Ausschußbeschlüssen,
- keine zu große Anzahl von Ausschüssen, wobei bis zu zwei Ausschußarten als sinnvoll anzusehen sind,
- nicht zu viele Mitglieder (max. 15),
- keine zu große Tagungshäufigkeit.

Die Meinungen in der Literatur und die gewonnenen empirischen Ergebnisse zusammenfassend, können hinsichtlich der Bildung von Ausschüssen zur Koordination der EDV-Funktion folgende Gestaltungsempfehlungen ausgesprochen werden:

Der <u>Projektausschuß</u> dient als zentrale Berichtsinstanz des Projektleiters. Der Projektleiter hat dem Projektausschuß seine Planung vorzulegen, dort wird sie abgenommen und deren Einhaltung kontrolliert. Bei Entscheidungen, die über die Kompetenz des Projektleiters hinausgehen, werden Entscheidungen in dem Ausschuß gefällt und deren Durchsetzung über die Linie veranlaßt. Der Projektleiter ist an der von ihm vorgelegten Planung zu messen, aus der auch die Risiken und deren Wertung hervorgehen müssen. Dadurch soll eine geschönte Planung und eine Unterdrückung von bekannten Risiken vermieden werden. Eine zusätzliche Kontrolle des Projektleiters erfolgt noch durch Mitarbeiter der verschiedenen Fachabteilungen und der EDV-Abteilung, die weiterhin disziplinarisch und teilweise auch fachlich ihrem Linienvorgesetzten unterstellt sind (vgl. Abschnitt 6.3). Eine wesentliche Funktion des Projektausschusses liegt in der Koordination der Fachabteilungen untereinander und der Fachabteilungen mit der bzw. den EDV-Abteilungen hinsichtlich eines EDV-Projekts.

Die Aufgabe der <u>Fachausschüsse</u> ist ähnlich gelagert wie die der Projektausschüsse, vor allem dann, wenn in einem Fachbereich gleichzeitig nur ein Projekt durchgeführt wird. Zusätzlich dienen Fachausschüse jedoch der fachlichen Koordination. Dies ist besonders notwendig in größeren, nach Sparten und/oder Werken gegliederten Unternehmen, um eine abgestimmte Vorgehensweise in der Übernahme neuer Anwendungsgebiete auf die Datenverarbeitung zu erreichen, soweit eine Ähnlichkeit der Anwendungen dies als sinnvoll erscheinen läßt. Eine Prioritätenvergabe innerhalb eines Fachbereiches für zukünftige EDV-Projekte sollte ebenfalls durchgeführt werden.

<u>EDV-Ausschüsse</u> haben die Aufgabe, die strategische EDV-Planung im Unternehmen zwischen EDV-Abteilung(en) und Fachbereichen abzustimmen. Diese Abstimmung konkretisiert sich in der Ressourcenfreigabe für EDV-Projekte. EDV-Ausschüsse sollten grundsätzlich zumindest in jedem mittleren und großen Unternehmen eingerichtet werden. In Abhängigkeit von der Unternehmensstruktur ist zu erwägen, ob <u>ein</u> unternehmensweiter EDV-Ausschuß bestehen sollte oder ob bei Objektorganisation des Unternehmens oder mehreren dezentralen autonomen EDV-Abteilungen <u>mehrere</u> dezentrale EDV-Ausschüsse mit eventuell einem zentralen EDV-Ausschuß gebildet werden sollten.

Neben dem EDV-Ausschuß sollten zumindest in großen Unternehmen Fachausschüsse <u>oder</u> Projektausschüsse gebildet werden, da der EDV-Ausschuß mit einer fachlichen Koordination sowie einer wirksamen Kontrolle und Steuerung der EDV-Projekte überfordert ist. Gerade bei mehreren Ausschüssen ist auf eine klare Festlegung, Bekanntgabe und Einhaltung der Aufgaben der einzelnen Ausschußarten im Unternehmen zu achten.

4.6 EDV-Personalmanagement

Die in den Abschnitten 4.1 bis 4.5 behandelten organisatorischen Aspekte der EDV-Funktion bilden den Rahmen für die Behandlung der personellen Einflußfaktoren auf den SE-Prozeß in diesem Abschnitt.

Die Entwicklung von AWS ist eine personalintensive Tätigkeit, die zwar durch methodische Hilfsmittel, benutzerfreundliche Programmiersprachen und Softwarewerkzeuge unterstützt, im Kern aber nicht auf Maschinen übertragen werden kann. Vielmehr ist hochqualifiziertes und motiviertes Personal in hinreichender Anzahl erforderlich, um den Anforderungen der EDV-Systementwicklung quantitativ und qualitativ gerecht zu werden. Die quantitativen Aspekte wurden bereits im Abschnitt 4.2 behandelt, hier geht es jetzt um die qualitativen Aspekte.

Die zentrale Bedeutung des Personals hinsichtlich der Entwicklung von AWS belegen auch andere empirische Untersuchungen. Aufgrund der gewonnenen Befragungsergebnisse stufen Streicher und Sandscheper (1982, T.1, S. 45 und 1985a, S. 22) die (quantitative) Personalknappheit als größtes Problem des EDV-Leiters ein. Bei Mans (1973, S. 193 ff.) wird dagegen die Personalqualität als wichtigster "Erfolgsfaktor für MIS-Projekte" (MIS = Management-Informations-Systeme) bewertet.

Auch in der eigenen empirischen Erhebung wurde den Fragen der Personalqualität und der Motivation der Systementwickler besondere Beachtung geschenkt. Die Entwickung von AWS erfordert einen hohen Grad an analytischem Denkvermögen und Kenntnisse sowohl über die Abläufe in den Fachbereichen als auch über die Methoden und Techniken des Software Engineering. Im Rahmen der Erhebung wurden als Merkmale das Ausbildungsniveau, das Ausbildungsfachgebiet und die Dauer der Berufserfahrung in Datenverarbeitung erhoben (vgl. Abschnitt 4.6.1). Im Zusammenhang damit steht die gewünschte Qualifikation für neu einzustellende Systementwickler. Aus den Antworten zu den entsprechenden Fragen ergibt sich ein Bild von der Bedeutung, die einzelnen Anforderungen in der Praxis zugemessen wird (vgl. Abschnitt 4.6.2). Besondere Beachtung ist im Hinblick auf das Management der EDV-Projekte dabei den Anforderungen an EDV-Projektleiter zu schenken. Daher wird zusätzlich in Abschnitt 4.6.2 ein empirisch gewonnenes Anforderungsprofil an EDV-Projektleiter vorgestellt.

Die Entwicklung der Informationsverarbeitungs-Technologie vollzieht sich in einer gewaltigen Geschwindigkeit. Sowohl bezüglich der Hardware (neue Maschinengenerationen, Mini-, Mikrorechner, Personal Computer), als auch bezüglich der Software (Datenbanksysteme, Programmiersprachen, etc.) und der Entwurfsmethodologie (Software Engineering) veraltet vorhandenes Wissen rasch, die "Halbwertzeiten des Wissens" sind entsprechend kurz. Daraus folgen besondere Anforderungen bezüglich der Aktualisierung von Wissen und der Weiterbildung der Mitarbeiter. Besonders in Anbetracht der häufig auf dem Arbeitsmarkt nicht zu beschaffenden Personalqualität beginnt die Weiterbildung mit der Einarbeitung neuer Mitarbeiter. Während in einigen Unternehmen neue Mitarbeiter für Aufgaben der Systementwicklung speziell geschult werden, bevorzugen andere Unternehmen den unmittelbaren Einsatz in der Systementwicklung als "training on the job" (vgl. Abschnitt 4.6.3). Die Weiterbildung der Mitarbeiter kann mit einer individuellen Laufbahnplanung abgestimmt sein, wobei die wiederum durch generell für die EDV-Abteilung festgelegte Fachlaufbahnen unterstützt werden kann. Eine so abgestimmte Weiterbildungsplanung in der EDV-Abteilung erfüllt die Anforderungen an eine gezielte Personalentwicklung (vgl. Abschnitt 4.6.4). Generell ergab sich der Eindruck, daß der systematischen Planung der Weiterbildung noch ein zu geringes Gewicht zugeordnet wird. Dies beklagt auch Möbius (1983, S. 37), und er fordert einen EDV-Weiterbildungsbeauftragten, falls der EDV-Leiter seine Linienfunktion (vgl. auch Ditri, Shaw, Atkins 1971, S. 193) nicht selber wahrnimmt.

Neben der durch Ausbildung, Weiterbildung und Berufserfahrung steuerbaren Personalqualität ist für die Güte der Arbeitsergebnisse die Motivation des Personals von Bedeutung (vgl. Abschnitt 4.6.5). Denn ohne eine hohe Motivation liegen die Kenntnisse und Fähigkeiten der Systementwickler brach, und auch die produktivitätssteigerndsten EDV-Methoden und -Werkzeuge können nicht die ihnen inhärente Wirkung entfalten.

Nicht zuletzt soll durch eine hohe Motivation der Mitarbeiter und eine planvolle Aus- und Weiterbildung die Fluktuation in der EDV-Abteilung vermindert werden (vgl. etwa McNurlin 1977a, S. 10). Die in der Erhebung festgestellten Fluktuationsraten und Zusammenhänge mit anderen Merkmalen seien deshalb abschließend vorgestellt (vgl. Abschnitt 4.6.6).

4.6.1 Ausbildung und Erfahrung der Systementwickler

In der durchgeführten Befragung wurden die Interviewpartner um Angabe des Ausbildungsniveaus, des Ausbildungsfachgebiets und der Erfahrung der mit der Entwicklung von AWS betrauten Mitarbeiter (Systementwickler) gebeten. Bezüglich der Ausbildung wurden jedoch die Grenzen des Erhebungsverfahrens sichtbar, denn die Interviewpartner waren nur in wenigen Fällen in der Lage, aus dem Gedächtnis oder durch einen gezielten Rückgriff auf Unterlagen die geforderten Angaben zu machen. Meist wurde nur die Anzahl der Akademiker differenziert nach Ausbildungsfachgebieten genannt, wobei in einigen Fällen die Mitarbeiter mit Fachhochschulabschluß enthalten waren. Trotzdem sind deutliche Tendenzen sichtbar, auch wenn die ermittelten Prozentsätze nicht repräsentativ für die Bundesrepublik Deutschland sein können. Diesbezüglich sei stattdessen auf die Arbeiten von Dostal (1979, S. 153 ff.) sowie Zedlitz und Dostal (1975) verwiesen.

Im folgenden werden drei Analysen mit dem vorhandenen Datenmaterial vorgenommen. Gestützt auf die Angaben von 21 Unternehmen wird das Ausbildungsniveau der EDV-Mitarbeiter getrennt für die drei Abteilungen Systementwicklung, EDV-Organisation, Systemanalyse und Programmierung aufgezeigt (vgl. hinsichtlich der Abteilungsbezeichnungen Abschnitt 4.4.3).

In den Abteilungen für Systementwicklung hat über die Hälfte der Mitarbeiter eine betriebliche Berufsausbildung, jeder siebte einen Fachhochschul- und etwa jeder fünfte einen Universitätsabschluß. Interessant ist demgegenüber die Abweichung in Abteilungen für EDV-Organisation / Systemanalyse und Programmierung, auch wenn dazu nur von 4 bzw. 2 Unternehmen auswertbare Ergebnisse vorliegen (vgl. Tab. 4-17).

Der Anteil der Universitätsabsolventen erreicht in Abteilungen für EDV-Organisation / Systemanalyse fast 50%, während in Abteilungen für Programmierung au-

Ausbildungsniveau	Abteilung		
	System-entwicklung	EDV-Organ./ Systemanalyse	Programmie-rung
Lehre	54,9 %	35,6 %	92,2 %
Abitur	4,0 %	1,1 %	-
Fachschule	5,3 %	-	-
Fachhochschule	14,0 %	16,7 %	3,9 %
Universität	21,8 %	46,6 %	3,9 %
	100 %	100 %	100 %
Unternehmen	17	4	2

Unternehmen insgesamt: 21

Tab. 4-17: Ausbildungsniveau der Systementwickler

ßer den Führungskräften fast ausschließlich Mitarbeiter mit einer Lehre angetroffen wurden. Diese unterschiedlichen Schwerpunkte dürften je nach Aufgabengebiet auch für die Mitarbeiter in der Systementwicklung gelten. Darauf deuten zusätzliche Angaben der Interviewpartner hin. Tendenziell ergibt sich somit das gleiche Bild wie bei den von Dostal (1979, S. 157) erfaßten EDV-Fachkräften, auch wenn dort der Akademikeranteil noch etwas höher zu Lasten der betrieblichen Berufsausbildung ist.

Unterschieden werden soll zweitens nach dem Anteil von Mitarbeitern mit akademischem Abschluß einschließlich Fachhochschulabschluß. Dazu liegen von sieben weiteren Unternehmen Angaben vor und die Abteilungsdifferenzierung wird aufgehoben (vgl. Tab. 4-18). Die Verteilung ist ein Spiegelbild von Tab. 4-17 und zeigt die dichteste Besetzung in den Klassen von 20% bis 39%.

Akademikeranteil in %	Unternehmen Anzahl	%
kleiner 10 %	1	3,5
10 - 19	3	11
20 - 29	6	21
30 - 39	7	25
40 - 49	4	14
50 - 59	3	11
60 - 69	3	11
70 - 79	1	3,5
	28	100

Tab. 4-18: Akademikeranteil in der Systementwicklung (einschließlich Fachhochschulabschluß)

Drittens sei die Frage nach dem Ausbildungsfachgebiet speziell für die Akademiker einschließlich Fachhochschulabschluß untersucht. Hier wird die Dominanz der kaufmännischen Ausbildung einschließlich der Wirtschaftsingenieure deutlich. Diese Berufsgruppe stellt über 60% der Mitarbeiter in der kommerziellen Systementwicklung (vgl. Tab. 4-19). In den sieben Unternehmen, in denen Angaben für alle Mitarbeiter in der Systementwicklung vorliegen (einschließlich betrieblicher Berufsausbildung) zeigte sich fast der gleiche Prozentsatz. Auch Dostal (1979, S. 157) ermittelte einen Prozentsatz von über 50 v.H. an kaufmännisch ausgebildeten Mitarbeitern für die Systementwicklungsberufe und ähnlich auch Abel et al. (1980, S. 76). Begründet wird diese Dominanz mit den notwendigen anwendungsbezogenen Kenntnissen, wodurch die Kommunikation mit den Mitarbeitern in den Fachbereichen erleichtert wird, sowie mit der historischen Entwicklung der Datenverarbeitung aus kommerziellen Abteilungen und der sehr guten Weiterentwicklungsmöglichkeiten, die die EDV-Abteilung gerade jungen Kaufleuten geboten habe (vgl. Abel et al. 1980, S. 76).

Ausbildungs-fachgebiet	EDV-Mitarbeiter mit Abschluß Fachhochschule oder Universität (Mitarbeiter) %	Schwerpunkt des Fachgebiets in der Systementwicklung (Unternehmen) Anzahl	%
kaufmännisch	61	16	61
technisch-mathematisch	33	7	27
Informatik	6	-	-
kein Schwerpunkt	-	3	12
	100	26	100

Tab. 4-19: Systementwickler mit Abschluß an Fachhochschule oder Universität nach Ausbildungsfachgebiet

In der Gruppe technisch-mathematisches Fachgebiet überwiegen deutlich die Diplom-Mathematiker. In 7 Systementwicklungsabteilungen bilden sie insgesamt auch den Schwerpunkt der Akademiker. Informatiker sind in 8 Unternehmen in der Systementwicklung tätig. Wirtschaftsinformatiker wurden noch nicht angetroffen.

Es ist davon auszugehen, daß außer von der Ausbildung auch von der Erfahrung der Systementwickler in Datenverarbeitung wesentliche Einflüsse auf den SE-Prozeß ausgehen. Von 26 Unternehmen liegen darüber Angaben vor, wobei meist Durchschnittswerte über die gesamte Abteilung angegeben wurden. Bei Angabe einer Spanne wird von einer symmetrischen Verteilung ausgegangen und ebenfalls ein Durchschnittswert berechnet. In über 60% der Unternehmen liegt die durchschnittliche Erfahrung über 7,5 Jahre, und sie ist damit als ausreichend hoch zu bewerten (vgl. Tab. 4-20). Auffallend ist die geringe durchschnittliche Erfahrung von zwei Jahren in einem Unternehmen. Dies dürfte auf die späte Einführung der Datenverarbeitung im Unternehmen und eine hohe Fluktuation zurückzuführen sein.

Jahre	Unternehmen	
	Anzahl	%
bis 2,5	1	4
über 2,5 bis 5	5	19
über 5 bis 7,5	4	15,5
über 7,5 bis 10	11	42
über 10 bis 15	4	15,5
über 15	1	4
	26	100

Tab. 4-20: Durchschnittliche Erfahrung der Systementwickler in Datenverarbeitung

Merkmal	Ausprägung	Erfahrung der Systementwickler in Jahren: bis 7,5	über 7,5	statistische Kennzahlen
Häufigkeit der Verfehlung von Projektzielen	bis 50 %	4	10	Chi^2 = 1,67
	über 50 %	5	4	s = 80,4 % (x) Phi = 0,27
Höhe der Verfehlung von Projektzielen	bis 40 %	4	8	Chi^2 = 2,29
	über 40 %	6	3	s = 87,0 % (x) Phi = 0,33

Tab. 4-21: Einfluß der Erfahrung in Datenverarbeitung auf die Verfehlung von Projektzielen

Anhand des erhobenen Datenmaterials ist die Tendenz nachzuvollziehen, daß mit zunehmender Erfahrung der Systementwickler die Häufigkeit und die Höhe der Verfehlung von Projektzielen abnimmt (vgl. Tab. 4-21). Daraus wird die Notwendigkeit deutlich, einen erfahrenen Stamm von Mitarbeitern aufzubauen und die Fluktuation gerade dieser Mitarbeiter zu reduzieren.

4.6.2 Anforderungen an neue Systementwickler

Betrachtet wurde bislang nur das bestehende Personal. Da in der Vergangenheit ein begrenztes Ausbildungsangebot für Systementwickler bestand und teilweise aus fachfremden Ausbildungsgängen Mitarbeiter rekrutiert werden mußten, ist es interessant zu vergleichen, auf welche Ausbildung und welche Eigenschaften bei neuen Mitarbeitern Wert gelegt wird.

Um abzuschätzen, welche Kenntnisse, Fähigkeiten, Erfahrungen und Persönlichkeitsmerkmale von neuen Systementwicklern erwartet werden, wurden den Interviewpartnern drei Fragen gestellt. Zunächst wurde die allgemeine Politik für die Einstellung neuer Mitarbeiter bzgl. Ausbildungsniveau, Fachgebiet und Erfahrung angesprochen, wobei teilweise von den Interviewpartnern nach Einsatzgebieten differenziert wurde. Anschließend sollten Kenntnisse und insbesondere Eigenschaften neuer Mitarbeiter hervorgehoben werden, und schließlich wurden drittens die Interviewpartner gebeten, in Form einer Rating-Skala ein Anforderungsprofil für einen Projektleiter aufzustellen.

Im Vergleich zu dem bestehenden Ausbildungsniveau zeigt sich trotz des bestehenden hohen Akademikeranteils eine verstärkte Nachfrage nach Akademikern, wobei häufig nicht zwischen Fachhochschule und Universität unterschieden wird. In etwa 80% der Unternehmen mit Angaben zum Ausbildungsniveau bzw. etwa der Hälfte der Nennungen (Mehrfachangaben waren möglich) wird ein Studium gewünscht. Mitarbeiter mit Lehre werden in etwa 50% der Unternehmen und etwa einem Drittel der Nennungen für die Systementwicklung verlangt (vgl. Tab. 4-22). Diese Angaben korrespondieren sehr stark mit einer Totalerhebung von über 11.500 Stellenanzeigen für EDV-Fachkräfte der sechs wichtigsten deutschen Zeitungen aus dem Jahr 1980 (vgl. Grawe 1981). Danach wurden für die "Erstellung und den Einsatz von Anwendungssoftware" zu 50% ein Studium vorausgesetzt und in 23% ein Praktiker bzw. in 27% eine abgeschlossene Berufsausbildung präferiert.

Als gewünschtes Ausbildungsfachgebiet überwiegt in etwa drei Viertel der Unternehmen und 41% der Nennungen (vgl. Tab. 4-22) weiterhin die kaufmännische Ausbildung. Explizit EDV-Kaufleute werden in 8 und Wirtschaftsinformatiker in 3 Unternehmen genannt. Mit einer Ausnahme werden von allen 23 Unternehmen, die Aussagen zum Ausbildungsfachgebiet abgaben, Kaufleute, EDV-Kaufleute oder Wirtschaftsinformatiker gesucht. Gegenüber dem bestehenden Mitarbeiterpotential sollen weniger Mathematiker, jedoch verstärkt Informatiker eingestellt werden.

Ausbildungsniveau	Nennungen (Mehrfachangaben)		Prozent bezogen auf 27 Unternehmen		Prozent bezogen auf 40 Nennungen	
Lehre		14		52		35
Abitur		2		7		5
Fachschule		2		7		5
Fachhochschule	2		7		5	
Universität	11		41		27	
allg. Hochschule	9		33		23	
Fachhochschule oder Universität		22		81		55
		40				100

Ausbildungsfachgebiet	Nennungen (Mehrfachangaben)	Prozent bezogen auf 23 Unternehmen	Prozent bezogen auf 41 Nennungen
Kaufmännisch	17	74	41
EDV-Kaufmann	8	35	20
Mathematik	4	17	10
Informatik	7	30	17
Wirtschaftsinformatik	3	13	7
allg. EDV-Ausbildung	2	9	5
	41		100

Tab. 4-22: Gewünschte Ausbildung neuer Systementwickler

Zum Vergleich seien nochmals die ähnlichen Relationen aus der Analyse der Stellenanzeigen herangezogen. Als Systementwickler wurden zu etwa 53% kaufmännisch und zu etwa 24% technisch-mathematisch ausgebildete Mitarbeiter gesucht, zu etwa 15% anwendungsorientierte Informatiker (d.h. EDV-Kaufleute, Wirtschaftsinformatiker) und zu etwa 7% systemorientierte Informatiker (d.h. Kerninformatiker) (berechnet aus Grawe 1981, Bild 4, S. 150).

Zusätzlich wurden in einigen Unternehmen noch hinsichtlich des Einsatzgebietes neuer Mitarbeiter in Abhängigkeit von der Ausbildung differenziert. Danach werden EDV-Kaufleute schwerpunktmäßig für die Programmierung eingestellt und Akademiker eher für die Systemanalyse sowie als zukünftige Projektleiter. Zum Einsatz von Informatikern wurde in vier Fällen angegeben, diese würden für die Systemprogrammierung bzw. den Datenbankentwurf eingesetzt und nicht in der Systementwicklung. Ein SE-Leiter faßte dies mit der Aussage zusammen, gute Erfahrung habe man mit "Bindestrichinformatikern" (d.h. Betriebs- oder Wirtschaftsinformatikern) in der Systementwicklung gesammelt, während reine Informatiker "erst an die Anwendungsentwicklung gewöhnt werden müssen".

Die gleiche Tendenz zeigten die ausgewerteten Stellenanzeigen. Systemorientierte Informatiker wurden hauptsächlich für "Erstellung und Einsatz von Systemsoftware" (37%) bzw. von Hardware (13%) und erst in zweiter Linie zur "Erstellung und zum Einsatz von Anwendungssystemen" (31%) gesucht, während anwendungsorientierte Informatiker primär für das letztgenannte Einsatzgebiet (52%), weniger für Systemsoftware (21%) und Hardware (3%) in Frage kamen (berechnet aus Grawe 1981, Bild 4, S. 150).

Außer Ausbildungsniveau und -fachgebiet geben Interviewpartner aus 12 Unternehmen an, auf Erfahrung Wert zu legen, wobei in vier dieser Unternehmen der Erfahrung mehr Gewicht als der Ausbildung beigemessen wird.

Neben der Ausbildung werden die notwendigen Kenntnisse neuer Mitarbeiter in 17 Unternehmen betont. Vor allem werden Grundkenntnisse in Datenverarbeitung (15 Nennungen) hervorgehoben sowie ein kaufmännischer Hintergrund (9 Nennungen). Die Betonung der EDV-Grundkenntnisse ist dabei in Verbindung mit der meist verlangten kaufmännischen Ausbildung zu sehen.

Ergiebiger sind die Ergebnisse auf die Frage nach geforderten Eigenschaften neuer Mitarbeiter, die in 29 Unternehmen beantwortet wurde. Die Fülle von Eigenschaften sei in vier Gruppen mit teilweise weiteren Untergruppen klassifiziert (in Klammer Anzahl der Unternehmen):

- nach außen sichtbares Arbeitsverhalten (14)
  - Initiative, Engagement, Ehrgeiz (5)
  - Selbständigkeit (4)
  - Beharrlichkeit, Gründlichkeit (3)
  - Belastbarkeit, Leistungsbereitschaft (3)
  - Zuverlässigkeit, Pünktlichkeit (2)

- Denkfähigkeit (inneres Arbeitsverhalten) (14)
  - logisches, analytisches, systematisches Denkvermögen (8)
  - Kreativität (5)
  - Lernbereitschaft, -fähigkeit, schnelle Auffassungsgabe (4)
  - Abstraktionsvermögen (2)

- Flexibilität (8)
  (allgemein, nicht direkt bezogen auf die Denkfähigkeit oder die Zusammenarbeit mit anderen Personen)

- Zusammenarbeit mit anderen Personen (20)
  - Fähigkeit zum Arbeiten im Team, kooperativ (11)
  - Kontaktfähigkeit (gegenüber Anwendern in den Fachbereichen) (16)
    - Kommunikationsfähigkeit, klare Ausdrucksweise (4)
    - (Anwender-)Kontaktfreude, -fähigkeit (5)
    - Überzeugungskraft, verkäuferisches Talent, gewandtes sicheres Auftreten, Verhandlungsgeschick (4)

- Aufgeschlossenheit (2)
- Durchsetzungsvermögen (3)
- Kritikfähigkeit (1)

Die genannten Eigenschaften decken die Palette der in der Literatur geforderten Eigenschaften der Systementwickler, Organisatoren, Systemanalytiker oder Programmierer ab (vgl. etwa Zuberbühler 1972, S. 137; Akademie für Organisation 1974, S. 158; Musiol 1974, T.2, S. 283; Futh 1976, S. 210; o.V. 1982a, S. 151; Kröger 1983, S. 57). Aufschlußreich ist der Vergleich mit einer empirischen Befragung von 257 EDV-Leitern von Industrieunternehmen und Institutionen aus dem nichtindustriellen Bereich sowie 91 Verantwortlichen für die Ausbildung in Datenverarbeitung an "business schools" in den USA. Als Ausbildungsziele von Systementwicklern werden von beiden Gruppen an erster Stelle Kommunikationsfähigkeit eingestuft, wie verbale Interaktion, Zuhören und Verstehen von anderen Ansichten sowie Artikulieren und Erklären komplexer Ideen. An zweiter Stelle rangieren allgemeine Problemlösungsansätze, namentlich der Systemansatz und erst an letzter Stelle das Wissen um die Technologie (vgl. Reeves, Bussom 1980, S. 228 ff.).

Ähnlich lassen sich auch die hier genannten Ergebnisse interpretieren. Für die Systementwickler als Mittler zwischen Anforderungen der Anwender und realisierbarer EDV-Technologie werden kommunikative Fähigkeiten und die Zusammenarbeit mit anderen Personen als wichtiger eingestuft (da häufiger genannt) als Denkfähigkeit und Arbeitsverhalten.

Aufgrund der Bedeutung des Projektleiters für eine erfolgreiche Durchführung von EDV-Projekten und der in Abb. 4-2 bereits angedeuteten Schwierigkeit in dem Finden geeigneter Projektleiter, wurden die Interviewpartner gebeten, ein Anforderungsprofil speziell für Projektleiter mit Hilfe von vorgelegten Rating-Skalen zu erstellen. Da die Erfahrung in den Interviews verzeichnet wurde, daß den Interviewpartnern eine Abstufung schwer fiel, wurde bei Übergabe der Skala mündlich ergänzt, sich bei der Bewertung weniger von den Bewertungsbegriffen leiten zu lassen, als bewußt eine Abstufung zwischen den Anforderungen vorzunehmen. Trotzdem wurden Anforderungen nur in seltenen Fällen als nicht so wichtig oder unwichtig eingestuft. Die Skala reicht von 1 (sehr wichtig) bis 5 (unwichtig).

Das gewonnene Anforderungsprofil macht zunächst deutlich, daß im Mittel über alle Bewertungen die Fähigkeiten bzw. Persönlichkeitsmerkmale als wichtiger eingestuft werden als Erfahrung und Kenntnisse (vgl. Abb. 4-7). Die höchsten Bewertungen erhielten in der Reihenfolge Verantwortungsbewußtsein, Menschenführung im Team, Kooperationsbereitschaft und Anwenderkontaktfähigkeit. Am niedrigsten wurde die Kenntnis von Planungsmethoden eingestuft. Dies ist gerade für die Anforderungen an einen Projektleiter ein wohl überraschender Befund. Mit dieser Bewertung bestätigt sich aber das bereits skizzierte Bild, wonach kommunikative Fähigkeiten als am wichtigsten angesehen werden.

Festzustellen sind weiterhin Bewertungsunterschiede in Abhängigkeit von der Funktion der Interviewpartner.

- Die EDV-Leiter betonen vor allem die Anwenderkontaktfähigkeit. Diese Orientierung an den Anwendern fällt häufiger im Rahmen der Erhebung auf. Dagegen stufen die EDV-Leiter die Kenntnis von Planungsmethoden signifikant niedriger ein als Projektleiter (t-Test: Signifikanzniveau (+++)) oder Spezialisten für EDV-Methoden (++).

- Projektleiter sehen im Vergleich zu den EDV-Leitern und den Spezialisten für EDV-Methoden insbesondere die notwendige Erfahrung als wichtig an (++).

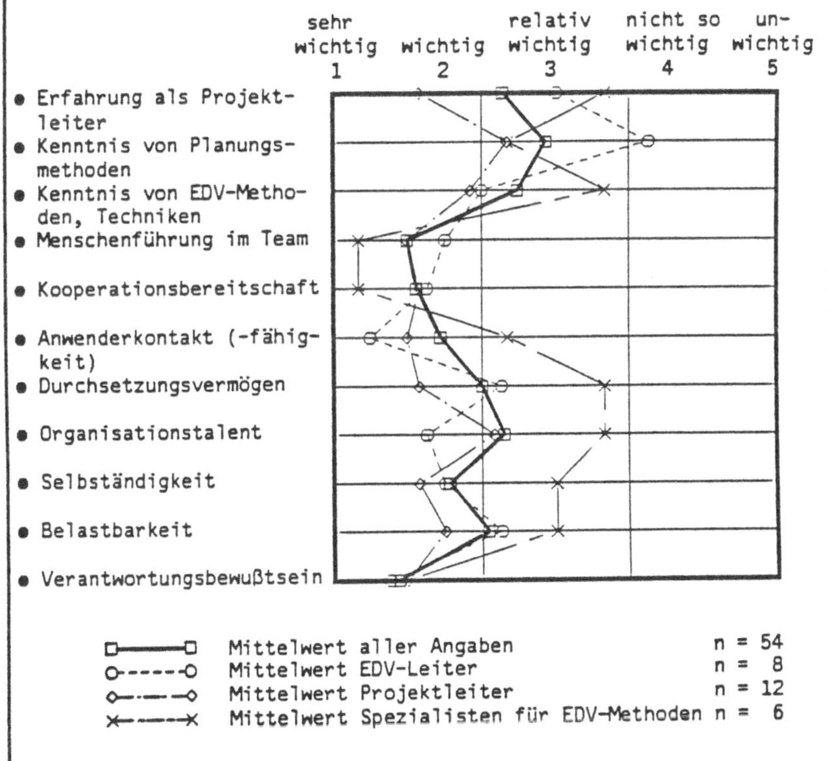

Abb. 4-7: Anforderungsprofil an einen EDV-Projektleiter

- Spezialisten für EDV-Methoden heben die kommunikativen Fähigkeiten noch stärker als ohnehin hervor, während das Durchsetzungsvermögen ((+++) gegenüber Projektleiter, (++) gegenüber EDV-Leiter) und das Organisationstalent ((++) gegenüber EDV-Leiter) als nicht so wichtig eingestuft werden. Erfahrung und Kenntnis von EDV-Methoden sieht diese Gruppe als weniger wichtig für einen Projektleiter an.

Weiterhin sind deutliche Unterschiede in der Bewertung hinsichtlich einzelner Anforderungen auch von dem Ausbildungsniveau, dem Ausbildungsfachgebiet und der Erfahrung feststellbar.

- Interviewpartner mit Universitätsabschluß sehen im Gegensatz zu Interviewpartnern mit Lehre bzw. Fachschule/Akademie die Menschenführung im Team für einen Projektleiter als weniger wichtig an (Bewertung 1,7 i.G.z. 1,1 (+++)), heben jedoch die Anwenderkontaktfähigkeit (1,5 i.G.z. 2,3 (++)) stärker hervor.

- Die promovierten Interviewpartner scheinen weniger auf Kooperationsbereitschaft zu setzen (Bewertung 2,5) als auf Durchsetzungsvermögen (1,5) und Selbständigkeit (1,5). Allerdings stützt sich diese Aussage auf lediglich vier Interviewpartner.

- Die - wenn auch nur fünf - Mathematiker unter den Interviewpartnern stufen im Gegensatz zu den 30 Kaufleuten die Menschenführung im Team als weniger wichtig ein (Bewertung 2,4 i.G.z. 1,3 (+++)).

- Weiterhin sehen Interwiewpartner mit großer Erfahrung (größer 15 Jahre) und damit höherem Lebensalter das Veranwortungsbewußtsein als noch wichtiger an als es sich ohnehin schon im Durchschnitt aller Wertungen ausdrückt (1,2 i.G.z. 1,7 (+++)). Diese Zunahme des Verantwortungsbewußtseins mit dem Lebensalter wurde auch schon von Fitz-enz (1978, S. 126) geäußert.

Schließlich bewerten Interviewpartner aus großen EDV-Abteilungen mit mehr als 150 Mitarbeitern
- die Kenntnis von Planungsmethoden höher (+) und
- die Kooperationsbereitschaft (++),
- das Organisationstalent (+++) sowie
- die Selbständigkeit (++) niedriger ein als die Kollegen in den kleineren EDV-Abteilungen.

Vor diesem Hintergrund der Anforderungen an Systementwickler und Projektleiter wird auch der hauptsächlich angetroffene Einsatz von kaufmännisch ausgebildeten

Mitarbeitern verständlich. Die Ausbildung von Mathematikern und (Kern-)Informatikern ist mehr auf das Denkvermögen bzw. die Technologie ausgerichtet, weniger auf kommunikative Fähigkeiten. Durch die gleiche Ausbildung der Anwender und Systementwickler ist dagegen nicht nur gleiches Grundwissen vorhanden, sondern auch das Verständnis des Systementwicklers für den Anwender ist erhöht und die Kommunikation wird damit wesentlich erleichtert.

4.6.3 Einarbeitung neuer Systementwickler

Sowohl für die neuen Mitarbeiter als auch für das Unternehmen ist es wichtig, den Eingliederungsprozeß in das Unternehmen und die Einarbeitung in das Aufgabengebiet erfolgreich zu gestalten, um Frustration und Reibungsverluste bei Tätigkeitsbeginn zu vermeiden, eine positive Einstellung zum Unternehmen herzustellen und den neuen Mitarbeiter möglichst rasch zu integrieren (vgl. etwa Schoenfeld 1975, Sp. 891; Marr, Stitzel 1979, S. 332).

Grundsätzlich können zwei Möglichkeiten zur Einarbeitung unterschieden werden. Entweder werden die neuen Systementwickler gleich mit der eigenständigen Durchführung meist kleinerer Aufgaben bzw. der Mitarbeit an einem Projekt beauftragt, um "das direkte Erlernen einer Tätigkeit durch praktische Ausführung unter schrittweiser Übernahme der Verantwortung" ("training on-the-job") (Schoenfeld 1975, Sp. 895) zu ermöglichen. Oder die Mitarbeiter werden zunächst über eine längere Zeit gezielt meist in individuellen Ausbildungsprogrammen geschult. Ziel ist generell, Kenntnisse im Bereich der Systementwicklung und der Hardware zu vermitteln oder zu erweitern, soweit sie nicht während der Ausbildung erworben wurden und zusätzlich unternehmensspezifische EDV-Standards, Methoden und Werkzeuge kennenzulernen.

Anhand der Befragung läßt sich nachvollziehen, daß in über 60% der Unternehmen (21 von 34, zweimal keine Angabe) ein training on-the-job praktiziert wird und nur in den restlichen knapp 40% wird für die Systementwickler ein Ausbildungsprogramm bereitgehalten. Diese Vorrangstellung des training on-the-job wird weiter gestützt durch die Angabe aus zwei Unternehmen, von Ausbildungsprogrammen abzugehen und neue Mitarbeiter direkt mit Aufgaben zu betrauen, um "das Engagement und die Lernfähigkeit der Neuen gleich zu testen". Durch die in Zukunft eher mögliche Einstellung qualifiziert ausgebildeter Mitarbeiter vom Markt dürfte sich auch immer weniger die Notwendigkeit eines umfassenden Ausbildungsprogramms stellen.

In etwa der Hälfte der Unternehmen (10 der 21) mit einem training on-the-job durchlaufen die neuen Systementwickler parallel zu ihrer Mitarbeit in Projekten eine interne oder externe Schulung, die sich von einem Monat bis zu zwei Jahren erstrecken kann. Dabei sollen speziell benötigte Kenntnisse in z.B. Methoden, Software-Werkzeuge, etc. erworben werden. Die internen Schulungsmaßnahmen können etwa durch die EDV-Methodengruppe, die Qualitätssicherung oder durch hauptamtliche Einarbeiter durchgeführt werden. Externe Schulungen werden überwiegend von Herstellern und Softwarelieferanten abgehalten.

Ebenso häufig (10 Unternehmen) werden bei einem training on-the-job die Neuen einem erfahrenen Systementwickler zugeordnet, der die Funktion eines Mentors wahrnimmt und nicht nur als fachlicher Berater wirkt, sondern auch bei der "Integration in das soziale System" behilflich ist (vgl. Marr, Stitzel 1979, S. 333).

4.6.4 Personalentwicklung

Im Rahmen des EDV-Personalmanagements ist es das Ziel der Personalentwicklung, die individuellen Entwicklungs- und Karriereziele der Mitarbeiter mit den Zielen des Unternehmens abzustimmen. Andererseits ist es ein Ziel des Unternehmens, ein Mitarbeiterpotential zu beschäftigen, das die notwendige Qualifikation zur Bewältigung der gegenwärtigen und zukünftigen Anforderungen besitzt. Dazu notwendige Maßnahmen sind eine Weiterbildungsplanung sowie eine Laufbahnplanung, um die Kenntnisse und Fähigkeiten der Systementwickler im Hinblick auf neue Technologien, Methoden und Tätigkeiten zu erweitern und einen Aufstieg zu ermöglichen (vgl. Marr, Stitzel 1979, S. 335). Gerade in der Datenverarbeitung ist aufgrund der technologischen und methodologischen Weiterentwicklung und der dadurch bedingten kurzen Halbwertzeit des Wissens eine ständige Weiterbildung ebenso wichtig wie eine gute Ausbildung (vgl. Futh 1976, S. 211; Martiny 1981, S. 6).

Die Basis für eine Personalentwicklung sollten einerseits Stellenbeschreibungen (vgl. etwa Schwarz 1971, S. 29 f.) bilden und andererseits sollten Personalbeurteilungsgespräche durchgeführt werden. Der Weiterbildungsbedarf eines jeden Mitarbeiters ergibt sich dann als Differenz des Anforderungsprofils, enthalten in der Stellenbeschreibung, und dem Eignungsprofil, gewonnen in dem Beurteilungsgespräch, d.h. als Differenz von notwendiger zu vorhandener Qualifikation (vgl. Krasemann 1971, S. 195). In dem durchgeführten Beurteilungsgespräch sollten dann aufgrund der festgestellten Qualifikationslücken ein individueller Weiterbildungsplan und ein Laufbahnplan entwickelt werden (vgl. etwa Ditri, Shaw, Atkins 1971, S. 194 ff.; Berthel 1979, S. 155 ff.; Keen 1981, S. 248 f.). Weiterbildungsplan und Laufbahnplan sollten dabei aufeinander abgestimmt sein, um zu verhindern, daß qualifizierte Mitarbeiter das Unternehmen vorzeitig verlassen. Nicht zuletzt soll mit diesen Maßnahmen eine Verringerung der Fluktuation (vgl. Abschnitt 4.6.6) erreicht werden (vgl. Couger 1974, S. 33; McNurlin 1977a).

Unterstützt wird die individuelle Laufbahnplanung durch eine generell für die EDV-Abteilung definierte Fachlaufbahn. Die Fachlaufbahn wird wiederum durch Stellenbeschreibungen fixiert. Gerade in der EDV-Abteilung ist es notwendig, eine Fachlaufbahn festzulegen, da im Vergleich zu anderen Abteilungen i.d.R. viele Akademiker beschäftigt werden, die nicht alle Führungsverantwortung übernehmen können.

Dieser Gestaltungskomplex soll nun mit drei Fragestellungen beleuchtet werden. Zunächst soll die Verbreitung von Stellen- bzw. Funktionsbeschreibungen in den befragten EDV-Abteilungen untersucht werden. Anschließend wird analysiert, inwieweit in den Unternehmen eine gezielte Weiterbildungspolitik verfolgt wird und ob eine Fachlaufbahn eingerichtet ist.

Unter einer Stellenbeschreibung wird "eine verbindliche, in einheitlicher Schriftform abgefaßte Fixierung der organisatorischen Eingliederung einer Stelle im Hinblick auf Ziele, Kompetenzen und Beziehungen zu anderen Stellen, ihrer personellen Anforderungen und Beurteilungskriterien" verstanden (Schwarz 1975, Sp. 1880). Die Funktionsbeschreibung unterscheidet sich insofern, als nicht die Eingliederung einer einzelnen Stelle, sondern die einer homogenen Gruppe von Stellen mit weitgehend gleichen Merkmalen beschrieben wird. Für jede Stufe innerhalb einer Fachlaufbahn ist demzufolge eine Funktionsbeschreibung notwendig.

Von den 36 Unternehmen waren vorhanden:

- in 19 der EDV-Abteilungen (53%) Stellenbeschreibungen für alle Mitarbeiter,
- in 6 der EDV-Abteilungen (17%) Stellenbeschreibungen für einen Teil der Mitarbeiter,
- in 7 der EDV-Abteilungen (19%) Funktionsbeschreibungen für die Fachlaufbahnstufen und lediglich
- in 4 der EDV-Abteilungen (11%) weder Stellen- noch Funktionsbeschreibungen.

Zusammengefaßt bedeutet dies, daß in 89% der EDV-Abteilungen Stellen- oder Funktionsbeschreibungen wenigstens teilweise vorhanden sind. Das ist ein noch höherer Prozentsatz als Krasemann (1971, S. 208; 1973, S. 95) in einer repräsentativen Erhebung aus dem Jahr 1971 für die Bundesrepublik Deutschland ermittelte. Damit ist eine der Voraussetzungen für eine gezielte Weiterbildungspolitik weitgehend erfüllt.

Mit der zweiten Frage nach einer "gezielten Weiterbildungspolitik", etwa zum Projektleiter, sollte nun erkannt werden, ob die Weiterbildung der Systementwickler auf der Basis eines Weiterbildungsplans erfolgt und eine Personalentwicklung erkennbar ist oder ob nur sporadisch, je nach Notwendigkeit für konkret zur Realisierung anstehende AWS geschult wird. Die Auswertung von 31 Unternehmen konkretisierte, daß in je etwa der Hälfte der EDV-Abteilungen die Weiterbildung eingestuft werden kann als

- ungezielt (16 Unternehmen, 52%) bzw.
- gezielt (15 Unternehmen, 48%).

In 6 der 15 Unternehmen mit einer gezielten Weiterbildungspolitik wurde verdeutlicht, es bestehe ein Weiterbildungsplan, der fachliche, führungsmäßige und persönlichkeitsentwickelnde Belange abdecke und individuell auf die Notwendigkeit der Mitarbeiter abgestimmt sei. In weiteren vier Unternehmen wurden konkrete Weiterbildungsmaßnahmen zum Projektleiter angeführt, die eine Einstufung in die zweite Kategorie rechtfertigten. Die Systementwickler werden etwa durch Seminare über Projektmanagement, Projektsteuerung und Mitarbeiterführung trainiert, oder die Weiterbildung zum Projektleiter wird neben extern besuchten Kursen gezielt in Projekte eingebunden.

Hingegen wurde in 16 EDV-Abteilungen eine gezielte Weiterbildungspolitik verneint. Es werde vielmehr projektspezifisch weitergebildet, um gewisse benötigte Kenntnisse aufzunehmen oder zu vertiefen. In zwei dieser Unternehmen sei allerdings eine Weiterbildungsplanung in Zukunft vorgesehen.

Festzuhalten bleibt, daß den in der Literatur genannten Anforderungen eines Weiterbildungsplans (vgl. etwa Berthel 1979, S. 175 ff.; Marr, Stitzel 1979, S. 340 ff.) im Rahmen der Personalentwicklung demnach nur in wenigen EDV-Abteilungen Genüge getan wird. In der Behebung dieses Defizits dürfte ein wirksamer Hebel zur Verbesserung der Qualifikation der Mitarbeiter in der Systementwicklung liegen.

Für den öffentlichen Bereich wurde aus der Erkenntnis dieses Mangels eine Rahmenrichtlinie für die EDV-Ausbildung geschaffen und weiter überarbeitet, die auch als Grundlage für Aus- und Weiterbildungsmaßnahmen in anderen Bereichen empfohlen wird (vgl. Berg 1981, S. 7 ff.). Für die Gestaltung der Hochschulausbildung wurde von der Fachkommission für Ausbildungsfragen im Bereich der Betrieblichen Datenverarbeitung (Betriebsinformatik) der Schmalenbach-Gesellschaft - Deutsche Gesellschaft für Betriebswirtschaft e.V. ein Anforderungsprofil für die Hochschulausbildung entworfen (1984).

Abschließend sei noch herausgearbeitet, im Zusammenhang mit welchen anderen erhobenen Merkmalen verstärkt eine gezielte Weiterbildungspolitik betrieben wird. Angetroffen wurde eine gezielte Weiterbildungspolitik häufiger in EDV-Abteilungen mit einer zwar absolut großen, relativ zum Unternehmen aber kleinen Mitarbeiterzahl (vgl. Tab. 4-23). Die relativ kleine Mitarbeiterzahl kann dahingehend interpretiert werden, daß in diesen Abteilungen entweder ein stärkerer Zwang zu einer gezielten Weiterbildungspolitik besteht, um mit gut ausgebildeten Mitarbeitern die gestellten Aufgaben zu erfüllen oder aber aufgrund der guten Weiterbildung und die dadurch bedingte hohen Qualifikation eine relativ kleine EDV-Abteilung ausreicht, um die gestellten Aufgaben zu erfüllen. Weiterhin ist die Tendenz sichtbar, in EDV-Abteilungen mit einem hohen Akademikeranteil in der Systementwicklung eine gezielte Weiterbildung zu betreiben.

Merkmal	Ausprägung	Weiterbildungspolitik gezielt	ungezielt	statistische Kennzahlen
Anzahl EDV-Mitarbeiter	bis 150	5	11	Chi^2 = 2,58
	über 150	9	6	s = 89,2 (x) Phi = 0,29
EDV-Mitarb. / Mitarb. im Unternehmen	bis 1,5	7	4	Chi^2 = 4,70
	über 1,5	2	9	s = 97,0 (++) Phi = 0,46
Akademikeranteil in der Systementwicklung	bis 10	5	11	Chi^2 = 2,14
	über 10	5	3	s = 85,6 (x) Phi = 0,30

Tab. 4-23: Einflußfaktoren auf die Weiterbildungspolitik

Im Rahmen der Personalentwicklung zielt die dritte Frage auf die Existenz einer Mitarbeiterhierachie, d.h. Fachlaufbahn in der Systementwicklung, ab (vgl. auch Dostal 1979, S. 163; Schmidhäusler 1979, T.1, S. 308). Im Ergebnis waren in 17 von 33 EDV-Abteilungen (52%) Fachlaufbahnen eingerichtet. Die Fachlaufbahnen weisen, wie auch schon Abel et al. (1980, S. 78) feststellten, zwei bis sechs Stufen auf:

- Typische zweistufige Fachlaufbahnen, angetroffen in 7 Unternehmen, unterscheiden etwa Organisations-Programmierer und Programmierer oder Systemanalytiker und Systemanalytiker in Ausbildung.
- Dreistufige Fachlaufbahnen (4 Unternehmen) sehen etwa die Stufen Projektleiter (als fester Titel), Systemplaner und Programmierer oder etwa Organisations-Programmierer, Programmierer, Junior-Programmierer vor.
- Vierstufige Fachlaufbahnen (2 Unternehmen) unterscheiden z.B. Systemanalytiker, Organisations-Programmierer, Programmierer und Junior-Programmierer.
- Eine fünfstufige Fachlaufbahn (3 Unternehmen) trennt die Systemanalytiker zusätzlich z.B. nach Senior-Systemanalytiker und Systemanalytiker.
- In der in einem Unternehmen angetroffenen sechsstufigen Fachlaufbahn ist eine Unterteilung in Senior-Projektleiter, Projektleiter, Junior-Projektleiter, Erster (=Senior)-Systemanalytiker, zweiter Systemanalytiker und Programmierer vorgesehen.

Dostal (1979, S. 163) weist auf den erschwerten Übergang in der Systementwicklung von einem Beruf in den anderen hin. Diese Einschränkung in dem Durchlaufen der Fachlaufbahn dürfte speziell auf den Wechsel aus der Programmierung in die Systemanalyse zutreffen, da einmal die Kenntnisse in der Systemanalyse fehlen, zum zweiten, und das dürfte schwerwiegender sein, andere Persönlichkeitsmerkmale im Umgang mit dem Anwender im Gegensatz zur Hardware gefordert sind (vgl. auch Schmidhäusler 1979, T.1, S. 308).

In der beispielhaften Darstellung der Tiefe einer Fachlaufbahn wurde schon die Fülle der verwendeten Bezeichnungen deutlich. Zusätzlich kann die gleiche Funktion auf unterschiedlichen Stufen innerhalb der Fachlaufbahnen verschiedener EDV-Abteilungen angesiedelt sein. Die Gemeinsamkeiten in den Fachlaufbahnen verschiedener EDV-Abteilungen gehen dabei nicht über den allgemeinen Sachverhalt hinaus, daß die Funktion Projektleiter höher in der Fachlaufbahn als die des Systemanalytikers und diese wiederum höher als die des Programmierers eingeordnet ist.

Entgegen der eingangs dieses Abschnitts 4.6.4 aufgezeigten inhaltlichen Verbindungen der Fragenbereiche Stellenbeschreibung, Weiterbildungspolitik und Fachlaufbahn konnten anhand der empirisch gewonnenen Daten jedoch keine statistischen Zusammenhänge festgestellt werden.

4.6.5 Motivation der Systementwickler

Neben den bisher in den Abschnitten 4.6.1 bis 4.6.4 vorgestellten bestehenden bzw. gewünschten Kenntnissen, Erfahrungen und Persönlichkeitsmerkmalen der Systementwickler und den fördernden Maßnahmen einer gezielten Einarbeitung und Weiterbildung ist für die Güte der Arbeitsergebnisse die Motivation der Systementwickler ausschlaggebend. Diese Aufgabe stellt sich sowohl für EDV-Leiter, SE-Leiter als auch für Projektleiter (vgl. etwa Keen 1981, S. 242).

Auf die mit einer gewissen Suggestivwirkung ausgestattete Frage, ob die Motivation der Mitarbeiter eine wichtige Aufgabe für die Interviewpartner darstelle, wurde in der Untersuchung von allen Befragten dies bestätigt und von 8 Befragten sogar noch verstärkt, indem die Motivation der Systementwickler als sehr wichtig bzw. als die wichtigste Aufgabe bezeichnet wurde. Probleme in der Motivation treten in etwa der Hälfte der Unternehmen auf.

Nach diesem allgemeinen Einstieg in den Fragenkomplex sollten die Interviewpartner angeben, welche der in Tab. 4-24 aufgeführten Instrumente zur Motivation ihnen zur Verfügung stehen.

Unabhängig von der Funktion ist es allen Interviewpartnern möglich, durch die Zuteilung verantwortungsvoller Aufgaben die Systementwickler zu motivieren. Die Gehaltseinstufung bzw. ein Vorschlagsrecht als Motivationsinstrument können hauptsächlich EDV- und SE-Leiter einsetzen. Ebenso haben sie die Möglichkeit, Prämien zu verteilen, auch wenn diesem Instrument in der Praxis eine untergeordnete Bedeutung zukommt. Projektleiter haben hier wie auch bei den Seminarbesuchen den geringsten Handlungsspielraum. Neben der Zuteilung verantwortungsvoller Aufgaben können Projektleiter noch durch freizügigere Arbeitszeitgestaltung motivieren. Einen Aufstieg in der Hierarchie können erwartungsgemäß wiederum nur EDV- und SE-Leiter zur Motivation nutzen.

Unabhängig von der Möglichkeit, bestimmte Motivationsinstrumente einzusetzen, wurden die Interviewpartner anschließend um eine Bewertung der einzelnen Instrumente gebeten (vgl. Abb. 4-8). Die dazu eingesetzte Rating-Skala reicht von 1 (sehr wichtig) bis 5 (unwichtig). Als mit Abstand wichtigste Möglichkeit zur Motivation wurde die Zuteilung verantwortungsvoller Aufgaben eingestuft. Weniger wichtig sind schon das Gehalt, Weiterbildung und ein Aufstieg in der Hierarchie. Als gering motivierend wurden Prämien sowie eine über das derzeitige Maß hinausgehende Flexibilisierung der Arbeitszeit bewertet. Diese Einstufung korrespondiert zum großen Teil mit der Verfügbarkeit der einzelnen Instrumente. Demnach läßt sich daraus kein generelles Defizit ableiten.

Möglichkeiten zur Mitarbeitermotivation	EDV-Leiter	SE-Leiter	Projektleiter	Spezial. für EDV-Methoden	Gesamt
Gehaltseinstufung (bzw. Vorschlag)	7 (88)	26 (93)	4 (36)	5 (71)	42 (78)
Erfolgsprämien für Projekte	4 (50)	7 (25)	1 (9)	3 (43)	15 (28)
Jahresprämien aufgrund der Arbeitsleistung	2 (25)	10 (36)	1 (9)	4 (57)	17 (31)
Seminarbesuche, Weiterbildung	6 (75)	26 (93)	6 (55)	7 (100)	45 (83)
Zuteilung verantwortungsvoller Aufgaben	8 (100)	27 (96)	11 (100)	7 (100)	53 (98)
Freizügigere Arbeitszeitgestaltung	6 (75)	15 (54)	8 (73)	5 (71)	34 (63)
Aufstieg in der Hierarchie	5 (63)	21 (75)	4 (36)	5 (71)	35 (63)
Anzahl Interviewpartner (Prozent)	8 (100)	28 (100)	11 (100)	7 (100)	54 (100)

Tab. 4-24: Möglichkeiten zur Motivation der Systementwickler

Neben diesen Motivationsinstrumenten bestand in den Interviews die Möglichkeit, einen weiteren als wichtig erachteten Faktor zu ergänzen. Von dieser Möglichkeit machten 26 Interviewpartner aus 26 Unternehmen Gebrauch. Dieser zusätzliche Faktor wurde im Mittel zwar als am zweitwichtigsten eingestuft, ein direkter Vergleich mit den anderen Instrumenten ist jedoch nicht zulässig. Die Ergänzungen können unterteilt werden in die drei Kategorien

- soziale Einrichtungen des Unternehmens (5 Angaben),
- Lob und Anerkennung, Kritik (5 Angaben),
- persönlicher Kontakt (18 Angaben) wie offene Informationspolitik, persönliche Gespräche, partnerschaftliche Führung, etc.

Damit sind in den letzten beiden Punkten Motivationsmöglichkeiten angesprochen, wie sie von den Vertretern der Human Relations Bewegung empfohlen werden (vgl. etwa Staehle 1980, S. 229 f.). Der angesprochene Führungsstil läßt sich am ehesten mit kooperativ umschreiben.

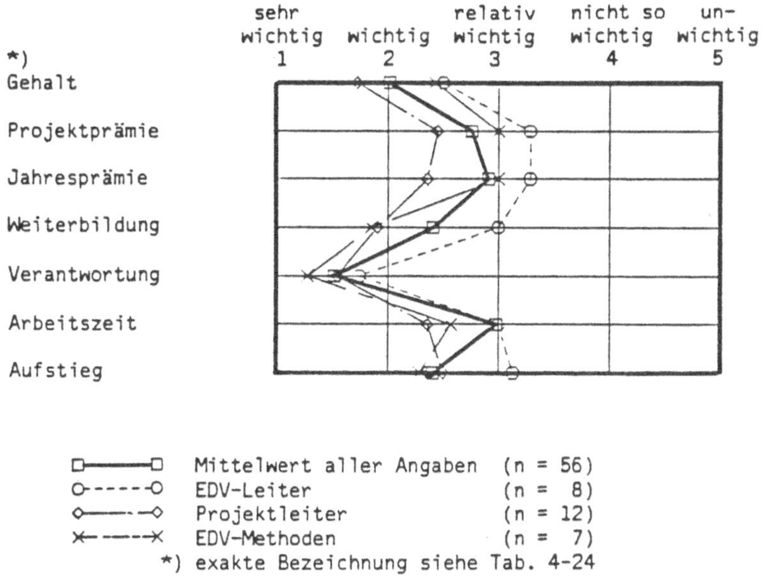

Abb. 4-8: Bedeutung einzelner Motivationsinstrumente in Abhängigkeit von der Funktion der Interviewpartner

Je stärker von den Interviewpartnern Elemente des kooperativen Führungsstils betont werden, um so geringer wird das Gehalt als Motivator bewertet. Die 22 Interviewpartner, die Lob und persönliche Kontakte nannten und von denen anzunehmen ist, daß sie diese deshalb auch bewußt zur Motivation der Mitarbeiter einsetzen, bewerten das Gehalt im Durchschnitt mit 2,5 signifikant (+++) niedriger als der Rest der Interviewpartner, die einen Durchschnittswert von 1,7 aufweisen.

Die geringe Bedeutung, die Lob, Anerkennung und Kritik zur Motivation der EDV-Mitarbeiter haben, hier verdeutlicht durch lediglich fünf zusätzliche Angaben, wird auch von Couger und Zawacki (1978, S. 120) basierend auf einer durchgeführten empirischen Studie hervorgehoben. Demnach erfahren Systementwickler im Vergleich zu Mitarbeitern anderer Abteilungen zu wenig von der Verantwortung ihrer Arbeit durch die Vorgesetzten, und ihnen wird zu wenig Wissen um das Ergebnis ihrer Arbeit zuteil.

Illustrativ sind die Bemerkungen der Interviewpartner hinsichtlich der Wirkung der einzelnen Motivationsinstrumente. Denn hier sind in Abhängigkeit von den Merkmalen der Interviewpartner durchaus Bewertungsunterschiede festzustellen.

Die dadurch gewonnenen Ergebnisse können dann mit denen anderer Untersuchungen verglichen und um diese ergänzt werden.

Dem Gehalt wird von drei Befragten die Funktion eines Hygienefaktors zugesprochen, eine Bewertung, die sich mit einer Reihe von Stellungnahmen aus der EDV-Literatur deckt. McNurlin (1977a, S. 10) sieht Geld als zur Arbeit gehörend an und die Motivationswirkung nur als Anerkennung für eine Leistung. Im Vergleich zu den Ergebnissen von Herzberg (1968, S. 57) ermittelte Fitz-enz (1978, S. 126) anhand der Angaben von 1500 EDV-Mitarbeitern eine noch geringere Motivationswirkung des Gehalts als ohnehin schon Herzberg. Ähnlich fand Woodruff (1980b, S. 221) nur einen geringen Einfluß des Gehalts und der Beförderung auf die Arbeitszufriedenheit und damit die Motivation der EDV-Mitarbeiter. Und schließlich betonen Couger und Zawacki (1980, S. 4) anhand empirischen Materials, daß ein hohes Gehalt nicht zu einer Verringerung der Fluktuation im EDV-Bereich führt.

In den Interviews wird allerdings auch die Abhängigkeit der Motivationswirkung des Gehalts von den einzelnen Mitarbeitern, von der bereits bestehenden Höhe des Gehalts und von der Hierarchiestufe betont. Eine Bestätigung ist aus den Rating-Skalen ablesbar, geht man von der wohl nicht wirklichkeitsfremden Annahme aus, daß die Motivationswirkung einzelner Instrumente auf andere unterstellte Mitarbeiter durchaus mit der selbst empfundenen Motivationswirkung korrespondiert. Danach beurteilen die Projektleiter die Motivationswirkung des Gehalts (und auch der Prämien) höher als die SE-Leiter und diese wiederum höher als die EDV-Leiter (vgl. Abb. 4-8). Eine Ausnahme bilden hiervon die Spezialisten für EDV-Methoden.

Hinsichtlich der Prämien reichen die Stimmen von 'nicht möglich' über 'Hygienefaktor' bis hin zu 'begrüßenswert' und 'sehr wichtig', ohne daß Schwerpunkte festzustellen sind. In der Praxis kommt diesem Instrument sowohl bzgl. der Einsatzhäufigkeit als auch bzgl. der Einstufung keine hohe Bedeutung zu.

Aufgrund der Meinungen in der Literatur ist der Weiterbildung von dem Autor zunächst eine höhere Bedeutung als Motivator unterstellt worden, als dies die empirischen Ergebnisse bestätigen. Denn nach Fitz-enz (1978, S. 127) motivieren die Arbeitsbedingungen und die Karrieremöglichkeit EDV-Mitarbeiter insgesamt am stärksten. Auch Woodruff (1980a, S. 136 f.; 1980b, S. 221 ff.) hat empirisch ein starkes Leistungsstreben der EDV-Mitarbeiter festgestellt. Für diese sei es wichtig zu fühlen, daß ihre Karriereziele erreichbar sind. Grundlage dafür könnte eine geplante Weiterbildungspolitik verbunden mit einem individuellen Karriereplan sein (vgl. Absschnitt 4.6.4). Doch scheint sich dieses Leistungsstreben weniger in der Weiterbildung zu manifestieren, die mehr als Selbstverständlichkeit (Hygienefaktor) in der Datenverarbeitung angesehen wird als in der Übertragung verantwortungsvoller Aufgaben.

Trotzdem sind Unterschiede in der Bewertung der Weiterbildung zwischen den Funktionsgruppen zu erkennen (vgl. Abb. 4-8). Projektleiter und Spezialisten für EDV-Methoden sehen in der Weiterbildung eine statistisch signifikant (+) höhere Motivationswirkung als EDV-Leiter.

Die Übertragung verantwortungsvoller Aufgaben wird dagegen unabhängig von der Funktion oder anderen persönlichen Merkmalen der Interviewpartner als am wichtigsten beurteilt, es ist als das Motivationsinstrument zu bezeichnen. In dieser Bewertung drückt sich zusammenfassend die Bedeutung der Arbeit als Motivator aus. Mit der Übertragung verantwortungsvoller Aufgaben erfährt der Mitarbeiter eine Rückkopplung seitens des Vorgesetzten hinsichtlich der Qualität der in der Vergangenheit ausgeführten Aufgaben und die erneute Übertragung kann gleichzeitig als Vertrauen des Vorgesetzten gewertet werden, auch die neue Aufgabe zuverlässig und qualitativ gut zu bewältigen. Weiterhin können bestehende Kenntnisse evtl. erweitert werden. Damit wird dem Leistungsstreben und dem Bedürfnis zur Weiterentwicklung, wie es empirisch vor allem für Systementwickler und Projektleiter immer wieder bestätigt wurde (vgl. Couger, Zawacki 1978, S. 115 ff.; Fitz-enz 1978, S. 125; Woodruff 1980a, S. 136 f.; 1980b, S. 221), Rechnung getragen, indem diese Gelegenheit erhalten, ihr Wissen und ihre Fähigkeiten anzuwenden und neue zu erweitern.

Insofern sollte die Motivation der Systementwickler die Vorgesetzten vor keine unlösbaren Aufgaben stellen. Schwierigkeiten dürfte allerdings die Motivation von Mitarbeitern sein, denen keine interessanten, verantwortungsvolle Aufgaben übertragen werden können. Dies trifft zum einen für die mit der Wartung von AWS betrauten Mitarbeiter zu. Daher sind Konzepte kritisch zu bewerten, die vorsehen, Mitarbeiter allein mit diesen Wartungsaufgaben auszulasten, da ihnen die Perspektive einer persönlichen Weiterentwicklung fehlt (vgl. auch Abschnitt 4.4.3). Zum zweiten gelten die Motivationsschwierigkeiten für im Operating eingesetztes Personal, das nach den empirischen Untersuchungen von Couger und Zawacki (1979, S. 151) und Woodruff (1980b, S. 222 f.) die niedrigste Arbeitszufriedenheit aller EDV-Mitarbeiter aufweisen und deren Motivation den jeweiligen Vorgesetzten dringend nahegelegt wird.

Die Frage der Flexibilisierung der Arbeitszeit als Motivator war in der Annahme in die Erhebung aufgenommen worden, daß kreativ arbeitende Systementwickler und 'EDV-Spezialisten' sich durch starre Arbeitszeiten beengt fühlen dürften. Die Ergebnisse weisen jedoch aus, daß eine über das bisherige Maß der i.d.R. praktizierten gleitenden Arbeitszeit hinaus keine weitergehende Flexibilisierung erwünscht wird.

Der Aufstieg in der Hierarchie ist aufgrund des meist relativ hohen Akademikeranteils in der Systementwicklung nur begrenzt möglich und damit nur bedingt zur Motivation einsetzbar. Ein Ersatz könnte in der Entwicklung von Fachlaufbahnen gesucht werden, um dem Streben der Systementwickler nach Weiterentwicklung entgegenzukommen. In diesen begrenzten Aufstiegsmöglichkeiten im eigenen Unternehmen dürfte die hohe Fluktuation in Abteilungen mit hohem Akademikeranteil auch begründet sein, wie noch im nächsten Abschnitt aufgezeigt werden wird. Wenn überhaupt, dann ist die Motivation durch einen Aufstieg der Hierarchie in großen EDV-Abteilungen mit mehr als 150 Mitarbeitern möglich. Denn Interviewpartner aus solchen Abteilungen bewerteten dieses Instrument signifikant (+) höher ein als die restlichen Befragten.

Abschließend sei zum Komplex der Motivation der Mitarbeiter noch eine Frage herangezogen, die ursprünglich nur als Ergänzung zu der bereits in Abschnitt 4.1.4 angesprochenen Frage nach den größten Problembereichen gestellt wurde, die aber hier wertvolle Hinweise liefern kann. Gestellt wurde die Frage nach den persönlich am positivsten empfundenen Aspekte bei der Arbeit.

Die erhaltenen Antworten können recht eindeutig in arbeitsorientierte und personenorientierte Faktoren aufgeteilt werden. Erkennbar häufiger werden arbeitsorientierte Faktoren angeführt, wie abwechslungsreiche Arbeit, Inhalt der Arbeit, Selbständigkeit und Erfolgserlebnisse durch die Arbeit. Personenorientierte Faktoren umfassen vor allem den als positiv empfundenen Kontakt mit Menschen, speziell mit qualifizierten Systementwicklern, aber auch mit Anwendern sowie die Führungsaufgabe (vgl. Tab. 4-25). Von den 48 Interviewpartnern nannten

- 29 (61%) nur arbeitsbezogene Faktoren,
- 14 (29%) sowohl arbeits- als auch personenbezogene Faktoren und
- 5 (10%) nur personenbezogene Faktoren.

Die hier aus einer offenen Frage entwickelten Antwortkategorien stimmen erstaunlich genau mit den im "Job Diagnostic Survey" (JDS) von Hackman und Oldman (1975) enthaltenen "Core Job Dimensions" überein, ohne daß dies angestrebt wurde. Mit diesem Instrumentarium wurde von Couger und Zawacki (1978, 1979, 1980) die Motivation von über 600 EDV-Mitarbeitern in den USA untersucht. Die "Core Job Dimensions" umfassen "skill variety", "task identity", "task significance", "autonomie" und "feed back". Couger und Zawacki konnten bei Systemanalytikern und Organisationsprogrammierern, weniger bei reinen Programmierern, signifikant höhere Werte bei diesen "Core Job Dimensions" feststellen als bei verglichenen anderen Berufsgruppen (1978, S. 110; 1980, S. 14). Weiterhin konnte mit dem im JDS enthaltenen Instrumentarium aufgezeigt werden, daß EDV-Mitarbeiter über ein wesentlich höheres Bedürfnis zur persönlichen Weiterentwicklung ("growth

	Interviewpartner Anzahl			%
• Arbeitsorientierte Faktoren			43	90
• abwechslungsreiche Arbeit		19		
- Abwechslung	14			
- Vielfältigkeit	5			
- Flexibilität	2			
• Arbeitsinhalt		9		
• Selbständigkeit		9		
• Erfolgserlebnis durch AWS		17		
• Personenorientierte Faktoren			19	40
• Kontakt mit Menschen		15		
- allgemein	10			
- qualifizierte Mitarbeiter	4			
- Anwender	3			
• Führungsaufgaben		5		
• Sonstige			13	27

Anzahl Interviewpartner n = 48, mit Mehrfachangaben

Tab. 4-25: Positivste Aspekte bei der Arbeit in der Systementwicklung

needs"), aber deutlich niedrigere Neigung zur sozialen Interaktion ("social needs") verfügen (1978, S. 121 f.; 1980, S. 21 ff.). Hier ist eine weitere Parallele zu den in Tab. 4-25 dargestellten Faktoren erkennbar. Couger und Zawacki folgern aus dieser geringeren Neigung zur sozialen Interaktion, daß EDV-Mitarbeiter ein vernachlässigbares Bedürfnis haben, mit Kollegen und Anwendern zusammenzuarbeiten, wie es der Projektteamgedanke zur Entwicklung von AWS (vgl. Kapitel 6) jedoch fordert (1978, S. 115; 1980, S. 27 f.).

Mit dieser Darstellung der von den Interviewpartnern genannten positivsten Aspekte ihrer Arbeit sei der Bereich der Motivation der Mitarbeiter abgeschlossen. In engem Zusammenhang zur Motivation ist jedoch die Fluktuation der Mitarbeiter zu sehen, denn nach der Anreiz-Beitrags-Theorie von March und Simon (1958) wird die Mitgliedschaft in einem Unternehmen nur so lange angestrebt und beibehalten, wie die subjektiv geleisteten Beiträge nicht höher bewertet werden als die erhaltenen Anreize. Und die Anreize werden bestimmt durch die Motivationsstruktur der einzelnen Mitarbeiter und das Ausmaß ihrer Befriedigung (vgl. auch Marr 1975, Sp. 848 f.).

4.6.6 Fluktuation

Die Fluktuation von Mitarbeitern hat für ein Unternehmen sowohl negative als auch positive Konsequenzen, wobei die negativen allgemein überwiegen dürften (vgl. etwa Lux 1965, S. 25). Die negativen Konsequenzen beruhen auf den erheblichen Kosten, die direkt mit der notwendigen Einstellung neuer Mitarbeiter und indirekt durch die "Strukturverschiebungen" (Marr 1975, Sp.851) in dem Unternehmen entstehen. Positiv wirkt die Aufnahme von Mitarbeitern mit hohem Fachwissen und einem unbefangeneren Blick für bestehende Schwächen in der Organisation.

Gerade in der EDV-Abteilung nehmen ausscheidende Mitarbeiter ein großes unternehmens- und anwendungsspezifisches Wissen mit, das aufgrund meist schlecht dokumentierter älterer AWS nur schwer zu ersetzen ist. Allerdings kann die Fluktuation gerade in innovativen Bereichen wie der Datenverarbeitung besonders nutzenspendend sein, indem neue Ideen und frisch in der Ausbildung erworbene Kenntnisse in die EDV-Abteilung getragen werden. So entstand in einigen OR-Gruppen der Paralleluntersuchung der Eindruck, daß neue Mitarbeiter durchaus eine belebende Wirkung auf die OR-Gruppe ausüben könnten (vgl. Möser 1986).

In der Literatur sind eine Fülle von Fluktuationsursachen publiziert (vgl. etwa March, Simon 1958, S. 93 ff.; Lux 1965, S. 122 ff.; Marr 1975, Sp. 847 f.; Ott 1981, S. 313 f.; Bartol 1983, S. 807 ff.). Diese sollen hier nur so weit angesprochen werden, als aus dem erhobenen Datenmaterial signifikante Einflüsse auf die Fluktuation gewonnen werden konnten. Zunächst seien jedoch die erhobenen Fluktuationszahlen dargestellt und zur Relativierung Zahlen aus dem angloamerikanischen Raum herangezogen.

Zur Datengewinnung wurden die Interviewpartner gebeten, bezogen auf ihren Verantwortungsbereich bzw. den Bereich, den sie überblicken, die Fluktuation in der Systementwicklungsabteilung auf der Basis der letzten beiden Jahre zu beziffern. Einbezogen werden sollten nicht nur Mitarbeiter, die das Unternehmen ganz verlassen, sondern auch diejenigen, die in einem Anwenderbereich eine Fachaufgabe übernommen haben. Als Mittelwert der Fluktuation konnte 5,1% p.a., als Median 4,0% p.a. berechnet werden. Lediglich in zwei EDV-Abteilungen war eine hohe Fluktuation mit 15 bzw. 25% zu verzeichnen (vgl. Tab. 4-26).

Abel et al. (1980, S. 76) berichten ebenfalls in ihrer empirischen Untersuchung von Fluktuationszahlen unter 10% p.a. für EDV-Abteilungen der Bundesrepublik Deutschland.

Diese Rate ist erstaunlich gering im Vergleich zu Angaben aus den USA und Großbritannien. Eine Steigerung ist in der Bundesrepublik auch nicht zu erwarten in Anbetracht der sich verschlechternden Berufschancen für Informatiker, Systemanalytiker und Programmierer (vgl. Müller-Merbach 1984, S. 66 f.). Willoughby (1977, S. 12) schätzte die Fluktuation des EDV-Personals in den USA in den 60er Jahren auf 15% - 20%, auf 5% Anfang der 70er Jahre und erwartete einen erneuten Anstieg für 1976 und 1977. Eine Studie von 1979 bestätigte dies mit ermittelten 28% (vgl. McLaughlin 1979, S. 97). Aktuelle Zahlen dürften nach einer Schätzung von Gray (1982, S. 123) bei etwa 15% liegen. Geringfügig unter 15% Fluktuation pro Jahr nennt auch eine Studie (Xephon of Kings House 1983, S. 12) für Großbritannien. Dieser Wert sei aber wahrscheinlich noch niedriger als Werte in der Vergangenheit.

Fluktuation in % p.a.	Unternehmen Anzahl	%
bis 2	8	23
über 2 bis 4	10	28
über 4 bis 6	8	23
über 6 bis 8	3	9
über 8 bis 10	4	11
über 10	2	6
	35	100

Tab. 4-26: Fluktuation in der Abteilung Systementwicklung

Anhand des erhobenen Datenmaterials können folgende Einflüsse auf die Fluktuation festgestellt werden (vgl. Tab. 4-27):

- Die Unternehmen aus den Regionen Rhein-Main und Ruhrgebiet zeigen erstaunlicherweise eine signifikant niedrigere Fluktuation als die restlichen Unternehmen. Vermutet werden kann lediglich eine höhere Bezahlung in diesen Regionen und/oder eine bessere persönliche Entwicklungsmöglichkeit in den dort ansässigen Unternehmen.

- Hoch signifikant erweist sich die Zunahme der Fluktuation bei wachsendem Akademikeranteil in der Systementwicklung. Als Begründung ist wohl der verstärkte Wunsch der Akademiker (einschließlich Fachhochschule) nach beruflichem Aufstieg plausibel, der in anderen Unternehmen gesucht werden kann. Nichtakademiker haben dagegen speziell in der Pionierphase der Datenverarbeitung aufgrund der Personalengpaßsituation die Möglichkeit eines unternehmensgebundenen Aufstiegs wahrnehmen können, könnten ihren Status aber nur schwer in anderen Unternehmen halten und sind daher weniger mobil.

Merkmal	Ausprägung	Fluktuation bis 4 %	Fluktuation über 4 %	statistische Kennzahlen
Region	Rhein-Main Ruhrgebiet	13	5	Chi^2 = 6,42 s = 98,8 % (+++) Phi = 0,43
	Sonstige	5	12	
Akademikeranteil in der Systementwicklung	bis 40 %	12	2	Chi^2 = 8,43 s = 99,6 % (+++) Phi = 0,56
	über 40 %	4	9	
Wartungsanteil	bis 55 %	8	6	Chi^2 = 1,34 s = 75,3 % (x) Phi = 0,20
	über 55 %	7	12	
Fachlaufbahn	ja	11	8	Chi^2 = 0,70 nicht signifikant
	nein	7	9	
Häufigkeit der Verfehlungen von Projektzielen	bis 50 %	11	6	Chi^2 = 2,58 s = 89,2 % (x) Phi = 0,29
	über 50 %	5	9	
Höhe der Verfehlung von Projektzielen	bis 40 %	10	6	Chi^2 = 1,66 s = 80,2 % (x) Phi = 0,24
	über 40 %	5	8	

Tab. 4-27: Einflußfaktoren auf die Fluktuation in der Systementwicklung und Auswirkungen auf die Verfehlungen von Projektzielen

- Als Tendenz wird sichtbar, daß die Fluktuation in EDV-Abteilungen mit einem hohen Wartungsanteil in der Systementwicklung (vgl. Abschnitt 4.7.2.4) steigt. Als ausschlaggebend kann das bei den Mitarbeitern nicht in ausreichendem Maß befriedigte Bedürfnis nach persönlicher Weiterentwicklung gesehen werden (vgl. Abschnitt 4.6.5).

- Eine evtl. eingerichtete Fachlaufbahn zeigt bei der hier gewählten Klasseneinteilung keinen Einfluß auf die Fluktuation. Verschiebt man die Klassengrenze für die Fluktuation auf 3%, dann ist allerdings eine statistisch signifikant (+) geringere Fluktuation in Unternehmen mit einer Fachlaufbahn nachweisbar.

Obwohl die Fluktuationszahlen im internationalen Vergleich recht niedrig liegen, werden trotzdem Auswirkungen auf die Verfehlung der Projektziele sichtbar. Sowohl die Häufigkeit als auch die Höhe der Projektzielverfehlungen nehmen mit der Fluktuation zu (vgl. Tab. 4-27).

Auf der Basis einzelner Angaben kann geschlossen werden, daß nur in begrenztem Umfang Systementwickler in andere Fachbereiche wechseln, um dort Linienaufgaben wahrzunehmen. Gerade diese gezielte Fluktuation, wie sie von einem EDV-Leiter ausdrücklich gefordert und praktiziert wird, ist jedoch eine geeignete Maßnahme, um kompetente Gesprächspartner in Fragen der unternehmensweiten Informationsversorgung auch in den Fachbereichen zur Verfügung zu haben. Eine Gefahr ist andererseits u.U. in einem EDV-technischen Autonomiestreben der Fachbereiche gerade in Verbindung mit kleinen, leistungsfähigen Mikrorechnern und Personal Computern zu sehen. Doch dies dürfte ganz wesentlich davon abhängen, inwieweit der Wechsel als Prozeß der Weiterentwicklung der Mitarbeiter geplant ist oder als Reaktion auf nicht erfüllte Karriereabsichten überraschend für die Verantwortlichen in der EDV-Abteilung stattfindet. Diese Strategie der gezielten Verbreitung von EDV-Wissen im Unternehmen sollte deshalb ein Bestandteil der langfristigen Planung der EDV-Funktion sein.

4.7 Aspekte der EDV-Planung einschließlich der Budgetierung

Angesichts der wachsenden Bedeutung der EDV-Funktion und der bereits in Abschnitt 4.1 hervorgehobenen Probleme der EDV-Abteilungen in den Unternehmen ist es nur konsequent, ebenso wie für die anderen Funktionsbereiche eine in die Unternehmensplanung integrierte Planung der EDV-Funktion zu fordern. Aktualität erfährt diese Forderung gerade durch technologische Fortschritte etwa auf den Gebieten der Datenbankkonzepte und der Entwicklung kleiner, leistungsfähiger Rechner bzw. allgemeiner der individuellen Datenverarbeitung in den Fachbereichen (vgl. etwa Scheer 1984). Für diese neuen Technologien und den daraus erwachsenden Möglichkeiten der Informationsversorgung im Unternehmen sind neue oder geänderte Einsatzstrategien zu entwickeln und zu implementieren.

Die Planung umfaßt einen strategischen, langfristigen Aspekt und setzt sich fort in einer abgeleiteten kurzfristigen Planung der EDV-Funktion sowie der Erstellung eines Budgets für die EDV-Abteilung. Diese Planungsaktivitäten schaffen den Rahmen für die einzelnen AWS und beinflussen damit den SE-Prozeß.

Die Forderung nach einer EDV-Planung stammt aber keineswegs erst aus jüngster Zeit (vgl. etwa Cleland, King 1968, S. 92 ff.; McFarlan, Warren 1971; McFarlan, Cole, Rieger 1971, S. 623 ff.; Ditri, Shaw, Atkins 1971, S. 14 ff.). Nolan's Vier-, später erweitertes Sechsphasenschema des EDV-Wachstums (vgl. Nolan 1973; Gibson, Nolan 1974; Nolan 1979), das gestützt auf empirische Erkenntnisse die Entwicklungsgeschichte der EDV-Funktion in Unternehmen recht anschaulich nachzeichnet, liefert hinsichtlich der EDV-Planung wertvolle Einsichten (vgl. zur Bewertung von Nolan's "stage model" etwa King, Kraemer 1984). Nach der Phase 1, "Initiation", werde als Reaktion auf die stürmische, häufig unkontrollierte Entwicklung der EDV-Funktion in der Phase 2, "Expansion", von Seiten der Unternehmensführung in der Phase 3, "Control", die Implementierung einer Reihe von formalen Planungs- und Kontrollmechanismen wie EDV-Budgets, formale Prioritätensetzung für EDV-Projekte, Einführung eines Verrechnungspreissystems, verstärkte Einzelprojektplanung, etc. vorangetrieben. Diese Phase führe aber teilweise zu einem "overcontrol" (vgl. Gibson, Nolan 1974, S. 83), so daß mit der Phase 4, "Integration", eine Verfeinerung der Instrumente und eine Ausdehnung der Planung hinein in einen mittel- bis langfristigen Bereich folge. In der Phase 5 "Data administration" erhalte die Planung eine andere Qualität und wende sich den gemeinsamen Datenbeständen der AWS zu, so daß in der Phase 6 "Maturity" eine strategische Planung der Daten als einer Ressource des Unternehmens durchzuführen sei.

Trotz der früh erkannten Notwendigkeit einer EDV-Planung erstellten in den USA Ende der 70er/Anfang der 80er Jahre nur etwa zwei Drittel der in der Fortune

500 enthaltenen Unternehmen einen EDV-Plan und nur etwa 30 Prozent dieser Pläne hatten einen Horizont von mindestens 4 bis 5 Jahren (vgl. Diebold 1982, S. 2). McLean und Soden hatten in ihrer empirischen Bestandsaufnahme zuvor schon festgestellt, daß zwar die meisten Befragten die Forderung nach einer Integration der strategischen EDV-Planung in die strategische Unternehmensplanung erhoben hatten, aber zwei Drittel zugeben mußten, daß dies in ihren Unternehmen nicht realisiert sei (McLean, Soden 1977, S. 71 f.). Szyperski und Kolf (1978, S. 85) gehen davon aus, daß die Situation in den deutschen Unternehmen wohl nicht positiver sein dürfte, d.h. daß viele Unternehmen bzgl. der Planung noch nicht über Phase 3, "Control", des EDV-Wachstums hinausgekommen sind.

Die strategische EDV-Planung hat sich an den Zielen und Strategien des Unternehmens auszurichten (vgl. Abb. 4-9). Es muß sichergestellt sein, daß in dem EDV-Planungsprozeß AWS identifiziert und später ausgewählt werden, mit denen die Informationsbedürfnisse und Prioritäten der Unternehmensführung und Entscheidungsträger in den Fachbereichen getroffen werden (vgl. Bowman, Davis, Wetherbe 1983; siehe etwa auch Diebold 1982, S. 1; Lucas, Turner 1982, S. 30). Darüber hinaus ist es aber von zunehmender Bedeutung, mit Hilfe der Informationstechnologie neue Unternehmensstrategien zu verwirklichen und die EDV-Funktion zu einem "key element in terms of the business scene" (Diebold 1982, S. 1) werden zu lassen. Denn "the most exciting possibilities exist when the technology itself becomes a part of the strategy, for it expands the range of strategic alternatives considered by the firm" (Lucas, Turner 1982, S. 26). Dadurch können, wie Unternehmensbeispiele zeigen (siehe etwa Diebold 1982, S. 6; McLean 1982, S. 12), neue Produkte, Märkte und Wettbewerbsvorteile erzielt werden. Dieser Aspekt der Auswirkungen der EDV-Planung auf die Unternehmensstrategie durch eine enge Verzahnung der beiden Elemente kann im weiteren aber nicht Gegenstand der Erörterung sein, da der Blick dem Bezugsrahmen (vgl. Abb. 1-2) folgend auf den SE-Prozeß gerichtet ist. Vielmehr wird der Schwerpunkt auf die Stufen der EDV-Planung gelegt, wie sie in Abb. 4-9 im Überblick dargestellt sind.

Danach ist der Ausgangspunkt der EDV-Planung eine Analyse und Bewertung der Ziele und Strategien des Unternehmens. Über eine Aufgabenbeschreibung der EDV-Abteilung und eine Analyse und Bewertung der Umwelt ist dann eine EDV-Politik mit Zielen und Strategien festzulegen (Bowman, Davis, Wetherbe 1983, S. 14; siehe auch McLean, Soden 1977, S. 34 ff.; Szyperski, Kolf 1978, S. 67 ff.). Fragen zu diesem Themenkreis wurden bereits in Abschnitt 4.1 angesprochen. Auf dieser Planungsgrundlage ist der zusätzliche Informationsbedarf im Unternehmen zu ermitteln und ein mittel- bis langfristiger EDV-Rahmenplan (Master Development Plan, vgl. Abb. 4-9) zu erstellen. Die EDV-Rahmenplanung ermöglicht, benachbarte AWS im Zusammenhang zu konzipieren und für das Unternehmen als sinnvoll bewertete AWS auszuwählen, in Form von Projekten festzulegen und in eine sachgerechte zeitliche Reihenfolge zu bringen (vgl. auch Bünte 1974, S. 334; Meller 1976, S. 782; Duhme, Namneck 1981, S. 72) (vgl. Abschnitt 4.7.1).

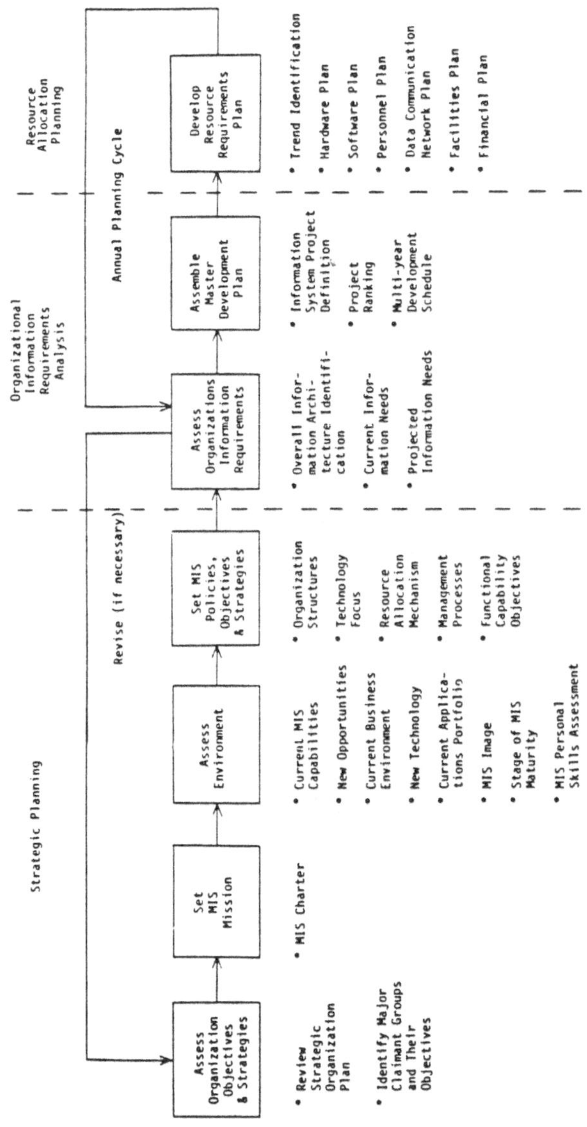

MIS = Management Information System

Abb. 4-9: Hauptaktivitäten und Ergebnisse der EDV-Planung (Bowman, Davis, Wetherbe 1983, S. 15, ähnlich auch bei McLean, Soden 1977, S. 24 f.)

In der nächsten Stufe sind in der kurzfristigen EDV-Planung aus dem EDV-Rahmenplan in Abhängigkeit von den zur Verfügung stehenden Ressourcen EDV-Projekte zu entnehmen und Ressourcen zuzuordnen. Ergebnis ist u.a. ein kurzfristiger Hard- und Softwareplan sowie ein Personalkapazitäts- und -einsatzplan, die unter dem Begriff EDV-Jahresplan zusammengefaßt werden (vgl. Abschnitt 4.7.2). Dieser EDV-Jahresplan, in wertmäßigen Größen ausgedrückt, mit einem gewissen Grad an Verbindlichkeit versehen und für eine festgelegte Zeitperiode der EDV-Abteilung auferlegt, ergibt dann das Budget der EDV-Abteilung (vgl. Abschnitt 4.7.3).

Von dem EDV-Rahmenplan sind die einzelnen EDV-Projekte mit ihren jeweiligen Projektplänen zu unterscheiden. Der EDV-Rahmenplan gibt in einer topdown-Betrachtung einen Überblick über die zur Realisierung anstehenden EDV-Projekte. Er enthält auf einer aggregierten Ebene nur die wichtigsten Daten der Projektpläne wie zu realisierende Anforderungen, inhaltliche Interdependenzen, Aufwand gemessen in Mann-Jahren (MJ) oder Mann-Monaten (MM), Anzahl und Qualifikation der benötigten Mitarbeiter sowie geplanter Beginn, geplanter Einsatzzeitpunkt und evtl. wichtige Zwischentermine (Meilensteine). Zu berücksichtigen ist, daß zu dem Zeitpunkt, an dem der EDV-Rahmenplan erstellt wird, nur grobe Schätzwerte vorhanden sind, die erst vor Realisierungsbeginn auf Projektebene nach einer inhaltlichen Planung des AWS detailliert werden können und damit mehr Realitätsnähe erhalten.

Mit dem EDV-Rahmenplan, dem EDV-Jahresplan und dem EDV-Budget soll eine kontrollierte Entwicklung der EDV-Funktion gefördert werden. Eine ähnliche Funktion nimmt die EDV-Kosten- und Leistungsverrechnung ein, die dazu beiträgt, die Anforderungen der Fachbereiche mit den Ressourcen abzugleichen (vgl. Abschnitt 4.7.4). Die EDV-Kosten- und Leistungsverrechnung wird daher in Abschnitt 4.7.4 im Rahmen der EDV-Planung mit erörtert.

4.7.1 EDV-Rahmenplanung

Unter einem EDV-Rahmenplan soll ein mittel- bis langfristiger Plan verstanden werden, der auf der Grundlage des zukünftigen Informationsbedarfs im Unternehmen in Verbindung mit den bestehenden AWS die als sinnvoll bewerteten zukünftigen AWS inhaltlich zusammenhängend (integrierend) darstellt und in die Form von EDV-Projekten umsetzt. Die EDV-Projekte können dann in eine sachgerechte, zeitliche Reihenfolge gebracht werden. Dieser EDV-Rahmenplan sollte auch die individuelle Datenverarbeitung durch die Anwender in den Fachbereichen einbeziehen.

Schwierigkeiten bereitet in diesem Planungsprozeß zunächst die Ermittlung des zukünftigen Informationsbedarfs (vgl. etwa Bowman, Davis, Wetherbe 1983, S. 12). Daher soll im folgenden ein kurzer Überblick über die in der Literatur verbreiteten Methoden gegeben werden (vgl. Abschnitt 4.7.1.1), auch wenn diese nicht Gegenstand der Erhebung waren.

Erhoben wurde vielmehr die Verbreitung (vgl. Abschnitt 4.7.1.2) und der Planungshorizont von EDV-Rahmenplänen (Abschnitt 4.7.1.3) und die bei der Erstellung, Abstimmung und Genehmigung beteiligten Instanzen, wobei von besonderem Interesse der Einfluß der Unternehmensführung und der Fachbereiche ist (vgl. Abschnitt 4.7.1.4).

4.7.1.1 Methoden zur Informationsbedarfsanalyse

Für die Erhebung und Strukturierung des Informationsbedarfs der Unternehmensführung und der Entscheidungsträger in den Fachbereichen sind zwei grundlegende Methoden entwickelt worden. Die erste Methode trägt die Bezeichnung "Business Systems Planning" (BSP) und entstand bei der Firma IBM (1981). Die zweite Methode, "Critical Success Factors" (CSF), beruht auf den Ideen von Zani (1970) und wurde von Rockart (1979, 1982) am MIT weiterentwickelt. Beide Methoden seien im Anschluß mit ihren Vor- und Nachteilen kurz charakterisiert.

Die Methode Business Systems Planning (BSP) stellt einen strukturierten, formalisierten Ansatz zur Erstellung eines EDV-Rahmenplans dar, der in hierarchischer Form einen Überblick über alle technisch realisierbaren Informationsbedürfnisse enthält und die Unternehmensplanung und Unternehmensziele direkt unterstützt. Information wird dabei als eine Ressource des Unternehmens gesehen und daher unternehmensweit ohne Rücksicht auf die Hardwarearchitektur und die bestehende Organisation geplant. Im Vordergrund stehen sogenannte Geschäftsprozesse (d.h. Funktionen wie Produkte entwickeln, produzieren, verteilen), die sich weniger ändern als die Organisation, und von diesen Prozessen erzeugte Datenklassen (z.B. Produktdaten, Auftragsdaten). In Interviews mit einer Reihe von leitenden Angestellten (meist den Verantwortlichen für die Geschäftsprozesse) werden in Abhängigkeit von den jeweiligen Verantwortlichkeiten und Zielen der Funktion Problembereiche herausgearbeitet, in Zusammenhang damit der Wert besserer Informationen untersucht und somit der Informationsbedarf ermittelt.

Daraus ist eine Informationsarchitektur in Form von Beziehungen (Matrizen) zwischen Datenklassen, Geschäftsprozessen und AWS zu erstellen, die dann in Verbindung zu der Organisation des Unternehmens gesetzt werden kann (vgl. Abb. 4-10). Über eine Ist-Aufnahme der Situation der EDV-Funktion im Unternehmen,

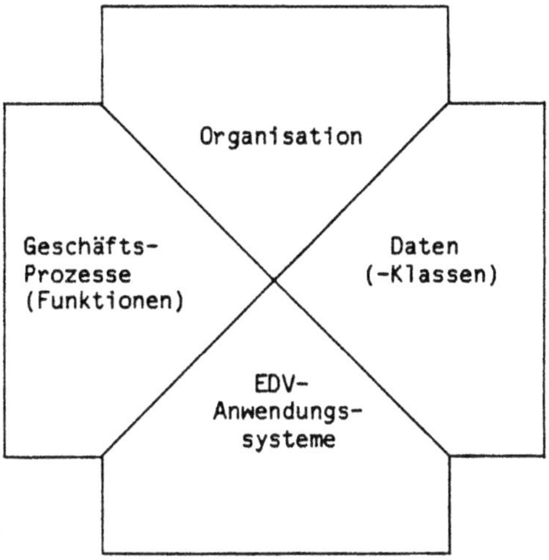

Abb. 4-10: Elemente einer Informationsarchitektur nach BSP (in Anlehnung an Collins 1983, S. 24)

d.h. einer Überprüfung der bestehenden AWS, der Daten, des Personals, der Finanzen, etc. und das Setzen von Prioritäten für neue AWS kann dann der EDV-Rahmenplan erarbeitet werden (zur Vorgehensweise und über Erfahrungen vgl. IBM 1981; McNurlin 1979, Baganz 1981, S. 3 f.; Zachman 1982; Collins 1983).

Vorteilhaft an BSP ist der sehr umfassende und gründliche Ansatz, wodurch eine komplette Informationsarchitektur des Unternehmens entworfen wird. Durch die intensiven Interviews dient BSP als Kommunikationsinstrument zwischen EDV-Abteilung, Anwendern und der Unternehmensführung. Aufgrund der Datenorientierung ist eine enge Verbindung zum Datenbankentwurf sichergestellt. Da die Informationsarchitektur nicht an die Unternehmensstruktur gebunden ist, ist sie recht stabil und robust gegenüber organisatorischen Änderungen. BSP ist gut erlernbar und übertragbar auf andere Unternehmen.

Nachteilig sind die hohen Kosten und der hohe Zeitaufwand. Dadurch besteht die Gefahr, daß der EDV-Rahmenplan Selbstzweck wird und nicht Startpunkt der eigentlichen Entwicklung der AWS. Der Brückenschlag zwischen Planungsaktivitäten der Studie und der Implementierung bereitet demnach Schwierigkeiten. Weiterhin sind die Ergebnisse sehr von der Qualität des durchführenden Teams abhängig. Als Nachteil kann weiterhin angesehen werden, daß durch die regelmäßig vorgenommene Begleitung der BSP-Studie durch einen Mitarbeiter der IBM dieser Hersteller und Lieferant sehr starke Einblicke in das Unternehmen erhält (vgl. insbesondere McLean 1982, S. 13; aber auch Baganz 1981; Zachman 1982, S. 48 f.; Collins 1983, S. 22 f.).

Die Methode Critical Success Factors (CSF) konzentriert sich ausschließlich auf die wichtigsten Informationsbedürfnisse der Führungskräfte des Unternehmens, indem beginnend bei der Unternehmensführung momentane Schlüsselfaktoren (Critical Success Factors) identifiziert werden, die essentiell für eine erfolgreiche Durchführung der einzelnen Aufgaben sind und damit das Überleben und den Erfolg des Unternehmens sicherstellen. Diesen in einer Reihe von Interviews - wenn auch nicht so vielen wie bei BSP - gewonnenen Faktoren sollte von den jeweils verantwortlichen Führungskräften Beachtung geschenkt werden. Quellen für die meist unter der Zahl 10 liegenden Faktoren sind erstens die Branche des Unternehmens, zweitens das Unternehmen selbst im Vergleich zu den Wettbewerbern, hinsichtlich der geographischen Lage, etc., drittens Umweltfaktoren wie Verbraucherverhalten, die Volkswirtschaft und die Politik und viertens temporäre Faktoren wie etwa zu hohe Lagerbestände. In den Interviews werden zunächst die Ziele der Führungskräfte für ihren Bereich herausgearbeitet und die CSFs, die diesen Zielen unterliegen. Anschließend werden Werkzeuge, Techniken und Vorgehensweisen ausgewählt, um sicherzustellen, daß den CSFs Beachtung geschenkt wird. Daraus läßt sich dann ein Informationsbedarf ableiten, der zu Anforderungen an neuen AWS führt (vgl. insbesondere Rockart 1979; aber auch McNurlin 1979, S. 6 f.; Bowman, Davis, Wetherbe 1983, S. 18; zur Anwendung auf die EDV-Abteilung vgl. Rockart 1982).

Vorteile von CSF sind in vieler Beziehung Nachteile des BSP. So verursacht CSF vergleichsweise geringen Aufwand und ist in angemessener Zeit durchzuführen, da sich CSF auf wenige, kritische Informationsbedürfnisse im Unternehmen konzentriert. Weiterhin wirft der Durchführungsprozeß selbst einen Nutzen ab, da die interviewten Führungskräfte sich oftmals zum ersten Mal vergegenwärtigen, was wirklich wichtig für die erfolgreiche Erledigung ihrer Aufgaben ist.

Nachteilig wirkt sich der kurze zeitliche Horizont aus, weshalb eine Wiederholung der Informationsbedarfsanalyse nach gewisser Zeit notwendig wird. Außerdem ist der Kommunikationsprozeß mit den Führungskräften häufig wichtiger als der entstehende Plan selbst. Weiterhin ist das Ergebnis in größerem Umfang als bei BSP von den Fähigkeiten des Analyseteams abhängig (vgl. insbesondere McLean 1982, S. 14; aber auch McNurlin 1979, S. 7).

Basierend auf diesen beiden Methoden wurden weitere Methoden zur Informationsbedarfsanalyse entwickelt. Zu nennen sind hier:

- Business Information Analysis and Integration Technique (BIAIT) (vgl. Carlson 1979)
- Ends/Means Analysis (vgl. Wetherbe, Davis 1982; zitiert bei Bowman, Davis, Wetherbe 1983, S. 16 ff.)

- Business Information Control Study (BICS) (vgl. Kerner 1980; Zachman 1982), die sich 1982 bei IBM noch in der Entwicklung befand und sowohl auf BSP als auch auf BIATT aufbaut,
- Kommunikations-System-Studie (KSS) (Anwendungen siehe etwa bei Freytag 1983; Zander 1983), eine von IBM praktizierte Methode auf der Grundlage von BSP und CSF.

Auf der Grundlage des mit BSP, CSF oder einer anderen Methode gewonnenen Informationsbedarfs kann anschließend ein EDV-Rahmenplan aufgestellt werden (vgl. Abb. 4-9).

4.7.1.2 Verbreitung der EDV-Rahmenplanung

Die Verbreitung von EDV-Rahmenplänen in der Praxis sollte mit der Frage erfaßt werden: "Erstellen Sie einen Rahmenplan für zukünftige Projekte?" Obwohl entsprechend der eingangs von Abschnitt 4.7.1 vorgestellten Definition die Intention bestand, langfristige Rahmenpläne zu erfassen, lieferte eine Reihe von Interviewpartnern zusätzlich oder stattdessen Hinweise auf EDV-Jahrespläne. In einigen Fällen wurden die genannten Pläne zwar als EDV-Rahmenpläne deklariert, anhand des Planungshorizonts zeigte sich jedoch der kurzfristige Charakter dieser Pläne, so daß diese in der Auswertung auch als EDV-Jahrespläne eingestuft werden. Unabdingbares Kriterium für die EDV-Rahmenplanung ist demnach ein Planungshorizont von mehr als einem Jahr.

- Über einen EDV-Rahmenplan verfügen 21 der 36 Unternehmen (58%).
- Neben dem EDV-Rahmenplan wurde in 10 Unternehmen ein EDV-Jahresplan erwähnt. In 13 Unternehmen wird nur ein EDV-Jahresplan erstellt, so daß insgesamt in mindestens 23 Unternehmen (64%) ein EDV-Jahresplan existiert.
- Keine über das Einzelprojekt hinausgehende Planung betreiben 2 Unternehmen.

Zum Vergleich über die Verbreitung von EDV-Rahmenplänen bieten sich zwei Erhebungen aus der Bundesrepublik Deutschland an. Sandscheper (1979, S. 60 u. 68) ermittelte unter 56 Unternehmen eine Verbreitung von "DV-Generalplänen" in 80% der Unternehmen. Streicher und Sandscheper (1982, T.1, S. 46) zeigen auf, daß etwa 65% der befragten 492 EDV-Leiter einen "verbindlichen Rahmenplan" aufgestellt haben.

Die in der eigenen Erhebung festgestellten 58% (21 Unternehmen) liegen demnach in der gleichen Größenordnung. Anzumerken ist jedoch, daß in 4 der 21 Unternehmen der Eindruck entstand, als handele es sich nicht um eine inhaltlich zusammenhängende EDV-Rahmenplanung, sondern um eine rein additive Darstellung der bestehenden Einzelprojekte und damit um eine Verbrämung des sog. Anwendungsstaus. In zwei weiteren Unternehmen wird nicht für das Gesamtunternehmen, sondern nur für einzelne Fachbereiche ein EDV-Rahmenplan aufgestellt. Dies kann sich negativ bei bereichsübergreifenden Anwendungen und Datenbeständen auswirken.

Ein vermuteter Zusammenhang zwischen der Unternehmensgröße und der Verbreitung von EDV-Rahmenplänen konnte nicht festgestellt werden. Dagegen zeigen sich Tendenzen hinsichtlich der horizontalen und vertikalen organisatorischen Eingliederung der EDV-Abteilung.

Von den 19 im Finanz- und Rechnungswesen eingegliederten EDV-Abteilungen erstellen 14 (74%) einen EDV-Rahmenplan, von den 14 EDV-Abteilungen, die nicht im Finanz- und Rechnungswesen eingegliedert sind, jedoch lediglich genau die Hälfte. Zu beachten ist dabei, daß die beiden EDV-Abteilungen mit eigenem Vorstandsbereich keine EDV-Rahmenplanung durchführen, obwohl dies zu erwarten gewesen wäre. Denn die in der Literatur (vgl. Abschnitt 4.3.2) vertretene Forderung geht ja dahin, einen Vorstandsbereich Informationswesen zu schaffen, der eine Koordination, Planung und Realisierung des Informationsbedarfs im Unternehmen betreibt. Für die Wahrnehmung dieser Aufgabe ist jedoch eine EDV-Rahmenplanung unabdingbar.

Bei der vertikalen Eingliederung wird diese Tendenz nochmals sichtbar. Lediglich in 11 der 20 EDV-Abteilungen (55%) mit Eingliederung in der ersten oder zweiten Hierarchiestufe werden EDV-Rahmenpläne erstellt. Dagegen verfügen 10 der 13 EDV-Abteilungen (77%) mit Eingliederung als Stab bzw. als dritte oder vierte Hierarchiestufe über einen Rahmenplan.

Auch wenn diese Tendenzen nicht signifikant im statistischen Sinne sind, so kann doch vermutet werden, daß bei einer Eingliederung der EDV-Abteilung im Finanz- und Rechnungswesen oder bei einer niedrigeren hierarchischen Eingliederung die Durchsetzung der Belange der EDV-Abteilung im Unternehmen gegenüber anderen Fachbereichen bzw. hierarchisch höher verankerten Fachbereichen leichter gelingt, wenn ein formaler, abgestimmter EDV-Rahmenplan erstellt wurde, an den sich alle Fachbereiche und die EDV-Abteilung gebunden fühlen. Andererseits scheinen mit mehr formaler Macht und einer neutraleren Position im Unternehmen ausgestattete EDV-Abteilungen auf einen EDV-Rahmenplan verzichten zu können.

4.7.1.3 Planungshorizont der EDV-Rahmenpläne

Die Angaben zu dem Planungshorizont der 21 erhobenen EDV-Rahmenpläne lassen sich in vier Kategorien einteilen. Erhoben wurde ein Planungshorizont von

- 1,5 bzw. 2 Jahren in 4 (19%) Unternehmen,
- 3 Jahren in 8 (38%) Unternehmen,
- 5 Jahren in 7 (33%) Unternehmen,
- 10 und mehr Jahren in 2 (10%) Unternehmen.

Damit zeigt sich eine Häufung bei einem Planungshorizont von 3 bzw. 5 Jahren. Daraus wird der eher mittelfristige Charakter der EDV-Rahmenplanung deutlich. Eine über 5 Jahre hinausgehende langfristige Planung wurde nur in zwei Unternehmen angetroffen. Die Schwierigkeit der Abschätzung der technologischen Entwicklung dürfte hierin zum Ausdruck kommen.

4.7.1.4 Beteiligte Instanzen bei der EDV-Rahmen- und EDV-Jahresplanung

Mit dem EDV-Rahmenplan soll der zukünftige Informationsbedarf im Unternehmen konkretisiert und in Form geplanter AWS im Zusammenhang dargestellt werden. Diese Aufgabe erfordert sowohl ein Wissen um die Anforderungen und Präferenzen der Unternehmensführung und der Fachbereiche als auch ein Wissen um die technologischen und kapazitiven Möglichkeiten in der EDV-Abteilung. Im weiteren soll daher verdeutlicht werden, welche Instanzen in den 21 Unternehmen mit einem EDV-Rahmenplan und im Vergleich dazu in den 23 Unternehmen mit einem EDV-Jahresplan an dem Planungsprozeß beteiligt werden.

Unterschieden werden in dem Planungsprozeß die Tätigkeiten Erstellung, Abstimmung und Genehmigung. Als beteiligte Instanzen wurden in der Befragung der EDV-Leiter bzw. ihm unterstellte Personen oder Abteilungen genannt, die unter der Kategorie EDV-Abteilung zusammengefaßt werden. Weitere Beteiligte sind die Anwender in den Fachbereichen, in einem Fall ein Controller des Finanzbereichs als externe Abteilung sowie die Unternehmensführung als Gesamtorgan. In Einzelfällen ist eine Abstimmung oder Genehmigung der Pläne nach Aussage der Interviewpartner nicht erforderlich. Teilweise werden einzelne Tätigkeiten durch mehrere Instanzen gemeinsam wahrgenommen. Die dadurch entstehenden Doppelangaben werden in Tab. 4-28 getrennt ausgewiesen.

Sowohl der EDV-Rahmenplan als auch der EDV-Jahresplan werden bis auf Ausnahmen ausschließlich durch die EDV-Abteilung erstellt (vgl. Tab. 4-28). Lediglich in drei Unternehmen wirken die Fachbereiche bei der Erstellung des EDV-Rahmenplans mit. Erstaunen löst dagegen der bereits in Abschnitt 4.1.2 angesprochene

Fall aus, wo im Rahmen der Jahresplanung die EDV-Kapazität von den Fachbereichen eingeplant wird. Die Unternehmensführung ist in die Erstellung der Pläne generell noch nicht involviert. Eine aktive Gestaltung, Vorgabe von Zielen oder

beteiligte Instanzen	Tätigkeit					
	Erstellung		Abstimmung		Genehmigung	
	R	J	R	J	R	J
EDV-Abteilung	19	13	15	12	6	6
- allein	16	13	5	8	2	4
- mit Fachbereichen	3	-	7	4	4	2
- mit Unternehmensführung	-	-	3	-	-	-
Fachbereiche	3	1	7	5	4	2
- allein	-	1	-	1	-	-
- mit EDV-Abteilung	3	-	7	4	4	2
- (davon im EDV-Ausschuß)			(6)	(4)	(4)	(2)
externe Abteilung	-	-	1	-	-	-
Unternehmensführung	-	-	3	-	11	3
- allein	-	-	-	-	11	3
- mit EDV-Abteilung	-	-	3	-	-	-
Tätigkeit nicht erforderlich	-	-	1	1	2	1
Keine Angabe	2	9	4	9	2	13
Summe	21	23	21	23	21	23

R: EDV-Rahmenplanung

J: EDV-Jahresplanung

Tab. 4-28: Beteiligte Instanzen bei der EDV-Rahmenplanung und EDV-Jahresplanung

Randbedingungen, wie es eine Informationsbedarfsanalyse im Sinne der Methode Critical Success Factors (CSF) (vgl. Abschnitt 4.7.1.1) erfordern würde, wird von der Unternehmensführung in den befragten Unternehmen demnach wohl nicht vorgenommen.

Stärker werden die Unternehmensführung und vor allem die Fachbereiche in die Abstimmung der Pläne einbezogen, wobei die EDV-Ausschüsse eine bedeutende Rolle einnehmen (vgl. Abschnitt 4.5).

Die Genehmigung und damit die Inkraftsetzung des EDV-Rahmenplans liegt dann meist bei der Unternehmensführung. In vier Unternehmen kommt die Genehmigung durch einen Beschluß im EDV-Ausschuß zustande. Zu beachten ist der Zustand in zwei Unternehmen, wo die EDV-Abteilung selbst den Plan genehmigt. In einem Fall stimmt man sich noch vorher mit den Fachbereichen ab, in dem zweiten Fall läuft der gesamte Planungsprozeß ohne die Beteiligung von Instanzen außerhalb der EDV-Abteilung ab. Ähnlich gelagert ist der Planungsprozeß in einem weiteren Unternehmen, in dem der Rahmenplan von der EDV-Abteilung erstellt wird, eine Abstimmung und Genehmigung jedoch nicht notwendig ist. Daher kann diesem Plan der EDV-Abteilung lediglich ein interner Charakter zugesprochen werden, der keine Verbindlichkeit für das Gesamtunternehmen erlangt. In einem weiteren Unternehmen wird der Rahmenplan zwar mit den Fachbereichen abgestimmt, jedoch nicht formal genehmigt.

Im Vergleich zu dem EDV-Rahmenplan wird der EDV-Jahresplan erwartungsgemäß häufiger durch die EDV-Abteilung selbst in Kraft gesetzt. Es zeigt sich, daß in fünf Unternehmen der EDV-Jahresplan autonom von der EDV-Abteilung erstellt, intern abgestimmt und genehmigt wird.

Als Fazit bleibt festzuhalten, daß in die EDV-Rahmenplanung bis auf Ausnahmen Fachbereiche und Unternehmensführung einbezogen werden, wobei allerdings keine Aussagen über die Intensität und die Auswirkungen der Einbeziehung sowie die Formalisierung des Planungsprozesses getroffen werden können. Die Einbeziehung ist aber mehr passiv zustimmend und genehmigend als aktiv von Beginn an gestaltend zu bewerten.

Bedenklich stimmt die Kurzfristigkeit der EDV-Rahmenplanung in einigen Unternehmen, die deshalb auch in der Auswertung als EDV-Jahrespläne eingestuft wurden. Hier sind weitere Anstrengungen notwendig, um den strategischen und langfristigen Aspekt der Planung der EDV-Funktion zum Nutzen des gesamten Unternehmens voranzubringen.

4.7.2 Ausgestaltung der EDV-Jahresplanung

Basierend auf der langfristigen EDV-Rahmenplanung ist im Rahmen der EDV-Jahresplanung hinsichtlich der Entwicklung von AWS festzulegen, welche EDV-Projekte in Angriff genommen werden sollen, welche Mitarbeiterkapazität zur Verfügung steht und wie die Mitarbeiter den Projekten zugeordnet werden sollen. Einige Aspekte dieser Entscheidungen zum Management der EDV-Funktion seien anhand der empirischen Ergebnisse hier erörtert.

Zunächst sei der häufiger schon verwendete Projektbegriff anhand der Literatur untersucht und die Verwendung des Begriffs EDV-Projekt in der Praxis herausgearbeitet (Abschnitt 4.7.2.1). Aufbauend auf diesem Verständnis können dann die Kriterien zur Auswahl und Reihung von EDV-Projekten untersucht werden (Abschnitt 4.7.2.2). Damit im Zusammenhang ist die Frage zu sehen, inwieweit die EDV-Abteilung eine Politik zur Beschränkung von Projektgrößen betreibt (Abschnitt 4.7.2.3). Die Kapazität der Systementwicklungsabteilung steht jedoch nicht ausschließlich für die Entwicklung neuer AWS zur Verfügung. Sie wird teilweise massiv durch Wartungstätigkeiten an bestehenden AWS beschnitten. Daher wird nach einer Definition des Begriffs Wartung in Abschnitt 4.7.2.4 der prozentuale Wartungsanteil in der Systementwicklungsabteilung und in dem Zusammenhang das Alter der zur Wartung anstehenden AWS bzw. Programme verdeutlicht. Die Anzahl der einem Mitarbeiter gleichzeitig zugeordneten Projekte und Wartungsaufgaben wird abschließend in Abschnitt 4.7.2.5 vorgestellt. Neben der im Rahmen der Jahresplanung vorzunehmenden Zuordnung der Mitarbeiter gewinnt diese Frage im Zusammenhang mit dem Projektmanagement an Bedeutung. Die einzelnen Aufgaben konkurrieren gegenseitig und es besteht die Gefahr, daß einem Projektleiter zugesagte Ressourcen entzogen werden, falls ein Mitarbeiter an mehreren Projekten gleichzeitig mitarbeitet bzw. nicht eingeplante dringende Wartungstätigkeiten vorzunehmen sind.

4.7.2.1 Der Projektbegriff in der Literatur und in der Erhebung

Auch wenn davon ausgegangen werden kann, daß der Projektbegriff zur Beschreibung einer Organisationsform für die Durchführung von Vorhaben zur Entwicklung von AWS allgemein bekannt ist, so wurde in den Interviews doch versucht, den Begriff Projekt zu klären, um eine gemeinsame Gesprächsebene sicherzustellen und eine ungewöhnliche Begriffsverwendung zu explizieren. Nach einem Überblick über den Projektbegriff in der Literatur wird die Verwendung in der Praxis bei Entwicklungsvorhaben für AWS verdeutlicht. Einen größeren Raum nimmt die Frage ein, ab welchem Aufwand überhaupt von Projekten gesprochen und was unter großen Projekten verstanden wird.

Eine ausführliche Diskussion des Projektbegriffs nimmt Pinkenburg (1980, S. 91 ff.) vor, der im weiteren auch gefolgt sei. Basierend auf einer umfangreichen Literaturanalyse kommt er zu dem Ergebnis, daß keine allgemein gültige Projektdefinition existiert und auch keine Tendenz dazu ablesbar ist. Unterscheiden lassen sich vielmehr Autoren, die den institutionellen Aspekt betonen und eine Majorität, die Kriterien zur Charakterisierung der mittels Projekten durchgeführten Aufgaben in den Mittelpunkt stellt. In neueren Veröffentlichungen wird eine Synthese dieser beiden Gesichtspunkte angestrebt (vgl. Pinkenburg 1980, S. 100).

Eine Betrachtung der zusammengestellten Projektdefinitionen macht deutlich, daß - neben anderen - zwei Kriterien bei fast allen Autoren genannt werden (vgl. Pinkenburg 1980, S. 101):

- eine definierte Zielsetzung und
- eine Zeitbegrenzung (insbesondere ein definiertes Ende).

Mit dem Ziel einer Synthese der institutionellen Aspekte und der Projektaufgaben unterscheidet Pinkenburg definitorische Merkmale im Sinne einer "conditio sine qua non" und prägende Merkmale, die "je nach Konstellation und Durchsetzungskraft dem Projekt jeweils individuelle Prägung ... geben." (Pinkenburg 1980, S. 107).

Zu den definitorischen Merkmalen zählt Pinkenburg (1980, S. 107 ff.)

- eine definierte Zielsetzung als Teil der Aufgabenstellung,
- eine außergewöhnliche Aufgabe, auf die die vorhandene Organisationsform des Unternehmens nicht ausgerichtet ist,
- ein definierter Anfang und ein definiertes Ende,
- hinsichtlich Art, Menge und Zeitraum begrenzte Ressourcen und
- eine Institutionalisierung, d.h. eine Ausbildung eines bestimmten Organisationskonzepts.

Prägende Merkmale von Projekten sind (vgl. Pinkenburg 1980, S. 114 ff.).

- deren Komplexität,
- deren Bedeutung im Hinblick auf die Unternehmensziele,
- das damit verbundene Risiko,
- deren Umfang,
- der damit verbundene Innovationssprung und
- deren Schwierigkeitsgrad.

Die Verbreitung und die Verwendung des Projektbegriffs für Entwicklungsvorhaben von AWS in der Praxis wurde zunächst durch die Frage untersucht: "Wird im organisatorischen Rahmen von Projekten gearbeitet oder gibt es Alternativen?". Dazu gaben Interviewpartner aus 33 Unternehmen an, in Form von Projekten zu arbeiten. In den drei restlichen Unternehmen wurden Synonyme angetroffen und zwar zweimal "Aufträge" und in einem EDV-Dienstleistungsunternehmen "Studien".

Von den 33 Unternehmen, die den Projektbegriff verwenden, nannten 10 als Projekten untergeordnete Begriffe "Aufgaben", "Anträge", "Programme" bzw. "Vorhaben". Davon wurden Projekte fast ausschließlich durch die Angabe eines notwendigen Arbeitsaufwandes (in Mannjahren (MJ) oder Mannmonaten (MM)) abgegrenzt. Damit ist kein definitorisches, sondern das prägende Merkmal Umfang für die Verwendung des Projektbegriffs ausschlaggebend .Daraus kann geschlossen werden, daß die zuvor als definitorisch eingestuften Merkmale, allen voran eine definierte Zielsetzung, ein definierter Anfang und ein definiertes Ende als selbstverständlich vorausgesetzt und keine Abgrenzung gegenüber den Aufgaben, Vorhaben, etc. darstellen. Lediglich in zwei Unternehmen treten institutionelle Aspekte in den Vordergrund, indem von einem Projekt erst bei vorhandener Arbeitsteilung zwischen mehreren Mitarbeitern bzw. bei Realisierung außerhalb der Linienorganisation gesprochen wird. In 13 Unternehmen werden Projekte begrifflich mit Neuentwicklung von AWS gleichgesetzt und diese inhaltlich gegenüber Wartungstätigkeiten an bestehenden AWS abgegrenzt, die dann als "Wartungsaufgaben" bezeichnet werden. Dies erinnert an Projektdefinitionen in der Literatur, in denen die Einzigartigkeit einer zu realisierenden Aufgabe gefordert wird (vgl. etwa Dullien 1972, S. 21; Dreger 1975, S. 2; Rüsberg 1976, S. 20). Die Wartung der AWS wird dann als eine permanente Aufgabe begriffen.

Demnach ist der Projektbegriff zur Kennzeichnung der Organisationsform für die Realisierung von AWS in der Praxis allgemein gebräuchlich, die konkrete Verwendung des Begriffs ist jedoch stark unternehmensindividuell geprägt und von dem Zweck geleitet, der mit der Begriffsgebung verbunden wird. Denn sinnvoll ist eine Unterscheidung etwa in Projekte und Aufgaben nur dann, wenn dies konkrete Konsequenzen in der organisatorischen Handhabung zur Folge hat. So hat die Deklaration als Projekt bestimmte Regelungen zur Folge, etwa die Notwendigkeit einer Genehmigung außerhalb der EDV-Abteilung, einer Wirtschaftlichkeitsanalyse, bestimmte Berichtswege und Formen einzuhalten, spezielle aufbauorganisatorische Unterstellungen vorzunehmen, etc.

Da der Projektbegriff in den Unternehmen an einen gewissen Aufwand gebunden ist, wurde untersucht, ab welchem Aufwand der Projektbegriff überhaupt verwendet wird und wann Projekte mit dem Attribut "groß" versehen werden. Berücksichtigt wird aus Vergleichbarkeitsgründen zwischen den Unternehmen allerdings lediglich der Aufwand in der EDV-Abteilung, nicht jedoch der von Anwendern in den Fachbereichen geleistete Aufwand, der häufig wohl in der gleichen Größenordnung liegen dürfte.

Als EDV-Projekte (einschließlich der drei Unternehmen mit synonymen Begriffen, einmal keine Angabe) werden bezeichnet:

- in 3 Unternehmen (9%) jegliche Systementwicklungsvorhaben unabhängig vom Aufwand,
- in 9 Unternehmen (26%) Systementwicklungsvorhaben, deren Aufwand über einem Mann-Tag (MT) bis über 1 MM liegt,
- in 9 Unternehmen (26%) Vorhaben mit einem Aufwand über 1 MM bis über 3 MM,
- in 6 Unternehmen (18%) Vorhaben mit einem Aufwand über 6 MM und
- in 7 Unternehmen (21%) Vorhaben mit einem Aufwand über 1 MJ.

Der Median liegt bei 1 MM.

Deutlich wird daraus eine relativ große Schwankungsbreite. Vergegenwärtigt man sich definitorischen Merkmale von Projekten bei Pinkenburg (1980, S. 107 ff.), so ist es sicherlich nicht gerechtfertigt, Vorhaben mit einem Aufwand unter 6 MM als Projekte zu bezeichnen, da es sich zumindest für die EDV-Abteilung in aller Regel nicht um außergewöhnliche Aufgaben handelt und die prägenden Merkmale kaum zum Tragen kommen. Trotzdem kann es zur Vereinheitlichung der organisatorischen Regelungen für die Durchführung von Systementwicklungsvorhaben und zur Verhinderung von Umgehungsmöglichkeiten dieser Regelungen sinnvoll sein, den Projektbegriff auch auf weniger aufwendige Vorhaben auszudehnen. Notwendig für eine geregelte Entwicklung von AWS ist lediglich eine explizite Definition im Unternehmen, um daran bestimmte Regelungen anknüpfen zu können.

Um eine Vorstellung von dem mit EDV-Projekten verbundenen Aufwand zu erhalten, wurde erhoben, ab welchem Aufwand von großen EDV-Projekten in den Unternehmen gesprochen wird. Große EDV-Projekte haben danach in

- 5 Unternehmen (14%) einen Aufwand über 1 MJ,
- 11 Unternehmen (31%) einen Aufwand über 1 MJ bis über 5 MJ,
- 8 Unternehmen (22%) einen Aufwand über 5 MJ bis über 10 MJ,
- 8 Unternehmen (22%) einen Aufwand über 10 MJ bis über 20 MJ und
- 4 Unternehmen (11%) einen Aufwand über 20 MJ.

Der Median liegt bei 5 MJ.

Damit ist zwar eine Überschneidung festzustellen zwischen dem Aufwand, ab dem in einigen Unternehmen überhaupt erst von Projekten gesprochen wird, und dem Aufwand, der in anderen Unternehmen schon rechtfertigt, von großen Projekten zu sprechen. Es besteht aber trotzdem grundsätzliche Übereinstimmung in der Unterscheidung hinsichtlich der Größenordnungen. Als Richtschnur kann dienen, daß spätestens bei einem Aufwand von 1 MJ der Projektbegriff bei der Entwicklung von AWS Anwendung findet und große Projekte meist mehr als 1 MJ Aufwand aufweisen. Charakteristische Merkgrößen liefern die Mediane von 1 MM und 5 MJ. Jenkins, Naumann, Wetherbe (1984, S. 75) ermittelten anhand von 72 AWS aus 23 Unternehmen der USA, daß Projekte über etwa 3,5 MJ als "groß" eingestuft werden. Demnach liegt wohl ein gleiches Verständnis in dem Projektbegriff zwischen den USA und der Bundesrepublik vor.

4.7.2.2 Kriterien zur Auswahl und Reihung von EDV-Projekten

Vor dem Hintergrund des Projektbegriffs der Praxis können nun die Kriterien untersucht werden, mit deren Hilfe EDV-Projekte ausgewählt und in eine Reihung gebracht werden. Dabei interessiert vor allem, welche Bedeutung der Wirtschaftlichkeit eines AWS (vgl. auch Abschnitt 5.3) im Vergleich mit den anderen Kriterien zukommt.

Die Kriterien zur Auswahl und Reihung von EDV-Projekten wurden durch eine geschlossene Frage erfragt, indem die Frage zunächst offen gestellt und bei Nichterwähnung einzelner Antwortkategorien nachgefragt wurde, ob diese Kriterien eine Rolle spielen würden. Nachgefragte Kriterien waren die Wirtschaftlichkeit, der Rang des Auftraggebers, Präferenzen der EDV-Abteilung und die Dringlichkeit, wobei expliziert werden sollte, worin diese bestehe. Gefordert war weiterhin eine Prioritätenvergabe zwischen den Kriterien.

Die Ergebnisse der Befragung sind in Tab. 4-29 dokumentiert. Die am häufigsten genannten Kriterien sind die Wirtschaftlichkeit der AWS hauptsächlich unter Betrachtung des quantifizierbaren Nutzens, Wünsche der Unternehmensführung sowie Dringlichkeit aufgrund gesetzlicher Notwendigkeiten.

Bei der Wirtschaftlichkeit kann der von den AWS gestiftete Nutzen in den quantifizierbaren Nutzen und nicht quantifizierbaren Nutzen unterschieden werden. Für die Auswahl und Reihung der Projekte ist der nicht quantifizierbare Nutzen von geringerer Bedeutung. Die Dringlichkeit eines EDV-Projekts erwächst meist aus gesetzlichen Notwendigkeiten, teilweise auch aus betrieblichen Zwängen wie etwa einem drohenden Betriebsstillstand, Inbetriebnahmen oder Schließungen von Produktionsanlagen oder sonstiger fester Termine.

Deutlich erste Priorität genießt die Dringlichkeit aufgrund gesetzlicher Notwendigkeiten, d.h. zunächst müssen die Projekte durchgeführt werden, wo durch neue oder geänderte Gesetze oder Verordnungen ein Handlungsbedarf besteht. Eine weitere Reihenfolge in den Prioritäten läßt sich aus der Summe der Antworten kaum ablesen.

Kriterien	Prioritäten I	II	III	IV	V	ohne	Unternehmen Anzahl	%
Wirtschaftlichkeit							25	76
- nur quantifizierbarer Nutzen	2	9	3	4	-	5	23	70
- auch nicht quantifizierbarer Nutzen	-	-	2	1	1	2	6	18
Dringlichkeit wegen							17	52
- gesetzlicher Notwendigkeit	14	1	1	-	-	-	16	48
- betrieblicher Notwendigkeit	1	2	2	-	-	-	5	15
- fester Termine	-	-	-	-	-	1	1	3
Übereinstimmung mit den Unternehmenszielen	1	1	2	-	1	1	6	18
Wünsche der Unternehmensführung	4	5	4	-	1	3	17	52
Rang des Auftraggebers (außer Unternehmensführung)	1	2	-	1	-	2	6	18
Präferenzen der EDV-Abteilung	-	2	2	2	1	-	8	24
Sonstige:								
- Rationalisierungsprojekte	-	-	-	-	1	-	1	
- Systemverbesserungen	-	-	-	-	1	1	2	
- Realisierungsdauer	-	-	-	-	1	-	1	
- Zukunftstüchtigkeit	-	-	-	-	-	2	2	
- verschobene Projekte	-	1	-	-	-	-	1	
- Imagewirkung für EDV-Abteilung	-	-	-	-	-	1	1	
- Auftragseingang	1	-	-	-	-	1	2	

n = 33

Tab. 4-29: Kriterien und deren Priorität zur Auswahl und Reihung von EDV-Projekten

Gerade vor dem Hintergrund der bereits geführten Diskussion über die strategische Ausrichtung der EDV-Funktion ist die in 6 Unternehmen als Kriterium erwähnte Übereinstimmung der Ziele des Projekts mit den Zielen des Unternehmens zu beachten. In der Berücksichtigung der Wünsche der Unternehmensführung drückt sich ebenfalls eine Ausrichtung der EDV-Funktion an den Strategien und Zielen des Unternehmens aus.

Die EDV-Abteilung hat nach eigener Aussage keinen oder nur geringen Einfluß auf die Auswahl und Reihenfolge der Projekte. Dieser Tendenz ist im Sinne des Dienstleistungscharakters der EDV-Abteilung und der Auswahl der Projekte unter primär betrieblichen und sekundär EDV-technischen Notwendigkeiten nur zuzustimmen.

Neben diesen insgesamt eher formalen Kriterien wurde von Interviewpartnern aus 7 Unternehmen auf übergeordnete informelle Kriterien hingewiesen. Auch in den bereits genannten Kriterien sind der Rang des Auftraggebers, Wünsche der EDV-Abteilung und der Unternehmensführung schon informeller Natur. In den 7 Unternehmen wurde jedoch viel stärker noch vorgetragen, die Auswahl und Reihung sei ein Verhandlungsprozeß, in dem das unternehmenspolitische Gewicht des Auftraggebers, die Stärke des einzelnen Fachbereichs und die Argumentationsfähigkeit mit den formalen Kriterien eine größere Bedeutung habe, als die Aussagekraft des Kriteriums selbst. Diese Machtfrage im Verhandlungsprozeß kann wohl am besten durch Aussagen der Interviewpartner plastisch veranschaulicht werden, die etwa lauten 'wer am lautesten schreit' oder 'wer die beste Mannschaft im Rücken hat, die die Leichen im Keller der anderen kennt', dessen Projekte werden zuerst realisiert.

Um diese primär an Macht orientierte Reihenfolge in der Realisierung der EDV-Projekte abzuwenden, ist es von großer Bedeutung, sich z.B. im EDV-Ausschuß auf bekannte Regeln der Prioritätenvergabe zu verständigen. Diese könnte etwa folgende Form haben:

Voraussetzung für die Aufnahme in die Liste der Projekte, die in der nächsten Periode durchgeführt bzw. in Angriff genommen werden sollen, ist ein vom Fachbereich oder der EDV-Abteilung (im Fall eines selbst genutzten Systems) gestellter Projektantrag, der mit einer nach vorgegebenen Standards erstellten Wirtschaftlichkeitsanalyse versehen ist. Sind die Risiken noch zu groß und die Realisierungsform und damit Nutzen und Kosten noch nicht zu ermitteln, ist ein Antrag auf eine Voruntersuchung mit geringeren Formvorschriften zu stellen. Für die Reihung der Projekte sind ausschließlich allgemein bekannte, fest vereinbarte Kriterien heranzuziehen. Als Priorität zwischen den Kriterien wird vorgeschlagen:

1. Gesetzliche Notwendigkeiten
2. Betriebliche Notwendigkeiten
3. Wirtschaftlichkeit ausschließlich unter Beachtung des quantifizierbaren Nutzens

Eine Liste mit einer vorläufigen Reihung der Projekte, die auch inhaltliche Abhängigkeiten der AWS berücksichtigt, wird mit dem geschätzten Realisierungsaufwand in MJ und der Anzahl der benötigten Mitarbeiter in dem EDV-Ausschuß zur Klärung und Veränderung der Reihenfolge eingebracht. Vorher kann jeder Fachbereich und/oder jede Sparte für sich schon eine Prioritätenfestlegung für die Projekte ihres jeweiligen Zuständigkeitsbereichs vornehmen. In dem EDV-Ausschuß sind dann der immaterielle Nutzen und die sich aus den Unternehmenszielen und den verfolgten Strategien ergebenden Notwendigkeiten zu begründen. Mit Hilfe von nutzwertanalytischen Verfahren und möglichst unter Hinzuziehung eines externen Moderators sollte in dem EDV-Ausschuß eine Reihung herbeigeführt werden, die dann von der Unternehmensführung nach evtl. nochmaliger Änderung verbindlich verabschiedet wird. Mit der Trennung in formale Kriterien und unternehmenspolitischen Verhandlungsprozeß wird das Ziel verfolgt, eine größere Transparenz des Auswahl- und Reihungsprozesses herzustellen.

Projekte, die aus Kapazitätsgründen nicht in den Jahresplan eingestellt werden konnten, sind bei weiterhin bestehendem Bedarf im nächsten Planungszyklus mit einer aktualisierten Wirtschaftlichkeitsanalyse erneut zur Aufnahme in den Jahresplan vorzulegen.

Neben diesen in die EDV-Jahresplanung eingestellten Projekten sollte weitere Kapazität für nicht vorhersehbare Wartung sowie für ad-hoc-Aufträge bis zu einer gewissen Größenordnung freigehalten werden, um diese Kleinaufträge schnell und unbürokratisch abwickeln zu können. Damit wird sicherlich ein wirksamer Schritt zur Verbesserung des Image der EDV-Abteilung unternommen und die Zufriedenheit der Anwender erhöht. Diese Zufriedenheit führt dann zu einer reibungsloseren Zusammenarbeit zwischen EDV-Abteilung und Fachbereichen und kommt neben der EDV-Abteilung dem Gesamtunternehmen zugute.

4.7.2.3 Politiken der EDV-Abteilung zur Beschränkung von Projektgrößen

Neben den Kriterien, die zur Auswahl und Reihung von EDV-Projekten Anwendung finden, wurde das Untersuchungsinteresse darauf gelenkt, inwieweit die EDV-Abteilung Möglichkeiten hat oder wahrnimmt, EDV-Projekte in ihrer Größe zu beschränken bzw. bestimmte Größen zu präferieren. Im Ergebnis wird in 18 von 25 Unternehmen (72%, Rest keine Angabe) eine Politik zur Beschränkung der Projektgröße verfolgt.

Eine Beschränkung wird nicht wegen zu knapper Ressourcen, sondern wegen der schlechten Erfahrungen mit Großprojekten der Vergangenheit betrieben. Durch eine zu große Komplexität, eine zu lange Realisierungsdauer und zu viele Beteiligte am Projekt sind Schwierigkeiten zu verzeichnen gewesen. Daher soll das Projekt überschaubar gehalten werden und damit eine bessere Planung und Kontrolle gefördert werden. Es soll ein "Tunneleffekt" vermieden werden, womit ausgedrückt wird, daß nach Aufnahme der Anforderungen an das neue AWS und Beginn der Systementwicklung bis zur organisatorischen Implementierung eine zu lange Zeitspanne vergeht, in der sich die Umwelt so stark geändert hat, daß das AWS nur noch nach weiterer Anpassung eingesetzt werden kann oder sogar schon obsolet geworden ist.

Die konkret angegebenen Beschränkungen beziehen sich auf die Projektdauer, die Größe des zur Realisierung eingesetzten Projektteams sowie den Aufwand im MJ.

- In 5 Unternehmen wurde eine Projektdauer von 2 Jahren als maximale Grenze genannt, in 4 Unternehmen sogar nur 1 Jahr.
- Um den Koordinationsbedarf zwischen den Teammitarbeitern zu begrenzen, wird in 5 Unternehmen eine Begrenzung auf 3, 5, 7 bzw. 8 Teammitarbeiter angestrebt (vgl. Abschnitt 6.1).
- Der Aufwand sollte möglichst nicht über 2 MJ (1 Nennung), 5 MJ (2 Nennungen), 10 MJ (4 Nennungen) oder 20 MJ (1 Nennung) hinausgehen.

4.7.2.4 Zeitaufwand für die Wartung bestehender Anwendungssysteme

Der Zeitaufwand und damit auch die Kosten für die Wartung bestehender AWS haben in den vergangenen Jahren einen immer größer werdenden Anteil an dem Budget der EDV-Abteilung eingenommen und engen die Kapazität für die Entwicklung neuer AWS dadurch entscheidend ein. Diese Entwicklung ist eindrucksvoll von Boehm (1976) dargestellt worden (vgl. Abb. 4-11), auch wenn die Darstellung nicht auf exakter empirischer Basis beruht und nicht einfach auf die Unternehmen der Bundesrepublik Deutschland übertragbar ist (vgl. Stahlknecht 1980, S. 138).

Obwohl Canning (1972) bereits auf die Wartungsproblematik mit seiner Darstellung als Wartungseisberg aufmerksam machte, sind umfassende Veröffentlichungen, die sich ausführlich mit allen Problembereichen der Wartung befassen und Lösungsansätze bieten, erst jüngeren Datums und kommen vorwiegend aus den USA (siehe vor allem Lientz, Swanson 1980; Parikh 1980; Glass, Noiseux 1981; McClure 1981).

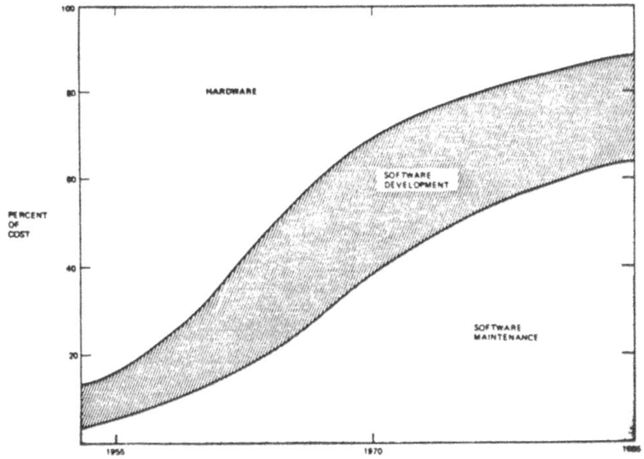

Abb. 4-11: Hardware-Software-Kostentrends (Boehm 1976, S.1227)

Eine Verringerung der Belastung durch Wartung wird hauptsächlich in einer verbesserten Qualität der neu entwickelten AWS, einer besseren Planung und Kontrolle sowie einer auf die Wartungsprobleme abgestimmten Organisation gesehen (vgl. etwa Canning 1972, S. 8 ff.; Glass, Noiseux 1981, S. 49 ff.; Brun 1981, S. 137 f.).

Von Bedeutung ist an dieser Stelle jedoch die Begrenzung der Personalkapazität für Neuentwicklungen durch die Wartung bestehender AWS und die Auswirkungen auf die EDV-Jahresplanung. Daher wird im folgenden zunächst eine Definition des Wartungsbegriffs vorgenommen und die Verbreitung unterschiedlicher Begriffe in der Erhebung vorgestellt. Anschließend wird untersucht, welcher Anteil an der Systementwicklungskapazität in den einbezogenen Unternehmen für Wartung aufgewendet wird. Abschließend wird das Alter der in den Unternehmen vorhandenen und zur Wartung prinzipiell anstehenden Programme aufgezeigt.

Unter Wartung sollen all jene Tätigkeiten verstanden werden, "die nach Einführung eines Systems dessen Verfügbarkeit erhöhen oder Lebensdauer verlängern" (Brun 1981, S. 135). Dabei hat sich in der Literatur die Einteilung der Wartung (engl. maintenance) von Swanson (1976, S. 492 ff.) durchgesetzt in:

- "corrective maintenance", bei der es sich um die eigentliche Notfallwartung handelt, d.h. um die Korrekturen zunächst unerkannter Fehler im Programmablauf, bei der Dateneingabe und im Operating,

- "adaptive maintenance", d.h. Anpassung der Verarbeitungsregeln und Daten an eine veränderte Umwelt,
- "perfective maintenance", d.h. eine Verbesserung des Leistungsumfangs und der Leistungsqualität eines AWS.

Darüber hinaus können AWS aufgrund zahlreicher Veränderungen und Erweiterungen unübersichtlich werden, so daß es nützlich sein kann, das AWS in einem Redesign-Prozeß zu überarbeiten. Gleichzeitig werden viele kleine Änderungsaufträge der Fachbereiche, die nicht sofort ausgeführt worden sind, zusammen mit weiteren Änderungen (Release-Technik, vgl. Abel et al. 1980, S. 120) berücksichtigt.

Bedeutsam ist diese Unterteilung hinsichtlich der Prognostizierbarkeit und damit der Planbarkeit der Wartung. Wartung im Rahmen der "corrective maintenance" ist sicherlich nicht exakt vorhersehbar. Soweit es sich z.B. nicht um schon seit längerer Zeit bekannte Gesetzesänderungen handelt, ist die "adaptive maintenance" wohl nicht in allen Fällen schon ein Jahr vorher planbar. Dagegen sind "perfective maintenance" und Redesign-Prozesse sicherlich in die EDV-Jahresplanung mit aufnehmbar.

Aus der empirischen Studie von Lientz und Swanson (1980, S. 68) aus den USA, die auf 487 EDV-Abteilungen basiert, ist jedoch bekannt, daß etwas über 20% der Wartung auf "corrective", knapp 25% auf "adaptive" und über 50% auf "perfective maintenance" entfallen, wobei 42% des Wartungsaufwands durch Erweiterungen der AWS aufgrund von Anforderungen der Fachbereiche bewirkt werden. Insgesamt ermittelten Lientz und Swanson (1980, S. 24) im Durchschnitt einen Wartungsanteil von knapp 50 Prozent.

Diese Prozentsätze geben damit erste Anhaltspunkte, welche Kapazität für die "corrective" und "adaptive maintenance" bereitzustellen sind. Darüber hinaus ist es aber erforderlich, um zu einer besseren Planungssituation in den EDV-Abteilungen zu gelangen, auf der Basis eigener Wartungsdefinitionen unternehmensbezogene Prozentsätze zu ermitteln und diese in die EDV-Jahresplanung einfließen zu lassen.

In der eigenen Erhebung sollten die Interviewpartner die Tätigkeiten nennen, die in ihrem Unternehmen unter Wartung subsumiert werden. In der Auswertung wurden dann die genannten Begriffe der obigen Unterteilung zugeordnet. Dabei wurde so vorgegangen, daß bei einer Tätigkeit, die unter "perfective maintenance" einzuordnen ist, ein Wartungsbegriff im Unternehmen unterstellt wird, der auch "corrective" und "adaptive maintenance" umfaßt.

Im Ergebnis wird von allen 29 Unternehmen, von denen Angaben vorliegen, unter Wartung zumindest die Korrektur von Fehlern ("corrective maintenance") und die Anpassung der AWS an eine veränderte Umwelt ("adaptive maintenance") verstanden. Die Verbesserung des Leistungsumfangs und der Leistungsqualität ("perfective maintenance") ist nur noch in 12 Unternehmen eine Tätigkeit im Rahmen der Wartung. Lediglich 5 Unternehmen verstehen unter Wartung auch die umfangreiche Überarbeitung der bestehenden AWS (Redesign) (vgl. Abb. 4-12).

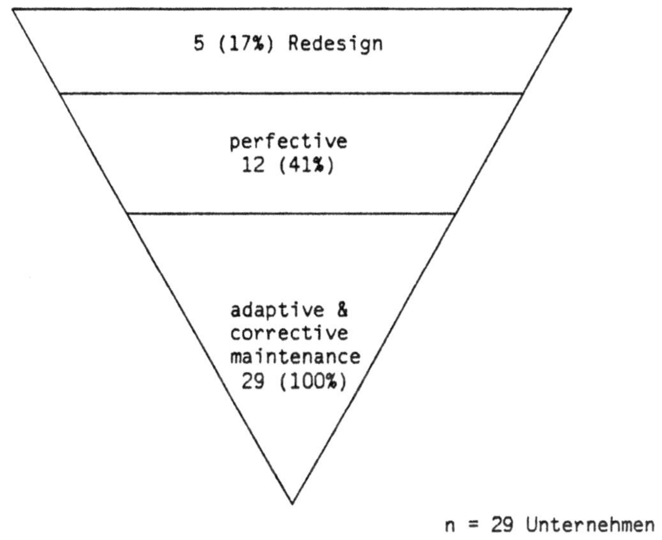

Abb. 4-12: Wartungsbegriff nach Aktivitäten

Wartungstätigkeiten werden von 4 Unternehmen zu eigenen Projekten erklärt, von 5 Unternehmen werden Wartungstätigkeiten dagegen Projekten untergeordnet und als Aufgabe oder Aufträge bezeichnet. In 2 Unternehmen wurde zugegeben, daß als Wartung auch Neuentwicklungen deklariert würden, entweder weil von den Fachbereichen ein direkter informeller Direktzugriff auf die Programmierer ausgeübt wird, der bei Wartungstätigkeiten zugelassen ist, oder weil dadurch Regelungen umgangen werden sollen. Auch Abel et al. (1980, S. 116) stellen fest, daß "zuweilen umfangreiche Änderungen an bestehenden Systemen nicht über Wartung, sondern als Neuprojekte abgerechnet" werden. "Andererseits werden Arbeiten bereits über Wartung abgerechnet, die eigentlich noch zur Neuentwicklung zu rechnen sind, und zwar dann, wenn das Entwicklungsbudget aufgebraucht ist oder aus Termingründen ein unvollständig ausgetestetes System an die Produktion übergeben wird." Die Unschärfe des Wartungsbegriffs wird auch dadurch ersichtlich, daß nach der eigenen Erhebung Wartungsaktivitäten je nach Unternehmen einen Umfang von maximal 10 Mann-Tagen (MT) bis zu 2 MJ einnehmen können.

Daraus wird deutlich, daß der Wartungsbegriff sehr uneinheitlich verwendet und höchst unterschiedlich gegenüber "Neuentwicklung" bzw. "Projekt" abgegrenzt wird. Für die einzelne EDV-Abteilung ist es deshalb zunächst wichtig, eine eigene Definition festzulegen und daran organisatorische und planungstechnische Konsequenzen anzuknüpfen:

- Wichtig ist zunächst eine Erfassung des Anteils der "corrective" und "adaptive maintenance", um dafür entsprechende Kapazitäten freizuhalten.

- Voraussehbare Anpassungen an die Umwelt, Verbesserungen des Leistungsumfangs der AWS sowie Redesign-Prozesse sind den gleichen Antrags- und Genehmigungsprozeduren wie Neuentwicklungen zu unterwerfen.

- Um eine zügigere Abwicklung kleinerer Wartungs- und Neuentwicklungstätigkeiten zu erreichen, kann es vorteilhaft sein, eine Aufwandsgrenze (z.B. 1 MM) festzulegen, bis zu der Tätigkeiten nicht explizit in den EDV-Jahresplan aufgenommen werden müssen. Jedem Fachbereich wird basierend auf Erfahrungswerten eine maximale Systementwicklungskapazität für solche Tätigkeiten zur Verfügung gestellt, die dann auch entsprechend einplanbar ist.

- Wartungstätigkeiten über z.B. 1 MM Umfang werden wie Neuentwicklungen als Projekte bezeichnet und entsprechend gehandhabt.

Nach diesen Definitionsfragen sei im folgenden nun der Zeitanteil betrachtet, der in den Unternehmen entsprechend ihrer jeweiligen Diktion für Wartung aufgewendet wurde (einmal keine Angabe):

- Der durchschnittliche Wartungsanteil an der gesamten Systementwicklungskapazität liegt bei 43%, der Median bei 45%.
- Die Schwankungsbreite reicht von minimal 10% bis maximal 70%.
- 7 Unternehmen (20%) geben einen Wartungsanteil von lediglich 10% bis 25% an,
- 10 Unternehmen (28,5%) 26% bis 40%,
- 8 Unternehmen (23%) 41% bis 55% und
- 10 Unternehmen (28,5%) sogar 56% bis 70%.

Die Vermutung, daß bei einem umfassenden Wartungsbegriff ein höherer Wartungsanteil vorliegt, hat sich dabei jedoch <u>nicht</u> bestätigt. Gründe dafür könnten in einem ungenauen Wartungsbegriff und in nicht genügend exakten Daten über den Wartungsanteil liegen.

Der ermittelte durchschnittliche Wartungsanteil von 43% liegt etwas niedriger als in anderen vergleichbaren Untersuchungen. Lientz und Swanson (1980, S. 24) hatten 48,8% erhoben und Abel et al. (1980, S. 117) basierend auf 102 deutschen Unternehmen 46%.

Lientz und Swanson (1980, S. 82) haben in ihrer Untersuchung die Abhängigkeit des Wartungsaufwands von dem Alter der bestehenden Programme statistisch nachweisen können. Das Alter der Programme wurde in der vorliegenden Erhebung ebenfalls nachgefragt. Dazu war ein Raster vorgegeben, nach dem die Interviewpartner den Prozentsatz der Programme angeben sollten, die jünger als 2 Jahre, 2 bis 6 Jahre, 6 bis 10 Jahre und älter als 10 Jahre sind. Die Altersstruktur ist in Abb. 4-13 wiedergegeben. Bei den über 10 Jahre alten Programmen handelt es sich meist um Batch-Programme etwa für die Lohn- und Gehaltsabrechnung. Aus den Angaben läßt sich ein durchschnittliches Alter der Programme von 5,7 Jahren ermitteln, bei einem Minimum von 3,75 Jahren und einem Maximum von 8,5 Jahren.

Eine Zunahme des Wartungsanteils mit dem durchschnittlichen Alter der Programme konnte anhand des erhobenen Datenmaterials jedoch nicht festgestellt werden. Dies scheint auch entgegen den Ergebnissen von Lientz und Swanson (1980, S. 82) plausibel. Wie Stearns (1980, S. 147) anhand der Lebenszykluskurve einzelner AWS aufzeigt, steigen die Wartungsaktivitäten nach Übergabe des AWS aus der Entwicklung in den Betrieb steil an, da eine Reihe von Fehlern entdeckt und korrigiert werden müssen. Anschließend sinken die Wartungsaktivitäten auf etwa

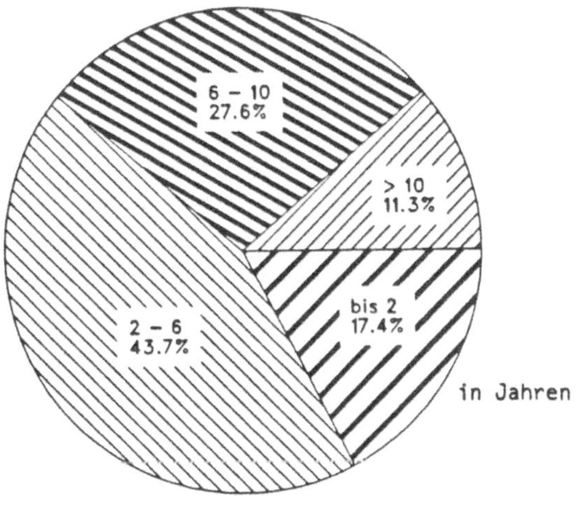

Abb. 4-13: Altersstruktur der bestehenden Programme

die Hälfte zurück, um dann wieder langsam aber stetig mit Zunahme des Alters des AWS zuzunehmen. Summiert man eine Reihe dieser Kurven zeitversetzt, so ergibt sich ein konstanter Wartungsanteil und in einer Querschnittbetrachtung über alle AWS ist daher keine Zunahme des Wartungsanteils mit dem Alter der Programme feststellbar.

4.7.2.5 Aufgabenzuordnung auf Mitarbeiter

Hinsichtlich der EDV-Jahresplanung sei nun noch abschließend verdeutlicht, wieviele Aufgaben - seien es Neuentwicklungen oder Wartungsaktivitäten, Projekte oder Aufgaben - einzelnen Mitarbeitern in der Systementwicklung zugeordnet werden. Schwierigkeiten entstehen regelmäßig dadurch, daß die einzelnen Aufgaben gegenseitig konkurrieren. So kann es zwar durchaus sinnvoll sein, mehrere Aufgaben parallel wahrzunehmen, um Wartezeiten an einzelnen Aufgaben zu überbrücken, meist ist jedoch eine gegenseitige Beeinträchtigung zu erwarten. Dies kann dann in Neuentwicklungsprojekten zu Terminverschiebungen führen, falls Wartungsaufgaben parallel in größerem Umfang wahrzunehmen sind. Die Forderung besteht daher, zumindest bei größeren Neuentwicklungsprojekten die Mitarbeiter von weiteren Aufgaben freizustellen. So betont Wedekind (1976, S. 22 f.), daß die "Vermischung von Routinearbeit und Entwicklungsarbeit nicht mehr zu kontrollieren ist. Ebenfalls sinkt die Arbeitsproduktivität der Mitarbeiter erheblich, da das dauernde Umschalten von Routinearbeit auf Entwicklungsarbeit und umgekehrt unproduktive Anlaufzeiten in Anspruch nimmt. Die Mitarbeiter müssen ständig die Prioritäten ändern und können so bei einem Nichtgelingen ihrer Arbeit gerechtfertigte Argumente vorbringen". Andererseits verfügen die für Neuentwicklungen eingesetzten Mitarbeiter häufig als einzige über das zur Wartung notwendige Wissen über die bestehenden AWS, so daß nur diese Mitarbeiter schnelle Änderungen vornehmen können.

Die empirischen Ergebnisse zeigen, daß lediglich in 8 Unternehmen (24%) das Prinzip verfolgt wird, Mitarbeitern neben den Projekten keine weiteren Aufgaben zuzuordnen (vgl. Tab. 4-30). In 21 Unternehmen (64%) sind Mitarbeiter immerhin nur einem einzigen <u>Projekt</u> zugeordnet. In den restlichen 12 (36%) Unternehmen arbeiten Mitarbeiter an <u>mehreren</u> Projekten gleichzeitig mit. Bei diesen Projekten kann es sich allerdings auch entsprechend der Projektdefinition der Unternehmen um größere Wartungsaufgaben handeln. Bedenklich stimmt das aus der Erhebung ablesbare Ergebnis, daß in 13 Unternehmen (40%) Mitarbeiter sich mit vier oder mehr Aufgaben parallel befassen müssen.

gleichzeitig durchzuführende Aufgaben	1	2	3	über 3	Summe
Summe	8 (24 %)	5 (15 %)	7 (21 %)	13 (40 %)	33 (100 %)

PROJEKTE	Wartungsaufgaben: keine	1	2	über 2	Summe
1	8 (24 %)	3 (9 %)	3 (9 %)	7 (22 %)	21 (64 %)
2	2 (6 %)	-	-	4 (12 %)	6 (18 %)
3	4 (12 %)	-	-	1 (3 %)	5 (15 %)
über 3	1 (3 %)	-	-	-	1 (3 %)

Tab. 4-30: Aufgabenzuordnung auf Mitarbeiter in der Systementwicklung

Hier scheint dringend eine Abhilfe notwendig, indem basierend auf einer Objektgliederung der Systementwicklungsabteilung nach Anwendungsgebieten (vgl. Abschnitt 4.3) den einzelnen Systementwicklungsgruppen Projekte zugeordnet werden und daneben einige weitere Mitarbeiter dieser Gruppen rollierend sowohl für die Wartung als auch die Entwicklung kleinerer neuer AWS zuständig sind.

4.7.3 EDV-Budgetierung

Unter dem EDV-Budget wird nun die wertmäßige Umsetzung des zuvor behandelten EDV-Jahresplans verstanden, das der EDV-Abteilung für eine festgelegte Zeitperiode - in der Regel ein Jahr - mit einem gewissen Grad an Verbindlichkeit auferlegt ist (zur Definition des Budgetbegriffs vgl. Horvath, Dambrowski, Posselt 1984; Horvath et al. 1984, S. 5). Voraussetzung für das Budget, wie es hier verstanden wird, ist also eine Planung.

Funktionen der Budgetierung sind nach Zünd (1973, S. 137):

- die Bewilligung, indem die finanziellen Kompetenzen einzelner Instanzen geregelt werden,
- die Prognose, indem eine Vorschau auf das zukünftige Unternehmensgeschehen gegeben wird,
- die Koordination, indem durch horizontale Abstimmung der Teilbudgets eine Allokation der Ressourcen mit dem Ziel der bestmöglichen Erreichung der Unternehmensziele vorgenommen wird,
- die Motivation, indem durch Leistungsmessung und -bewertung Maßstäbe gesetzt werden, die das Verhalten der Verantwortungsträger beeinflussen.

Besonders relevant im Hinblick auf die EDV-Budgetierung erscheinen die Sicherstellung einer Planung, die Möglichkeit einer Kontrolle der EDV-Abteilung zumindest hinsichtlich der Kosten sowie die Koordination mit den Fachbereichen.

Erhoben wurden in der Untersuchung die Verbreitung und Ausgestaltung von EDV-Budgets (Abschnitt 4.7.3.1) sowie Merkmale der Budgetkontrolle (Abschnitt 4.7.3.2).

4.7.3.1 Verbreitung und Ausgestaltung von EDV-Budgets

Das Interesse der Erhebung hinsichtlich der EDV-Budgets konzentrierte sich zunächst auf die Frage, wie verbreitet EDV-Budgets sind. Daneben wurde in Erfahrung gebracht, inwieweit das Budget der EDV-Abteilung weiter in Teilbudgets unterteilt ist und welche Budgetierungsmethoden zum Einsatz kommen.

Global gilt zunächst erst einmal festzustellen, daß EDV-Budgets in 32 der 36 Unternehmen (89%) erstellt werden. Von den restlichen vier Unternehmen werden in einem Unternehmen lediglich unverbindliche Planzahlen, in einem weiteren projektbezogene Budgets erstellt, wobei die Kosten für die Leitung und Verwaltung der EDV-Abteilung in das Gemeinkostenbudget eingehen, und in zwei Unternehmen werden keinerlei Budgetzahlen gebildet. Gemeinsam ist allen vier Unternehmen, daß sie auch keinen EDV-Rahmenplan, jedoch einen EDV-Jahresplan aufstellen, der dann aber nicht in Form eines EDV-Budgets quantifiziert und festgeschrieben wird. Bezeichnenderweise sind alle vier EDV-Abteilungen nicht im Bereich Finanz- und Rechnungswesen eingegliedert.

Eine vergleichbar hohe Verbreitung von EDV-Budgets mit 87% sind ebenfalls in der Erhebung von Horvath, Dambrowski und Posselt (1984. S. 16; Horvath et al. 1984, S. 13) festgestellt worden.

Eine Unterteilung des EDV-Budgets nach einzelnen untergeordneten Abteilungen wie z.B. Systementwicklung, Rechenzentrum wird (fünfmal keine Angabe)

- in 23 der Unternehmen (85%) vorgenommen,
- in 4 der Unternehmen (15%) dagegen nicht.

Drei der vier Unternehmen ohne eine weitere Unterteilung des EDV-Budgets haben eine Mitarbeiterzahl unter 150 und zählen in der Stichprobe damit zu den kleinen und mittleren EDV-Abteilungen.

Die Höhe des Budgets ist in zwei Unternehmen an den Umsatz des Unternehmens gekoppelt. In einem dieser Unternehmen besteht das EDV-Budget aus einem zu 60% fixen und einem zu 40% variablen vom Umsatz abhängigen Anteil. Diese Kopplung wird von den EDV-Verantwortlichen stark abgelehnt, da gerade in Krisenzeiten die Fachbereiche für Rationalisierungsprojekte zu gewinnen seien, dann aber die Ressourcen fehlen. Die Kopplung stellt aber andererseits ein einfaches Instrumentarium dar, die Gemeinkosten des Unternehmens im Fall eines Umsatzrückgangs einzuschränken.

In einem EDV-Dienstleistungsunternehmen wird das Budget mit Hilfe der Technik des "Zero-Base-Budgeting" (ZBB) erstellt. Diese in den 60er Jahren bei der Firma Texas Instruments maßgeblich von Pyhrr (1970) entwickelte Technik hat zum Ziel, die traditionelle Vorgehensweise bei der Budgetierung zu überwinden, bei der auf der Basis des letztjährigen Budgets lediglich eine Extrapolation sowie eine Berücksichtigung der Inflation und zusätzlicher Maßnahmenprogramme erfolgt (vgl. Cheek 1977, S. 2 f.). Grundgedanke des ZBB ist dagegen, sämtliche Budgetzahlen von Grund auf (zero base) in Frage zu stellen und zu rechtfertigen (vgl. etwa Cheek 1977).

Das Anwendungsgebiet des ZBB liegt vor allem im Bereich der Gemeinkosten (vgl. Pyhrr 1970, S. 111). Wetherbe und Dickson (1979) empfehlen einen Einsatz in der EDV-Abteilung und ausdrücklich in der Systementwicklung einschließlich der Wartung. Dazu werden anhand von Projektanträgen alle zur Realisierung oder Wartung anstehenden AWS identifiziert und falls angebracht nochmals in Realisierungsstufen unterteilt. Die einzelnen Anträge werden entsprechend ihrer etwa in einem EDV-Ausschuß ermittelten Prioritäten in eine Rangordnung gebracht und die kumulativen Kosten dagegen gehalten. In Abstufung der Prioritäten können dann bestimmte Leistungsniveaus unter Angabe der zur Erfüllung notwendigen Ressourcen in Form des Budgets definiert werden. Deutlich wird hieraus, daß das ZBB nicht nur eine Budgetierungs- sondern auch eine Planungstechnik für die EDV-Jahresplanung darstellt.

Nach Angabe des EDV-Dienstleistungsunternehmens werden der Unternehmensführung diese Leistungsniveaus zur Entscheidung vorgelegt und diese legt dann nach geschäftspolitischen Grundsätzen und Zielen jeweils Leistungsniveaus und damit Budgets fest. Mit dem ZBB werde der zuvor bestehender Zustand vermieden, wonach die Budgets zwar gekürzt werden, die durchzuführenden Projekte aber die gleichen bleiben. Früher habe man sich zur Termineinhaltung damit beholfen, Ressourcen aus anderen Projekten abzuziehen, mit dem Resultat, daß diese Projekte in Terminnot geraten seien und kein Projekt termingerecht abgewickelt werden konnte.

Wetherbe und Dickson (1979, S. 207) sehen in dem ZBB eine Alternative zu der innerbetrieblichen Verrechnung der EDV-Leistungen (vgl. Abschnitt 4.7.4), die ebenfalls als ein Instrument eingesetzt wird, um eine Eskalation des EDV-Budgets zu vermeiden. Auch wenn der strenge Prozeßablauf des ZBB nicht ausnahmslos empfohlen werden kann (zur Kritik vgl. etwa Marx 1979, S. 235 ff.), so ist doch das Prinzip als positiv zu würdigen, unterschiedliche Leistungsniveaus für das EDV-Budget festzulegen.

4.7.3.2 Kontrolle der EDV-Budgets

Im Vordergrund der Betrachtung stand bisher das EDV-Budget in seiner Planungs-, Koordinations- und Leistungsvorgabefunktion. Daneben erfüllt das EDV-Budget eine Kontrollfunktion, die darin besteht, daß durch einen Soll-Ist-Vergleich Abweichungen identifiziert und korrektive Maßnahmen eingeleitet werden können.

Untersucht wird daher, von wem die Kontrolle des EDV-Budgets vorgenommen wird, in welcher Häufigkeit dies erfolgt und welche Konsequenzen Abweichungen zur Folge haben.

Angaben zur Budgetkontrolle durchführenden Instanz liegen von 28 der 32 Unternehmen, die ein EDV-Budget erstellen, vor. Die Antworten verteilen sich recht gleichmäßig auf die folgenden Instanzen:

- den Vorgesetzten des EDV-Leiters (einschließlich Unternehmensführung) (8 Unternehmen, 28%),
- den EDV-Leiter (10 Unternehmen, 36%),
- eine Abteilung außerhalb der EDV-Abteilung (10 Unternehmen, 36%), z.B. die Abteilung Rechnungswesen, Betriebswirtschaft, kaufmännische Verwaltung, Controlling.

Bedenklich stimmt, daß demnach in 10 Unternehmen das EDV-Budget keiner externen Kontrolle unterliegt.

In zwei Drittel der Unternehmen (18 von 27, fünfmal keine Angabe) wird das EDV-Budget monatlich und in 5 Unternehmen vierteljährlich kontrolliert. Die in vier Unternehmen praktizierte halb- bzw. ganzjährliche Kontrollspanne erscheint zu hoch, da Reaktionen bei Abweichungen häufig zu spät kommen dürften.

Ein Zusammenhang ist zwischen der organisatorischen Eingliederung der EDV-Abteilung und der Häufigkeit der Budgetkontrolle erkennbar. Monatliche Kontrollen werden in 13 der 19 Unternehmen (76%, zweimal keine Angabe) mit Eingliederung im Finanz- und Rechnungswesen praktiziert. Von den 14 Unternehmen mit sonstiger Eingliederung werden in 4 überhaupt keine Budgets erstellt (vgl. Abschnitt 4.7.3.1). In den restlichen 10 Unternehmen unterliegen lediglich 3 einer monatlichen, 4 aber einer vierteljährlichen (dreimal keine Angabe) Budgetkontrolle.

Überschreitungen des EDV-Budgets haben keineswegs in allen Unternehmen direkte Konsequenzen zur Folge:

- Interviewpartner aus 7 Unternehmen geben an, daß Überschreitungen lediglich mit einer Begründung versehen sein müssen bzw. in 2 Unternehmen "heftige Vorwürfe" folgen würden, und die Budgets damit relativ flexibel sind.

- In 14 Unternehmen werden dagegen Konsequenzen genannt. Diese betreffen Budgetumschichtungen bzw. -korrekturen (4 Unternehmen), Einschränkung der Softwareentwicklung und Wartung (3), Verzicht auf Fremdleistungen (3), Verzicht auf Personaleinstellungen (2), und Verringerung der Schulung (1) sowie als letzte Konsequenz Personalentlassungen (1).

- In 6 EDV-Abteilungen sind keine Überschreitungen vorgekommen, so daß Konsequenzen nicht bekannt sind.

4.7.4 EDV-Kosten- und Leistungsverrechnung

Neben der EDV-Rahmen- und EDV-Jahresplanung sowie der EDV-Budgetierung stellt die EDV-Kosten- und Leistungsverrechnung aus der Sicht der Unternehmensführung ein Instrument dar, um einer unkontrollierten Entwicklung der EDV-Funktion im Unternehmen zu begegnen (vgl. Horvath 1979, S. 648).

Mit der Verrechnung werden die Fachbereiche mit den Kosten der EDV-Abteilung entsprechend der empfangenen Leistungen belastet. Ziele für eine sinnvolle Verrechnung sind (vgl. Kargl 1975, S. 146; siehe auch Canning 1973a, S. 5)

- die Kalkulation der EDV-Leistungen hinsichtlich der Entscheidung über Eigenfertigung oder Fremdbezug,

- die Wirtschaftlichkeitskontrolle der EDV-Abteilung, soweit diese als Profit-Center mit eigener Erfolgsverantwortung ausgestaltet ist,
- das Ermöglichen von Kostenschätzungen von EDV-Projekten im Rahmen von Wirtschaftlichkeitsanalysen,
- das Bieten von Anreizen in den Fachbereichen und in der EDV-Abteilung zur wirtschaftlichen Entwicklung der AWS und zur wirtschaftlichen Nutzung der EDV-Anlage,
- die Steuerung der Nachfrage nach EDV-Leistungen in Abhängigkeit von der Knappheit einzelner EDV-Ressourcen, d.h. Erreichung einer möglichst optimalen Ressourcenallokation im Sinne des Gesamtunternehmens.

Als Verrechnungsmethoden stehen zur Verfügung:
- die Gemeinkostenumlage nach einem Verteilungsschlüssel im Anschluß an eine Abrechnungsperiode,
- die Leistungsverrechnung über Verrechnungspreise im Sinn einer Vorkalkulation
- oder ein Mischsystem.

Um den genannten Zielen aber einigermaßen gerecht zu werden, ist die Einführung eines Verrechnungspreissystems für EDV-Leistungen unumgänglich (vgl. Poensgen 1978, S. 13). Mit der Bildung von Verrechnungspreisen ist gleichzeitig eine Verlagerung, d.h. Dezentralisierung der Planung und Kontrolle der EDV-Abteilung in die Fachbereiche verbunden, indem dort die Kosten dem Nutzen der EDV-Leistungen gegenübergestellt werden (vgl. Wetherbe, Dickson 1979, S. 205; dieser Gedanke ist auch schon bei Schmalenbach (1948) im Rahmen der pretialen Wirtschaftslenkung zu finden).

Neben dem hohen Aufwand für die Bildung der Verrechnungspreise kann als Nachteil angegeben werden, daß die Anwender in den Fachbereichen häufig nicht in der Lage sind, bestimmte, von AWS gelieferte Informationen in Verbindung zu den einzelnen Verrechnungspreisen für CPU-Zeit, Plattenbelegung, etc. zu bringen. Weiterhin können sich Schwierigkeiten bei der Nutzung des gleichen AWS durch verschiedene Fachbereiche ergeben (vgl. Wetherbe, Dickson 1979, S. 206 f.). Für eine Gemeinkostenumlage spricht allein die rechentechnische und verwaltungsorganisatorische Einfachheit (vgl. Kargl 1975, S. 150).

Erhoben wurde in der Untersuchung, ob durch eine Gemeinkostenumlage oder durch Bildung von Verrechnungspreisen verrechnet wird bzw. Mischformen bestehen. Nicht erhoben wurde dagegen, welche einzelnen Modalitäten insbesondere für den Systembetrieb Anwendung finden. Hierzu sei auf die einschlägige Literatur verwiesen (vgl. etwa Canning 1973a; Canning 1974, Mertens et al. 1978, Kanngiesser 1980 und die dort angegebene Literatur). Im Mittelpunkt der Untersuchung steht die Entwicklung von AWS. Die Verrechnungspreise werden dafür relativ unproblematisch auf der Basis von Personalstunden gebildet, die durch Arbeitszeitaufschreibung gewonnen werden. Dies wird im Zusammenhang mit der Projektkontrolle in Abschnitt 5.5.3 noch zu behandeln sein.

Darüber hinaus wurden in der Erhebung Gründe für die Verwendung einer Verrechnungsmethode und bestehende Probleme aufgenommen. Mit den erhobenen Daten können anschließend Zusammenhänge mit anderen erfaßten Merkmalen untersucht werden.

Neben den 3 EDV-Dienstleistungsunternehmen, die selbstverständlich Preise für ihre EDV-Leistungen verlangen, werden von den restlichen 33 Unternehmen als Verrechnungsmethoden eingesetzt:

- in 15 (45,5%) Gemeinkostenumlage,
- in 14 (42,5%) Verrechnungspreise,
- in 4 (12%) ein Mischsystem aus Gemeinkostenumlage und Verrechnungspreisen.

Diese Mischsysteme sind so ausgestaltet, daß 50%, 80% oder 90% der Kosten oder nur die Kosten für kaufmännische AWS über Verrechnungspreise den Fachbereichen weiterbelastet werden, der Rest aber in die Gemeinkosten des Unternehmens eingeht und nach anderen Schlüsseln verteilt wird.

Die Antworten auf die Frage nach den Gründen für die Verwendung einer Gemeinkostenumlage bzw. die Bildung von Verrechnungspreisen sowie auf die Frage nach den bestehenden Problemen spiegeln die oben aufgeführten Ziele der Verrechnung wider. Die in den Unternehmen genannten Gründe für eine Gemeinkostenumlage entsprechen dabei weitgehend den Problemen der Verrechnungspreise und umgekehrt.

Die Verwendung der Gemeinkostenumlage wird wie folgt begründet (Anzahl der Unternehmen in Klammer):

- Verrechnungspreise erfordern einen zusätzlichen Verwaltungsaufwand (3),
- sinnvolle, große AWS sollen nicht an den Kosten scheitern (2),
- die Erfassung und Abgrenzung der Kosten ist schwierig (2),
- der Nutzen von Verrechnungspreisen ist fraglich (2),
- es besteht keine ausgeprägte Kostenrechnung (1),
- die EDV-Abteilung kann unabhängiger arbeiten (1).

In Unternehmen, die mit Verrechnungspreisen arbeiten, treten als Probleme auf (Anzahl der Unternehmen in Klammer):

- Die vollständige Weiterverrechnung, indem etwa teure, aber sinnvolle Projekte verhindert werden (3),

- die Feststellung des Kostenverursachers (1),
- die EDV-Abteilung ist die einzige verrechnende Abteilung (1),
- die Verrechnung der Hardware-Nutzung auf Vollkostenbasis (1),
- Planungsprobleme dadurch, daß die Fachbereiche bestimmte Systementwickler verlangen (1).

Demgegenüber werden als Gründe für die Bildung von Verrechnungspreisen aufgeführt (Anzahl der Unternehmen in Klammer):

- Schaffung bzw. Erhöhung des Kostenbewußtseins in den Fachbereichen für EDV-Leistungen (4),
- Vermeidung von nicht sinnvollen Projekten (2).

Und ähnlich lauten die Probleme in Unternehmen mit Gemeinkostenumlage (Anzahl der Unternehmen in Klammer):

o es besteht ein ungenügendes Kostenbewußtsein der Fachbereiche (3),
o die Fachbereiche stellen nicht realisierbare Forderungen (1),
o die Fachbereiche sehen die EDV-Abteilung unkontrolliert (1).

Um das Kostenbewußtsein der Fachbereiche zu schärfen, betonen drei Unternehmen, die eine Gesamtkostenumlage einsetzen, die in der EDV-Abteilung anfallenden Kosten fachbereichsspezifisch zumindest weiterzumelden.

Eine reine Addition der genannten Gründe und Probleme läßt den Eindruck aufkommen, die Gemeinkostenumlage sei zu präferieren. Als stichhaltiges Argument gegen die Verrechnungspreise ist jedoch lediglich die Verhinderung wirtschaftlicher Projekte aufgrund zu hoher Kosten zu werten. Dieser Fall ist etwa bei der Installation eines Datenbanksystems denkbar. Eine Belastung des ersten Nutzers mit den gesamten Kosten würde selbstverständlich eine Einführung verhindern und auch eine Wirtschaftlichkeit in Frage stellen. Angebracht ist hier eine Kombination aus Verrechnungspreisen und Gemeinkostenumlage oder ein Bonus-System, indem eine Gutschrift erfolgt, wenn ein zweiter Nutzer das Datenbanksystem oder etwa auch ein AWS einsetzt. Als sinnvoll ist weiterhin ein Teilbudget der EDV-Abteilung für Eigenentwicklungen anzusehen, mit dem auch solche "Basisinvestitionen" wie ein Datenbanksystem wenigstens teilweise finanziert werden können.

Weitere Aufschlüsse über Tendenzen hinsichtlich der Verrechnungsmethoden geben die zusätzlichen genannten Veränderungswünsche bzw. -absichten. In 4 der 15 Unternehmen mit einer derzeit bestehenden Gemeinkostenumlage wird eine Veränderung in Richtung Verrechnungspreisbildung gewünscht. Dagegen wurde kein Fall bekannt, wo ein Verrechnungspreissystem aufgegeben werden soll und man sich einer Gemeinkostenumlage hinwenden will.

Wie bei kaum einem anderen erhobenen Merkmal können zwischen der Verrechnungspreismethode und anderen erhobenen Merkmalen statistisch signifikante Zusammenhänge aufgezeigt werden. Durch Interpretation dieser Zusammenhänge lassen sich direkt Gestaltungsempfehlungen für die Wahl der geeigneten Verrechnungsmethode ableiten.

Verrechnungspreise für die EDV-Leistungen werden in Unternehmen präferiert mit (vgl. Tab. 4-31):

- einer Organisationsstruktur bestehend aus Sparten- und Funktionsbereichen (Objektorganisation), im Gegensatz zu einer reinen Verrichtungsorganisation,
- einer Eingliederung der EDV-Abteilung im Fachbereich Finanz- und Rechnungswesen oder einem sonstigen Fachbereich, im Gegensatz zu einem eigenen Vorstandsbereich oder einer Eingliederung als Stab etwa bei dem Vorstandsvorsitzenden,
- vorhandener Dezentralisierung der EDV-Abteilung,
- tendenziell zwar großer, relativ zur Unternehmensgröße aber kleiner Mitarbeiterzahl in der EDV-Abteilung,
- einem großen Akademikeranteil in der EDV-Abteilung und
- einem dienenden Selbstverständnis der EDV-Abteilung.

Als Erklärung dieser Zusammenhänge können die folgenden Überlegungen herangezogen werden. In Unternehmen mit Spartenbildung sind die Entscheidungskompetenzen dezentralisiert und die einzelnen Sparten sind als eigenes Profit Center gezwungen, zum Erfolgsausweis eine innerbetriebliche Leistungsverrechnung durchzuführen. Dies trifft auch auf die EDV-Leistungen zu und wegen des Unternehmensusus sind die Widerstände gegen eine EDV-Leistungsverrechnung geringer.

In den beiden Unternehmen mit eigenem Vorstandsbereich für Datenverarbeitung und auch in vier der sieben Unternehmen mit Eingliederung der EDV-Abteilung als Stab etwa des Vorstandsvorsitzenden wird durch Gemeinkostenumlage verrechnet. Wie schon bei der Aufzählung der Gründe und Probleme einer Gemeinkostenumlage angesprochen wurde, entziehen sich diese EDV-Abteilungen dadurch der Kontrolle der Fachbereiche und sind aufgrund der Eingliederung dazu auch mit der notwendigen Macht ausgestattet. Im Fall einer Eingliederung in einen Fachbereich - meist dem Finanz- und Rechnungswesen - ist dagegen eine stärkere Notwendigkeit zur Kontrolle von außen angezeigt, um Prioritätenverschiebungen vorzubeugen. Somit werden in den beiden Unternehmen mit eigenem Vorstandsbereich für Datenverarbeitung keine EDV-Rahmenpläne (vgl. Abschnitt 4.7.1.2), zwar EDV-Jahrespläne, aber auch keine EDV-Budgets (vgl. Abschnitt 4.7.3) aufgestellt und eine Bildung von Verrechnungspreisen wird vermieden. Damit entziehen sich diese Abteilungen weitgehend einer Planung und Kontrolle.

Merkmal	Ausprägung	Verrechnungsmethode: Gemeinkostenumlage	Verrechnungsmethode: Verrechnungspreise	statistische Kennzahlen
Organisationsstruktur des Unternehmens	Verrichtung	8	5	Chi^2 = 2,24
	Objekt	7	13	s = 86,5 % (x) Phi = 0,26
Organisatorische Eingliederung der EDV-Abteilung	Fin/RW, sonst. Fachber.	9	15	Chi^2 = 2,24
	eig. Vorstand/Stab	6	3	s = 85,5 % (x) Phi = 0,26
Dezentralisierung der EDV-Abteilung	ja	3	10	Chi^2 = 4,33
	nein	12	8	s = 96,3 % (++) Phi = 0,36
EDV-Mitarb. / Mitarb. im Unternehmen	bis 2 %	5	11	Chi^2 = 5,85
	über 2 %	8	2	s = 98,4 % (+++) Phi = 0,47
Akademikeranteil in der EDV-Abteilung	bis 30 %	7	3	Chi^2 = 4,20
	über 30 %	5	12	s = 96,0 % (++) Phi = 0,39
Selbstverständnis der EDV-Abteilung	dienend	5	10	Chi^2 = 2,97
	gestaltend	8	4	s = 91,5 % (+) Phi = 0,33
Häufigkeit der Verfehlung von Projektzielen	bis 50 %	9	5	Chi^2 = 4,14
	über 50 %	4	11	s = 95,8 % (++) Phi = 0,38

Tab. 4-31: Verrechnungsmethode und Zusammenhänge mit anderen erhobenen Merkmalen

Die mit der Dezentralisierung der EDV-Abteilung feststellbare Tendenz hin zu Verrechnungspreisen ergibt sich primär daraus, daß dezentralisierte EDV-Abteilungen hauptsächlich in divisionalisierten Unternehmen angetroffen wurden (vgl. Abschnitt 4.3.4). Weiterhin bedeutet eine Dezentralisierung eine Hinwendung zum Anwender in den Fachbereichen, die durch eine Verrechnungspreisbildung noch verstärkt wird.

Verrechnungspreise werden weiterhin tendenziell häufiger in großen EDV-Abteilungen mit über 150 Mitarbeitern gebildet (nicht in Tab. 4-31 enthalten). Daher wurde auch erwartet, daß in relativ großen EDV-Abteilungen (bezogen auf die Mitarbeiterzahlen in der EDV-Abteilung und im Unternehmen) eine Verrechnungspreisbildung einsetzt. Die durchgeführte Kreuztabellierung (vgl. Tab. 4-31) zeigt aber bei hohem Signifikanzniveau zunächst überraschend einen starken entgegengesetzten Zusammenhang. Was sind nun die Ursachen dafür, daß in relativ kleinen EDV-Abteilungen Verrechnungspreise zum Einsatz kommen? Als Ziele einer Verrechnung, die praktisch nur von Verrechnungspreisen annähernd erreicht werden, wurden einleitend die Wirtschaftlichkeitskontrolle der EDV-Abteilung, die Ermöglichung von Wirtschaftlichkeitsanalysen für EDV-Projekte sowie die Schaffung und Erhöhung des Kostenbewußtseins in den Fachbereichen aufgeführt. Durch eine Reihe von Kreuztabellen, die noch in Kapitel 5 Gegenstand der Erörterung sein werden, kann dieser Zwang zu einer Betonung der Wirtschaftlichkeit der Datenverarbeitung in Unternehmen mit Verrechnungspreisen auch tatsächlich verdeutlicht werden. So werden in diesen Unternehmen signifikant häufiger Wirtschaftlichkeitsüberlegungen schon für den Projektantrag gefordert, Aktualisierungen späterer Wirtschaftlichkeitsanalysen vorgenommen, Kostenpläne erstellt sowie die Kosten für EDV-Projekte auch kontrolliert. Dieser Zwang zur Wirtschaftlichkeit führt nun sichtbar dazu, daß die relative Größe der EDV-Abteilung begrenzt wird und eine unverhältnismäßige Aufstockung des EDV-Personals aus Wirtschaftlichkeitsgründen verhindert wird. Relativ große EDV-Abteilungen hätten eine starke Erhöhung der Preise für EDV-Leistungen zur Folge und würden entsprechende Reaktionen der Fachbereiche bewirken wie etwa den Wunsch, EDV-Leistungen von Externen zu beziehen. Basierend auf diesen Überlegungen sind die Verrechnungspreise als ein wirksamer Kontrollmechanismus zum Erreichen einer wirtschaftlichen Datenverarbeitung im Unternehmen zu werten.

Der Grund für die Bildung von Verrechnungspreisen bei hohem Akademikeranteil in der Systementwicklung ist in der hohen Qualifikation der Mitarbeiter und den daraus bedingten höheren Kosten zu sehen.

Weiterhin kommen bei einem rein dienenden Selbstverständnis der EDV-Abteilung (vgl. Abschnitt 4.1.2) Verrechnungspreise häufiger zum Einsatz. In dem dienenden Selbstverständnis, d.h. der Auffassung als Serviceabteilung, kommt die

Markt- bzw. die Kundenorientierung der EDV-Abteilung zum Ausdruck, die konsequenterweise zur Bildung von Preisen für die EDV-Leistungen führt. EDV-Abteilungen mit einem primär gestaltenden Selbstverständnis werden in der Durchsetzung ihrer Gestaltungsmaßnahmen durch Verrechnungspreise, die von den Fachbereichen direkt zu tragen sind, dagegen in ihrem Gestaltungsstreben behindert.

Aus dem oben hervorgehobenen Zwang zur Betonung der Wirtschaftlichkeit durch Verrechnungspreise wäre auch zu erwarten, daß Verfehlungen von Projektzielen (vgl. Abschnitt 3.3) in geringerem Umfang auftreten. Gerade das Gegenteil ist aber zu beobachten (vgl. Tab. 4-31). Für die Erklärung dieses Zusammenhangs können folgende drei Ursachen vermutet werden. Nur die Unternehmen, die Verrechnungspreise bilden und verstärkt auch eine Projektplanung und -kontrolle durchführen, können exaktere und zuverlässigere Angaben über Termin- und vor allem über Kostenüberscheitungen liefern; die in den Interviews abgegebenen Schätzungen waren u.U. zu positiv gefärbt. Zweitens ist aufgrund der schwierigen Planungssituation für EDV-Projekte trotz vorgenommener und unterstellter guter Planung die Häufigkeit von Verfehlungen nicht zu verringern. Kein Zusammenhang zeigt sich allerdings zwischen der Verwendung von Verrechnungspreisen und der Höhe von Zielverfehlungen, so daß hier eine positive Wirkung vermutet werden kann. Drittens ist nicht auszuschließen, daß vor Durchführung des Projekts den Fachbereichen politische Preise genannt wurden, um gewisse Projekte, an denen die EDV-Abteilung ein Interesse hat, realisieren zu können. Insgesamt sind dies jedoch nur Erklärungsversuche, die nicht voll befriedigen können.

Als Fazit kann jedoch die Forderung erhoben werden, zur EDV-Kosten- und Leistungsverrechnung Verrechnungspreise einzuführen, da damit in den Fachbereichen das Interesse an einer Kontrolle der EDV-Abteilung geschärft wird, gleichzeitig die Fachbereiche auch in die Verantwortung für eine wirtschaftliche Projektabwicklung genommen werden und eine hinsichtlich der Unternehmensziele möglichst optimale Allokation der EDV-Ressourcen erzielt wird. Damit reiht sich die EDV-Kosten- und Leistungsverrechnung in die diskutierten Instrumente der EDV-Rahmenplanung, EDV-Jahresplanung und EDV-Budgetierung ein, die allesamt eine Ausrichtung der unternehmensweiten EDV-Funktion auf die Ziele und Strategien des Unternehmens gewährleisten sollen.

Mit der EDV-Kosten- und Leistungsverrechnung als Element der EDV-Planung ist nun die Darstellung der Einflußfaktoren auf den SE-Prozeß, die der EDV-Funktion zugerechnet werden können abgeschlossen (vgl. den Bezugsrahmen in Abb. 1-2). Die bisher behandelten organisatorischen, personellen und planerischen Merkmale der EDV-Abteilung und darüber hinaus der unternehmerischen EDV-Funktion üben aber auch einen Einfluß auf das funktionelle und institutionelle Projektmanagement aus, die in den folgenden Kapiteln 5 und 6 eingehend analysiert werden.

5. Funktionelles Projektmanagement bei der Entwicklung von Anwendungssystemen

In den bisherigen Überlegungen stand das Management der EDV-Abteilung unter besonderer Betonung der Entwicklung und Wartung von AWS im Vordergrund. Betrachtungsobjekt war damit weniger ein einzelnes AWS, sondern die Summe der zu entwickelnden bzw. der entwickelten AWS. Deutlich wurde dies besonders im Abschnitt 4.7, wo Aspekte der EDV-Planung behandelt und der Projektbegriff bereits geklärt wurden. Als EDV-Projekt werden über einem gewissen Umfang (etwa 1 MM) liegende Vorhaben zur Entwicklung und Wartung von AWS verstanden, die mit einer definierten Zielsetzung und einer Zeitbegrenzung ausgestattet sind.

Dem in Abb. 1-2 vorgestellten, konzeptionellen Bezugsrahmen folgend, konzentrieren sich die weiteren Überlegungen nun auf das einzelne EDV-Projekt. Im Rahmen des funktionellen Projektmanagements werden in Kapitel 5 die "dispositiven, projektbezogenen Aufgaben" (Zogg 1974, S. 173, S. 176) im Zusammenhang mit der Projektplanung, -kontrolle und -steuerung untersucht. Im anschließenden Kapitel 6 steht dann mit dem institutionellen Projektmanagement die "Gruppe der Träger dispositiver projektbezogener Aufgaben" (Zogg 1974, S. 173, S. 259) im Mittelpunkt. Diese Träger umfassen die bereits in Abschnitt 4.5 angesprochenen Ausschüsse und darüber hinaus das Projektteam mit dem Projektleiter. Auch die Beteiligung der Anwender an den EDV-Projekten wird dann von Interesse sein.

Die folgende Untersuchung des funktionellen Projektmanagements orientiert sich im wesentlichen an dem formal-logischen Ablauf eines Projekts von der Initialisierung und Beantragung (Abschnitt 5.2) über die Wirtschaftlichkeitsanalyse einschließlich der Nachkalkulation (Abschnitt 5.3) und die Projektgenehmigung (Abschnitt 5.4) bis hin zur Projektplanung, -kontrolle und -steuerung (Abschnitt 5.5). Abschließend wird den Vorgehensmodellen für den SE-Prozeß - insbesondere in Form der weit verbreiteten Phasenkonzepte - als speziellen Instrumenten des Projektmanagements ein eigener Abschnitt (5.6) gewidmet.

Einführend seien aber zunächst die Kriterien untersucht, nach denen die EDV-Projekte in den Unternehmen beurteilt und nach denen damit das funktionelle und das institutionelle Projektmanagement ausgerichtet werden.

5.1 Beurteilungskriterien für EDV-Projekte

Mit der Analyse der Beurteilungskriterien für EDV-Projekte soll zunächst aufgezeigt werden, welchen Größen der Projektleiter als verantwortlicher Träger des

Projektmanagements nach Angabe der Interviewpartner Beachtung schenkt bzw. schenken sollte. Die Beurteilungskriterien setzen damit Ziele und Maßstäbe für das Projektmanagement. Gleichzeitig werden Hinweise auf beachtenswerte Inhalte der folgenden Abschnitte geliefert.

Beurteilungskriterien für EDV-Projekte werden zunächst durch die Antworten der Interviewpartner auf zwei Fragen entwickelt, die in Abschnitt 5.1.1 vorgestellt werden. Auf die erste offene Frage sollten Erfolgs- und Mißerfolgskriterien für EDV-Projekte genannt werden. Mit der zweiten geschlossenen Frage war dann zu bewerten, welche Bedeutung einzelnen Mängeln im Projekt wie etwa Termin- und Kostenüberschreitungen oder Leistungsmängeln beigemessen wird. Mit dieser Bewertung werden Prioritäten sichtbar. Die einzelnen Mängel korrespondieren dabei mit den Projektzielen, deren Verfehlung in Abschnitt 3.3 als Effizienzmaß eingeführt wurde. Die Ursachen der Projektzielverfehlungen werden in Abschnitt 5.1.2 nachgereicht, um Ansatzpunkte für eine Verbesserung der Zieleinhaltung zu gewinnen.

Die Konsequenz aus nicht zu erreichenden Projektzielen kann schließlich der Abbruch des Projekts sein. Der Umfang und die Gründe für Projektabbrüche in der Praxis werden in Abschnitt 5.1.3 vorgestellt. Aber selbst der Abschluß eines EDV-Projekts und die Implementierung des AWS bieten noch keine Garantie für den Einsatz des AWS durch den Anwender. Der Anteil der in vollem Umfang eingesetzten AWS liefert damit ein zusätzliches Beurteilungskriterium für EDV-Projekte (Abschnitt 5.1.4).

5.1.1 Erfolgs- und Mißerfolgskriterien für EDV-Projekte

Mit der Erhebung der Erfolgs- und Mißerfolgskriterien für EDV-Projekte auf Seiten der Interviewpartner wurde das Ziel verfolgt, die Maßstäbe aufzudecken, nach denen in den EDV-Abteilungen die EDV-Projekte ausgerichtet werden. Dazu wurde zunächst die Frage gestellt:

"Was sind für Sie persönlich Erfolgs- bzw. Mißerfolgskriterien eines EDV-Projekts?"

Die Antworten auf die offene Frage spiegeln das in etwa 60% der EDV-Abteilungen dominierende dienende Selbstverständnis wider (vgl. Abschnitt 4.1.2). Denn in 24 der antwortenden 29 Unternehmen (83%) wurden auf den Anwender ausgerichtete Erfolgskriterien angeführt wie Akzeptanz, Zufriedenheit des Anwenders, etc. Die Wirtschaftlichkeit des EDV-Projekts, die Einhaltung der gesetzten Ziele sowie erreichte Qualitätsstandards wurden dagegen wesentlich seltener als Erfolgskriterien betont. Im einzelnen wurden in 29 Unternehmen folgende Kriterien genannt, die zu vier Kategorien aggregiert werden können (Mehrfachangaben, Häufigkeiten in Klammern):

- Anwender (24; 83%)
  - Anwenderzufriedenheit (10)
  - Akzeptanz des AWS (9)
  - Lob und Anerkennung der Anwender (4)
  - Einsatz und Nutzung der AWS (4)
  - Erfüllung der Anforderung der Anwender (4)
  - keine Rückfragen trotz intensiver Nutzung (2)
  - schnelle Nutzung des AWS nach der Einführung (1)

- Qualität des AWS (9; 31%)
  - Zuverlässigkeit (5)
  - Wartbarkeit (3)
  - Dokumentation, Fehlerfreiheit, Zeitverhalten (je 2)
  - Ausbaufähigkeit, Konsistenz, Schulung (je 1)

- Zieleinhaltung von Terminen und Kosten (7; 24%)

- Wirtschaftlichkeit (5; 17%)
  - Einhaltung der erwarteten Wirtschaftlichkeit (5)
  - Durchsetzung der Unternehmensziele mit dem AWS (1)

Maßgeblich für die Beurteilung des Erfolgs bzw. Mißerfolgs eines EDV-Projekts sind für die Interviewpartner demnach die Anwender. Diese werden als Auftraggeber gesehen, und von ihnen wird Bestätigung für die erstellte Leistung in Form des AWS erwartet. Zahlreiche Bemerkungen der Interviewpartner lassen aber darauf schließen, daß eine positive Resonanz meistens ausbleibt und schon als positiv gewertet wird, wenn trotz intensiver Nutzung des AWS "wenig davon zu hören ist". Die Folgerung aus der Orientierung an dem Anwender kann für die EDV-Abteilung nur eine möglichst intensive Anwendereinbeziehung in den SE-Prozeß sein (vgl. Abschnitt 6.4).

Mit der anschließenden Frage

"Welche Bedeutung haben für Sie die möglichen, unten angeführten Projektmängel?"

wurden die Interviewpartner um eine Bewertung in Form von Rating-Skalen gebeten (vgl. Abb. 5-1). Hinter den ersten vier Projektmängeln "Zeitüberschreitungen", "Kostenüberschreitungen", "Leistungsmängel" und "Zuverlässigkeit" verbergen sich die in Abschnitt 3.3 vorgestellten Ziele eines EDV-Projekts. Damit kann ermittelt werden, welchen Zielen höhere Bedeutung beigemessen wird.

Die Bewertung zeigt deutlich, daß Mängeln in den Leistungen und der Zuverlässigkeit ein höheres Gewicht beigemessen wird als Zeit- und Kostenüberschreitungen. Daraus kann abgeleitet werden, daß in EDV-Projekten als Ziele in erster Linie die Erfüllung des Leistungsumfangs und der Qualität verfolgt werden. Die Termin- und Kosteneinhaltung werden zu Nebenzielen abgestuft. Diese Gewichtung

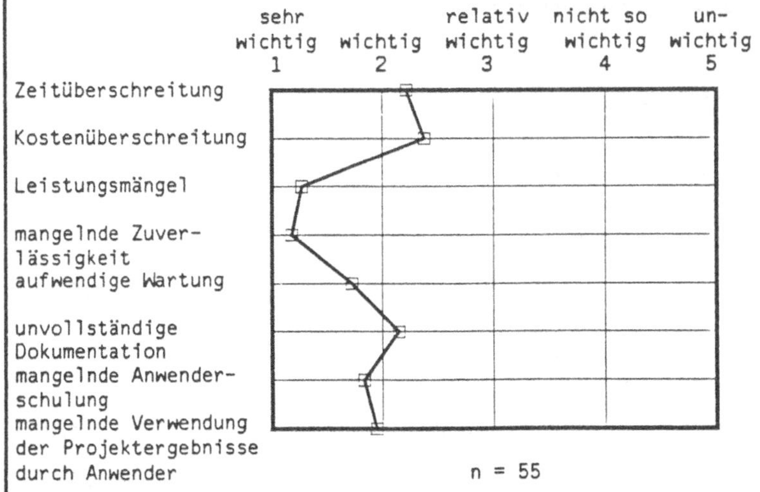

Abb. 5-1: Bedeutung von Projektmängeln

stimmt auch mit den Angaben in Abschnitt 3.3 überein, wonach Leistungsverfehlungen selten vorkommen, Termine und Kosten dagegen wesentlich häufiger überschritten werden. Auch die weiter in die Zukunft gerichteten Mängel wie aufwendige Wartung und unvollständige Dokumentation sowie den Einsatz des AWS betreffende Mängel verlieren neben den Leistungsmängeln und der mangelnden Zuverlässigkeit an Bedeutung.

Die Situation in den Projekten ist demnach dadurch gekennzeichnet, daß einerseits die Planung von Terminen und Kosten sowie deren Einhaltung als große Probleme angesehen werden (vgl. Abb. 4-2). Andererseits wird die Verfehlung der Termine und Kosten aber nicht als ein besonders großer Mangel empfunden (vgl. auch Selig 1984, S. 220). Daher ist es nicht überraschend, wenn der Planung und Kontrolle dieser Größen kein besonderes Gewicht beigemessen wird. Hier liegt eine wesentliche Aufgabe für das Management der EDV-Abteilung, aber auch der Fachbereiche. Sie besteht darin, eine Bewußtseinsänderung herbeizuführen und in der Abwägung der einzelnen Ziele nicht dem Leistungsumfang und der Qualität uneingeschränkte Präferenz einzuräumen, sondern die Auswirkungen auf Termine und Kosten und damit die Wirtschaftlichkeit der Projekte mit zu berücksichtigen.

In der Bewertung der Projektmängel konnten in Abhängigkeit von den Merkmalen der Interviewpartner Unterschiede herausgearbeitet werden, von denen die gravierendsten hervorgehoben seien (vgl. Runkel 1984):

- EDV-Leiter messen der mangelnden Verwendung der Projektergebnisse größere Bedeutung bei als die Projektleiter (t-Test: Signifianzniveau (+)). Diese Bewertung verdeutlicht erneut, daß die EDV-Leiter anwenderorientiert denken, während die Projektleiter ihre Aufgabe in der ordnungsgemäßen Erstellung des AWS sehen und weniger in dessen späteren Einsatz.

- Spezialisten für EDV-Methoden betonen gegenüber den EDV-Leitern vor allem Mängel in den Leistungen (+++) und in der Dokumentation (++).

- Signifikant höhere Bedeutung haben Kostenüberschreitungen erwartungsgemäß für Interviewpartner mit kaufmännischer Ausbildung, im Gegensatz zu Mathematikern und Technikern (Mittelwert 2,13 i.G.z. 3,08; (+++)).

- Interviewpartner aus Unternehmen mit Verrechnungspreisen messen Kostenüberschreitungen eine signifikant höhere Bedeutung bei als Interviewpartner aus Unternehmen mit Gemeinkostenumlage (2,04 i.G.z. 2,83; (++)). Damit stellt das Steuerungsinstrument Verrechnungspreis erneut seine Wirkung unter Beweis (vgl. Abschnitt 4.7.4).

Festzuhalten bleibt damit, daß als Maßstab für den Erfolg eines EDV-Projekts in erster Linie die Zufriedenheit der Anwender gesehen wird. Leistungsmängel und mangelnde Zuverlässigkeit werden dabei höher bewertet als Zeit- und Kostenüberschreitungen.

5.1.2 Ursachen für die Verfehlung von Projektzielen

In Abschnitt 3.3 wurden bereits die Ziele von EDV-Projekten vorgestellt und daraus Effizienzmerkmale abgeleitet. Als Ziele wurden Termine, Kosten, Leistungsumfang und Qualität unterschieden. Diese vier Ziele stellen damit auch Planungsgrößen für ein EDV-Projekt dar. Deutlich wurde, daß häufige und hohe Verfehlungen von Projektzielen eher die Regel als die Ausnahme sind. Ersichtlich wurde weiterhin, daß Leistungsumfang und Qualität meist eingehalten werden, Termine und Kosten dagegen verfehlt, d.h. überschritten werden.

Worin werden von den Interviewpartnern aber die Ursachen für diese Verfehlungen gesehen? Dazu liegen aus 33 Unternehmen insgesamt 93 Nennungen vor (vgl. Tab. 5-1). Es wird deutlich, daß die Verfehlung der Planungsgrößen im wesentlichen auf zwei Ursachen zurückgeführt wird. Die erste Ursache beruht auf Mängeln in der Planung und Kontrolle. Die sich dahinter verbergenden Einzelaspekte werden anschließend genauer aufgezeigt. Die zweite Ursache sind Schwierigkeiten bei der Spezifikation der Anforderungen an neue AWS, wobei die Anforderungen die

Grundlage der Planung bilden. Die gleichen Gründe wurden in den beiden empirischen Untersuchungen von Lehman (1979, S. 124) sowie Stahlknecht und Thienell (1982, S. 413; Stahlknecht 1983, S. 57) ermittelt. In den Jahren seit deren Erhebungen sind demnach keine Änderungen zu verzeichnen.

Ursachen	Nennungen		Unternehmen	
	Anzahl	%	Anzahl	%
Planung und Kontrolle	33	35,5	26	79
Anforderungsspezifikation bzw. -änderung	30	32,3	25	76
Kompetenzen über Ressource	9	9,7	8	24
Zusammenarbeit zwischen Abteilungen	7	7,5	7	21
EDV-Technik	7	7,5	6	18
Sonstiges	7	7,5	6	18
	93	100	33	(100)

Tab. 5-1: Ursachen für die Verfehlung von Projektzielen

Probleme hinsichtlich begrenzter Kompetenzen über die Ressourcen, Schwierigkeiten in der Zusammenarbeit zwischen Abteilungen sowie EDV-technische und sonstige Probleme spielen dagegen als Ursachen für Zielverfehlungen eine untergeordnete Rolle.

Um die genannten Ursachen transparenter darzustellen, werden die in Tab. 5-1 gebildeten Kategorien weiter aufgeschlüsselt. Im einzelnen wurden genannt (Anzahl der Nennungen in Klammern):

- Mängel in der Planung und Kontrolle (33)
  - allgemeine Planungsmängel, wie zu schnell durchgeführte Planung, mangelnde Erfahrung, etc. (10)
  - Schätzungenauigkeiten hinsichtlich des Umfangs der zu leistenden Arbeiten (11)
  - Schätzungenauigkeiten hinsichtlich der Produktivität der Systementwickler (6)
  - keine bzw. unzureichende Hilfsmittel für Schätzungen (3)
  - zu spätes Erkennen von Fehlern und Abweichungen (2)
  - ungenügende Nutzung des Projekt-Management-Wissens (1)

- Probleme mit der Spezifikation von Anforderungen und Anforderungsänderungen (30)
  - Unpräzise Anforderungen (10)
  - Anforderungsänderungen (17)
  - Umweltveränderungen bei langer Entwicklungszeit (2)
  - neue Anforderungen des Rechenzentrums (1)

- Begrenzte Kompetenzen über Ressourcen (9)
  - zusätzliche oder dazwischengeschobene neue Projekte oder Wartung (4)
  - fehlende Personalkapazität in der Systementwicklung (4)
  - Umbesetzungen im Team (1)

- Probleme in der Zusammenarbeit zwischen EDV-Abteilung und Fachbereichen (7)

- EDV-technische Probleme (7)
  - Probleme mit der Hardware (3)
  - zerstörte Datenbanken (1)
  - neue Technologien, technisches Neuland (3)

- Sonstige Gründe (7)
  - Krankheit von Mitarbeitern (3)
  - aufgezwungene bzw. politisch gesetzte Termine (4)

Die beiden hauptsächlich genannten Ursachen sind als stark interdependent anzusehen. Die Planung der Projekte hinsichtlich der Termine und Kosten stützt sich auf eine Planung des Produktes hinsichtlich des Leistungsumfangs und der Qualität. Werden die Anforderungen an ein zu erstellendes AWS nicht genügend präzise spezifiziert oder stark und fortwährend geändert, besteht keine stabile Basis für eine gründliche Planung bzw. die Grundlage wird permanent verändert.

Eine Parallele ist zu den in Abschnitt 4.1.5 analysierten Problembereichen bei der Entwicklung von AWS erkennbar. Dort hatten sich als die größten Problembereiche die Zeit- und Kostenschätzung, die Einhaltung von Budgets und Terminen, Qualitätsstandards und -kontrolle sowie die Spezifikation der Anforderungen herauskristallisiert.

Auf die zunehmend große Bedeutung der Anforderungsspezifikation wird in der Literatur seit etwa Ende der 70er Jahre hingewiesen (vgl. etwa Griese, Österle 1978, S. 150 f.; Balzert 1981, T.1, S. 145; Scharer 1981, S. 139). So stellt Boehm (1976, S. 1227) etwa fest: "The extreme importance of such a specification is only now becoming generally recognized". Die obigen Ergebnisse zeigen auch, daß die Interviewpartner diese Bedeutung für den Erfolg eines EDV-Projekts erkannt haben. Daher müßte eine gründliche und ausführliche Produkt- und Projektplanung selbstverständlich sein.

Versäumnisse in der Planung und Kontrolle rächen sich durch ein Mehrfaches an Aufwand im weiteren Verlauf des EDV-Projekts. Dieser Zusammenhang wird z.B. anhand der Betrachtung der relativen Kosten für die Fehlerentdeckung und -behebung in Abhängigkeit von dem Zeitpunkt der Entdeckung im SE-Prozeß deutlich (vgl. Abb. 5-2).

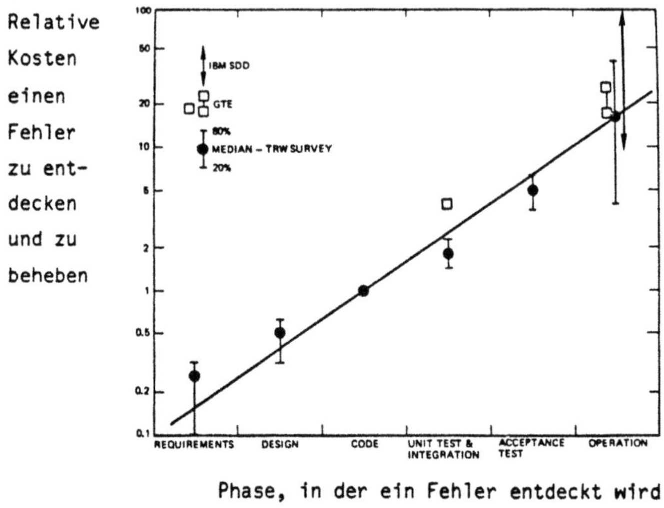

Abb. 5-2: Kosten einer verzögerten Fehlerentdeckung und Fehlerbehebung (Boehm 1976. S. 1228)

Mit der Betonung der Anforderungsspezifikation als der Wurzel von Projektzielverfehlungen besteht aber auch die Gefahr einer vereinfachenden Schuldzuweisung an die Anwender in den Fachbereichen, in deren Aufgabenbereich die Anforderungsspezifikation primär fällt. Die Ursachen für unpräzise Anforderungen und häufige Änderungen seien hier kurz andiskutiert. Im wesentlichen lassen sie sich auf drei Punkte zurückführen:

- In den Fachbereichen besteht Unkenntnis über die Bedeutung der Anforderungsspezifikation. Verstärkt durch immer noch vorhandene Berührungsängste mit der Datenverarbeitung besteht die Hoffnung, ein den Vorstellungen entsprechendes AWS auch ohne Anforderungsspezifikation von der EDV-Abteilung geliefert zu bekommen.

- Die propagierten Methoden zur Anforderungsspezifikation wie SADT, PSA/PSL, HIPO (vgl. die Zusammenstellungen bei Ludewig, Streng 1978; Balzert 1981) sind zu stark formalisiert und mehr auf die Erfordernisse der Systementwickler als auf die der Anwender ausgerichtet. Die Methoden verlangen ein zu starkes Abstraktionsvermögen bei den Anwendern, ohne ihnen eine Vorstellung von dem später realisierten AWS zu vermitteln (vgl. auch Greiner, Jacobi 1982, S. 10). Zudem verlangen sie aufgrund der mehr oder weniger komplexen Notation eine große Erfahrung (vgl. Houghton 1980, S. 116). Die bestehenden

Kommunikationsprobleme können damit nicht überwunden werden. Vorgehensweisen in Richtung des Prototyping (vgl. Abschnitt 5.6.1.4) und sei es nur der Einsatz von Maskengeneratoren, können hier eine wertvolle Hilfe bieten.

- Eine dritte auf Kommunikationsproblemen beruhende Ursache kann in dem Empfänger der Anforderungsspezifikation gesehen werden. Durch mangelhaftes Problemverständnis der Systementwickler werden vom Anwender genannte Anforderungen nicht oder nur unzureichend beachtet.

Die Konsequenz aus der Schwierigkeit, wenn nicht Unmöglichkeit, eine vollständige, konsistente, testbare, widerspruchsfreie, korrekte, verständliche, realisierbare, gegen Änderungen robuste und den späteren Entwurf nicht einschränkende (vgl. Balzert 1981, T.1, S. 147) Anforderungsspezifikation durch den Anwender erstellen zu lassen, ist, einen permanenten Kommunikationsprozeß zwischen Anwendern und Systementwicklern zu institutionalisieren (vgl. Kapitel 6). Den Anwendern muß verdeutlicht werden, daß ein ihren Anforderungen bzw. Vorstellungen entsprechendes AWS nur durch aktive Mitarbeit der Anwender mit dem besten Fachwissen und möglichst vorhandener Abstraktionsfähigkeit entwickelt werden kann. Ohne diese Bereitschaft und Zusicherung sollte kein EDV-Projekt begonnen werden. Auf der Seite der EDV-Abteilung ist ein ständiges Bemühen um die Mitarbeit der Anwender erforderlich. Der gesamte SE-Prozeß muß als <u>gemeinsame Aufgabe</u> von Anwendern und Systementwicklern begriffen werden. Eine permanente Kommunikation ist notwendig, um ein gegenseitiges Verständnis zu entwickeln, Fehler möglichst früh zu entdecken und gemeinsam eine Lösung herbeizuführen. Dies erfordert gewisse organisatorische Randbedingungen, auf die in Kapitel 6 noch eingegangen wird.

Ausgangspunkt dieser Gestaltungsempfehlungen waren die Ursachen für die beobachteten Verfehlungen von Terminen, Kosten, Leistungsumfang und Qualität. Die letzte Konsequenz aus nicht zu erreichenden Zielen ist der Abbruch eines EDV-Projekts. Die Häufigkeit des Auftretens dieser letzten Maßnahme wird im folgenden betrachtet.

5.1.3 Abbruch von EDV-Projekten

Abbrüche von EDV-Projekten sind nach Auskunft der Interviewpartner kaum zu verzeichnen. Im einzelnen sind

- in 20 Unternehmen (56%) Abbrüche noch nicht vorgekommen bzw. nicht bekannt
- und in 16 Unternehmen (44%) sind Projektabbrüche in seltenen Fällen erklärt worden bzw. Großprojekte wurden unterbrochen, was faktisch einem Abbruch gleichkam.

In drei der Unternehmen, in denen es noch nicht zu Abbrüchen kam, werden allerdings größere Leistungsminderungen in Kauf genommen, um die EDV-Projekte doch noch zu einem Abschluß zu bringen. In zwei Unternehmen wurde erklärt, man drohe von Seiten der EDV-Abteilung gelegentlich mit einem Projektabbruch, um eine aktivere Mitarbeit der Fachbereiche zu erzwingen.

Falls Projekte abgebrochen werden, geschieht dies nicht hauptsächlich nach der Vorstudie, wie es zu erwarten wäre, sondern während des gesamten SE-Prozesses.

Die Gründe für einen Projektabbruch liegen in (Anzahl Nennungen in Klammer):

- einer mangelnden Wirtschaftlichkeit der Projekte, (2)
- der wirtschaftlichen Lage des Unternehmens, (3)
- dem personellen Bereich, (mangelnde Akzeptanz des AWS durch die Anwender, Fluktuation von Mitarbeitern), (3)
- äußeren Einflüssen, (1)
- einer Veränderung des Hardware-Konzeptes. (1)

Daraus wird ersichtlich, daß zu der Maßnahme des Projektabbruchs sehr selten gegriffen wird, vielleicht zu selten. Ein Scheitern eines Projekts hat in der Regel den Gesichtsverlust eines Bereiches oder einer Person zur Folge, was nur in äußersten Fällen riskiert wird. Stattdessen wird eine Leistungsminderung und Unwirtschaftlichkeit in Kauf genommen. Dieser Befund zeigt auch, daß die in Phasenkonzepten zwischen zwei Phasen vorgesehenen Entscheidungspunkte über die Fortführung eines Projekts (vgl. Abschnitt 5.6) mehr theoretischen Charakter haben. Entschieden wird vielmehr über eine unveränderte Fortführung des EDV-Projekts oder Änderungen im Leistungsumfang bzw. noch vorzunehmende Korrekturen und Nachbesserungen an bisher erstellten Teilen des AWS.

5.1.4 Einsatz von Anwendungssystemen

Als Beurteilungskriterien für EDV-Projekte wurden bisher Erfolgs- und Mißerfolgskriterien für EDV-Projekte, Verfehlungen von Projektzielen und Projektabbrüche vorgestellt. Daneben wurden aus dem Einsatz der implementierten AWS durch die Fachbereiche Rückschlüsse auf die Güte der Projektdurchführung erwartet. Aus den Antworten auf die Frage "Wieviel Prozent der AWS werden in vollem Umfang eingesetzt?" sollte auf die Akzeptanz der AWS und die Zufriedenheit der Anwender geschlossen werden. Die Interviewpartner waren aber meist nicht in der Lage, differenzierte Antworten abzugeben, so daß dieses Merkmal nicht zur Beurteilung der EDV-Projekte herangezogen werden kann. Vielmehr werden angeblich in

- 16 Unternehmen 100% der AWS,
- 3 Unternehmen über 90% der AWS,
- 6 Unternehmen etwa 90% der AWS,
- je einem Unternehmen 70 bzw. 60% der AWS

in vollem Umfang eingesetzt.

Gründe für den 100%igen Einsatz der AWS werden darin gesehen, daß (Anzahl Nennungen in Klammern)

- die AWS hauptsächlich Abrechnungssysteme sind, die dem Anwender keine Wahlfreiheit im Einsatz lassen, (4)
- ein intensiver Kontakt mit den Anwendern besteht, (2)
- die Benutzerdokumentation verbessert wurde. (1)

Die Ursachen für einen verminderten Einsatz der AWS werden von den Interviewpartnern in drei Bereichen gesehen (mit Mehrfachangaben):

- in der EDV-Abteilung, da
  - die AWS zu komplex sind, (2)
  - die AWS nicht die geplanten Leistungen erreichen, (2)
  - eine mangelhafte Schulung durchgeführt wurde; (1)
- in den Fachbereichen, da
  - die AWS Maximalanforderungen der Anwender umfassen, die später nicht mehr benötigt werden, (3)
  - die AWS auf geringe Akzeptanz stoßen; (1)
- in der Umwelt durch
  - Personalveränderungen in den Fachbereichen, (3)
  - Veränderungen im Unternehmen, (2)
  - allgemeine Umweltveränderungen. (3)

Aus diesen genannten Ursachen lassen sich für die Entwicklung von AWS aber einige Forderungen ableiten. Durch eine intensive Anwendereinbeziehung in den SE-Prozeß sind die Anforderungen immer wieder zu hinterfragen und auf einen Kern zu reduzieren, um auch die Komplexität des AWS zu verringern. Die abzudeckenden Funktionen sind dabei nicht personenorientiert, sondern anhand der Geschäftsprozesse zu konzipieren, die weniger Änderungen unterliegen als die Organisation (vgl. Abschnitt 4.7.1.1). Die Benutzerfreundlichkeit der AWS sowie eine intensive, schrittweise Schulung sollten selbstverständlich sein. Gerade mit der Verlagerung des Schwerpunktes von Abrechnungs- zu mehr Informationssystemen kommt diesen Forderungen verstärkt Bedeutung zu.

Generell konnte bei der Beantwortung der Frage nach den in vollem Umfang eingesetzten AWS Unsicherheit und teilweise Unverständnis auf Seiten der Interviewpartner beobachtet werden. Dies deutet darauf hin, daß dieser Frage in der betrieblichen Praxis noch zu wenig Bedeutung beigemessen wird. Die Aufgabe der EDV-Abteilung wird vornehmlich in der Entwicklung der AWS gesehen, der Einsatz dagegen den Anwendern überlassen. Gerade aus der Überprüfung der Einsatzhäufigkeit und der Zufriedenheit der Anwender lassen sich aber Rückschlüsse auf geeignete Vorgehensweisen für die Zukunft ableiten. Eventuell ist durch erneute Schulungen oder Veränderungen an dem AWS die Akzeptanz in den Fachbereichen zu erhöhen.

Wegen der Unsicherheit des Datenmaterials sei auf eine vertiefende Darstellung von Zusammenhängen mit anderen erhobenen Merkmalen verzichtet. Nur ein Hinweis soll genügen. Die EDV-Erfahrung der Systementwickler zeigte einen positiv signifikanten (+++) Zusammenhang mit dem Einsatz der AWS. Ein positiver Einfluß der EDV-Erfahrung war bereits auf die Erreichung der Projektziele beobachtet worden (vgl. Abschnitt 4.6.1). Diese Ergebnisse betonen nochmals die Bedeutung des Faktors Personal für eine effiziente Systementwicklung.

Für die weitere Untersuchung des funktionellen Projektmanagements können als wesentliche Erkenntnisse demnach zusammengefaßt werden, daß der Maßstab für den Erfolg eines EDV-Projekts in erster Linie die Zufriedenheit der Anwender ist. Mängel in den Leistungen und der Zuverlässigkeit des AWS werden höher bewertet als Zeit- und Kostenüberschreitungen. Allein daraus werden Überschreitungen schon verständlich, und es läßt sich die Aufforderung ableiten, Termine und Kosten stärker zu beachten. Als Ursachen für die Verfehlung von Projektzielen wurden in der Erhebung hauptsächlich Mängel in der Planung und Kontrolle sowie Probleme mit der Spezifikation der Anforderungen an das AWS genannt. Projektabbrüche kommen aufgrund des Bestrebens, die Leistungen zu erfüllen, selten vor. Da es sich bei den meisten AWS um Abrechnungs-, und weniger um Informationssysteme handelt, sind der Wahlfreiheit hinsichtlich des Einsatzes des AWS Grenzen gesetzt. Daher berichten die meisten Interviewpartner auch, die AWS würden in vollem Umfang eingesetzt. Dieses Wissen um den nahezu zwangsläufigen Einsatz einmal entwickelter AWS durch die Anwender vermindert aber auch die Bereitschaft der Systementwickler, die Anwendereinbeziehung zu intensivieren und sich fortwährend um die Mitarbeit des Anwenders im SE-Prozeß zu bemühen.

5.2 Initialisierung und Beantragung von EDV-Projekten

Der erste Schritt zu einer systematischen Vorgehensweise bei der Abwicklung von EDV-Projekten ist deren Initialisierung und Beantragung. Ausgelöst wird ein EDV-Projekt entweder durch Entnahme aus dem EDV-Rahmenplan oder durch einen formalen Projektantrag. Unabhängig von dem Ursprung sollten die definierten Projekte in den EDV-Jahresplan aufgenommen werden (vgl. Abschnitt 4.7). Da mit der Einstellung in den Jahresplan eine Genehmigung des Projekts verbunden ist, sind dazu Entscheidungsunterlagen aufzubereiten. Von der eigentlichen gedanklichen Anregung des Projekts, der Projektidee, bis zu dem formalen Projektantrag sind im Vorfeld des EDV-Projekts also gewisse Vorarbeiten notwendig. Diese Zeitspanne sei Initialisierung genannt (vgl. Budde, Schnupp, Schwald 1980, S. 19; synonym "Problemfindung" bei Lockemann et al. 1983, S. 68 ff.). Auch wenn die Motive für eine Anregung zu einem neuen Projekt unterschiedlicher Natur sein können (vgl. etwa die Zusammenstellungen bei Parisini, Wächter 1971, S. 30; Surböck 1978, S. 31 f.), ist ihnen die Unzufriedenheit mit dem bestehenden und die Vorstellung eines möglichen besseren Zustands sowie der Wille zur Verbesserung gemeinsam.

Ziel der Initialisierung ist es dann, die Projektidee zu konkretisieren und zu überprüfen. Es muß grob geklärt werden, ob das angestrebte EDV-Projekt notwendig und zweckmäßig ist, ob es wirtschaftlich, technisch und organisatorisch überhaupt realisierbar ist und welche sachlichen und persönlichen Widerstände zu überwinden sind (vgl. auch Futh 1977, S. 298). Diese Tätigkeiten können sich, wie zwei durchgeführte Fallstudien zeigten (vgl. Verlemann 1982, S. 95 ff; Kräuter 1983, S. 90 ff.), über mehrere Jahre hinziehen, für längere Zeit unterbrochen werden, in unterschiedliche Untersuchungsrichtungen gehen und schon Tätigkeiten des späteren EDV-Projekts vorwegnehmen. Charakteristisch war in beiden Fällen eine unstrukturierte Vorgehensweise. Es ist daher zu fordern, die Initialisierung möglichst kurz zu halten, soweit notwendig einen Projektantrag zunächst nur für eine Vorstudie zu stellen und evtl. das Projekt nach der Vorstudie nicht weiter fortzusetzen.

Ziel des Projektantrages ist, den Antragsteller zu Beginn eines EDV-Projekts zu zwingen, die Ziele festzulegen, die mit dem Projekt verfolgt werden sollen. Dazu zählen der Leistungsumfang, die Qualitätsanforderungen sowie die Termin- und Kostenvorstellungen (vgl. Wigro 1979, S. 12). Der Projektantrag stellt die Entscheidungsunterlage zur Projektgenehmigung dar, ist Grundlage für die Einplanung in den EDV-Jahresplan sowie die Pläne der Fachbereiche und ist Ausgangspunkt für die Planung des Projektleiters (vgl. End, Gotthardt, Winkelmann 1979, S. 50).

Da die Projektanträge mit unterschiedlichem Konkretisierungsgrad der Projektidee gestellt werden und nur für die Vorstudie, einzelne Phasen oder das Gesamtprojekt gelten können, unterscheiden sie sich dementsprechend im Inhalt. Gefragt in der Untersuchung wurde daher

- von wem die Anregung zu EDV-Projekten ausgeht,
- wieviel Prozent der Anregungen zu Projekten führen,
- wie verbreitet Projektanträge sind,
- wieviel Projektanträge pro Projekt und
- zu welchen Zeitpunkt(en) diese gestellt werden,
- wer der Antragsteller und der Adressat ist sowie
- welche Inhalte ein Projektantrag umfaßt.

Die Anregung zu neuen Projekten kommt nach Angabe der Interviewpartner aus drei Richtungen, der Unternehmensführung, den Anwendern in den Fachbereichen und der EDV-Abteilung. Die Unternehmensführung hat dabei noch den geringsten Einfluß und wurde nur in zwei Unternehmen angeführt. Richtet man den Blick auf strategisch ausgerichtete AWS (vgl. Abschnitt 4.7), so sollte dieser Anteil sicherlich erhöht werden. Von den Anwendern gehen bis auf zwei Ausnahmen zumindest die Hälfte der Projektanregungen aus und von den EDV-Abteilungen im Mittel nur 30%. In 8 von 29 Unternehmen (28%) stammen sogar über 90% der Anregungen aus den Fachbereichen.

Diese Verteilung ist einerseits sicherlich positiv zu werten, da der Anwender eine aktive Rolle übernimmt und sich stärker mit einem selbst initiierten Projekt identifiziert. Aufgrund der genauen Kenntnis der Geschäftsabläufe werden durch die Fachbereiche sinnvolle Möglichkeiten des EDV-Einsatzes erschlossen. Andererseits spiegeln diese Zahlen aber auch die defensive Haltung der EDV-Abteilungen wider, die aufgrund des Anwendungsstaus nicht die Notwendigkeit der Akquisition von EDV-Projekten spüren und eher negative Akquisition betreiben (müssen). Durch diese passive Haltung werden aber sicherlich auch sehr sinnvolle Anwendungsgebiete nicht erschlossen. Hier liegt ein gravierender Unterschied zu der Paralleluntersuchung im Operations Research vor (vgl. Möser 1986). OR-Abteilungen sind teilweise massiv gezwungen, Akquisition von Projekten zu betreiben. Dadurch sind aber auch positive Auswirkungen auf die Zusammenarbeit mit den Anwendern zu verzeichnen, und die Einbeziehung der Anwender in den OR-Prozeß ist selbstverständlicher und reibungsloser als beim SE-Prozeß.

Von den Projektanregungen führen nach Angaben aus 23 Unternehmen im Mittel 80% zu Projektanträgen. Die minimalen Werte liegen in zwei Unternehmen bei 50%, doch in mehr als der Hälfte der antwortenden Unternehmen liegt der Prozentsatz bei 90% oder darüber. Diese hohen Prozentsätze sind nur dadurch zu erklären, daß Projektanregungen schon in der Diskussion innerhalb der Fachbereiche ein größeres Maß an Konkretisierung erhalten haben, so daß man an die EDV-Abteilung erst dann herantritt, wenn die Realisierungschance hoch eingeschätzt wird. Der Projektantrag wird meist erst dann gestellt, wenn eine fachliche und EDV-technische Lösung schon erkannt und präferiert wurde. Damit fallen die Tätigkeiten der Alternativenaufstellung, -bewertung und -auswahl in die Initialisierung und außerhalb eines geregelten Projekts. Es sollte daher vor allem in Fällen größerer Unsicherheit dazu übergegangen werden, zunächst einen Projektantrag für eine Vorstudie zu stellen.

Mit der Frage nach der Verwendung von Projektanträgen sollte festgestellt werden, ob ein schriftlicher, formeller Projektantrag notwendig ist, um ein Projekt zu starten, oder ob informelle Absprachen genügen. Die Befragung zeigt, daß bis auf ein Unternehmen (ohne EDV-Dienstleistungsunternehmen), schriftliche Projektanträge notwendig sind, auch wenn nicht immer ein Formular (vgl. etwa End, Gotthardt, Winkelmann 1979, S. 51) dafür eingerichtet ist. Zwei weitere Unternehmen schränken ein, Projektanträge nicht immer bzw. nicht sehr häufig zu verwenden.

Von den 32 Unternehmen (ohne EDV-Dienstleistungsunternehmen, einmal keine Angabe) wird pro Projekt

- in 23 (79%) Unternehmen nur ein einziger Antrag und
- in 6 (21%) Unternehmen mehr als ein Antrag gestellt.

In den 23 Unternehmen mit nur einem einzigen Projektantrag wird dieser

- in 6 Unternehmen (26%) bereits bei der Anregung, während der Initialisierung bzw. vor einer Vorstudie,
- in 13 Unternehmen (57%) zur Hauptstudie,
- in 2 Unternehmen (9%) entweder zur Vor- oder zur Hauptstudie,
- in 1 Unternehmen zur Programmierung und
- in 1 Unternehmen sobald Kosten und Termine abschätzbar sind

vorgelegt.

In den 6 Unternehmen mit mehr als einem Projektantrag werden diese

- in 3 Unternehmen zur Vor- <u>und</u> Hauptstudie,
- in 1 Unternehmen für Vorstudie, für die nächsten beiden Phasen sowie für das Restprojekt,
- in 1 Unternehmen bei Großprojekten für jede einzelne Phase und
- in 1 Unternehmen ein Planungsantrag, ein Organisationsantrag sowie ein Antrag auf Leistung der EDV-Abteilung

gefordert.

Aus diesen Ergebnissen wird ersichtlich, daß mehr als ein einziger Projektantrag, etwa für Vor- und Hauptstudie, nur in Ausnahmen erstellt werden muß. Damit besteht aber die Gefahr, daß einmal gestartete Projekte nicht mehr zur Genehmigung vorgelegt werden müssen. Die Notwendigkeit eines nochmaligen zweiten Projektantrages würde die Schwelle zur Fortführung des Projektes nach der Vorstudie erhöhen und den Genehmigungsprozeß bewußt werden lassen. Gerade zu Beginn eines EDV-Projekts sollte die Alternative eines Projektabbruchs ernsthaft geprüft werden (vgl. etwa End, Gotthardt, Winkelmann 1979, S. 32, 59; Budde, Schnupp, Schwald 1980, S. 19).

<u>Antragsteller</u> ist bis auf zwei Ausnahmen der Fachbereich, in dem das AWS eingeführt werden soll. In einem dieser Ausnahmen soll die Antragstellung von der EDV-Abteilung aber auch auf den Fachbereich übergehen, und in dem zweiten Fall

handelt es sich um den oben aufgeführten Projektantrag, der erst zur Programmierung gestellt wird. Neben den Fachbereichen wurden noch Alternativen aufgeführt. So stellt die EDV-Abteilung für interne Projekte die Anträge selbstverständlich selbst. Sie ist in dem Fall selbst als Anwender anzusehen. Außerdem gehen Anträge von der Unternehmensführung, den EDV- und Fachausschüssen oder der Organisationsabteilung aus. Wichtig ist in allen Fällen die Unterschrift des späteren Anwenders, der damit den Willen zur Änderung des bisherigen Zustandes explizit ausdrückt.

Der Adressat der Projektanträge ist
- in 19 Unternehmen (59%) und damit in erster Linie die EDV-Abteilung,
- in 5 Unternehmen (16%) der EDV- oder Fachausschuß,
- in 4 Unternehmen (13%) die Unternehmensführung.

Daneben wurden das Controlling und die Organisationsabteilung genannt oder verschiedene Adressaten in Abhängigkeit von der Projektgröße.

Über den Inhalt des Projektantrages wurden mehrere Aspekte erhoben. Interessant erscheint der Umfang des Projektantrages und einzelne Inhalte wie Wirtschaftlichkeitsüberlegungen, Spezifikationen zu den Anforderungen an das geplante AWS und mögliche Lösungswege sowie explizite Angaben über die Leitung und Besetzung des Projektteams.

Der Umfang eines Projektantrages hängt prinzipiell von der Komplexität des zu entwickelnden AWS und besonders von dem Zeitpunkt der Erstellung ab. Je später der Antrag gestellt wird, um so mehr und fundiertere Informationen liegen vor und können verarbeitet werden. Als Umfang wurde angegeben:
- 1 Seite in 5 Unternehmen,
- bis zu 10 Seiten in 13 Unternehmen,
- teilweise mehr als 10 Seiten bis zu 100 Seiten in 8 Unternehmen.

Die Inhalte der Projektanträge, wie sie in den Unternehmen angetroffen wurden, sind in Tab. 5-2 zusammengestellt. Zumindest Wirtschaftlichkeitsüberlegungen (es wird bewußt noch nicht von einer Wirtschaftlichkeitsanalyse gesprochen) sind in knapp 70% der Unternehmen in den Projektanträgen grundsätzlich enthalten. Damit wird in diesen Unternehmen den Entscheidungsträgern eine auf der Wirtschaftlichkeit beruhende Entscheidungsgrundlage an die Hand gegeben. Projektanträge, die zur Hauptstudie gestellt werden, schließen überproportional (ca. 80%) Wirtschaftlichkeitsüberlegungen mit ein.

Der Zusammenhang zwischen der Verwendung von Verrechnungspreisen und der Beachtung der Wirtschaftlichkeit, wie er bereits in Abschnitt 4.7.4 hervorgehoben wurde, bestätigt sich erneut. In Unternehmen mit Verrechnungspreisen werden

	grund-sätzlich	teil-weise	nein	keine Angabe
Wirtschaftlichkeits-überlegungen	21	4	6	1
Spezifikationen der Anforderungen und Lösungswege	18	7	6	1
Explizite Angaben über Leitung und Besetzung des Projektteams	3	1	23	5
n = 32				

Tab. 5-2: Inhalte eines Projektantrages

signifikant (+++) häufiger Wirtschaftlichkeitsüberlegungen bereits in Projektanträgen mit berücksichtigt. Von den 6 Unternehmen, die prinzipiell keine Wirtschaftlichkeitsüberlegungen aufnehmen (vgl. Tab. 5-2), besteht in 5 eine Gemeinkostenumlage und in dem sechsten eine Mischform. Siebzehn Unternehmen mit Verrechnungspreisen oder einer Mischform (94%) nehmen dagegen Wirtschaftlichkeitsüberlegungen immer (14) oder zumindest teilweise (3) in den Projektantrag mit auf, im Gegensatz zu nur 8 Unternehmen (62%) mit Gemeinkostenumlage.

Basierend auf den Tätigkeiten während der Initialisierung enthält der Projektantrag in knapp 60% der Unternehmen grundsätzlich und in über 80% der Unternehmen mindestens teilweise Anforderungen der Anwender an das zu erstellende AWS und darüber hinausgehend auch schon teilweise skizzierte Lösungswege. Die Besetzung der Position des Projektleiters und der Teammitarbeiter wird dagegen bis auf Ausnahmen noch nicht explizit mit dem Projektantrag festgelegt. Teilweise steht aber zumindest der spätere Projektleiter "implizit" schon fest, da er sich während der Initialisierung schon "herauskristallisiert" hat.

Betont sei abschließend nochmals, daß diesen frühen, dem EDV-Projekt vorangehenden Aktivitäten größte Bedeutung beigemessen werden sollte, da hier schon der Grundstein, die Richtung und der Rahmen des späteren EDV-Projekts festgelegt wird. Die angestoßenen Maßnahmen haben oft erhebliche finanzielle Bedeutung, werden meist nicht mehr in Frage gestellt und sind damit auf lange Zeit nicht mehr rückgängig zu machen.

5.3 Wirtschaftlichkeitsanalyse und Nachkalkulation von EDV-Projekten

Die EDV-Funktion unterliegt wie jede andere betriebliche Funktion dem Wirtschaftlichkeitsprinzip, das sowohl in der EDV-Abteilung als auch in den die AWS einsetzenden Fachbereichen zu beachten ist. Dies betrifft den laufenden Betrieb der AWS, aber auch die Entwicklung und Wartung der AWS. In dem Maße, wie die Aufwendungen für die Datenverarbeitung steigen, gewinnt die Wirtschaftlichkeitsfrage immer mehr an Bedeutung. Daher wurde im Rahmen der EDV-Planung schon die Notwendigkeit der EDV-Budgetierung und der Bildung von Verechnungspreisen betont (vgl. Abschnitt 4.7). Um aber auch bei der Entwicklung von AWS dem Wirtschaftlichkeitsprinzip Rechnung zu tragen, sind - wie es bei anderen Investitionsvorhaben gleicher Größenordnung üblich ist - eine Wirtschaftlichkeitsanalyse und eine Nachkalkulation mit Nachdruck zu fordern (vgl. auch Bünte 1974, S. 336; Kloster, Obelode 1978, S. 83; Kettner, Scharmann 1982, S. 1002).

Ziel der Wirtschaftlichkeitsanalyse von EDV-Projekten ist, eine Entscheidungsgrundlage für die Durchführung eines EDV-Projekts zu schaffen. Neben der primären Entscheidung über die Durchführung sind die Fragen verbunden, in welcher Reihenfolge die EDV-Projekte realisiert werden sollen (vgl. Abschnitt 4.7.2.2), welche Realisierungsalternative gewählt werden soll und ob Eigenentwicklung oder Fremdbezug vorzuziehen ist (vgl. Bons, van Megen 1984, S. 26).

Sowohl in der Literatur als auch in der Erhebung werden Wirtschaftlichkeitsanalysen, wie sich in Abschnitt 5.3.1 zeigen wird, als notwendig und sinnvoll herausgestellt. Ein Indiz für eine intensive Beschäftigung mit Wirtschaftlichkeitsanalysen (vgl. Scheer, Brandenburg, Krcmar 1978, S. 793) ist deren Standardisierung (Abschnitt 5.3.2) und Aktualisierung (Abschnitt 5.3.3) im Projektablauf. Anschließend werden die Zuständigkeiten für die Kosten- und Nutzenschätzung sowie für die eigentliche Wirtschaftlichkeitsanalyse untersucht (Abschnitt 5.3.4). Trotz der betonten Notwendigkeit von Wirtschaftlichkeitsanalysen für EDV-Projekte ist eine große Diskrepanz zwischen den propagierten Verfahren zur Kostenschätzung (Abschnitt 5.3.5) und Nutzenschätzung (Abschnitt 5.6.6) einerseits und deren Anwendung in der Praxis andererseits festzustellen. Jede Wirtschaftlichkeitsanalyse ist ohne eine abschließende Nachkalkulation sinnlos. Nur durch eine Nachkalkulation können Schätzfehler aufgezeigt und Erfahrungen für Folgeprojekte gesammelt werden. Diese Daten sind in einer Projektdatenbank (Abschnitt 5.3.7) abzulegen, um sie für zukünftige Schätzungen heranziehen zu können. Abschließend werden die mit Wirtschaftlichkeitsanalysen verbundenen Schwierigkeiten nochmals anhand von Rating-Skalen bewertet sowie die gewonnenen Gestaltungsempfehlungen zusammengefaßt (Abschnitt 5.3.8).

5.3.1 Verbreitung von Wirtschaftlichkeitsanalysen

Einleitend wurde bereits die Notwendigkeit betont, Wirtschaftlichkeitsanalysen von EDV-Projekten durchzuführen. Die Einsicht in diese Notwendigkeit scheint sich wenigstens in den in die Untersuchung einbezogenen EDV-Abteilungen auch weitgehend durchgesetzt zu haben. Denn auf die Frage in Form einer Rating-Skala

"Für wie sinnvoll halten Sie persönlich eine Wirtschaftlichkeitsanalyse"

antworteten überraschend 48 von 55 Interviewpartnern (87%) "sehr sinnvoll" (35) bzw. "sinnvoll" (13). Nur 5 Interviewpartner kreuzten "relativ sinnvoll" und je einer "nicht so sinnvoll" bzw. "unsinnig" an. Und in der Erhebung wurde auch deutlich, daß in allen 36 Unternehmen Wirtschaftlichkeitsanalysen für EDV-Projekte durchgeführt werden. Demnach ist durchaus die Bereitschaft zu verzeichnen, Wirtschaftlichkeitsanalysen einzusetzen. Allerdings ist daraus noch keine Aussage über die Güte und Häufigkeit der Durchführung ableitbar.

So berichtet Anselstetter (1984, S. 1) unter Berufung auf z.T. selbst durchgeführte empirische Untersuchungen aus den Jahren 1970 bis 1980, daß "die Effekte des DV-Einsatzes wegen zahlreicher Bewertungsprobleme nur in jedem zweiten Fall quantifiziert und kontrolliert werden". Der Begriff "Fall" wäre hier allerdings näher zu definieren. Zuberbühler (1972, S. 185) stellt in seiner empirischen Untersuchung aus der Schweiz fest, daß nur 2 von 30 Unternehmen bei der erstmaligen Einführung der EDV eine systematische Wirtschaftlichkeitsanalyse machten und mehr als die Hälfte "kaum rudimentäre Wirtschaftlichkeitsüberlegungen anstellten". In einer weiteren Erhebung (Scheer, Brandenburg, Krcmar 1978, S. 793) wird präzisiert, daß etwa 40% der größeren EDV-Projekte "intensiv", etwa 50% "überschlagsmäßig" und 10% nicht auf Wirtschaftlichkeit untersucht werden.

Der Aufwand für eine Wirtschaftlichkeitsanalyse ist besonders bei großen EDV-Projekten zu vertreten und aufgrund der finanziellen Auswirkungen zu fordern. Daher wurden die Antworten der Interviewpartner daraufhin untersucht, ab welchem Aufwand in Mannjahren (MJ) Wirtschaftlichkeitsanalysen in den Unternehmen verbindlich vorgeschrieben und durchgeführt werden. Die 16 vorliegenden Antworten verdeutlichen, daß

- nur in 6 Unternehmen generell für alle EDV-Projekte Wirtschaftlichkeitsanalysen vorzulegen sind, wobei die Grenze für die Deklaration zu einem EDV-Projekt in diesen Unternehmen meist unter einem Mannmonat liegt (vgl. Abschnitt 4.7.2.1),
- in 10 Unternehmen eine gewisse Projektgröße erreicht sein muß. Diese Untergrenze liegt

- in 3 Unternehmen bereits bei einem geschätzten Zeitaufwand unter 1/2 MJ,
- in 4 Unternehmen zwischen 1/2 MJ und 2 MJ und
- in 3 Unternehmen über 5 MJ.

Damit sind bei 9 der 16 Unternehmen (56%) schon bei relativ kleinen Projekten (unter 1/2 Mannjahr (MJ)) Wirtschaftlichkeitsanalysen verbindlich. Um so mehr erstaunt aber, daß in 3 Unternehmen Investitionen bis zu ca. 0,5 Mio. DM (bei 1 MJ = ca. 100 TDM ohne Hardware und Betriebskosten) ohne eine Überprüfung der Wirtschaftlichkeit getätigt werden können.

Die Empfehlung kann angesichts dieser Zahlen nur lauten, alle EDV-Vorhaben über einem gewissen Zeitaufwand von z.B. 3 MM als Projekte zu deklarieren (vgl. Abschnitt 4.7.2.1) und ohne eine Wirtschaftlichkeitsanalyse keine Genehmigung auszusprechen.

5.3.2 Standardisierung von Wirtschaftlichkeitsanalysen

Eine Standardisierung der Wirtschaftlichkeitsanalyse für EDV-Projekte ist innerhalb eines Unternehmens notwendig und dringend zu empfehlen, um eine Vergleichbarkeit verschiedener Projekte oder Projektalternativen zu gewährleisten. Aus einer Standardisierung ist auch der Stellenwert einer Wirtschaftlichkeitsanalyse abzulesen. So sind in den Unternehmen standardisierte Investitionsrechenverfahren etwa für Anlageinvestitionen durchaus üblich. An diese bestehenden Verfahren sollten Standardisierungen für EDV-Projekte auch zunächst anknüpfen und um spezifische Eigenheiten von EDV-Projekten ergänzt bzw. verändert werden.

Eine Standardisierung ist für verschiedene Teilbereiche vorzusehen. Sie sollte umfassen (vgl. etwa Bottler, Horvath, Kargl 1972; Dworatschek, Donike 1972; Koxholt 1975; Kloster, Obelode 1978; Kettner, Scharmann 1982; Wirtschaftsvereinigung Eisen- und Stahlindustrie 1982):

- das einzusetzende Verfahren (eindimensional, mehrdimensional, statische oder dynamische Investitionsrechenverfahren),
- die zu berücksichtigenden Kostenarten (differenziert in einmalig, laufend)
- den anzusetzenden Nutzen (direkt, indirekt und nicht monetär quantifizierbar),
- den zu betrachtenden Zeitraum (meist 5 Jahre; vgl. etwa Kettner, Scharmann 1982, S. 1009),
- die Bewertungsansätze,
- die Prüfungs- und Genehmigungsprozedur anhand von Wertgrenzen (vgl. Abschnitt 5.4) und schließlich
- das zu verwendende Formular.

Hinsichtlich der einzelnen Detailfragen sei auf die angegebene Literatur verwiesen.

In der Erhebung bestätigen Interviewpartner aus 19 Unternehmen (53%), ein verbindliches standardisierten Verfahren einzusetzen. Einen vergleichbaren Prozentsatz von 56% hatten auch Scheer, Brandenburg und Krcmar (1978, S. 793) erhoben. Seit dem Jahr 1978 bis zum Jahr 1982 ist demnach keine stärkere Durchdringung der EDV-Abteilungen zu verzeichnen.

5.3.3 Zeitpunkte der Erstellung und Aktualisierung von Wirtschaftlichkeitsanalysen

Die Güte einer Wirtschaftlichkeitsanalyse ist sehr stark von dem Zeitpunkt der Erstellung und der Aktualisierung abhängig. Wirtschaftlichkeitsanalysen zu einem frühen Zeitpunkt im SE-Prozeß sind notwendig für die Genehmigung des EDV-Projekts, sie sind aber naturgemäß wegen der großen Schätzungenauigkeiten vage. Daher sollten frühe Schätzungen aufgrund von Veränderungen im Leistungsumfang und der Informationszunahme im Laufe des SE-Prozesses aktualisiert werden (vgl. Selig 1984, S. 216; vgl. auch Heilmann 1984, S. 11). So sollten die in den ersten Monaten eines EDV-Projekts gewonnenen Erfahrungen systematisch in eine revidierte Schätzung der zukünftigen Kosten einfließen (vgl. Gewald, Schelle 1981, S. 182) und dadurch zu einer Aktualisierung der Wirtschaftlichkeitsanalyse mit beitragen. Dies bedeutet in der Praxis, zumindest nach jeder der Anfangsphasen in einem SE-Prozeß erneute Schätzungen auf jeweils einem stabileren Informationsstand und einer engeren Alternativenauswahl zu tätigen (vgl. etwa Scheer 1978, S. 308 f.), wie es etwa in dem Phasenkonzept von End, Gotthardt und Winkelmann (1979) aufgezeigt ist. In den analysierten EDV-Handbüchern (vgl. Abschnitt 2.1.2) ist dieser Forderung bis auf Ausnahmen auch Rechnung getragen, soweit es sich um detailliert ausgearbeitete Phasenkonzepte handelt.

Die Festlegung in einem EDV-Handbuch muß jedoch nicht notwendigerweise bedeuten, daß dem auch in der betrieblichen Praxis gefolgt wird. Eine Aktualisierung der Wirtschaftlichkeitsanalyse wird nach Auskunft der Interviewpartner in 16 von 34 Unternehmen (47%, zweimal keine Angabe) vorgenommen. Die Zeitpunkte der erstmaligen und der wiederholten Analyse werden anschließend noch aufgezeigt. Dabei werden Wirtschaftlichkeitsanalysen vorrangig in den Unternehmen aktualisiert, in denen auch formalisierte Verfahren vorhanden sind (vgl. Tab. 5-3). Dieser Zusammenhang verdeutlicht, daß in den Unternehmen, in denen sich eine intensive Beschäftigung mit Wirtschaftlichkeitsanalysen in deren Formalisierung ausdrückt, die Notwendigkeit einer Aktualisierung erkannt und durchgesetzt wird.

Merkmal	Ausprägung	Aktualisierung der Wirtschaftlichkeitsanalyse ja	nein	statistische Kennzahlen
Standardisiertes Verfahren	ja	12	5	Chi^2 = 7,56 s = 99,4 % (+++) Phi = 0,47
	nein	4	13	

Tab. 5-3: Standardisierung und Aktualisierung von Wirtschaftlichkeitsanalysen

Weitere Analysen ergaben, daß eine Aktualisierung der Wirtschaftlichkeitsanalysen in den Unternehmen verstärkt durchgeführt wird, in denen ein Verrechnungspreissystem für EDV-Leistungen besteht. Damit zeigt sich erneut (vgl. Abschnitt 4.7.4) die Bedeutung eines Verrechnungspreissystems zur Vertiefung des Wirtschaftlichkeitsbewußtseins in der EDV-Abteilung.

Die <u>Anzahl</u> der während des SE-Prozesses vorgenommenen Wirtschaftlichkeitsanalysen verteilt sich wie folgt (2mal keine Angabe):

- 18 Unternehmen (53%) eine einzige Wirtschaftlichkeitsanalyse,
- 8 Unternehmen (24%) zwei Wirtschaftlichkeitsanalysen, d.h. eine Aktualisierung,
- 6 Unternehmen (18%) drei Wirtschaftlichkeitsanalysen und
- 2 Unternehmen (6%) vier Wirtschaftlichkeitsanalysen.

Weiterhin ist der <u>Zeitpunkt der erstmaligen Erstellung</u> einer Wirtschaftlichkeitsanalyse im SE-Prozeß von Bedeutung. Die zeitliche Einordnung wird auf der Grundlage des in Abschnitt 2.1.2 vorgestellten Phasenkonzepts vorgenommen.

- In 12 Unternehmen (35%) wird eine Wirtschaftlichkeitsanalyse zum Projektantrag bzw. noch vor einer Vorstudie erstellt. In 7 dieser 12 Unternehmen wird diese erste, notgedrungen vage Wirtschaftlichkeitsanalyse jedoch nicht aktualisiert, so daß Änderungen der Schätzungen, wie sie in vielen Fällen notwendig sind (vgl. Abschnitt 3.3), keinen Eingang in eine erneute Wirtschaftlichkeitsanalyse finden.

- In 14 Unternehmen (41%) ist die Wirtschaftlichkeitsanalyse Teil der Vorstudie oder sie schließt sich unmittelbar daran an. Von 6 dieser Unternehmen wird die Analyse nicht wiederholt. Die Informationsbasis dürfte jedoch gerade ausreichend sein.

- In den restlichen 8 Unternehmen (24%) ist die Wirtschaftlichkeitsanalyse Gegenstand der Problemanalyse bzw. erst des fachlichen Entwurfs. In drei der acht Unternehmen wird in den folgenden Phasen des SE-Prozesses noch eine Aktualisierung vorgenommen, aber erst hier und damit relativ spät erstmals die Wirtschaftlichkeit betrachtet. Dies ist als kritisch anzusehen, da schon beträchtliche Kosten bis zu diesem Zeitpunkt aufgelaufen sein können und damit ein Druck sich aufbaut, das EDV-Projekt auch weiterzuführen.

Unter den elf auftretenden Kombinationen von Erstellungs- und Aktualisierungszeitpunkten tritt eine Kombination hervor, die von 5 Unternehmen eingehalten wird. Dort wird eine Wirtschaftlichkeitsanalyse erstmals während einer Vorstudie erstellt und diese je einmal während der Problemanalyse bzw. während des fachlichen Entwurfs und dem anschließenden EDV-Entwurf aktualisiert. Diese Vorgehensweise sei auch den anderen Unternehmen empfohlen.

5.3.4 Zuständigkeiten bei der Durchführung von Wirtschaftlichkeitsanalysen

In den Interviews wurde weiterhin erhoben, von wem die Wirtschaftlichkeitsanalyse durchgeführt wird. Ziel dieser Frage war, zu erkennen, ob die Fachbereiche die Wirtschaftlichkeit der von ihnen beantragten EDV-Projekte selbst nachweisen sollen, oder ob die EDV-Abteilung als kontrollierende, aber auch die Wirtschaftlichkeit über die Kosten beeinflussende Abteilung die Wirtschaftlichkeit analysiert.

Bei der Beantwortung wurde von einer Reihe der Interviewpartner differenziert in die Kostenschätzung, die Nutzenschätzung und die beide Schätzungen zusammenführende Wirtschaftlichkeitsanalyse. Für die <u>Kostenschätzung</u> ist danach ausnahmslos die EDV-Abteilung zuständig. Erwähnenswert ist der Ansatz von zwei Unternehmen, die eine unabhängige Schätzung zweier Mitarbeiter vornehmen bzw. die Schätzung von einem Kollegen in einem Review überprüfen lassen. Eine eigene Schätzgruppe, wie sie etwa DeMarco (1982, S. 19) fordert, die in der Lage wäre, mehr Erfahrung im Schätzen anzusammeln, wurde in der Praxis aber nicht angetroffen. Für die <u>Nutzenschätzung</u> zeichnen der bzw. die Fachbereiche verantwortlich. In zwei Unternehmen wurde die Unterstützung durch die EDV-Abteilung betont. Hervorzuheben sind zwei weitere Unternehmen, in denen eine Kontrolle der Nutzenschätzung durch eine unabhängige Instanz erfolgt (Abteilung Betriebswirtschaft bzw. Controlling). Obwohl in keinem Unternehmen explizit angeführt wurde, die Nutzenschätzung werde von der EDV-Abteilung vorgenommen, kann dies nicht immer ausgeschlossen werden. Denn in 11 Unternehmen liegen hinsichtlich der Nutzenschätzung keine Angaben vor und es ist in einigen dieser Fälle durchaus zu vermuten, daß der Nutzen von der die Wirtschaftlichkeitsanalyse durchführenden EDV-Abteilung mitgeschätzt wird. Es ist selbstredend, daß dieser Zustand nicht zu begrüßen wäre, denn der potentielle Nutzen eines AWS kann nur durch die Anwender in den Fachbereichen realisiert werden und ist daher von diesen als Ziel auch vorzugeben.

Die Wirtschaftlichkeitkeitsrechnung wird meistens von dem Projektleiter aus der EDV-Abteilung vollzogen. Im Einzelnen wurde genannt (8 mal keine Angabe):

- in 15 Unternehmen (54%) die EDV-Abteilung, davon explizit in 10 Unternehmen der Projektleiter,
- in 6 Unternehmen (21%) die Fachbereiche bzw. deren Organisationsabteilung,
- in 2 Unternehmen die EDV-Abteilung in enger Zusammenarbeit mit den Fachbereichen,
- in 2 Unternehmen alternativ die EDV-Abteilung, ein Fachbereich oder das Rechnungswesen und - es sei hervorgehoben -
- in 3 Unternehmen neutrale Stellen, die nicht identisch sind mit den bei der Nutzenschätzung genannten.

In den Fällen, in denen die Fachbereiche die Wirtschaftlichkeit nachweisen, geschieht dies in allen 6 Unternehmen bereits zum Projektantrag. Die Wirtschaftlichkeitsanalyse wird aber nur in zwei dieser Unternehmen aktualisiert, und zwar gerade dann, wenn die Projektleitung im Fachbereich verbleibt. Wechselt die bis dahin informelle Projektleitung nach der Initialisierung in die EDV-Abteilung, wird keine erneute, auf besseren Informationsstand beruhende Wirtschaftlichkeitsanalyse erstellt. Gerade durch den Wechsel der Projektleitung wäre aber die Chance gegeben, unbelastet von den ersten Schätzungen zu aktualisierten Wirtschaftlichkeitsanalysen zu gelangen.

5.3.5 Methoden der Kostenschätzung

Die Schätzung der Kosten und des Nutzens eines neuen AWS über den gesamten Lebenszyklus, der die Erstellung, den Betrieb und die Wartung umfaßt, ist als das wesentliche Element der Wirtschaftlichkeitsanalyse aufzufassen. Wie problembehaftet die Kostenschätzung für ein neues AWS ist, wurde bereits mit Abb. 4-2 im Abschnitt 4.1.5 verdeutlicht, als die Zeit- und Kostenschätzung zusammen mit der Einhaltung der Budgets und der Termine als die größten Problembereiche bei der Entwicklung von AWS von den Interviewpartnern bewertet wurden. Die Schwierigkeiten beruhen darauf, erstens den <u>Umfang</u> eines AWS frühzeitig exakt genug abzuschätzen und zweitens die Einflußfaktoren und deren Wirkung auf die <u>Produktivität</u> der Systementwickler zu beurteilen. Die Aufstellung der Einflußfaktoren nicht nur für die Kosten- sondern auch für die Nutzenseite fällt dabei noch nicht so schwer, als deren Quantifizierung in monetären Größen.

Bei der Wirtschaftlichkeitsanalyse für EDV-Projekte können Kosten für neue bzw. mitgenutzte Hardware und Software sowie für das Personal unterschieden werden, und zwar für die Entwicklung, den Betrieb und die Wartung eines AWS. Im Mittelpunkt der Diskussion stehen in der Literatur Methoden zur Aufwandsschätzung für das Personal während der Systementwicklung. Die Kosten für die Hardware und die Software sowohl während der Entwicklung als auch während des Betriebs haben eine geringere Bedeutung und sind einfacher zu schätzen. Weitgehend vernachlässigt wird in der Literatur zur Aufwandsschätzung und zur Wirtschaftlichkeitsanalyse dagegen der Wartungsaufwand.

Die in der Literatur vorgestellten Verfahren können auf die folgenden sechs Methoden zurückgeführt werden, wobei in den meisten Verfahren eine Verbindung mehrerer Methoden vorgenommen wird (vgl. die Zusammenstellungen bei Sattler 1978, S. 43 ff.; Schmitz, Bons, van Megen 1980; Gewald, Schelle 1981, S. 159 ff.; Herrmann 1983, S. 86 ff.; Bons, van Megen 1984, S. 27 ff.; Noth, Kretzschmar 1984, S. 21 ff. und die dort jeweils angegebene Literatur):

- Analogiemethode
- Relationsmethode
- Multiplikatormethode
- Gewichtungsmethode
- Methode der parametrischen Schätzgleichungen
- Prozentsatzmethode

Bei der Analogiemethode wird gestützt auf die individuelle Erfahrung, der Aufwand für die Entwicklung eines AWS anhand der mehr oder weniger subjektiven Ähnlichkeit mit abgeschlossenen Projekten geschätzt. Wegen der in der Regel nicht nachvollziehbaren und nicht formalisierten Vorgehensweise fällt es aber schwer, von einer eigenständigen Methode zu sprechen (vgl. auch Gewald, Schelle 1981, S. 154). Man kann sich vielmehr des Eindrucks nicht erwehren, daß die häufig praktizierte, globale, rein erfahrungsgestützte Schätzung durch die Bezeichnung als Analogiemethode aufgewertet und gerechtfertigt werden soll. Beispielsweise berichtet Lehman (1979, S. 120) aus den USA, daß 70% der Unternehmen eine Schätzung anhand ähnlicher Projekte vornehmen. Eine Analyse aus den Jahren 1978 bis 1980 von 34 mehr oder weniger formalisierten Verfahren zur Aufwandsschätzung in deutschen Großunternehmen (vgl. Schmitz, Bons, van Megen 1980) ergab, daß sich knapp 40% der Verfahren ausschließlich auf die Analogiemethode stützen und weitere 25% die Analogiemethode in Kombination mit anderen Methoden nutzen. Diese Ergebnisse haben sich - wie noch aufgezeigt wird - durch die eigene Untersuchung erhärtet. Hinsichtlich einer Beschreibung der anderen oben erwähnten Methoden sei auf die angegebene Literatur verwiesen.

Eine Beurteilung von 20 auf diesen Methoden basierenden Verfahren ist von Noth und Kretzschmar (1984) in einem aufschlußreichen Praxisvergleich in Form einer ex-post-Prognose vorgenommen worden. Grundlage waren allerdings nur 4 Projekte. Als Ergebnis werden lediglich der beiden Verfahren FUNCTION-POINT und INVAS "dem Anwender allgemein für den praktischen Einsatz empfohlen" (Noth, Kretzschmar 1984, S. 118). Für weitergehende Informationen wird ebenfalls auf die angegebene Literatur verwiesen.

In der eigenen Erhebung überrascht, daß auf die <u>geschlossene</u> Frage, inwieweit in die Wirtschaftlichkeitsanalyse Kosten für die <u>Entwicklung</u>, den <u>Betrieb</u> und die <u>Wartung</u> eingehen, von 30 Unternehmen (6 mal keine Angabe)

- in 17 Unternehmen (57%) nach Aussage der Interviewpartner für alle drei Bereiche (u.U. zurückzuführen auf die geschlossene Fragestellung),
- in 8 Unternehmen (27%) für Entwicklung und Betrieb,
- in 4 Unternehmen (13%) nur für die Entwicklung und
- in 1 Unternehmen nur für den Betrieb

Kosten geschätzt werden.

Die <u>Kostenschätzung für die Entwicklung</u> eines AWS basiert hauptsächlich allein auf der "Analogiemethode", teilweise nach einer Top-Down-Strukturierung. Allerdings ist der Anspruch einer Methode, der sich in einer gewissen Formalisierung und Standardisierung ausdrückt, nur in wenigen Ausnahmen erfüllt. In 23 der 30 Unternehmen (77%) wurde im Zusammenhang mit der Kostenschätzung hervorgehoben, die Schätzung beruhe im wesentlichen auf der Erfahrung der Mitarbeiter.

Um das Ergebnis der Schätzung zu verbessern, nehmen 21 Unternehmen (70%) eine <u>Strukturierung</u> vor. Die Strukturierung geschieht

- hauptsächlich objektorientiert bzw. funktionsorientiert (13 Unternehmen) etwa in Teilsysteme, Funktionen, Programme, Module,
- nur in einem Unternehmen rein verrichtungsorientiert in Phasen und Aktivitäten und
- in 8 Unternehmen sowohl verrichtungs- als auch objektorientiert.

Zwei Interviewpartner verneinten eine Strukturierung allerdings explizit. Die Erfahrungsschätzung im Analogieschluß geschieht dort in einem einzigen Schätzvorgang für das gesamte AWS!

Die Strukturierung kann unterschiedlich weit vorangetrieben werden, wobei eine feinere Strukturierung vorzuziehen ist, da nur auf der Detailebene die Abhängigkeiten der einzelnen Einheiten erkennbar werden. Ein im Unternehmen vorhandenes Phasenkonzept erleichtert die Strukturierung, erfordert jedoch eine Anpassung im Einzelfall. Wichtig ist auch die objektorientierte Strukturierung in

Teilfunktionen. Die Strukturierung ist eine der Aufgaben im Rahmen der Projektplanung, auf die noch zurückzukommen sein wird. Ergebnis der Strukturierung ist ein Projektstrukturplan (vgl. etwa Dreger 1975, S. 124 ff.; Madauss 1984, S. 177 ff.).

Der festgestellte Strukturierungsgrad ist in

- 5 Unternehmen als grob (z.B. Phasen, Teilsysteme),
- 10 Unternehmen als mittel (z.B. Aktivitätengruppen, Programme) und nur in
- 6 Unternehmen als fein (z.B. Einzelaktivitäten, Module)

zu beurteilen.

Zwei Beispiele für erfolgreiche Verfahren zur Kostenschätzung durch Verbindung von Top-Down-Strukturierung und Erfahrung (Analogiemethode) mit der Prozentsatzmethode bzw. Faktorenmethode seien noch vorgestellt. In dem ersten Unternehmen wird bereits während der Voruntersuchung eine starke, im EDV-Handbuch festgelegte Strukturierung in definierte kleine Einheiten vorgenommen. Für den Entwurf und die Programmierung dieser "Bausteine" bestehen Erfahrungswerte über die benötigte Realisierungszeit. Die Erfahrungswerte sind die errechneten Mittelwerte aus den bisher entwickelten AWS. Über die Prozentsatzmethode wird der Aufwand für die anderen Phasen des SE-Prozesses hochgerechnet.

In dem zweiten Unternehmen wird eine objektorientierte Strukturierung des AWS und eine bis auf einzelne Aktivitäten heruntergebrochene, verrichtungsorientierte Strukturierung vorgenommen. Die Analogieschätzung für den Aufwand der so erhaltenen Bausteine wird durch einen Kriterienkatalog unterstützt. Eine Verknüpfung der Faktoren durch eine mathematische Formel wird strikt abgelehnt.

Über die Top-down-Strukturierung und die Analogiemethode hinausgehend, werden andere Methoden nur in Einzelfällen erfolgreich eingesetzt. In einem einzigen Unternehmen wird die Multiplikatormethode basierend auf der Schätzung der Programmanweisungen und in zwei Unternehmen die Gewichtungsmethode formalisiert verwendet. Die Prozentsatzmethode unterstützt die Schätzung mit Hilfe der Top-Down-Strukturierung und der Analogiemethode in zwei weiteren Unternehmen. In 11 Unternehmen werden dagegen formelle Methoden nicht eingesetzt, wobei in 4 dieser Unternehmen entsprechende Versuche wegen mangelnder Bewährung abgebrochen wurden.

Ein Zusammenhang zwischen der Verwendung bestimmter Verfahren zur Aufwandsschätzung bzw. dem Grad der Strukturierung und der Häufigkeit sowie der Höhe von Zielverfehlungen konnte nicht festgestellt werden.

Der zeitliche Aufwand und damit die Kosten für die Entwicklung eines AWS hängen aber nicht nur von dem Umfang des AWS, sondern auch von der Produktivität ab. Die Produktivität wird entscheidend von der Qualität der eingesetzten Systementwickler beeinflußt, wie etwa von Walston und Felix (1977, S. 64 f.) anhand der Analyse abgeschlossener Projekte nachgewiesen wird.

Trotzdem wird eine Produktivitätsabschätzung oder Berücksichtigung der Qualität der Systementwickler lediglich von 8 Unternehmen bejaht. In den Antworten der restlichen 22 Unternehmen mit Angaben zur Kostenschätzung findet dieser Punkt keine Beachtung, obwohl in der Fragestellung explizit auf die Schätzgrößen Umfang und Produktivität hingewiesen wurde. Dies läßt darauf schließen, daß die Produktivität als fest und für das Projekt als nicht beinflußbar angesehen wird, dem Faktor keine Bedeutung beigemessen wird oder in der Schätzung durch Analogieschluß die Produktivitätsabschätzung implizit mit vollzogen wird.

Zusammenfassend ist Stahlknecht (1983, S. 60) zuzustimmen, der pointiert, daß es eine Produktivität nicht nur bei der Entwicklung von AWS gibt, sondern auch bei der Schöpfung neuer Formeln für die Aufwandsschätzung. "Die Diskrepanz zwischen dem großen Angebot an formalisierten Verfahren und dem geringen Grad ihrer Nutzung erklärt sich daraus, daß die Verfahren zu unhandlich sind, daß die Einflußgrößen - insbesondere die Codierzeilen - im voraus nur schwer zu bestimmen sind, daß es schwierig ist, irgendwelche Produktivitätsmaße ... festzulegen" und daß ex ante kaum ein Verfahren als das Beste für ein Unternehmen empfohlen werden kann (Stahlknecht 1983, S. 60).

Sinnvoll und daher zu empfehlen ist auf jeden Fall eine starke Strukturierung des Projekts und die Erstellung eines Projektstrukturplans. Anschließend ist getrennt für jeden so erhaltenen Modul eine Aufwandsschätzung vorzunehmen. Unterstützend können dazu Kritrienkataloge herangezogen werden (vgl. auch Stahlknecht 1983, S. 60; Bons, van Megen 1984, S. 35). Weiterhin hilfreich und für viele Verfahren Voraussetzung ist die Sammlung von Daten abgeschlossenen Projekte in einer Projektdatenbank (vgl. Abschnitt 5.3.7). Als Datenbasis können die aufbereiteten Daten der Projektmanagementsysteme (vgl. Abschnitt 5.5.3) ergänzt um als relevant erachtete Einflußfaktoren dienen. Weiterhin liegen mit FUNCTION-POINT und INVAS vom Ansatz her vielversprechende neue Verfahren vor, die für einen Einsatz in dem Unternehmen ernsthaft geprüft werden sollten.

Neben den Entwicklungskosten werden die Betriebs- und Wartungskosten in einer Reihe von Unternehmen für eine Wirtschaftlichkeitsanalyse herangezogen. Die Betriebskosten werden über die Hardwareinanspruchnahme abgeschätzt und über Verrechnungspreise in monetäre Größen überführt. Die Schätzung der Wartungskosten läßt sich aus den Lebenszyklusüberlegungen ableiten, d.h. eine Prozentsatzmethode kann zum Einsatz kommen (vgl. auch Abschnitt 4.7.2.4). Beispielsweise wird in einem Unternehmen ein globaler Betrag für die Wartung nach der Einführungsphase in Abhängigkeit von der Größe des AWS und der Anzahl der beteiligten Fachbereiche angesetzt. In einem weiteren Unternehmen werden 60 Prozent der Entwicklungskosten für die Wartung einschließlich der Erweiterungen zugeschlagen. Hier wäre es jedoch sinnvoll, in reine Fehlerbehebung und darüber hinausgehende Wartung zu unterscheiden, da einer Erweiterung ein Nutzen gegenüberstehen sollte, der getrennt in einer Wirtschaftlichkeitsanalyse gerechtfertigt werden müßte. In einem letzten Unternehmen schließlich mit zehnjähriger Erfahrung in der Verrechnung von Wartungskosten werden bei Übergabe eines AWS im Durchschnitt etwa 25% der Entwicklungskosten - jedoch gestaffelt nach Anwendungsgebieten - berechnet.

5.3.6 Nutzenschätzung

Die Schätzung, vor allem aber die Bewertung der Kosten gestaltet sich noch relativ leicht, da teilweise wenigstens Markt- bzw. Verrechnungspreise oder Kosten ähnlicher AWS vorliegen (vgl. Kloster, Obelode 1978, S. 85). Auf der Nutzenseite ist zu unterscheiden zwischen direkt quantifizierbarem, indirekt quantifizierbarem und nicht quantifizierbarem (qualitativem) Nutzen (vgl. Anselstetter 1984, S. 2 und die dort zitierte Literatur). Der indirekt und vor allem der nicht quantifizierbare Nutzen unterliegt hierbei einer starken subjektiven Bewertung, der eine Schätzung in monetären Größen erschwert, wenn nicht unmöglich macht (vgl. Kloster, Obelode 1978, S. 85; Anselstetter 1984, S. 1). So geben in einer empirischen Studie basierend auf über 300 Unternehmen fast 60% der Befragten an, der Nutzen der Datenverarbeitung sei nicht "in Mark und Pfennig auszurechnen" (Wittenberg 1978, S. 46). Dieser Punkt wird nochmals in Abschnitt 5.3.7 aufgegriffen. Eine Hilfe zur Quantifizierung insbesondere des indirekten Nutzens wird von Anselstetter (1984) an die Hand gegeben, der eine Fülle von realisierten Nutzeffekten in seiner Arbeit zusammengetragen hat. Daneben werden von ihm rein qualitative Effekte skizziert und pauschal abgeschätzt.

Für die Bewertung des qualitativen Nutzens kann die Nutzwertanalyse (vgl. Zangemeister 1973) herangezogen werden. Auch wenn die zu fällenden Einzelbewertungen weiterhin subjektiven Charakter haben, so ist es doch möglich, die Transparenz der Beurteilung zu erhöhen und ein differenzierteres Urteil zu fällen (vgl. etwa Bünte 1974, S. 337; Breithardt, Lippold 1982, S. 394). Als Durchführende der Nutzwertanalyse bieten sich die verschiedenen Ausschüsse an (vgl. Abschnitt 4.5). Wesentlich ist, daß die Nutzwertanalyse nicht allein durch die EDV-Abteilung erstellt wird, sondern auf einer breiten Beurteilungsbasis der Fachbereiche ruht. Diese Aufgabe kann und darf nicht delegiert werden, und hier ist das Management der Fachbereiche gefordert. Zur Gesamtbewertung von quantifizierbarem und qualitativem Nutzen wird auch für EDV-Projekte eine Kombination der Nutzwertanalyse mit anderen Verfahren vorgeschlagen, etwa der Nutzwert-Kosten-Analyse (vgl. Breithardt, Lippold 1982, S. 394) oder die Einbeziehung von Kosten und Projektdauer (vgl. Bünte 1974, S. 337).

In der Erhebung zeigte sich, daß in fast 90% der Unternehmen (30 von 34; 2 mal keine Angabe) sowohl der direkt und indirekt als auch der nicht quantifizierbare Nutzen zur Beurteilung eines neuen AWS herangezogen wird. Lediglich 4 Unternehmen verzichten auf die Darstellung des nicht quantifizierbaren Nutzens.

Eine Abwägung zwischen den Nutzenarten etwa mit Hilfe der Nutzwertanalyse wird dagegen selten vorgenommen. Meistens wird der indirekt quantifizierbare Nutzen soweit wie möglich quantifiziert und in der Wirtschaftlichkeitsrechnung berücksichtigt, der nicht quantifizierbare (qualitative) Nutzen wird ergänzend verbal hinzugefügt. Im einzelnen wird in 7 Unternehmen (37%) der quantifizierte und der qualitative Nutzen gemeinsam beurteilt und abgewogen, in einem Unternehmen wurde eine Abwägung gerade aktuell wegen zu großer Manipulationsmöglichkeiten aufgegeben und in 11 Unternehmen (58%) wird eine Abwägung abgelehnt. Damit reduziert sich die Wirtschaftlichkeitsanalyse in diesen Unternehmen im wesentlichen auf den quantifizierbaren Nutzen. Sollen Projekte mit hohem qualitativem Nutzen realisiert werden, bedarf es daher einer Entscheidung durch das Management, das den qualitativen Nutzen als so wichtig und die Unternehmensziele so stark fördernd einstuft, daß diese Projekte in Angriff genommen werden.

5.3.7 Nachkalkulation und Projektdatenbanken

So ausführlich die Literatur über die Wirtschaftlichkeitsanalyse und insbesondere die Aufwandsschätzung sich präsentiert, so schwach und versteckt sind die Hinweise über durchzuführende Nachkalkulationen. Die Nachkalkulation kann quasi als die letzte Aktualisierung der Wirtschaftlichkeitsanalyse angesehen werden. Eine erste Nachkalkulation ist direkt nach der Einführung des AWS vornehmen, so daß die Entwicklungskosten feststehen und die Betriebs- und Wartungskosten sowie der erwartete Nutzen auf dieser Basis letztmals geschätzt werden können. Weiterhin sollte eine zweite Nachkalkulation nach einem definierten Zeitraum (z.B. 1 oder 2 Jahre) nach der Einführung erfolgen, um zu ermitteln, ob die Betriebs- und Wartungskosten in dem geschätzten Rahmen geblieben sind und ob der Nutzen sich tatsächlich eingestellt hat. Die Nachkalkulation folgt somit dem Prinzip, jeder Planung eine Kontrolle folgen zu lassen, um zukünftige Planungen zu verbessern, aber auch um eine realistische Planung zu fördern.

Die Nachkalkulation ist als Teil des standardisierten Projektabschlußberichts vorzusehen (vgl. Wente 1978, S. 138), der die Begründung einer eventuellen Verfehlung der Projektziele und die Einflußfaktoren auf das Projekt enthält.

Damit diese wichtigen Informationen nicht verloren gehen, sollten die Abschlußberichte in einer Projektdatenbank (vgl. zum Begriff etwa Madauss 1984, S. 181) systematisch gesammelt und aufbereitet werden. Denn für die meisten der oben vorgestellten Methoden zur Aufwandsschätzung werden Vergleichsdaten aus der Vergangenheit benötigt. Synonym werden in der Literatur die Begriffe "Software Cost Data Base" (Wolverton 1974, S. 615 ff.), "Software-Faktoren-Bibliothek" (Maier 1977, S. 12 ff.) und "Erfahrungsdatenbank" (Noth, Kretzschmar 1984, S. 121 f.) verwendet.

Neben den Einflußfaktoren sind in der Projektdatenbank Daten über den Umfang der erstellten Teilprodukte eines AWS sowie über die für die Entwicklung benötigten Zeiten und Kosten festzuhalten. Ergänzungen um positive und negative Erfahrungen sind denkbar. Wichtig ist jedoch, die Daten in möglichst knapper, aggregierter und weitgehend standardisierter Form zu speichern, um einen möglichst gezielten Zugriff zu gewährleisten. Der falsche Weg wäre, unverändert die Daten aus dem Projektmanagementsystem (vgl. Abschnitt 5.5.3) in der Projektdatenbank abzulegen. Auf diesem Weg entstünde ein Datenfriedhof, der zu Auswertungszwecken nicht herangezogen würde.

Im Gegensatz zu der betonten Notwendigkeit einer Nachkalkulation und einer Projektdatenbank steht aber noch deren Durchführung bzw. Realisierung in der Praxis. In den 36 befragten Unternehmen werden <u>Nachkalkulationen</u> von EDV-Projekten

- lediglich in 11 Unternehmen (31%) regelmäßig vorgenommen,
- in 7 Unternehmen (19%) teilweise, z.B. bei großen Projekten oder auf spezielle Anforderung, und
- in 18 Unternehmen (50%) werden Projekte nicht nachkalkuliert.

In Unternehmen mit Verrechnungspreisen werden erwartungsgemäß tendenziell häufiger Nachkalkulationen vorgenommen.

In einigen Interviews entstand der Eindruck, daß auf eine Nachkalkulation bewußt verzichtet wird, da eine Wirtschaftlichkeit zu diesem Zeitpunkt ohnehin nicht mehr erreichbar sei und die allgemein bekannte Tatsache nur zum Schaden einzelner Personen dokumentiert würde.

Von 6 Unternehmen wurde angegeben, eine <u>Projektdatenbank</u> erstellt zu haben. Bis auf eine Ausnahme werden in ihr aber wahrscheinlich nur die Daten abgeschlossener Projekte aus dem Projektmanagementsystem gespeichert. Denn Erkenntnisse für zukünftige Projekte werden in keinem Unternehmen daraus gewonnen.

Ebenso wie bei den Aufwandsschätzverfahren zeichnet sich auch bei der Projektdatenbank ein Defizit in der Praxis in der Übertragung der in der Literatur vorgestellten Konzepte ab. Dieses Defizit ist aber auch Hoffnung dafür, in Zukunft mit einer fundierteren Datenbasis anspruchsvollere Verfahren zur Aufwandsschätzung einsetzen zu können und dadurch die Probleme bei der Zeit- und Kostenschätzung zu vermindern.

5.3.8 Abschließende Beurteilung von Wirtschaftlichkeitsanalysen

Neben den bereits angesprochenen Problemen bei der Durchführung von Wirtschaftlichkeitsanalysen wurden die Interviewpartner noch um die Angabe zusätzlicher Punkte gebeten, die in der Praxis Schwierigkeiten bereiten. Weiterhin sollten in Form der bereits vorgestellten Rating-Skalen Aussagen über die besonderen Probleme bei Wirtschaftlichkeitsanalysen beurteilt werden. Darauf aufbauend werden zusammen mit den in vorhergehenden Abschnitten schon diskutierten Ansätzen abschließend noch einige als wichtig erachtete Gestaltungsempfehlungen vorgelegt.

Obwohl die Notwendigkeit von Wirtschaftlichkeitsanalysen von fast allen Interviewpartnern bestätigt wurde (vgl. Abschnitt 5.3.1), wird in etwa einem Drittel der Unternehmen doch hervorgehoben, daß Wirtschaftlichkeitsanalysen in einigen Fällen unnötig und nur eine lästige Pflicht sind. Auf Wirtschaftlichkeitsanalysen sollte nach Ansicht der Interviewpartner verzichtet werden, wenn Projekte etwa aufgrund gesetzlicher Bestimmungen, aufgrund des Konkurrenzdrucks oder bei Projekten, die von der Unternehmensführung initiiert sind, ohnehin durchzuführen sind.

Als Verfahren würde sich in diesen Fällen eine Kostenvergleichsrechnung verschiedener Projektalternativen anbieten. Diesem Einwand wurde in den Interviews aber nur auf Nachfragen zugestimmt. Dies kann daher als Indiz dafür gewertet werden, daß Alternativen in Form verschiedener Realisierungskonzeptionen kaum oder zumindest in zu geringem Umfang ausgearbeitet werden. Alternativen werden zwar erwogen, doch frühzeitig informell verworfen, so daß regelmäßig lediglich für eine Alternative eine Wirtschaftlichkeitsanalyse erstellt wird. Sinnvolle wertanalytische Überlegungen über den spezifischen Nutzen einiger, u.U. aufwendiger und teurer Neben- und Zusatzfunktionen werden damit vernachlässigt (vgl. Herrmann 1983, S. 91).

Neben der teilweisen Charakterisierung der Wirtschaftlichkeitsanalyse als lästige Pflicht wurde in weiteren fünf Unternehmen die Schwierigkeit der Nutzenzurechnung auf einzelne Projekte hervorgehoben. Das Problem entsteht dann, wenn die Rentabilität sich nicht direkt nach dem Ende eines Projekts, sondern erst nach Folgeprojekten einstellt. Diese Diskussion wurde bereits im Rahmen der Bildung von Verrechnungspreisen geführt (vgl. Abschnitt 4.7.4). Die Schwierigkeiten entstehen durch eine für die Wirtschaftlichkeitsanalyse unzweckmäßige Aufteilung des Gesamtsystems in Teilsysteme. Die Teilsysteme wurden z.B. unter Kapazitätsgesichtspunkten gebildet. Die Antwort kann daher nur lauten, für das Gesamtsystem und nicht nur für Teilsysteme die Wirtschaftlichkeitsanalyse vorzunehmen. Sprechen keine anderen Argumente dagegen, sollten jedoch prinzipiell die Teilsysteme in Reihenfolge abnehmender Rentabilität in Angriff genommen werden.

Zum Abschluß wurden die Interviewpartner um eine Bewertung von Aussagen über Wirtschaftlichkeitsanalysen gebeten, die sich mit den Fragen der Aktualisierung, der Abschätzung von Folgekosten (für Betrieb und Wartung) und der Nutzenbewertung beschäftigen (vgl. Tab. 5-4). Anhand der Bewertungen läßt sich ablesen, daß

- die Aktualisierung von Wirtschaftlichkeitsanalysen befürwortet wird,
- die Folgekosten abschätzbar und daher in Wirtschaftlichkeitsanalysen mit zu berücksichtigen sind,
- große Bewertungsspielräume bei der Kosten- und Nutzenschätzung gesehen werden,
- die Schätzung des quantitativen und qualitativen Nutzens zwar schwierig und mit Unsicherheiten behaftet ist, ferner die gemeinsame Bewertung problematisch ist und die Realisierung des Nutzens stark von den Anwendern abhängt, aber trotzdem die Ergebnisse (Nutzen) der Projekte nachzuvollziehen sind und bewertet werden können.

Abschließend seien nochmals einige Gestaltungsempfehlungen zusammengefaßt. Die generelle Forderung geht dahin, dem großen Kostenvolumen in der Datenverarbeitung mehr Beachtung zu schenken, als vielfach in den Unternehmen zu beobachten ist. So wie es bei technischen Projekten gleichen Umfangs selbstverständlich ist, ist der Realisierung eine umfassende Planung und Wirtschaftlichkeitsanalyse vorzuschalten. Im einzelnen ist zu fordern:

- Wirtschaftlichkeitsanalysen für alle Projekte ab einem gewissen Umfang (z.B. ab 3 Mannmonate) durchzuführen,
- die Planungs-, Durchführungs- und Kontrollfunktion stärker voneinander zu trennen, indem z.B. eine eigene Stelle geschaffen wird, welche die Wirtschaftlichkeitsanalyse vornimmt oder zumindest unterstützt oder kontrolliert,

Aussagen	Mittelwert	Varianz
1. Nur Wirtschaftlichkeitsanalysen, die während des Projektablaufs aktualisiert werden, sind aussagekräftig.	2,13	1,59
2. Die Schätzung des quantitativen Nutzens beinhaltet große Unsicherheiten.	2,40	1,09
3. Die Abschätzung von Folgekosten ist nicht sinnvoll, da die Schätzungen zu unsicher sind.	3,87	0,89
4. Der qualitative Projektnutzen ist schwer faßbar.	2,82	1,25
5. Bei Kosten-/Nutzenschätzungen ergeben sich große Bewertungsspielräume.	2,06	0,76
6. Ergebnisse von EDV-Projekten diffundieren in das Tagesgeschäft und sind nicht zu verfolgen.	3,29	1,65
7. Die gemeinsame Bewertung von quantifizierbarem und nicht quantifizierbarem Nutzen ist problematisch.	2,46	1,66
8. Der Projektnutzen hängt stark von den jeweiligen Anwendern ab und ist von diesen nicht zu trennen.	2,47	1,66
Codierung 1: stimme voll zu 5: stimme überhaupt nicht zu		

Tab. 5-4: Bewertung der Aussagen zur Wirtschaftlichkeitsanalyse

- Wirtschaftlichkeitsanalysen zu standardisieren und zu aktualisieren, indem z.B. zum Projektantrag oder während der Vorstudie eine erste, noch grobe, auf einem statischen Verfahren aufbauende Wirtschaftlichkeitsüberlegung vorgenommen wird, die während der Problemanalyse und dem fachlichen Entwurf detailliert und dynamisiert wird,
- in Kostenschätzungen sowohl die Entwicklung, die Wartung als auch den späteren Betrieb einzubeziehen,
- über eine detaillierte Strukturierung und die Aufstellung eines Projektstrukturplans eine Analogieschätzung auf eine bessere Basis zu stellen,
- über Projektdatenbanken ein abrufbares Wissen über den Einfluß verschiedener Faktoren auf den SE-Prozeß zu sammeln, das mit Hilfe neuerer Schätzverfahren (z.B. FUNCTION-POINT, INVAS) verwertet werden kann,

- eine stärkere Alternativenbetrachtung vorzunehmen und wertanalytische Ansätze zu berücksichtigen,
- den indirekt quantifizierbaren Nutzen möglichst weit zu quantifizieren und den qualitativen Nutzen über eine Managemententscheidung zu berücksichtigen
- und dem Prinzip, keine Wirtschaftlichkeitsanalyse ohne eine Nachkalkulation, Geltung zu verschaffen.

Die Wirtschaftlichkeitsanalyse dient damit dem Ziel, die Entscheidung über die Durchführung eines Projektes fundiert vorzubereiten und die Reihung mehrerer Projekte vornehmen zu können.

5.4 Projektgenehmigung

Zwei Fragen stellen sich im Zusammenhang mit der Projektgenehmigung. Wer ist für die Projektgenehmigung zuständig und hängt die Zuständigkeit von der Projektgröße, d.h. dem Investitionsvolumen, ab und werden zweitens Gesamt- oder Teilgenehmigungen erteilt?

Antworten zu den Zuständigkeiten bei der Projektgenehmigung liegen von 30 Unternehmen vor (ohne EDV-Dienstleistungsunternehmen). Dabei sind Unternehmen mit und ohne Genehmigungshierarchie in Abhängigkeit von der Projektgröße zu unterscheiden.

- In 18 Unternehmen (60%) ist für alle EDV-Projekte eine einzige Instanz zuständig.
- In 3 Unternehmen (10%) besteht eine Genehmigungshierarchie, diese verläuft jedoch lediglich innerhalb einer Abteilung, d.h. innerhalb der EDV-Abteilung bzw. innerhalb der Fachbereiche.
- In den restlichen 9 Unternehmen (30%) existiert eine Genehmigungshierarchie über Abteilungsgrenzen hinweg.

In den folgenden Betrachtungen werden die unter den ersten beiden Punkten aufgeführten Unternehmen zusammengefaßt. Projektgenehmigungen werden in etwa der gleichen Anzahl dieser Unternehmen von EDV-Abteilungen und Fachbereichen erteilt, meist jedoch von gemeinsamen Ausschüssen (insbesondere den EDV-Ausschüssen) und seltener von der Unternehmensführung (vgl. Tab. 5-5). In Unternehmen mit einer Genehmigungshierarchie kann die EDV-Abteilung meist Projekte mit geringem Aufwand selbst genehmigen. Erst bei größeren Projekten wird die Unternehmensführung im Sinn eines "management by exeption" eingeschaltet. Die Genehmigungsgrenze ist sehr unterschiedlich. Sie liegt

- in 3 Unternehmen bei 1/2 Mannjahr (bzw. 50.000 DM),
- in 2 Unternehmen bei 1 Mannjahr (bzw. 100.000 DM) und
- in 2 Unternehmen bei ca. 10 Mannjahren (bzw. 1,2 Mio DM).

Genehmigungsinstanz	mit Genehmigungshierarchie Anzahl	%	ohne Genehmigungshierarchie *) Anzahl	%	Gesamt *) Anzahl	%
EDV-Abteilung	4	19	7	78	11	37
Fachbereich	5	24	1	11	6	20
Ausschuß	8	38	2	22	10	33
Unternehmensführung	4	19	8	89	12	40
Vorgesetzte Stelle der EDV-Abteilung, außer Unternehmensführung	-	-	2	22	2	7
	21	100	9		30	

* Mehrfachnennungen

Tab. 5-5: Genehmigungsinstanzen für EDV-Projekte

Wegen der Unsicherheit zu Projektbeginn kann es gerade bei größeren Projekten empfehlenswert sein, keine Genehmigung für das gesamte Projekt zu erteilen, sondern lediglich Teilgenehmigungen auszusprechen, um dann bei einem höheren Wissensstand das Projekt fortsetzen, ändern oder abbrechen zu können. In etwa der Hälfte der befragten Unternehmen (16 von 31; 5 mal keine Angabe) wird diese Vorgehensweise praktiziert. In der Regel gelten die Teilgenehmigungen für einzelne Projektphasen (14 Unternehmen), wobei in 5 Unternehmen zwischen der Vor- und Hauptstudie die zweite und schon letzte Teilgenehmigung liegt. In nur drei Unternehmen werden einzelne Teilprojekte durch Entscheidungen getrennt. Das überrascht, zumal gerade für große Projekte eine Aufteilung zu empfehlen ist, um die Zeit zwischen Planung und Realisierung zu verkürzen, die Komplexität zu verringern und vor allem den Anwender in die Lage zu versetzen, Erfahrungen mit den realisierten Teilen des AWS zu sammeln und diese in die Spezifikation der Anforderungen und die Gestaltung der weiteren Teile einzubringen.

Wirtschaftlichkeitsanalyse und Projektgenehmigung bedingen zumindest eine grobe Projektplanung. Diese wurde bisher nur am Rande betrachtet und soll daher im weiteren in den Mittelpunkt gestellt werden.

5.5 Projektplanung, -kontrolle und -steuerung

Im formal-logischen Ablauf des funktionellen Projektmanagements wurden in den vorhergehenden Abschnitten 5.2 bis 5.4 die Initiierung und Beantragung von EDV-Projekten, die Wirtschaftlichkeitsanalyse einschließlich der Nachkalkulation und schließlich die Projektgenehmigung untersucht und das erhobene empirische Material vorgestellt. Im folgenden sei die Projektplanung, -kontrolle und -steuerung näher betrachtet. Planung, Kontrolle und Steuerung sind nicht als einmalige, vielmehr als sich wiederholende, iterative Tätigkeiten im SE-Prozeß zu begreifen. Dies wurde schon in den vorhergehenden Abschnitten bei der Projektinitiierung und Wirtschaftlichkeitsanalyse deutlich. Der Schwerpunkt der Planungsaktivitäten liegt allerdings nach der Genehmigung des Projekts. Im weiteren Verlauf des Projekts ist diese Planung zu verfeinern und aufgrund von Kontroll- und Steuerungsaktivitäten an die neue Situation anzupassen (vgl. etwa Zogg 1974, S. 177).

Trotz dieser Interdependenzen sei in der Darstellung dem formal-logischen Ablauf weiter gefolgt, indem zunächst die Projektplanung (Abschnitt 5.5.1) und anschließend die Kontrolle und Steuerung (Abschnitt 5.5.2) betrachtet werden. Die für die Planung und für die Kontrolle in den Unternehmen eingesetzten Instrumente werden in Abschnitt 5.5.3 vorgestellt. Besondere Betonung erfährt hier die Netzplantechnik, da entgegen der breiten Empfehlung in der Literatur deren erfolgreicher Einsatz bei EDV-Projekten nur selten zu beobachten ist. Weiterhin werden EDV-gestützte Projektmanagement- und Zeitaufschreibungssysteme vertieft behandelt, die zwar stark verbreitet, jedoch nicht problemlos in ihrem Einsatz sind.

In den Abschnitten 5.5.1 bis 5.5.3 wird jeweils zunächst ein Überblick anhand der Literatur vermittelt. Dem werden anschließend die gewonnenen empirischen Befunde gegenübergestellt. Als empirische Basis dienen nicht nur wie bisher die durchgeführten Interviews, sondern auch die erhobenen und ausgewerteten EDV-Handbücher (vgl. Abschnitt 2.1.2).

Die Notwendigkeit einer intensiven Planung und Kontrolle der EDV-Projekte entsteht analog wie bei anderen Investitionen in den Unternehmen durch das Postulat der Wirtschaftlichkeit. Trotzdem ist es in der Praxis nicht selbstverständlich, der Einsicht in diese Notwendigkeit auch konsequent zu folgen. Vielmehr wurde während der Erhebung der Eindruck gewonnen, daß die Ursachen für Termin- und Kostenüberschreitungen (vgl. Abschnitte 3.3 und 5.1.2) vor allem in einer unzureichenden Projektplanung zu suchen sind. Entgegen der zunächst gehegten Erwartung konnten statistische Zusammenhänge zwischen bestimmten Merkmalen zur Projektplanung und -kontrolle und den als Effizienzmaßen verwendeten Verfehlungen von Projektzielen (im wesentlichen Termin- und Kostenüberschreitungen) jedoch nur in wenigen Einzelfällen nachgewiesen werden. Als Ursache ist zu vermuten, daß in den Interviews jeweils nur erhoben werden konnte, welche Planungsunterlagen erstellt und welche Instrumente eingesetzt werden, jedoch war es nicht möglich, die Güte der Projektplanung zu erfassen. Es wäre lohnenswert, gerade diesen Aspekt in weitergehenden, auf Dokumentenanalysen beruhenden empirischen Untersuchungen stärker zu beachten.

5.5.1 Projektplanung

Gedanklich lassen sich die Planungsaktivitäten (und die entsprechenden Kontrollaktivitäten) eines SE-Prozesses in zwei Planungsprozesse aufteilen, die "originäre" Produktplanung und die "derivative" Projektplanung (Zogg 1974, S. 178, wobei dieser in Systemplanung einerseits sowie Aufbau- und Ablaufplanung andererseits trennt). Bei der originären Produktplanung werden die von dem AWS zu erbringenden Leistungen als Anforderungen festgelegt. Dieser Anforderungsspezifikation ist große Beachtung und Sorgfalt zu schenken, da darauf die Projektplanung aufbaut. (Anmerkung: Liegt eine ausgereifte Anforderungsspezifikation zu Projektbeginn noch nicht vor, so ist es nicht ratsam, das Projekt als Ganzes zu genehmigen. Vielmehr sollte zunächst eine Vorstudie durchgeführt werden oder es sollten lediglich Ressourcen für eine Problemanalyse genehmigt werden.) Ziel der Projektplanung ist die Festlegung von Tätigkeiten, die zur Entwicklung des AWS notwendig sind, die Schätzung und Festlegung von Terminen und Kosten sowie die Zuordnung von Ressourcen. In der Praxis werden die Produkt- und Projektplanung jedoch als "stark interdependent" (Zogg 1974, S. 178) angesehen. Da die Projektsicht des SE-Prozesses hier im Vordergrund steht, wird im folgenden nur die Projektplanung besprochen.

Zunächst sei ein Überblick gegeben, welche Pläne für ein EDV-Projekt nach den in der Literatur vertretenen Meinungen erstellt werden sollten. Im Anschluß wird dargestellt, welche dieser Pläne in den Unternehmen zum Einsatz kommen, wer die Pläne erstellt und welcher zeitliche Aufwand damit verbunden ist.

Im Rahmen der Projektplanung sind eine Reihe von teilweise aufeinander aufbauenden Planungsschritten zu unterscheiden. Am Ende eines Planungsschrittes steht jeweils ein erstellter Plan, mit dessen Hilfe einzelne Planungsziele verfolgt werden (vgl. etwa Daenzer 1977, S. 122 ff.; Metzger 1977, S. 51 ff.; Harrison 1981, S. 29 f.; Kupper 1981, S. 79 ff.; Heilmann 1984, S. 9 ff.; Madauss 1984, S. 176 ff.).

- Aufbauplanung
Ausgangspunkt der Projektplanung ist die mehrstufige Aufteilung der Gesamtaufgabe in überschaubare Teilaufgaben. Bei großen Projekten ist es sinnvoll, möglichst unabhängige Teilprojekte zu bilden (vgl. Abschnitt 5.4). Mit der Aufbauplanung wird festgelegt, "was" während des SE-Prozesses zu tun ist. Die Teilaufgaben werden zum einen anhand der Produktstruktur gebildet. Voraussetzung dafür ist die sorgfältige Produktplanung. Zum anderen können standardmäßig durchzuführende Teilaufgaben (Aktivitäten) in einem Vorgehensmodell, in der Regel einem Phasenkonzept, vorgegeben werden (vgl. etwa Boehm 1981, S. 47 f.). Am Ende einer Teilaufgabe sollte jeweils ein fertiggestelltes, kontrollierbares Teilprodukt (Dokument) stehen. Als Darstellungsform für Aufbaupläne werden Projektstrukturpläne (synonym: Work Breakdown Structure in der anglo-amerikanischen Literatur) empfohlen (vgl. insbesondere Madauss 1984, S. 177 ff.).

- Ablaufplanung
Anschließend können die Teilaufgaben in ihren logischen Abhängigkeiten untersucht und zu einem zweckmäßigen, transparenten Ablaufplan etwa in der Form eines Netzplans verknüpft werden.

- Qualitäts(sicherungs)planung (vgl. Abschnitt 4.4.4)
Zusammen mit der Definition des Leistungsumfangs sind die angestrebten Qualitätsziele mit ihren abgeleiteten Qualitätsmerkmalen festzulegen. In einem Qualitätssicherungsplan sind die Maßnahmen aufzuführen, die zur Erreichung dieser Ziele beitragen sollen.

- Bedarfsplanung
Für jede der vorher abgegrenzten Teilaufgaben sind die für die Durchführung notwendigen Ressourcen hinsichtlich Quantität und Qualität abzuschätzen. Aufgrund der Personalintensität des SE-Prozesses steht die Aufwandsschätzung für Personal im Mittelpunkt. Die Notwendigkeit und Schwierigkeit der Aufwandsschätzung wurde bereits bei der Behandlung der Wirtschaftlichkeitsanalyse (Abschnitt 5.3) betont.

- Einsatz- und Terminplanung
Bedingt durch einen evtl. vorgegebenen Endtermin sowie durch die Ablauf- und Bedarfsplanung sind Ressourcen (Personal, Sachmittel) den Teilaufgaben zuzuordnen und Einzel-, Zwischen- (Meilensteine) und Endtermine festzulegen. Von Bedeutung ist insbesondere der Personaleinsatzplan etwa in Form von Balkenplänen. Aber auch eine Reihe von Nebenplänen wie der Schulungsplan, Hard- und Softwareinstallations- und -nutzungsplan, etc. können bei Bedarf erstellt werden.

- Kostenplanung
  Die Aufbau- und die Bedarfsplanung liefern die Grundlage für die Planung der Gesamtkosten des Projekts und damit auch für die Wirtschaftlichkeitsanalyse und das festzulegende Projektbudget. In Verbindung mit der Ablauf- und Terminplanung ist der zeitliche Anfall der Kosten zu planen, um eine Kostenkontrolle zu ermöglichen.

- Projektinformations- und -dokumentationsplan
  Schon zu Beginn eines Projekts sollten Standards für die Berichterstattung (Berichtswege, Berichtsform) und die Dokumentation der Ergebnisse festgelegt werden. Soweit allgemeine Regelungen in der EDV-Abteilung bestehen (etwa im EDV-Handbuch), ist zu prüfen, in welcher Form sie in dem Projekt zur Anwendung kommen sollen.

Dieser Überblick mag zur Einordnung der empirischen Ergebnisse genügen. In der Literatur werden eine Vielzahl von Planarten und Darstellungsmitteln präsentiert sowie eine Reihe von Empfehlungen ausgesprochen. Der interessierte Leser sei auf die oben angegebene Literatur verwiesen.

Empirische Befunde über den Umfang der Projektplanung wurden in der Untersuchung auf zwei Wegen gewonnen, durch Befragung in den Interviews und durch Analyse der EDV-Handbücher. Die jeweiligen Ergebnisse werden im folgenden getrennt präsentiert.

Die Inhalte der Projektplanung wurden zunächst global mit der geschlossenen Frage erhoben: "Inwieweit sind die durchzuführenden Leistungen, die Termine und die Kosten Gegenstand der Projektplanung?" Trotz der mit einer gewissen Suggestivwirkung ausgestatteten Frage zeigten sich recht eindeutige Ergebnisse. Danach werden in allen 36 befragten Unternehmen im Rahmen der Aufbauplanung die Leistungen sowie darauf aufbauend die Termine geplant. Hinsichtlich der Kosten ist aber eine Differenzierung festzustellen. Lediglich in 25 Unternehmen (69%) wird basierend auf der Aufwandsschätzung ein Projektbudget erstellt. Ein Kostenplan über die Entwicklungszeit, unerläßlich für einen permanenten Soll-Ist-Vergleich, wird lediglich in einer Minderheit von 11 Unternehmen (31%) erarbeitet (vgl. auch Selig 1984, S. 219).

Ein hoch signifikanter Zusammenhang kann erneut zwischen der Verrechnungsmethode der EDV-Kosten (vgl. Abschnitt 4.7.4) und der Intensität der Kostenbetrachtung in der EDV-Abteilung aufgezeigt werden (vgl. Tab. 5-6). In Unternehmen, die ein Budget für EDV-Projekte erstellen, besteht überwiegend ein Verrechnungspreissystem bzw. in EDV-Abteilungen, die ein Verrechnungspreissystem einsetzen, werden die Kosten eines EDV-Projekts als eine relevante Planungsgröße betrachtet. Dieser Zusammenhang zeigt sich nicht nur bei dem Projektbudget, sondern auch abgeschwächt bei den nach Zeitabschnitten gegliederten Kostenplänen.

Merkmal	Ausprägung	Verrechnungsmethode: Gemeinkosten-umlage	Verrechnungsmethode: Verrechnungs-preise	statistische Kennzahlen
Projekt-budget	ja	6	16	Chi^2 = 8,80
				s = 99,7 % (+++)
	nein	9	2	Phi = 0,52

Tab. 5-6: Erstellung von Projektbudgets und Verrechnungsmethode

Es läßt sich dagegen kein Zusammenhang zwischen der Zielverfehlung von EDV-Projekten und den Inhalten der Projektplanung feststellen. In Analogie zu der Begründung bei den Verrechnungspreisen (vgl. Abschnitt 4.7.4) ist zu vermuten, daß nur die Unternehmen, die einen Termin- und Kostenplan für ein EDV-Projekt erstellen, auch realistische Kenntnisse über die Verfehlung von Projektzielen gewonnen haben und daher höhere Verfehlungen erkennen und angeben.

Die Analyse der EDV-Handbücher als zweite empirische Quelle liefert detailliertere Informationen. Von den 30 erhobenen EDV-Handbüchern wurden in 26 Handbüchern Hinweise über zu erstellende Projektpläne gefunden, wobei in einer Reihe von EDV-Handbüchern lediglich Pläne ohne nähere erklärende oder spezifizierende Angaben erwähnt sind.

Im Rahmen der Aufbauplanung wird in etwa der Hälfte der EDV-Handbücher die Bildung von Teilprojekten sowohl während der Phase der Problemanalyse als auch noch während des Fachlichen bzw. EDV-Entwurfs empfohlen (vgl. Tab. 5-7). Meist wird eine Unterteilung nach den Funktionen des AWS vorgeschlagen.

Eine detailliertere Strukturierung der durchzuführenden Aufgaben und zu erstellenden Leistungen wird in nahezu allen EDV-Handbüchern betont. Ausgangspunkt ist die Überprüfung der Aufgabenstellung aus dem Projektantrag. Darauf aufbauend sollen die Aktivitäten überwiegend anhand der vorliegenden Phasenkonzepte und durch Checklisten ermittelt und teilweise ergänzt werden. Mit dem Festlegen der Reihenfolge der Aktivitäten wird der Ablaufplan definiert. Auch wenn mit dem Phasenkonzept quasi ein Standardaufbau und -ablauf vorgegeben ist, wird in 7 Handbüchern explizit hervorgehoben, die Reihenfolge sei innerhalb der Phasen flexibel zu handhaben. Gleichzeitig mit der Ablaufplanung werden

Planungsinhalte	Anzahl EDV-Handbücher (n=26,Mehrfachangaben)			
• Bildung von Teilprojekten			12	(46 %)
- Zeitpunkt		11		
- Vorstudie bzw. Problemanalyse	5			
- Fachlicher bzw. EDV-Entwurf	6			
- Gliederungskriterium		10		
- Funktion	10			
- Objekt	5			
- Daten-Schnittstellen	2			
- Unternehmensbereiche	2			
- Dringlichkeit	3			
• Struktur- und Leistungsplanung			20	(77 %)
- Ermitteln Tätigkeiten		20		
- nach Phasenkonzept/Checkliste	12			
- eigene Formulierung	5			
- Festlegung Reihenfolge (Ablaufplan)		11		
- Festlegung Kontrollpunkte		14		
• Qualitäts(sicherungs)plan			9	(35 %)
• Bedarfsplanung			23	(88 %)
- Personalbedarfsplan		21		
- Mitarbeiterqualifikation	8			
- Aufwandsplanung	16			
- Sachmittelbedarfsplan		18		
- Hardware	12			
- Software	9			
- Räume	8			
- Schulungsbedarfsplan		13		
• Einsatz- und Terminplan			25	(96 %)
- Schulungsplan (speziell)		5		
• Kosten- und Budgetplanung			22	(85 %)
- Kostenplan (über die Zeit)		8		
- Gesamtprojektbudget		19		
- Budget pro Fachbereich		4		
• Dokumentations- und Informationsplanung			20	(77 %)
- Berichte		11		
- Projektstatusbericht	10			
- Projektabschlußbericht	8			
- Besprechungen		14		
- Unterrichtung der Projektbeteiligten		13		

Tab. 5-7: Planungsinhalte für EDV-Projekte laut EDV-Handbücher

Kontrollpunkte (Meilensteine) gesetzt. Deutlich vernachlässigt wird in der Mehrzahl der EDV-Handbücher die Festlegung der Qualitätsziele und die Planung der Qualitätssicherungsmaßnahmen. Nur in etwa einem Drittel der Handbücher wird die Qualität als zu planende Zielgröße herausgestellt.

Bei der Bedarfsplanung steht der Personal- und Sachmittelbedarf im Mittelpunkt. Die Mitarbeiterqualifikation findet jedoch kaum Beachtung, obwohl der Personalbedarf entscheidend davon bestimmt wird (vgl. auch Abschnitt 5.3.5). Termin- und Kostenpläne werden bis auf Ausnahmen in allen EDV-Handbüchern zumindest angesprochen. Als Planungsinstrumente werden in 12 Handbüchern (46%) Netzpläne und in 5 Handbüchern Balkenpläne empfohlen. Wie schon in den Interviews festgestellt wurde, sind Kostenpläne in Abhängigkeit von der Zeit und dem Projektfortschritt aber selten anzutreffen, in der Regel nur Budgets für das Gesamtprojekt. In den EDV-Handbüchern sind meist auch Empfehlungen bzw. Richtlinien für die Dokumentations- und Informationsplanung aufgestellt. Festgelegt werden Zeitpunkt und Form von Projektstatus- und Projektabschlußberichten, durchzuführende Besprechungen sowie Informationspflichten des Projektleiters gegenüber den am Projekt Beteiligten.

Defizite sind demnach hauptsächlich in drei Punkten festzustellen,

- der Qualitäts(sicherungs)planung,
- der Berücksichtigung der Mitarbeiterqualifikation bei der Personalbedarfsplanung sowie
- der Kostenplanung in Abhängigkeit von der Zeit.

Zwei Fragen zur Projektplanung seien abschließend noch aufgeworfen, die Frage nach den Zuständigkeiten für die Projektplanung und dem zeitlichen Umfang der Projektplanungstätigkeiten. Laut Angabe der Interviewpartner wird die Projektplanung

- in 16 Unternehmen ausschließlich von dem Projektleiter,
- in 12 Unternehmen vornehmlich von dem Projektleiter, aber unter Beteiligung weiterer Personen aus der EDV-Abteilung, dem Projektteam oder dem Fachbereich und
- in 4 Unternehmen ausschließlich durch Abteilungsleiter in der Systementwicklung (SE-Leiter) durchgeführt.

Erstaunlich ist die Antwort, der Projektleiter führe allein die Projektplanung durch. Diese Aussage wird durch die Analyse der EDV-Handbücher jedoch relativiert. Danach ist der Projektleiter zwar meist für die Projektplanung verantwortlich, beteiligt sind jedoch Mitarbeiter aus der EDV-Abteilung und den Fachbereichen sowie Ausschüsse. Verbleibt die Durchführung der Projektplanung bei dem SE-Leiter, so verfügt der eingesetzte Projektleiter über geringe Kompetenzen oder er wird erst zu einem Zeitpunkt im SE-Prozeß eingesetzt, nachdem die Planung schon durchgeführt wurde. Drei dieser vier EDV-Abteilungen zeichnen sich bezeichnenderweise negativ durch besonders hohe Verfehlungen der gesetzten Projektziele aus. Auch wenn dieser Zusammenhang aufgrund der lediglich vier Nennungen nicht signifikant im statistischen Sinn sein kann, ist doch zu vermuten, daß die personelle Trennung von Planung und Realisierung negative Auswirkungen zur Folge hat.

Empfehlenswert ist, die Projektplanung als Aufgabe des Projektleiters festzulegen. Nur dann kann der Projektleiter für die Einhaltung der gesteckten Projektziele verantwortlich gemacht werden. Wichtig ist darüber hinaus die Akzeptanz und Genehmigung dieser Pläne durch die Entscheidungsträger in der EDV-Abteilung und den Fachbereichen, die für die Zuteilung der notwendigen Ressourcen (in erster Linie Personal) verantwortlich sind. Denn erst durch die Genehmigung wird ein Plan in Kraft gesetzt und damit den Beteiligten als Pflicht auferlegt (vgl. etwa Harrison 1981, S. 37).

Ziel der Befragung war weiterhin, festzustellen, wieviel Prozent seiner Arbeitszeit der Projektleiter für die erstmalige und laufende Planung einsetzt. Die Beantwortung dieser Frage stieß jedoch auf größere Schwierigkeiten, da der zeitliche Anteil während des SE-Prozesses stark schwankt. Außerdem sollte die inhaltliche, konstruktive Produktplanung des AWS nicht mit berücksichtigt werden. Wegen der bestehenden Interdependenzen mit der Projektplanung erklärten Interviewpartner aus drei Unternehmen sich dazu jedoch nicht in der Lage und nannten für die gesamte Planung Werte zwischen 50 und 80 Prozent. In den restlichen 26 Unternehmen wurden allein für die Projektplanung meist recht geringe Prozentsätze genannt:

- in 19 Unternehmen (73%) zwischen 5 und 10 Prozent;
- in 6 Unternehmen (23%) über 10 bis 25 Prozent und nur
- in 1 Unternehmen für Großprojekte 30 bis 50 Prozent.

Der Durchschnitt liegt damit bei etwa 12 Prozent.

Prozentsätze in der gleichen Größenordnung werden auch von Lehman (1979, S. 120) mit 12,5 Prozent für die erstmalige und laufende Planung sowie von Waldrop (1984, S. 16) mit 15% für kleinere und 18% für größere EDV-Projekte berichtet. Diese Werte beziehen sich aber auf die Kapazität des gesamten Projektteams und nicht nur auf die des Projektleiters, so daß die Prozentsätze für die Projektleiter sicher höher zu veranschlagen sind.

Die Unsicherheit in der Beantwortung dieser Frage sowie die genannten niedrigen Prozentsätze deuten aber auch darauf hin, daß der Projektplanung nicht der notwendige Stellenwert eingeräumt wird, der anhand der hohen und häufigen Verfehlung von Projektzielen evident wird. Die Planung darf jedoch andererseits nicht Selbstzweck werden. Neben der vorausschauenden Steuerung soll durch eine projektsynchrone Kontrolle eine laufende Steuerung ermöglicht werden.

5.5.2 Projektkontrolle und -steuerung

Nach der Projektplanung seien im folgenden die empirisch gewonnenen Ergebnisse über die Projektkontrolle und -steuerung vorgestellt. Aus dem äußerst komplexen, schlecht strukturierten und innovativen Charakter des SE-Prozesses (vgl. Kirsch 1974, S. 176) werden die Grenzen der Planung sichtbar. Daher ist eine intensive Kontrolle um so mehr angezeigt, als bei Planabweichungen steuernde Maßnahmen ergriffen werden können. Diese Kontrolle ist zunächst eine Aufgabe des Projektleiters. Darüber hinaus ist aber auch das Management der EDV-Abteilung und der Fachbereiche und nicht zuletzt die Unternehmensführung aufgefordert, sich dieser Aufgabe anzunehmen (vgl. Tertilt 1978, S. 222 ff.). Konkret bedeutet dies, die im Rahmen der Projektplanung erstellten Einzelpläne während des Projektablaufs hinsichtlich ihrer Einhaltung zu kontrollieren und bei einer Abweichung zu entscheiden, ob und welche Steuerungsmaßnahmen zu ergreifen sind. Gerade bei der Entwicklung von AWS ist die Kontrolle mit größeren Schwierigkeiten als bei materiellen Projekten verbunden, da der Istzustand nur schwer abzugreifen ist. Besonders weniger erfahrene und aus großen EDV-Abteilungen stammende Interviewpartner betonen die Probleme bei der Fortschrittskontrolle (vgl. Abschnitt 4.1.5). Durch die Definition von Zwischenprodukten im SE-Prozeß wird versucht, diese Probleme zu verringern.

In der empirischen Untersuchung wurde erhoben, ob eine Leistungs-, Termin- und Kostenkontrolle vorgenommen wird und in wessen Zuständigkeit die Kontrolle fällt. Nach der Darstellung der diesbezüglichen Ergebnisse wird die Bedeutung von Projektbesprechungen und Projektstatusberichten für die Kontrolle untersucht. Die eingesetzten Instrumente zur Projektkontrolle werden erst zusammen mit den Instrumenten für die Projektplanung im Abschnitt 5.5.3 behandelt.

In Übereinstimmung mit den Ergebnissen zur Projektplanung zeigt sich auch bei der Kontrolle, daß nach Angabe der Interviewpartner Leistungen und Termine laufend kontrolliert werden. Die Kosten kontrollieren dagegen lediglich etwa ein Drittel (12 von 33) der Unternehmen. Dies ist sogar eine Nennung mehr als bei der Kostenplanung über den Projektablauf.

Eine nähere Betrachtung zeigt aber, daß von den 12 Unternehmen, die vorgeben, eine Kostenkontrolle durchzuführen, 6 keine Kostenplanung nannten. Da diese 6 Unternehmen aber allesamt die EDV-Kosten direkt über Preise weiterverrechnen, ist die Kontrolle weniger in einem Soll-Ist-Vergleich als in einer Kostenerfassung zu verstehen. Selbst wenn in einzelnen Fällen eine Unsicherheit in der Interpretation des Begriffs Kostenkontrolle bei den Interviewpartnern unterstellt wird, fällt doch der gravierende Unterschied gegenüber der Terminkontrolle auf.

Als Begründung dafür, die Kostenplanung und -kontrolle zu vernachlässigen, könnte der häufig synchrone Verlauf von Terminüberschreitungen und Kostenüberschreitungen angenommen werden. Unterbrechungen des Projekts, die keine Kostenüberschreitung bewirken, bzw. ein Mehreinsatz von Systementwicklern, der nicht zu Termin- aber zu Kostenüberschreitungen führt, können jedoch ohne getrennte Kostenplanung und -kontrolle nicht erfaßt werden.

Bei der Analyse der <u>EDV-Handbücher</u> fällt auf, daß zwar in 26 der 30 Handbücher die Projektplanung zumindest erwähnt wird, die Kontrolle dagegen nur in 20 Handbüchern. Am häufigsten genannt bzw. beschrieben wird dabei die Terminkontrolle (19 Nennungen), gefolgt von der Kostenkontrolle (17 Nennungen) und schließlich die Qualitätskontrolle (14 Nennungen). Die Kontrolle der Leistungen wird zwar explizit nur in 16 Handbüchern erwähnt, doch ist implizit mit der Termin-, Kosten- und Qualitätskontrolle eine Leistungskontrolle verbunden. Auffallend ist, daß nur in 9 Handbüchern zu einer Qualitätsplanung angehalten wird, in 14 Handbüchern dagegen die Qualität, d.h. die Güte der erstellten Leistungen geprüft werden soll. Dafür mag die Tatsache ausschlaggebend sein, daß generell mit der Erstellung und Einhaltung der Handbücher die Qualität der entwickelten AWS erhöht werden soll und dies nicht immer ausdrücklich als Ziel formuliert wird.

In 15 EDV-Handbüchern werden <u>Steuerungsmaßnahmen</u> erwähnt, die bei festgestellten Planabweichungen zu ergreifen sind. In 13 Handbüchern werden Maßnahmen explizit vorgeschlagen. Hauptsächlich wird zu einer Wiederholung der bereits durchgeführten Aktivitäten (7 Nennungen), ganzer Phasen (8 Nennungen) oder sogar des gesamten Projekts (3 Nennungen) geraten. Selten werden Zieländerungen (3 Nennungen), die Suche neuer Lösungswege (2 Nennungen) oder Personalmehreinsatz (1 Nennung) als mögliche Steuerungsmaßnahme hervorgehoben. In dieser Verteilung drückt sich erneut die Bedeutung der Leistungs- und Qualitätsziele gegenüber Terminen und Kosten aus. Dies war bereits in Abschnitt 5.1.1 in der Bewertung der Interviewpartner zu erkennen. Denn mit der Wiederholung von Tätigkeiten werden der Leistungsumfang und die Qualität zu Lasten der Termine und Kosten erhöht.

Die <u>Zuständigkeit</u> für die Projektkontrolle, speziell für Leistungen und Termine, liegt nach Angabe der Interviewpartner ebenso wie bei der Planung in erster Linie bei dem Projektleiter (17 Unternehmen). Lediglich in 4 Unternehmen wird ein SE-Leiter und in 2 Unternehmen ein Ausschuß angeführt.

Die Betonung des Projektleiters als allein kontrollierende Instanz löst Erstaunen aus und wirft ein bezeichnendes Licht auf die Situation der Projektkontrolle in den Unternehmen. Zwar sollte der Projektleiter die unmittelbare inhaltliche Kontrolle der erstellten Leistungen und darauf basierend die Termin- und Kostenkontrolle vornehmen. Doch liegen dann Planung und Kontrolle in einer Hand, falls von keiner weiteren Seite zusätzlich kontrolliert wird. In den Antworten werden die Vorgesetzten des Projektleiters, meist SE-Leiter und EDV-Leiter, sowie die in 18 Unternehmen mit der Kontrolle und Steuerung der EDV-Projekte beauftragten Ausschüsse (vgl. Abschnitt 4.5.2) nur in Ausnahmen genannt. Weiterhin wurde in keinem einzigen Unternehmen die in 10 Unternehmen bestehende Instanz für Qualitätssicherung (vgl. Abschnitt 4.4.4) angesprochen. Selbst wenn anzunehmen ist, daß der Projektleiter an seine Vorgesetzten und/oder einen Ausschuß berichtet, wird aufgrund der wenigen Nennungen doch deutlich, daß diesen keine große Bedeutung als Kontrollinstanz beigemessen wird.

Die Projektkontrolle wurde eingangs des Abschnitts aber gerade als eine Aufgabe des Managements der EDV-Abteilung, der Fachbereiche und schließlich der Unternehmensführung betont. Hier ist demnach eine entscheidende Lücke festzustellen. Anzustreben ist ein Zustand, in dem durch den Anwender in den Fachbereichen und später im SE-Prozeß durch die Qualitätssicherung der Leistungsumfang und die Qualität kontrolliert werden. Nur von diesen Instanzen begutachtete und testierte Teilprodukte können als erfüllt und als Ergebnis einer Aktivität im SE-Prozeß abgeschlossen gelten. Darauf basierend ist die Termin- und Kostenkontrolle durch das Management vorzunehmen. Auch wenn diese Vorgehensweise als idealtypisch aufgrund von in der Realität auftretenden Störgrößen wie veränderten Anforderungen an das AWS anzusehen ist, sollte dieses Prinzip der Projektkontrolle doch angestrebt werden.

In den <u>EDV-Handbüchern</u> wird eine auf mehrere Instanzen verlagerte Kontrolle und Steuerung sichtbar. Die Zuständigkeit liegt danach zunächst bei dem Projektleiter und darüber hinaus insbesondere hinsichtlich der Steuerungsmaßnahmen bei den Ausschüssen, jedoch ist diese Sichtweise in den Projekten wohl noch nicht zum Durchbruch gekommen.

Nachdem zunächst in diesem Abschnitt die der Kontrolle unterworfenen Pläne und die Zuständigkeiten vorgestellt wurden, seien im weiteren die erhobenen Ergebnisse über die Verbreitung von Projektbesprechungen sowie von Projektberichten dargelegt.

Gerade in kleinen Projektteams mit bis zu 7 Mitarbeitern (vgl. Abschnitt 6.1.1) ist die tägliche, unmittelbare Kontrolle durch den Projektleiter noch sinnvoll und möglich. Zusätzlich, vor allem bei größeren Teams sollte in Form von Projektstatusbesprechungen, Arbeitsbesprechungen und anderen speziellen Besprechungsarten kontrolliert und gesteuert werden. So betont Madauss (1984, S. 293), "die Bedeutung der Statusbesprechungen kann hier nicht stark genug unterstrichen werden".

Mit Ausnahme von 4 Unternehmen werden nach Angabe der Interviewpartner Projektbesprechungen auch regelmäßig während der EDV-Projekte einberufen. Anzutreffen sind sie vornehmlich auf der Ebene des Projektteams (18 Nennungen), weniger auf dem Projektteam übergeordneten Ebenen (10 Nennungen). Den Besprechungen auf Projektteamebene wohnen in 7 Unternehmen auch nicht dem Team angehörende Personen bei, etwa Mitarbeiter der Fachbereiche oder Vorgesetzte aus der EDV-Abteilung. Dies geschieht vor allem dann, wenn spezielle Formen von Besprechungen wie Reviews oder Walkthroughs angesetzt werden, auf die noch gesondert eingegangen wird. Besprechungen auf Ebenen oberhalb des Projektteams wurden überwiegend im Zusammenhang mit EDV-, Fach- oder Projektausschüssen genannt. Die Häufigkeit der Besprechungen liegt bis auf zwei Ausnahmen im Bereich von wöchentlich (3 Nennungen), zweiwöchentlich (2 Nennungen) bis monatlich (8 Nennungen).

Als spezielle Formen von Besprechungen wurden genannt:
- Reviews (6 Unternehmen; Einführung geplant in weiteren 5 Unternehmen)
- Walk-throughs (4 Unternehmen; Einführung geplant in weitere 3 Unternehmen)
- Code Inspection (1 Unternehmen).

In einem Review kommen alle an einem Projekt beteiligte Stellen zusammen, um mit dem Projektleiter den Status des Projekts kritisch zu beleuchten und als Reaktion gegebenenfalls Steuerungsmaßnahmen zu ergreifen. Reviews ermöglichen damit eine gezielte Projektverfolgung und das rechtzeitige Erkennen von Zielabweichungen (vgl. Diekow 1981, S. 92). Sie dienen weniger der Problemlösung als der Identifizierung von bestehenden oder latenten Problemen (vgl. Surböck 1978, S. 81). Nach festgelegten Zeitintervallen oder nach Fertigstellung bestimmter Teilprodukte präsentieren alle Projektmitarbeiter ihr Arbeitsgebiet und setzen sich der Kritik aus. Dadurch erreichen alle Beteiligten den gleichen Informationsstand, Inkonsistenzen und Defizite werden sichtbar und die Einhaltung der mit den Plänen verfolgten Ziele kann kontrolliert werden. Im Vordergrund steht das Projekt und weniger das zu erstellende Produkt.

Unter Walk-throughs werden "die gemeinsame Beurteilung und Überprüfung von Spezifikationen, Entwürfen, Schnittstellendefinitionen, Programmcode, Testergebnissen und Dokumenten im Team" verstanden (Correll, Debest 1980, S. 64). Ziel ist, Fehler zu einem möglichst frühen Zeitpunkt im SE-Prozeß aufzudecken, um die Produktivität zu erhöhen und die Qualität des AWS zu verbessern (vgl. Fagan 1976, S. 182; siehe auch Abschnitt 5.1.2). Zu einem Walk-through wird von dem Systementwickler eingeladen, dessen Arbeit geprüft werden soll. Er bestimmt Teilnehmer, Ort, etc. und versendet Kopien der zu prüfenden Unterlagen. Diese werden in einem Vorbereitungsgespräch nochmals in den Gesamtprojektzusammenhang eingeordnet und nach einer gewissen Einarbeitungszeit beschreibt der Systementwickler die Unterlagen im Detail. Sobald die Teilnehmer glauben, einen Fehler oder Unverständliches erkannt zu haben, werden diese protokolliert, um später von dem Systementwickler bearbeitet werden zu können. Ein Moderator hat die Aufgabe, für sachliche Gesprächsführung zu sorgen und sicherzustellen, daß Fehler nur erkannt, aber keine Problemlösung betrieben wird (vgl. End, Gotthardt, Winkelmann 1979, S. 404 f.). Befürchtungen, die Moral der Teammitglieder werde unter dieser Vorgehensweise leiden, haben sich nicht bestätigt, eher das Gegenteil trat ein (vgl. Holton 1977, S. 100). Somit kann diese Vorgehensweise uneingeschränkt weiterempfohlen werden (vgl. Fagan 1976; Holton 1977, S. 100; McNurlin 1977b, S. 11; Sneed 1978, S. 356).

Eine Code-Inspection ist als spezieller Walk-through des fertig codierten Moduls eines Programms zu verstehen, um es auf Vollständigkeit, Übereinstimmung mit dem Entwurf und Richtigkeit zu überprüfen. Ebenso wie bei dem Walk-through steht also das zu erstellende Produkt im Mittelpunkt.

Eine weitere Möglichkeit der Projektkontrolle insbesondere für das Management der EDV-Abteilung und der Fachbereiche erschließt sich durch zu erstellende Dokumente über den Projektfortschritt (vgl. Metzger 1977, S. 49 f.; Surböck 1978, S. 79). Aber auch der berichtende Projektleiter ist dadurch zu einer regelmäßigen Projektkontrolle gezwungen. Generell ist nach Aussage der Interviewpartner diese Form der Projektkontrolle weit verbreitet. Die Interviewergebnisse lassen aber kein Urteil über die Wirksamkeit zu. Im folgenden seien einige Ergebnisse der Befragung dokumentiert:

- In 26 Unternehmen werden spezielle Dokumente über den Projektfortschritt erstellt, nur in 2 Unternehmen nicht (8 mal keine Angabe).
- In 5 Unternehmen haben die Berichte mehrere Projekte zum Inhalt, in 14 Unternehmen nur ein einziges Projekt (7 mal keine Angabe).
- Die Berichterstattung geschieht (jeweils fehlende Werte: keine Angabe)
  - in 3 Unternehmen ergebnisorientiert (nach Abschluß einer Phase),
  - in 3 Unternehmen nur auf besondere Aufforderung,
  - in 14 Unternehmen in regelmäßigen Zeitabständen, und zwar
    - in 8 Unternehmen mindestens monatlich,
    - in 2 Unternehmen alle 3 Monate,
    - in 2 Unternehmen alle 6 Monate und
    - in einem Unternehmen jährlich.

Zusammenfassend zeigt sich analog zu der Planung, daß zwar die Leistungen und die Termine, meist jedoch nicht die Kosten der EDV-Projekte einer Kontrolle unterworfen werden. Als weiteres Defizit wurde die geringe Beteiligung des Managements in der EDV-Abteilung und in den Fachbereichen an der Kontrolle herausgearbeitet. Projektbesprechungen werden in der Regel durchgeführt, jedoch sollten spezielle Formen wie Walk-throughs noch größere Verbreitung finden.

5.5.3 Instrumente zur Projektplanung und -kontrolle

Sowohl die Projektplanung als auch die Projektkontrolle können wirkungsvoll durch entsprechende Instrumente unterstützt werden. Im folgenden sei anhand der Literatur ein Überblick über die empfohlenen Instrumente vermittelt. In knapper Form werden auch einige Vor- und Nachteile der Instrumente herausgestellt. An diesen Überblick schließen sich die empirischen Ergebnisse an. Besonderes Interesse wird dabei der Netzplantechnik gewidmet, da entgegen der breiten Empfehlung in der Literatur dieses Instrument in der Praxis nur in wenigen Unternehmen eingesetzt wird. Anhaltspunkte für Empfehlungen zum Einsatz bestimmter Instrumente sollen anschließend aus den festgestellten statistischen Zusammenhängen mit anderen erhobenen Merkmalen gewonnen werden. Abschließend werden wegen ihres verbreiteten Einsatzes Projektmanagement- und Zeitaufschreibungssysteme einer detaillierteren Betrachtung unterzogen.

Der allgemeinen Literatur zum Projektmanagement folgend (vgl. etwa Zogg 1974, S. 211; Dreger 1975, S. 255 ff.; Rüsberg 1976, S. 151 ff.; Madauss 1984, S. 191 ff.), werden auch speziell für EDV-Projekte Balkenpläne und insbesondere die Netzplantechnik zur Unterstützung der Einsatz und Terminplanung empfohlen (vgl. etwa Cleland, King 1968, S. 269 ff.; Wedekind 1976, S. 168; Metzger 1977, S. 36 ff.; Surböck 1978, S. 86 f.; Balzert 1982, S. 91 ff.; Pusch 1984, S. 13). <u>Balkenpläne</u> zeichnen sich vor allem durch ihre Einfachheit und damit Verständlichkeit aus. Einzelheiten werden dagegen leicht übersehen und eine präzise Ablauflogik wie bei Netzplänen fehlt (vgl. Madauss 1984, S. 191). Allerdings sind auch zur Netzplantechnik kritische Stimmen zu verzeichnen. Positiv wird an der <u>Netzplantechnik</u> zwar die Strukturanalyse mit der Definition der Abhängigkeiten hervorgehoben (vgl. Zuberbühler 1972, S. 122; Scholz 1979, S. 44; Keen 1981, S. 263), doch sei der Aufwand für die Kontrolle und die Aktualisierung zu hoch. Keen (1981, S. 263) empfiehlt daher eine Unterteilung eines Projekts in mehrere Teilprojekte, falls aufgrund der Komplexität des Projekts der Einsatz der Netzplantechnik notwendig erscheint.

Einmütigkeit herrscht in der Literatur darüber, daß gerade bei EDV-Projekten die Kontrolle nur an fertiggestellten Dokumenten ansetzen kann und daran auch die Planung auszurichten ist. Diese Dokumente sind an definierten Meilensteinen vorzulegen, die in einem Plan festgehalten sind. Als Meilensteine dienen vor allem die Phasengrenzen der meist als Ablaufmodell empfohlenen Phasenkonzepte (vgl. etwa Metzger 1977, S. 31 ff.; Keen 1981, S. 263). Meilensteinpläne widersprechen jedoch nicht Balkenplänen bzw. Netzplänen. Vielmehr sollten auch in Balken- und Netzpläne nur kontrollierbare Aktivitäten übernommen und die Meilensteine integriert werden (vgl. Madauss 1984, S. 198 ff.).

Aufgrund der Personalintensität der EDV-Projekte ist die Kontrolle der zeitlichen Verteilung der Arbeitszeit auf verschiedene Projekte und dort wiederum auf Aktivitäten wichtig. Diesem Zweck dienen Zeitaufschreibungssysteme. Allerdings ist DeMarco (1982, S. 134 f.) zuzustimmen, daß eine Fortschrittskontrolle allein über dieses Instrument nicht möglich ist, da der Input an Zeit und nicht der Output an Leistung gemessen wird. Zudem besteht für die Mitarbeiter zuviel Spielraum in den Eintragungen. Somit bietet ein Aufbrauchen der in der Planung für eine Aktivität angesetzten Zeit nicht die Gewähr, daß die Aktivität auch wirklich abgeschlossen wurde und das erstellte Teilprodukt den Qualitätsanforderungen genügt.

Eine Verbindung der genannten Instrumente wird mit Projektmanagementsystemen angestrebt. Diese meist EDV-gestützten, aber nicht speziell für EDV-Projekte entwickelten Systeme unterstützen die Aufbau- und Ablaufplanung sowie die daraus abgeleiteten Planungen, enthalten ein Zeitaufschreibungssystem zur Istdatenerfassung und liefern mehr oder weniger umfangreiche und komfortable Soll-Ist-Auswertungen (vgl. Heilmann 1984, S. 12). Die Terminplanung erfolgt zumindest bei den in den Unternehmen angetroffenen Standardsystemen PPC III (vgl. Schweimer 1980) und PAC II (vgl. Schreiner 1980) auf Basis der Netzplantechnik.

Eine zweite Entwicklungsrichtung speziell für EDV-Projekte stammt aus dem Software Engineering. Der Ansatz besteht darin, die Entwicklung, Speicherung und Verwaltung von Zwischen- und Endprodukten des SE-Prozesses in Produktverwaltungssystemen vorzunehmen und durch Ergänzungen und Weiterentwicklungen auch Auswertungen für das Projektmanagement zu ermöglichen (vgl. Ehrensperger 1983, zitiert bei Heilmann 1984, S. 12, der "Projektführungs-" und "Produktverwaltungssysteme" unterscheidet; "Projektbibliotheken" bei Spitta 1984, S.37 ff.).

Mit der Unterscheidung von Projektmanagement- und Produktverwaltungssystemen wird erneut die Trennung von Projekt- und Produktsicht deutlich. Zu fordern sind für die Zukunft jedoch beide Sichten integrierende Systeme einschließlich der in Abschnitt 5.3.6 angesprochenen, die Historie enthaltenden Projektdatenbanken (vgl. auch Heilmann 1984, S. 13).

Zwar werden in der Literatur zum Projektmanagement noch weitere, auch für EDV-Projekte nützliche Instrumente für die Projektplanung und -kontrolle wie Termin- (bzw. Meilenstein-) Trenddiagramme, Kosten-Soll-Ist-Vergleiche anhand von Summenkurven, etc. empfohlen (vgl. etwa Dreger 1975, S. 216 ff.; Madauss 1984, S. 208 ff.), doch wurden diese in der Erhebung von den Interviewpartnern nicht explizit erwähnt, so daß darauf nicht näher eingegangen sei. Im folgenden werden die empirischen Ergebnisse vorgestellt.

Durch zwei zeitlich im Interview getrennte Fragen waren die Interviewpartner aufgefordert, die für Projektplanung und Projektkontrolle eingesetzten Instrumente zu nennen. Die Fragen wurden bewußt offen gestellt und keine Liste der möglichen Instrumente vorgelegt oder abgefragt, um die Generierung von Antworten zu vermeiden. Erst im Anschluß wurde durch geschlossene Fragen erhoben, inwieweit Projektmanagementsysteme, Zeitaufschreibungssysteme und Phasenkonzepte in der EDV-Abteilung eingeführt sind.

So ist es auch zu erklären, daß zwar in 18 Unternehmen die verschiedensten, z.T. selbst entwickelten <u>Projektmanagementsysteme</u> implementiert sind, diese aber lediglich in 14 Unternehmen als Instrumente für die Projektplanung und in 17 Unternehmen als Instrumente für die Kontrolle aufgeführt sind (vgl. Tab. 5-8). Es ist zu vermuten, daß in den restlichen Unternehmen die Systeme allein zur <u>Zeiterfassung</u> mit entsprechenden Auswertungen eingesetzt werden. Sie erfüllen damit den gleichen Zweck wie die in 9 Unternehmen als Kontrollinstrumente angesehenen Zeitaufschreibungssysteme, die insgesamt jedoch in 12 Unternehmen geführt werden. Trotz des zweifelhaften Wertes der Projektmanagement- und Zeitaufschreibungssysteme für die Erfassung des Ist-Zustandes werden diese damit doch sehr häufig als Kontrollinstrumente genannt.

Ersichtlich wird aus Tab. 5-8 auch der verbreitete Einsatz der <u>Balkenpläne</u> (16 Nennungen). Die erfolgreiche Verwendung der <u>Netzplantechnik</u> berichten dagegen lediglich Interviewpartner aus 5 Unternehmen, davon in einem Unternehmen in Verbindung mit dem System PROJACS. In 3 Unternehmen seien jedoch schlechte Erfahrungen gesammelt worden und daher werde die Netzplantechnik nicht mehr eingesetzt. Zu berücksichtigen ist aber, daß auch in PPC III und PAC II die Terminplanung auf der Grundlage von Netzplänen erfolgen kann.

Aus den in diesen 8 Unternehmen genannten Erfahrungen lassen sich die <u>Vor- und Nachteile</u> des Einsatzes der Netzplantechnik erkennen. So wird betont, ein Netzplan liefere einen guten Überblick (1 Nennung), weil eine Strukturierung durchgeführt werden müsse (1 Nennung) und die Abhängigkeiten erkennbar würden (1 Nennung). Als Nachteil wird insbesondere der hohe Aufwand beklagt (3 Nennungen). So gab ein Interviewpartner an, für die Aktualisierung sei ein halber

eingesetzte Instrumente	Projektplanung		Projektkontrolle	
	Anzahl	%	Anzahl	%
Projektmanagementsysteme	14	39	17	47
- PPC III	4		5	
- PAC (II)	3		3	
- PROJACS	1		1	
- selbst entwickelt	5		6	
- manuell	1		3	
Produktverwaltungssysteme	1	3	1	3
Zeitaufschreibungssysteme	-	-	9	25
Balkendiagramme	16	44	3	8
Netzpläne (ohne PPC III, etc.)	4	11	2	6
Phasenkonzepte	13	36	-	-
Aktivitäten-/Checklisten	3	8	2	6
andere Hilfsmittel (z. B. Formblätter)	5	14	1	3
keine Instrumente	3	8	4	11

n = 36, Mehrfachangaben

Tab. 5-8: Instrumente für die Projektplanung und Projektkontrolle

Mitarbeiter pro Projektteam notwendig. Ein weiterer Nachteil liege in der nicht zu leistenden Detaillierung, die ein Netzplan verlange (2 Nennungen). Dieses Argument weist aber darauf hin, daß die Nachteile weniger in dem Verfahren als in der mangelnden Präzisierung der während des SE-Prozesses durchzuführenden Aktivitäten und zu erstellenden Zwischenprodukte begründet sind. Aufgrund des Aufwands wird ein Netzplan wohl auch nur in Großprojekten (2 Nennungen) erstellt und eine Aktualisierung nur von 2 der 5 Unternehmen durchgeführt. Um den Aufwand für die Erstellung und Aktualisierung des Netzplans zu begrenzen, sollte dieser nicht zu detailliert ausgearbeitet werden. Erfolgreich eingesetzte Netzpläne hatten in einem Unternehmen 56 Vorgänge und in einem anderen Unternehmen maximal 120 Vorgänge, wobei ein Vorgang den Umfang von einem bis mehreren Mannmonaten hatte.

Beachtenswert ist noch, daß in 12 der erhobenen EDV-Handbücher empfohlen wird, die Netzplantechnik einzusetzen, dem jedoch nur in 2 dieser Unternehmen gefolgt wird. Der in den EDV-Handbüchern erhobene Anspruch wird demnach kaum in der Realität erfüllt.

In den Phasenkonzepten sehen Interviewpartner aus 13 Unternehmen ein Instrument zur Projektplanung (vgl. Tab. 5-8). Auffallend ist jedoch, daß in 30 der 36 Unternehmen ausgearbeitete Phasenkonzepte angetroffen wurden (vgl. Abschnitt 5.6). Diese Diskrepanz kann erstens als ein Indiz für eine geringe Akzeptanz der Phasenkonzepte in der betrieblichen Praxis gewertet werden. Zweitens werden Phasenkonzepte trotz ihres Einsatzes wohl nur teilweise als die Projektplanung unterstützende Instrumente angesehen. Wie sich aber noch zeigen wird, besteht ein positiver Zusammenhang zwischen der Nennung des Phasenkonzepts als Projektmanagementinstrument und der Einhaltung der gesetzten Projektziele.

Keinerlei Instrumente für die Planung werden lediglich in 3 Unternehmen und für die Kontrolle in 4 Unternehmen angegeben.

Projektmanagementsysteme werden als Planungsinstrumente verstärkt in Unternehmen mit großen EDV-Abteilungen genutzt. In 13 der 18 EDV-Abteilungen mit über 150 Mitarbeitern wurden Projektmanagementsysteme angetroffen, dagegen lediglich in 8 der 18 kleineren EDV-Abteilungen (Signifikanzniveau (+)). Damit in Verbindung wurde festgestellt, daß Projektmanagementsysteme in Unternehmen zum Einsatz kommen, in denen große Projektteams mit über 12 Mitarbeitern gebildet werden (vgl. Abschnitt 6.1.1). Diese Zusammenhänge sind auch jeweils aufgrund der größeren Komplexität der mit großen Teams in Angriff genommenen Projekte und des sich in großen EDV-Abteilungen ergebenden höheren Koordinations- und Planungsbedarfs verständlich.

Weiterhin wurden Zusammenhänge zwischen den eingesetzten Planungs- und Kontrollinstrumenten und den Effizienzmaßen untersucht, um daraus Empfehlungen ableiten zu können. Ein Zusammenhang konnte aber allein in den Unternehmen nachgewiesen werden, in denen Phasenkonzepte als Planungsinstrumente genannt wurden. Die Nennung als Planungsinstrument deutet auf einen intensiven Einsatz des Phasenkonzepts hin. Durch die strenge Strukturierung des SE-Prozesses wird auch die Planung und Kontrolle erleichtert. Allerdings ist die geringe Höhe des Signifikanzniveaus und damit auch die geringe Stärke des Zusammenhangs zu beachten (vgl. Tab. 5-9).

Der Einsatz der Projektmanagementsysteme zur Planung scheint dagegen keinen positiven Einfluß auf die Zieleinhaltung auszuüben. Ähnliche Ergebnisse liegen auch von Powers und Dickson (1973, S. 154) vor. Es gilt jedoch zu berücksichtigen, daß die Systeme gerade bei großen Teams eingesetzt werden und dort aufgrund der zu bewältigenden Komplexität des SE-Prozesses hohe Zielverfehlungen

Merkmal	Ausprägung	Phasenkonzept als Planungsinstrument ja	nein	statistische Kennzahlen
Häufigkeit der Verfehlung von Projektzielen	bis 50 %	8	9	Chi^2 = 1,41
	über 50 %	4	11	s = 76,5 % (x)
				Phi = 0,21
Höhe der Verfehlung von Projektzielen	bis 40 %	9	7	Chi^2 = 2,73
	über 40 %	3	9	s = 90,3 % (+)
				Phi = 0,31

Tab. 5-9: Nennung der Phasenkonzepte als Planungsinstrument und Zielverfehlung von Projekten

anzutreffen sind (vgl. Abschnitt 6.1.1). Durch den Einsatz von Projektmanagementsystemen werden die Verfehlungen dann auf die übliche Höhe beschränkt.

Die Anwendung der Netzplantechnik wird ebenfalls aus Unternehmen berichtet, in denen die Zielverfehlungen gerade sehr hoch sind. Statistisch signifikante Zusammenhänge bestehen jedoch nicht. Die Begründung kann analog zu den Projektmanagementsystemen angenommen werden. Jedenfalls ist ähnlich wie bei Zuberbühler (1972, S. 122) kein Zusammenhang zwischen dem Einsatz der Netzplantechnik und der Termin- und Kosteneinhaltung nachweisbar.

Aufgrund der großen Verbreitung der Projektmanagement- und Zeitaufschreibungssysteme soll deren Einsatz noch detaillierter untersucht werden. Basierend auf einer geschlossenen Frage zeigt sich, daß

- in 18 Unternehmen (50%) Projektmanagementsysteme bestehen, von denen jedoch 4 manuell betrieben werden,
- in 12 Unternehmen (33%) reine Zeiterfassungssysteme ohne eine Planungskomponente implementiert sind, wobei 3 ebenfalls manuell ausgewertet werden und
- in den restlichen 6 Unternehmen (17%) keine Zeiterfassung für notwendig erachtet wird, da in diesen Unternehmen keine Verrechnungspreise für EDV-Leistungen gebildet werden und die Projekte durch andere Instrumente geplant und kontrolliert werden.

Die Zeitaufschreibung der Mitarbeiter wird meist recht detailliert verlangt (7 mal keine Angabe):

- Nur in 2 Unternehmen (9%) wird lediglich das betreffende Projekt vermerkt,
- in 9 Unternehmen (39%) sind dagegen Teilprojekte, einzelne Funktionen oder Programme zu unterscheiden,
- in 3 Unternehmen (13%) nennt man lediglich die jeweilige Phase innerhalb des SE-Prozesses,
- in 9 Unternehmen (39%) sind die Zeitangaben jedoch auf einzelne Aktivitäten innerhalb der Phasen zu beziehen.

Die kleinste zu verwendende Zeiteinheit beträgt bei den EDV-gestützten Systemen bis auf Ausnahmen eine Stunde, bei den manuellen Systemen ein halber bzw. ein ganzer Tag.

Trotzdem sind erhebliche Zweifel an der Genauigkeit und damit auch Aussagekraft der Zeitaufschreibungen für die Projektkontrolle anzubringen. Bei der vom Autor im Interview gemachten Anregung, anhand der Zeitaufschreibung den Ist-Ablauf des SE-Prozesses nachvollziehen zu wollen (vgl. Abschnitt 2.1.2), wurde von einigen Interviewpartnern auf Datenschutzprobleme hingewiesen. Letztendlich scheiterte das Vorhaben aber daran, daß die Interviewpartner einräumten, die Stunden würden mehr nach dem Soll- als nach dem Istablauf des SE-Prozesses kontiert. Damit würden Überschreitungen einzelner Planzeiten etwa aufgrund von Schätzfehlern oder unvorhergesehenen Problemen, Wiederholungen von Aktivitäten aufgrund aufgetretener Fehler oder Ergänzungen bereits als abgeschlossen angesehener Tätigkeiten aus den Aufschreibungen nicht ersichtlich.

Die Ursachen für die mangelnde Genauigkeit liegen in den bestehenden Umgehungs- und Ausgleichsmöglichkeiten für die Mitarbeiter. Diese werden teilweise bewußt eingeräumt, um die Akzeptanz der Zeitaufschreibung zu erhöhen, um zumindest Werte zum Zweck der Verrechnung zu erhalten und eine Kontrolle der aufgelaufenen Stunden pro Projekt zu ermöglichen. Auf diesen Kern reduziert sich dann auch - bis auf Ausnahmen - die Aussagekraft der Zeitaufschreibung. Zur Erhöhung der Akzeptanz wurde den Mitarbeitern ermöglicht, die Sollzeiten selbst zu schätzen und bei Bedarf auch zu revidieren.

Bedingt durch die Ungenauigkeiten und Verfälschungen sowie den Zeitverzug um mindestens eine Woche bis zur Auswertung der Zeitaufschreibung sehen Interviewpartner aus 6 Unternehmen in den Projektmanagementsystemen auch keine Hilfe für den Projektleiter. Im Gegenteil, der Überwachungscharakter der Systeme führt in 3 Unternehmen zu einem Mißtrauen der Mitarbeiter gegenüber dem Projektleiter.

Speziell zu dem von 4 Unternehmen eingesetzten System PPC III wurde außerdem kritisch angemerkt, die Kontrolle sei zu zeitaufwendig (2 Nennungen) und der

Output unbefriedigend (1 Nennung). Ähnlich äußerte sich ein Interviewpartner zu dem System PAC II. Das System sei zu aufwendig und umständlich und werde deshalb nur noch manuell eingesetzt. Auch wenn diese Äußerungen gegen Standardsoftware sprechen, so darf der Aufwand zur Entwicklung eines eigenen Systems aber nicht unterschätzt werden.

Die geäußerte Kritik sollte aber nicht dazu führen, die Zeitaufschreibung zu unterlassen. Es gilt vielmehr, den Wert dieser Systeme nüchtern einzuschätzen und die Aussagekraft der Ergebnisse zu relativieren. Zeitaufschreibungen sind als Basis für die bisher immer wieder geforderte Bildung von Verrechnungspreisen unumgänglich. Darüber hinaus liefern die Systeme für das Management der EDV-Abteilung sinnvolle Ergebnisse, z.B. über die Verteilung der Arbeitszeit auf Neuentwicklung und Wartung sowie einzelne Phasen im SE-Prozeß. Weiterhin kann eine Kostenkontrolle über das Gesamtprojekt und einzelne Phasen erreicht werden, soweit der Übergang auf eine andere Phase mit einer Leistungskontrolle gekoppelt ist. Verständliche Akzeptanzprobleme bei den Mitarbeitern, die darauf beruhen, "Fehler" selber durch Zeitverbrauch einzugestehen, müssen dadurch abgebaut werden, daß durch festgestellte Soll-Ist-Abweichung konkrete, für den Mitarbeiter spürbare Steuerungsmaßnahmen hinsichtlich des Projekts ergriffen werden und nicht durch Untätigkeit der Eindruck eines Personalinformationssystems aufkommt.

Auch wenn SE-Prozesse als sehr komplex, schlecht strukturierbar und innovativ einzustufen sind und damit aufgrund der vielen Störgrößen als "planungs- und kontrollfeindlich" gelten, darf dies kein Argument gegen eine Planung und Kontrolle sein. Im Gegenteil, um den SE-Prozeß sowohl technisch als auch wirtschaftlich beherrschbarer zu machen, sind alle Anstrengungen aufzuwenden, bereits vorhandenes Wissen in die Planung systematisch einzubringen.

Im Rahmen der Aufbauplanung müssen kontrollierbare Teilprodukte unterstützt durch ein Vorgehensmodell definiert werden. In einem Ablaufplan in Form eines nicht zu detaillierten Netzplans, der nicht nur Aktivitäten der eigentlichen Systementwicklung, sondern auch organisatorische Vor- und Umstellungsarbeiten in den Fachbereichen enthält, werde die Abhängigkeiten sichtbar dargestellt. Die weitere Planung und Kontrolle hat nicht nur den Leistungsumfang und die Termine, sondern auch die Qualität und die Kosten zu umfassen. Die Abnahme der Planung und die Kontrolle sind als eine Managementaufgabe aufzufassen, die auf unterschiedlichem Detaillierungsgrad bis zur Unternehmensführung wahrzunehmen ist.

5.6 Vorgehensmodelle für den SE-Prozeß als Instrumente des Projektmanagements

Untersuchungsgegenstand des vorangegangenen Abschnitts 5.5 waren in Rahmen des funktionellen Projektmanagements die Projektplanung, -kontrolle und -steuerung. In den Ausführungen wurde an mehreren Stellen schon auf Vorgehensmodelle (zum Begriff vgl. Daenzer 1977, S. 27) als Instrumente des Projektmanagements hingewiesen. Empfohlen wurden Vorgehensmodelle etwa zur Aufstellung eines Projektstrukturplans. Und in 13 der 36 Unternehmen wurde von den Interviewpartnern der Einsatz von Phasenkonzepten (als spezielle Ausprägung von Vorgehensmodellen) als Instrument für die Projektplanung betont. In diesen Unternehmen war auch ein positiver Zusammenhang mit der Einhaltung der gesetzten Projektziele nachweisbar. Aufgrund der weiten Verbreitung, die Vorgehensmodelle speziell in der Form von Phasenkonzepten sowohl in der Literatur als auch in der Praxis gefunden haben, sei diesen im folgenden ein eigener Abschnitt gewidmet.

Vorgehensmodelle lassen sich in Anlehnung an Luft (1984, S. 191) als "Handlungsmuster" zur "Konstruktion von Software-Systemen" definieren, "mit deren Hilfe i.a. die Kosten und Zeiten der Konstruktion minimiert und die Qualität der konstruierten Software maximiert werden soll. Primär wird mit diesen Modellen ein geordnetes und schrittweises Vorgehen festgelegt". Eine spezielle, aber weit verbreitete Form stellen Phasenkonzepte dar. Synonyme, aber fehlleitende Begriffe sind "life cycle" oder "Lebenszyklus" (Hesse et al. 1984, S. 204). Die Phasenkonzepte betonen die Sichtweise des Projektleiters und haben "den zeitlich-organisatorischen Aspekt der anfallenden Tätigkeiten in den Vordergrund ihrer Betrachtung" gerückt (Luft 1984, S. 192). Anhand dieser Definition und Charakterisierung wird der <u>normative</u> Anspruch der Phasenkonzepte für die Entwicklung von AWS im Rahmen von Projekten deutlich. Ihre deskriptive Aussagekraft zur angemessenen Beschreibung realer SE-Prozesse (vgl. Pfohl, Braun 1981, insbesondere S. 106 ff.; de Moliere 1984, S. 186 f.) tritt dagegen in den Hintergrund.

Die breite Empfehlung der Phasenkonzepte für den SE-Prozeß war allerdings nicht primärer Ausgangspunkt für die Aufnahme von Fragen zum Vorgehensmodell in die Untersuchung. Vielmehr weckte gerade die in jüngster Zeit immer lauter werdende Kritik an den Phasenkonzepten das Interesse, in den Unternehmen die Verbreitung der Phasenkonzepte zu erheben und Aussagen über die Zufriedenheit, die Beurteilung und den Einsatz der Phasenkonzepte zu gewinnen. Vor der Präsentation der empirischen Befunde (Abschnitt 5.6.2) sei aber zuvor noch ein kommentierter Überblick über die Literatur vermittelt (Abschnitt 5.6.1), der teilweise noch über den Rahmen der empirischen Untersuchung hinausgeht.

5.6.1 Überblick über Vorgehensmodelle in der Literatur

Die ersten Vorgehensmodelle für SE-Prozesse waren Phasenkonzepte. Mittlerweile sind Phasenkonzepte sehr verbreitet und weit akzeptiert (vgl. Osterweil 1980, S. 83). Daher ist es zweckmäßig, zunächst diese Modelle vorzustellen und ihnen die in der Literatur erörterten Alternativen gegenüberzustellen. An den Anfang sei ein Hinweis auf den Ursprung der Phasenkonzepte und ihre Anwendung in anderen Disziplinen gestellt. Anschließend werden zur Konkretisierung die Strukturen von zwei typischen Phasenkonzepten und die mit ihrem Einsatz verbundenen Ziele dargestellt. Die im weiteren vorgetragene Kritik an den Phasenkonzepten leitet direkt über zu neueren Lösungsansätzen wie etwa dem Komponentenkonzept von Müller-Merbach (1979, 1982a, 1982b, 1983b) und dem Prototyping (vgl. etwa Bally, Brittan, Wagner 1977; Carey, Mason 1983; Floyd 1984). Als Resultat dieser Gegenüberstellung wird sich dann zeigen, daß diese Ansätze weniger als Alternativen, sondern vielmehr als sinnvolle Weiterentwicklungen des Phasenkonzepts aufzufassen sind und in das Phasenkonzept integriert werden können.

5.6.1.1 Herkunft, Beispiele und Wesen der Phasenkonzepte

Ausgehend von Dewey, der bereits im Jahr 1910 eine Phasenfolge für Problemlösungsprozesse aufstellte (vgl. Dewey 1933, S. 107 ff.), wurden in den Folgejahren Phasenkonzepte zur Strukturierung von Entscheidungs-, Planungs- bzw. Problemlösungsprozessen (vgl. zur Verwendung der Begriffe de Moliere 1984 und die dort angegebene Literatur) modifiziert und in die verschiedensten Bereiche integriert. Gerade in der betriebswirtschaftlichen Literatur über Entscheidungsprozesse ist eine intensive Auseinandersetzung mit dem Phasenkonzept zu verzeichnen (vgl. etwa Witte 1968b; Krüger 1974; Budäus 1975, S. 33 ff.; Kirsch 1977, Bd.1, S. 72 ff.; Bd.3, S. 59 f.; Pfohl, Braun 1981, S. 102 ff.). Zur Verdeutlichung diene als Beispiel das bei Witte (1980b, Sp. 635; vgl. auch 1968b) genannte Phasenkonzept. Dort wird der Entscheidungsprozeß aufgeteilt in die Phasen

"(1) Identifizierung des Problems;
(2) Sammlung von Informationen;
(3) Gewinnung wählbarer Alternativen;
(4) Bewertung der Alternativen;
(5) Entschluß."

Anwendungen der Phasenkonzepte sind z.B. zu finden im Bereich des Systems Engineering (vgl. Daenzer 1977, S. 49) und allgemein zum Projektmanagement (vgl. etwa Dreger 1975, S. 104 ff.; Madauss 1984, S. 59 ff.). Speziell für Organisationsprojekte nennen Musiol (1974, S. 193 f.) und ähnlich auch Dinkhauser (1979, S. 34 ff.) die Phasen

- "Vorfeld der Planung
- Planung
- Realisierung
- Verwaltung und Anpassung."

Seit Ende der 60er Jahre entstanden auch für die Entwicklung von AWS eine Fülle von Phasenkonzepten. Sie unterscheiden sich zwar in der Anzahl der Phasen, in den verwendeten Begriffen und einzelnen charakteristischen Eigenschaften, doch sind die Ähnlichkeiten sehr deutlich (vgl. Peters 1978, S. 67). Daher war es Peters und Tripp (1978, S. 64) auch möglich, einen recht anschaulichen Vergleich der Phasenkonzepte hinsichtlich der Anordnung und Aufteilung der Phasen vorzunehmen. Der Aufbau der Phasenkonzepte, die mit ihrem Einsatz verfolgten Ziele, ihre Eigenschaften und ihre Veränderung im Laufe der Zeit seien im folgenden detaillierter diskutiert, um ein besseres Verständnis zu erzeugen und ihre Einsatzmöglichkeiten beurteilen zu können. Dazu werden zwei Beispiele herangezogen. Das erste Beispiel wurde bereits in Kapitel 2 kurz als Referenzmodell vorgestellt. Unterschieden werden die Phasen:

(1) Vorstudie
(2) Problemanalyse
(3) Fachlicher Entwurf
(4) EDV-Entwurf
(5) Realisierung
(6) Einführung

Dieses Phasenkonzept ist stark an das Vorgehensmodell ORGWARE 4 (Fa. ADV/ORGA) angelehnt, das im Rahmen der Untersuchung in dieser Form oder angepaßt an Unternehmensspezifika häufig angetroffen wurde (vgl. Abschnitt 5.6.2). Starke Ähnlichkeit besteht außerdem mit dem bei SIEMENS entwickelten Phasenmodell (vgl. End, Gotthardt, Winkelmann 1979), wobei dort Phase (4) und (5) zusammengefaßt sind.

Während der <u>Vorstudie</u> sind die Probleme und Schwachstellen zu beschreiben, die mit dem geplanten AWS behoben werden sollen, und erste Ideen zur möglichen Realisierung sind darzustellen. Zur <u>Problemanalyse</u> ist das Problem genauer zu definieren, der Istzustand ist aufzunehmen und eine oder mehrere potentielle Lösungsmöglichkeiten sind in einem Sollkonzept <u>grob</u> zu beschreiben. Im Sinn des Top-down-Prinzips wird in der Phase 3 der <u>fachliche Entwurf detailliert</u> ausgearbeitet, und damit sind die von dem AWS zu erfüllenden Anforderungen spezifiziert. <u>Gleichzeitig</u> kann die ausgewählte EDV-Lösung <u>grob</u> konzipiert werden.

Der detaillierte EDV-Entwurf wird in Phase 4 mit der Programmvorgabe erstellt. Zur Realisierung zählen im wesentlichen die Codierung und die einzelnen Modul- und Programmtests. Die letzte Phase, die Einführung, hat die organisatorische Implementierung des AWS zum Ziel und umfaßt die Benutzerschulung sowie den Systemtest. Eine anschließende Phase der Wartung wird nicht definiert, da Wartungstätigkeiten als erneuter, wenn auch u.U. verkürzter Durchlauf des Phasenkonzepts angesehen werden.

Kennzeichnend des derart verstandenen Phasenkonzepts ist, daß sich die fachliche, organisatorische und EDV-technische Lösung durch das gesamte Phasenkonzept parallel durchziehen, wobei allerdings unterschiedliche Schwerpunkte in den einzelnen Phasen bestehen. Diese Schwerpunkte sind jeweils durch die Phasenbezeichnungen angedeutet.

Als zweites Beispiel sei das häufig zitierte "Wasserfall-Modell" von Boehm (1976, S. 1227; 1979, S. 82; 1981, S. 36) herangezogen (vgl. Abb. 5-3). Hier werden 8 Phasen unterschieden. Erkennbar ist, daß jede Phase durch eine Qualitätsprüfung abgeschlossen wird, wobei Boehm unter "Verification" versteht "Are we building the product right?" und unter "Validation" "Are we building the right product?" (Boehm 1981, S. 37).

Um das Phasenkonzept besser zu verstehen und um Mißverständnissen vorzubeugen sind noch einige Erläuterungen zwingend notwendig.

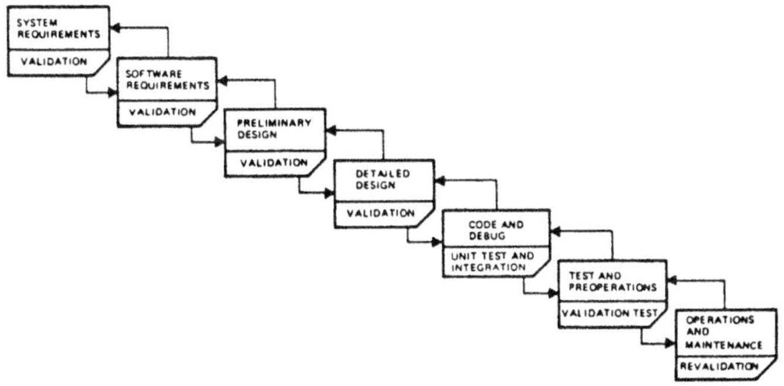

Abb. 5-3: Phasenkonzept als Wasserfallmodell
(Boehm 1981, S. 36)

- Um die allgemein mit Vorgehensmodellen angestrebten Termin-, Kosten-, Qualitäts- und Leistungsziele zu erreichen, wird mit Phasenkonzepten versucht, die Komplexität des SE-Prozesses zu verringern, d.h. die Transparenz zu erhöhen, indem eine starke Strukturierung des SE-Prozesses in Phasen vorgenommen wird. Für jede Phase werden von den Gesamtzielen abgeleitete Teilziele gesetzt. Jede Phase wird mehrstufig in Aktivitäten unterteilt. Jede Aktivität hat ein Eingangsprodukt (-dokument) und ein Ausgangsprodukt (-dokument). Am Ende einer Phase werden diese erstellten (Teil- bzw. Zwischen-)-Produkte des späteren AWS einer Qualitätskontrolle unterzogen. Damit stellen die Phasenenden Meilensteine im EDV-Projekt dar, anhand derer der Projektstand ermittelt und der Projektfortschritt festgestellt werden kann. Zwischen zwei Phasen besteht ein Entscheidungspunkt, an dem über den Fortgang des Projekts, über den Abbruch oder die ganze bzw. teilweise Wiederholung einer Phase zu entscheiden ist. Als Vorteil der Phasenkonzepte ist damit die wirksame Unterstützung der Aufbau- und Ablaufplanung und aller davon abgeleiteten Planungsschritte sowie der Projektkontrolle festzuhalten (vgl. Abschnitt 5.5) (vgl. Shaw, Atkins 1970, S. 21 ff.; Caudill 1977, S. 270; Abel et al. 1980, S. 68; Budde, Schnupp, Schwald 1980, S. 14 f.; Denert, Hesse 1980, S. 215; Hall 1982, S. 23; Zimmermann 1983, S. 82).

- Die Phasenkonzepte zeichnen in ihrer detaillierten Struktur lediglich einen Standardaufbau und -ablauf vor. Für jedes einzelne Projekt ist von dem Projektleiter nach Zweckmäßigkeitsgesichtspunkten ein eigenes Phasenkonzept abzuleiten, indem Aktivitäten weggelassen, andere hinzugefügt oder aufgeteilt werden (vgl. insbesondere Hall 1982, S. 23). In ähnlicher Form existieren etwa für Bau- oder Forschungs- und Entwicklungsprojekte Standardnetzpläne, die für den Projektleiter eine Hilfe zur Planung des speziellen Projekts bieten.

- Als Ideal wird in den Phasenkonzepten aufbauend auf eine formallogische Grundstruktur ein zeitlich sequentieller Ablauf des SE-Prozesses vorgezeichnet und angestrebt. Die Unterstützung der Projektplanung und -kontrolle beruht im wesentlichen gerade auf diesem Ideal. Reale SE-Prozesse sind jedoch, bedingt durch laufenden Erkenntniszuwachs, durch Iterationen gekennzeichnet (vgl. etwa Wedekind 1976, S. 17; Seibt 1978, S. 91; Jenkins, Naumann, Wetherbe 1984, S. 81). Diese Iterationen sollen durch eine Top-down-Vorgehensweise mit dem Phasenkonzept aufgefangen werden. Boehm (1981, S. 36) hebt daher hervor, "as much as possible, iterations of earlier phase products are performed in the next succeeding phase". Insbesondere bei den in der jüngeren Literatur beschriebenen Phasenkonzepten wird daher die streng zeitlich sequentielle Abfolge der Phasen selten unterstellt (vgl. als Ausnahme etwa Adams, Kiederich 1973, S. 17). Vielmehr werden fast ausnahmslos Wiederholungen vorangegangener Phasen und Rücksprünge in frühere Phasen vorgesehen. Dies wird vor allem dann notwendig, wenn die erstellten Produkte Qualitätsmängel aufweisen (vgl. etwa Heinrich 1976, S. 18 f.; Semprevivo 1976, S. 14 ff.; End, Gotthardt, Winkelmann 1979, S. 24; Boehm 1976, S. 1227; 1981, S. 36; Osterweil 1980, S. 85). Weiterhin sind zeitliche Überlappungen (vgl. etwa Heinrich 1976, S. 19; Metzger 1977, S. 7; Surböck 1978, S. 21 f.; Kimm et al. 1979, S. 78 f.) bis hin zu parallelen Phasen vorgesehen (vgl. Schmitz, Seibt 1975, S. 142 mit den parallelen Phasen 'Detailentwurf', 'systemtechnische Implementierung' und 'organisatorische Implementierung'). Grundstruktur bleibt jedoch ein zeitlich sequentieller Ablauf.

- Anhand der historischen Reihenfolge der Veröffentlichung der Phasenkonzepte ist eine Entwicklung abzulesen, zunächst die Dokumentation nicht mehr als eigene getrennte Phase zu betrachten (vgl. Rubin 1971 zitiert bei Wedekind 1976, S. 20) oder im wesentlichen auf die letzte Phase zu beschränken, sondern als parallel zur Systementwicklung ablaufenden Prozeß aufzufassen (vgl. Wedekind 1976, S. 20; Kimm et al. 1979, S. 79). Später wird auch der Test nicht mehr auf einen Zeitabschnitt beschränkt, sondern in Form der Qualitätsplanung und -kontrolle der in jeder Phase erstellten Produkte auf den gesamten SE-Prozeß ausgedehnt (vgl. zur parallelen Anordnung End, Gotthardt, Winkelmann 1979, S. 25; Osterweil 1980, S. 83; Boehm 1981, S. 36). Weiterhin wird der SE-Prozeß durch die Projektmanagementaktivitäten (einschließlich der Wirtschaftlichkeitsanalyse) begleitet und eingerahmt (vgl. etwa Balzert 1982, S. 19; Lockemann et al. 1983, S. 69). Die gedankliche Trennung in Projektmanagement und inhaltliche Produktentwicklung verdeutlicht ohnehin die Parallelität der beiden Prozesse.

- Die Phasenfolge muß ferner nicht geschlossen für das gesamte Projekt eingehalten werden. Mit der Bildung von Teilprojekten bzw. Teilsystemen und einzelnen Programmen ist eine jeweils getrennte Anwendung des Phasenkonzepts möglich und sogar sinnvoll, um z.B. Personalengpässe zu vermeiden. Damit befinden sich verschiedene Teilsysteme zu einem Zeitpunkt in verschiedenen Phasen (vgl. End, Gotthardt, Winkelmann 1979, S. 23; Denert, Hesse 1980, S. 215; Zimmermann 1983, S. 82).

- Für das Verständnis der Phasenkonzepte ist einem Hinweis von Gewald, Haake und Pfadler (1982, S. 27) Aufmerksamkeit zu schenken. Unterschieden werden die folgenden "Grundfunktionen" im SE-Prozeß: 'Entwerfen', 'Implementation', 'Testen', 'Dokumentation', 'Verwalten', 'Messen und Bewerten', und 'Konvertieren'. Weiter fahren sie fort: "Diese Funktionen sollten nicht mit der in der Literatur häufig gebrauchten Phaseneinteilung der Software-Entwicklung in z.B. 'Entwurfs-, Implementierungs-, Test-, Einsatzphase' verwechselt werden. Sie treten sowohl in der Entwicklung (während der einzelnen Phasen, Anmerkung des Autors) als auch in der Wartungsphase auf. Es differiert lediglich der Anteil der jeweiligen Funktionen am Arbeitsumfang ...". Graphisch verdeutlichen diesen Hinweis End, Gotthardt und Winkelmann (1979, S. 25) in Abb. 5-4.

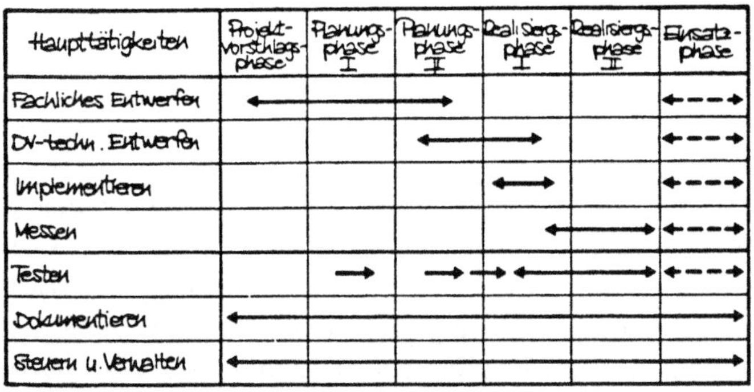

Abb. 5-4: Haupttätigkeiten und Phasenmodell
(End, Gotthardt, Winkelmann 1979, S. 25)

- Abschließend sei zur Würdigung des Phasenkonzepts für SE-Prozesse auf einen Punkt hingewiesen, der für die Entstehung des Phasenkonzepts sehr wesentlich war, von Kritikern aber auch Befürwortern (bzw. Verteidigern) mittlerweile aus dem Auge verloren wurde. Mit der Einführung der Phasenkonzepte wurde das Ziel verfolgt, qualitativ bessere AWS dadurch zu erhalten, daß der Codierung und dem Test "zwangsweise" eine detaillierte Planungs- und Entwurfsphase vorgeschaltet wurde. Verhindert werden sollte eine "quick and dirty-Programmierung", mit der als Erfolgsnachweis relativ schnell, erste auf oberflächlichen Spezifikationen aufbauende Programme erstellt wurden. Insgesamt wurde mit den Phasenkonzepten für SE-Prozesse eine Verlagerung des Aufwands von späteren Phasen in frühere Phasen angestrebt (vgl. etwa End, Gotthardt, Winkelmann 1979, S. 12).

5.6.1.2 Kritik an Phasenkonzepten

Trotz der anerkannten Vorteile der Phasenkonzepte und ihrer Weiterentwicklung und Verfeinerung im Laufe der Zeit ist in der Literatur verstärkt seit Anfang der 80er Jahre Kritik zu vernehmen. Diese Kritikpunkte seien im folgenden wiedergegeben. Im Anschluß daran werden die auf der Kritik aufbauenden, als Alternativen verstandenen Konzepte vorgestellt. Die Kritik setzt an drei Punkten an. Erstens wird der deskriptive Wert der Phasenkonzepte zur Beschreibung realer Prozesse in Frage gestellt. Hier ist vor allem die empirische Untersuchung von komplexen Entscheidungsverläufen von Witte (1968a, 1968b) zu nennen. Damit in Zusammenhang setzt zweitens die Kritik an dem Ideal des zeitlich sequentiellen Ablaufs an, das gerade bei der Spezifikation der Anforderungen an das AWS Schwierigkeiten bereitet. In Verbindung damit ist wiederum der dritte Kritikpunkt zu sehen, daß durch das Phasenkonzept die Kommunikation zwischen den Systementwicklern und den Anwendern erschwert wird.

Witte (1968a, 1968b) analysierte 233 Entscheidungsprozesse aus den Jahren 1955 bis 1966 zur Erstbeschaffung einer EDV-Anlage in deutschen Unternehmen, Behörden und Verbänden mit Hilfe einer Dokumentenanalyse. Ziel der Untersuchung war die Überprüfung des eingangs vorgestellten Phasenverlaufs (vgl. Witte 1980b, Sp. 635) an diesen realen "komplexen, normativen, multipersonalen Entscheidungsprozessen" (Witte 1968b, S. 625). Lediglich in vier dieser Untersuchungsfälle konnte jedoch die zeitlich sequentielle Abfolge der Phasen festgestellt werden. Keiner dieser vier Entscheidungsprozesse erfüllte dabei die "Effizienzkriterien einer zügigen und gründlichen Prozeßabwicklung" (Witte 1968b, S. 643), so daß Witte nicht nur den deskriptiven, sondern auch den normativen Wert der Phasenkonzepte in Frage stellt. Als weiterer wesentlicher Befund ist festzuhalten, daß die im Phasenkonzept genannten Tätigkeiten wie z.B. "Sammlung der Informationen", nicht temporal in abgrenzbaren Phasen kumulieren, sondern unregelmäßig im Entscheidungsprozeß verteilt sind (vgl. Witte 1968b, S. 644).

Schmidt (1980, S. 324 f.) unterscheidet daher "lineare Modelle" (vergleichbar mit dem Phasenkonzept bei Witte 1980b, Sp. 635) und "zyklische Modelle", "die die vereinfachende Unterstellung überwinden, daß organisatorische Vorhaben in einem - linearen - Ablauf bewältigt werden können" (Schmidt 1980, S. 325). Bei nahezu allen Phasenkonzepten für SE-Prozesse handelt es sich aber um "sehr detaillierte zyklische Ansätze" (Schmidt 1980, S. 325), die stufenweise vom Groben ins Detail fortschreiten (vgl. auch Budäus 1975, S. 36 f.; Joost 1978, S. 430). In dem Vorgehensmodell von Daenzer (1977, S. 54) wird dieser Gedanke sehr deutlich, indem während der Phasen 'Vorstudie', 'Hauptstudie' und 'Detailstudien' jeweils der gleiche 'Problemlösungszyklus', bestehend aus 'Zielsuche', 'Lösungssuche' und 'Auswahl', vorgesehen ist. Eine empirische Bestätigung für zyklisch durchlaufene Phasenkonzepte liefern Mintzberg, Raisinghani und Theoret (1976, S. 268 ff.).

In der vorangestellten Charakterisierung der Phasenkonzepte für SE-Prozesse wurde der zyklische, iterative Ablauf schon verdeutlicht und die "Grundfunktionen" von Gewald, Haake, Pfadler (1982, S. 27) brachten den Gedanken ebenfalls zum Ausdruck.

Die empirischen Ergebnisse von Witte liefern damit einen Anstoß für eine differenziertere Betrachtung der Phasenkonzepte für SE-Prozesse, sie können jedoch nicht zur Kritik und Beurteilung der zyklischen Phasenkonzepte für SE-Prozesse herangezogen werden. Die beiden verbleibenden Kritikpunkte beziehen sich jedoch unmittelbar auf Phasenkonzepte für SE-Prozesse und lassen Zweifel an deren Zweckmäßigkeit aufkommen.

Der zweite Kritikpunkt setzt an der Grundstruktur der zeitlich sequentiellen Abfolge von Aktivitäten an. Jegliche Rücksprünge, und selbst dann, wenn sie explizit erlaubt sind, "bleiben ... als Abweichung vom Ideal unerwünscht" (Müller-Merbach 1983b, S. 111). Rücksprünge werden "in der Entwicklungspraxis von den betroffenen Mitarbeitern ... als Kritik an der geleisteten Arbeit verstanden, und zwar nicht zu Unrecht" (Müller-Merbach 1982b, S. 95 f.). Da Rücksprünge nicht nahegelegt werden, ermutigen Phasenkonzepte "eine defensive Haltung" (Floyd, Keil 1983, S. 144) von Systementwicklern und Benutzern gegenüber vorzunehmenden Änderungen. Das Einbringen von späteren Erkenntnissen in den SE-Prozeß wird erschwert (vgl. Müller-Merbach 1983b, S. 111). Man muß quasi "gegen den Strom anschwimmen" (Peschke 1984, S. 36). Änderungen werden nicht als Weiterentwicklung und Verbesserung, sondern als Fehler und Rückschritt gewertet.

Dieser den Phasenkonzepten immanente Nachteil macht sich gravierend bei der Spezifikation der Anforderungen an das AWS bemerkbar. Das Phasenkonzept unterstellt, "daß alle wesentlichen Anforderungen von vornherein ermittelt werden können und dann feststehen" (Floyd, Keil 1983, S. 114; ähnlich auch McCracken, Jackson 1982, S. 31; Gladden 1982, S. 35; Müller-Merbach 1983b, S. 111). Gerade den in den technischen Möglichkeiten der Datenverarbeitung unkundigen Anwendern und den in den Geschäftsabläufen im Fachbereich nicht im Detail vertrauten Systementwicklern wird es aber schwerfallen, wenn nicht unmöglich sein, die Anforderungen <u>abschließend</u> auch nur grob zu konzipieren, selbst wenn eine Spezifikation in allen Details noch nicht verlangt wird. Daher betont Peters (1978, S. 71) "our experience ... seems to indicate that our view of the relationship between requirements and design must be modified from one of exact, firm, detailed problem statements which precede design to one of a controlled succession of proposed models and refinements culminating in the delivered system." Verschärft wird das Problem noch durch Umweltänderungen und Mitarbeiterwechsel. McCracken und Jackson (1982, S. 31) fordern daher "system development methodology <u>must</u> take into account that the user, and his or her needs and environment, change during the process".

Drittens werden die Schwierigkeiten mit der Spezifikation der Anforderungen noch durch Kommunikationsprobleme zwischen Anwendern und Systementwicklern verschärft. Ursachen sind stark voneinander abweichende Persönlichkeitsmerkmale,

Kenntnisse, Fähigkeiten und Erfahrungen und dadurch unterschiedliche Sprachen und ein unterschiedliches Problemverständnis (vgl. Müller-Merbach 1982b, S. 95).

Eine auf den Austausch und die Prüfung von umfangreichen, oft langweiligen Dokumenten (vgl. Gomaa, Scott 1981, S. 338) und die ersten Phasen des SE-Prozesses beschränkte Kommunikation zwischen den Beteiligten, wie sie in Phasenkonzepten vorgesehen wird, reicht daher nicht aus, um stabile, belastbare Anforderungen zu spezifizieren. Notwendig ist vielmehr eine den gesamten SE-Prozeß umfassende Anwendereinbeziehung im Sinne der partizipativen Systementwicklung, die durch das Phasenkonzept nicht unterstützt wird (vgl. McCracken, Jackson 1982, S. 31; Floyd, Keil 1983, S. 144). Domke (1982, 1983) fordert daher eine Abkehr vom Phasenkonzept und ein "kommunikationsorientiertes Modell" (Domke 1983, S. 84) des SE-Prozesses, damit dieser als "Verhandlungs- und Abstimmungsprozeß" (Domke 1982, S. 215) aufgefaßt wird.

Aufbauend auf diese Kritik werden in der Literatur alternative Vorgehensmodelle für den SE-Prozeß entwickelt. Umfassender seien im folgenden zunächst das Komponentenkonzept von Müller-Merbach (1979, 1982a, 1982b, 1983b) und anschließend das Prototyping einschließlich der inkrementellen Systementwicklung vorgestellt (vgl. etwa Floyd 1984).

5.6.1.3 Das Komponentenkonzept von Müller-Merbach

Das Komponentenkonzept entwickelte Müller-Merbach (1979, 1982a) zunächst für die Strukturierung von Modellentwurfsprozessen im Sinne des Operations Research (OR-Prozeß). Aufbauend auf diese Überlegungen wurde das Komponentenkonzept anschließend auf den SE-Prozeß übertragen und angepaßt (vgl. Müller-Merbach 1980, 1982b, 1983b). Der grundlegende Unterschied gegenüber dem Phasenkonzept liegt in der zeitlichen Anordnung der durchzuführenden Aktivitäten und weniger in den Inhalten (vgl. auch de Moliere 1984, S. 198). Das Komponentenkonzept basiert auf der Idee, die einzelnen Aktivitäten nicht mehr als Phasen zusammenzufassen und damit trotz möglicher Rücksprünge und Überlappungen das Ideal einer zeitlich sequentiellen Abfolge der Aktivitäten zu suggerieren und anzustreben, sondern die Aktivitäten so zu gruppieren, daß sie in unterschiedlicher Intensität prinzipiell den gesamten SE-Prozeß durchziehen. Mit dem Begriff Komponente soll das Ideal der gewollt parallelen Anordnung der Aktivitäten und deren innige Verbindung herausgestrichen werden. Anhand einer Skizze, die in Abb. 5-5 wiedergegeben ist, verdeutlicht Müller-Merbach sein Komponentenkonzept.

Die Vorteile gegenüber dem Phasenkonzept sieht Müller-Merbach (1982b, S. 96 f.) darin, daß das Komponentenkonzept die Entwicklung neuer Ideen während des SE-Prozesses bewußt fördert und nicht hemmt sowie die "gegenseitige geistige Befruchtung" der Aktivitäten unterstützt. Eine Abstimmung findet nicht wie bei dem streng sequentiellen Phasenkonzept idealerweise nur in Richtung der zeitlich nachgelagerten Aktivitäten statt, sondern es wird eine gegenseitige Durchdringung, Verbesserung und Weiterentwicklung aller parallelen Aktivitäten nahegelegt.

Aus diesem zweifellos bestehenden Vorteil erwächst aber auch ein gravierender Nachteil des Komponentenkonzepts. Durch die große Flexibilität können prinzipiell uneingeschränkt neue Möglichkeiten und Ideen eingebracht werden, die

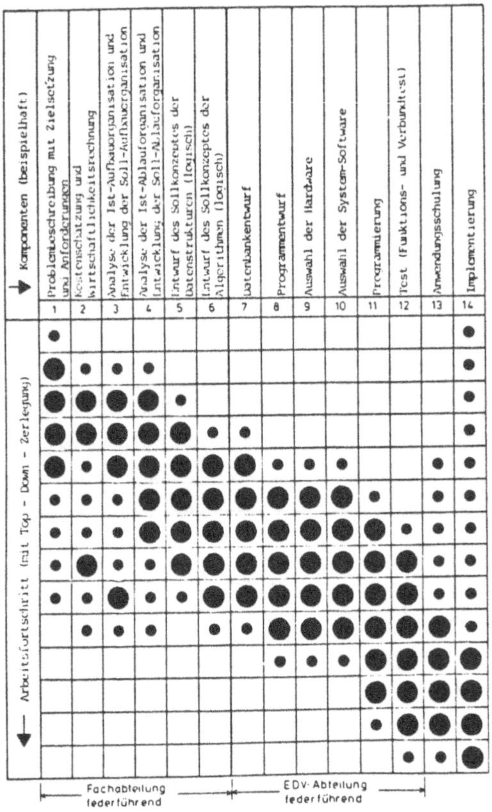

Abb. 5-5: Das Komponentenkonzept des SE-Prozesses von Müller-Merbach (entnommen aus: Müller-Merbach 1982b, S. 98; ferner auch Müller-Merbach 1980, S. 11)

schon als abgeschlossen angesehene Aktivitäten wieder eröffnen und damit als fertiggestellt angesehene Zwischenprodukte wieder in Frage stellen. Damit kann die Beendigung des SE-Prozesses zeitlich stark hinausgezögert werden (vgl. de Moliere 1984, S. 294), und das Projektmanagement wird hinsichtlich der Projektplanung, der Fortschrittskontrolle und der Steuerung stark erschwert. Denn im voraus ist nur schwer abzuschätzen, nach wieviel Rückkopplungen eine Aktivität beendet und ein Produkt damit endgültig fertiggestellt sein wird. Analoge Überlegungen gelten dann auch für die Kontrolle des Projektfortschritts. Seit dem vorhergehenden Kontrollpunkt kann lediglich festgehalten werden, wie viele Änderungen an einem Produkt vorgenommen wurden, jedoch nicht, wieviel Aufwand noch bis zur endgültigen Fertigstellung notwendig sein wird.

Aufgrund der bewußt eingeräumten Gestaltungsfreiheiten des Komponentenkonzepts kann der SE-Prozeß aber auch prinzipiell mit der Komponente Programmierung begonnen werden. Eine "quick-and-dirty-Programmierung" wird dadurch zwangsweise wie bei dem Phasenkonzept nicht verhindert. Um eine frühzeitige Programmierung zu verhindern, ist ein starkes Projektmanagement zwingend erforderlich.

Die Idee Müller-Merbachs der zeitlich parallel ablaufenden Komponenten ist auch in anderen, teilweise bereits angesprochenen Veröffentlichungen zu finden (vgl. auch de Moliere 1984, S. 200 f.). Zuerst sei auf die graphische Darstellung des Modells von Kerola und Freeman (1981, S. 95) hingewiesen. Weiterhin ist eine Analogie zu den Phasen von Witte (1980b, Sp. 635; ähnlich Witte 1968b, S. 632 ff.) naheliegend, auf die sich Joost (1978, S. 430) bezieht, wenn er feststellt: "Die verschiedenen geistigen Tätigkeiten durchziehen den gesamten Entscheidungsprozeß". Schließlich haben die Komponenten Müller-Merbachs eine starke Ähnlichkeit mit den "Grundfunktionen" von Gewald, Haake, Pfadler (1982, S. 27). Anhand dieser Ähnlichkeit sei verdeutlicht, daß das Komponentenkonzept als eine Weiterentwicklung des Phasenkonzepts und weniger als Alternative aufgefaßt werden kann.

Müller-Merbach will mit dem Komponentenkonzept zum Ausdruck bringen, daß sich der SE-Prozeß als eine "aus zahlreichen Strängen geflochtene Schnur begreifen" läßt (Müller-Merbach 1980, S. 9; 1983b, S. 130). Um bei diesem Bild zu bleiben, "verknotet" man nun die einzelnen Schnüre, so erhält man die Phasen des SE-Prozesses, wie es in der Abbildung 5-4 von End, Gotthardt und Winkelmann (1979, S. 25) abzulesen ist. Dieses "Verknoten", d.h. das Setzen von Meilensteinen im SE-Prozeß, ist bei dem Komponentenkonzept aber nicht fest vorgegeben, sondern bleibt dem Projektleiter nach Zweckmäßigkeitsgesichtspunkten selbst überlassen (vgl. Müller-Merbach 1982b, S. 101 f.; 1983b, S. 116). Anhaltspunkte für die zu leistende Strukturierung liefert Müller-Merbach beispielhaft für den "Entwurf von Sollkonzepten der Datenstrukturen" 1983b, S. 117 ff.). Grundlage dafür bildet der Objekttypenansatz von Wedekind (1981) sowie Wedekind und Ortner (1980).

In der ursprünglichen Fassung des Komponentenkonzepts (Müller-Merbach 1980, S. 7) wird noch deutlicher, daß die vorgeschlagene Vorgehensweise mit dem Phasenkonzept, wie es oben als Referenzmodell vorgestellt wurde, zu vereinbaren ist, auch wenn ein anderer Blickwinkel vorliegt. Geprägt durch den Top-Down-Ansatz wird angeregt, durch den Fachbereich ein "Grob-Sollkonzept" erstellen zu lassen, das an die EDV-Abteilung übergeben wird. Dadurch wird ein Abschnitt geschaffen, der in Anlehnung an das Referenzmodell mit "Problemanalyse" überschrieben werden könnte. Der Fachbereich erarbeitet sodann auf der Grundlage der Grob-Sollkonzepte ein Fein-Sollkonzept" (Müller-Merbach 1980, S. 7), das ebenfalls an die EDV-Abteilung übergeben und dort schon bearbeitet werden kann. Mit diesen Aktivitäten werden die gleichen Inhalte abgedeckt wie in der Phase "Fachlicher Entwurf" des Referenzmodells. Schließlich ist ein "Detail-Sollkonzept" zu erstellen, ähnlich wie in der Phase "EDV-Entwurf" des Referenzmodells.

Deutlich wird an diesen Ausführungen der unterschiedliche Blickwinkel, aus dem der SE-Prozeß von dem Komponenten- und Phasenkonzept betrachtet wird. Trotzdem sind beide Konzepte miteinander zu vereinbaren, wie in der Darstellung von End, Gotthardt und Winkelmann (1979, S. 25, vgl. Abb. 5-4) aufgezeigt wird. Bei dem Komponentenkonzept wird jedoch ein erfahrener, 'mündiger' Projektleiter unterstellt, der in der Lage und gewillt ist, selbständig auch gegen Widerstände eine eigene zeitliche Projektstruktur zu entwickeln sowie durchzusetzen und einen zu frühen Eintritt in die Komponente Programmierung zu verhindern.

Das Komponentenkonzept dürfte daher in den Fällen wenig hilfreich sein, wenn in einem Unternehmen erstmals das Gedankengut des Projektmanagements und des Software Engineerings eingeführt wird, da nur eine geringe Disziplinierung der am SE-Prozeß Beteiligten vorgenommen wird und prinzipiell jede vorher praktizierte Vorgehensweise mit dem Komponentenkonzept gerechtfertigt werden kann. Aufbauend auf dem Phasenkonzept könnte das Komponentenkonzept dagegen Anregungen für eine Weiterentwicklung von Vorgehensmodellen für den SE-Prozeß in Richtung einer größeren Flexibilität liefern.

5.6.1.4 Das Prototyping

Basierend auf der Kritik zu den Phasenkonzepten werden in der Literatur unter dem Begriff Prototyping verschiedene weitere Ansätze zur zeitlichen Strukturierung des SE-Prozesses vorgeschlagen und als Alternative herausgestrichen (vgl. Bally, Brittan, Wagner 1977, S. 23 ff.; Gomaa, Scott 1981; Carey, Mason 1983; Floyd 1984). Gemeinsam ist den Ansätzen, daß mit möglichst geringem Aufwand ein meist sehr vereinfachter Prototyp von den als relevant erachteten Teilen des späteren AWS erstellt wird. Anhand dieses als Arbeitsmodell oder Lernsystem bezeichneten Prototypen können durch Demonstrationen exaktere Vorstellungen und erste Erfahrungen gewonnen werden. Darauf aufbauend wird der Prototyp überarbeitet, verbessert und auf diesem Weg iterativ ein zufriedenstellendes Ergebnis angestrebt. Voraussetzung für diese Vorgehensweise sind gewisse Techniken und computerunterstützte Werkzeuge wie ein flexibles Datenbankmanagementsystem, nicht-prozedurale Sprachen, etc. Einen Überblick vermitteln Bonin (1984, S. 75 f.) und Floyd (1984, S. 12 ff.).

Keine Einheitlichkeit besteht in der Literatur hinsichtlich der Definition des Prototyping und der Klassifizierung der verschiedenen Ansätze (vgl. Patton 1983, S. 14; Alavi 1984, S. 556; Floyd 1984, S. 1 f.). Im weiteren sei der Klassifizierung von Floyd (1984, S. 6 ff.; vgl. auch Gomaa 1983, S. 18) gefolgt, die exploratives, experimentelles und evolutionäres Prototyping unterscheidet, wobei die Grenzen fließend sind.

Ziel des explorativen Prototyping ist, in einem frühen Stadium des SE-Prozesses die Vorstellungen von den Anforderungen an das AWS auf Seiten der Anwender zu klären und zu konkretisieren sowie Alternativen zu diskutieren. Anhand praktischer Demonstrationen der möglichen Funktionen des AWS wird die Kommunikation zwischen Anwendern und Systementwicklern verbessert. Die erstellten Prototypen sind normalerweise nicht in dem endgültigen AWS enthalten (sog. Wegwerf-Prototypen; vgl. Patton 1983, S. 14).

Das experimentelle Prototyping hat zum Ziel, die Zweckmäßigkeit und Durchführbarkeit eines Entwurfs zu überprüfen. Voraussetzung ist dafür eine erste Spezifikation der Anforderungen. Eine der möglichen Einsatzgebiete ist die Simulation der Benutzerschnittstelle in Form eines Dialogs, bei dem aber keine echten Daten mit den Programmen verarbeitet werden. In Abhängigkeit von dem Einsatzgebiet können Teile (z.B. die Masken) des Prototypen in dem endgültigen AWS enthalten sein.

Das evolutionäre Prototyping basiert auf der Erfahrung, daß neue Anforderungen aufgrund von Umweltänderungen und aufgrund des Einsatzes des AWS entstehen. Es wird hervorgehoben, daß der SE-Prozeß nicht einmalig, sondern in dem gesamten Lebenszyklus des AWS aufgrund der zu integrierenden Änderungen mehrfach zu durchlaufen ist. Mit dem evolutionären Prototyping (auch Versionenkonzept genannt) soll auf eine leichte Anpassung des AWS hingewirkt werden. Die erste Ausprägung ist die inkrementelle Systementwicklung, bei der auf der Grundlage eines gemeinsamen Entwurfs zunächst einige Grundfunktionen und anschließend stufensweise Zusatzfunktionen implementiert werden. Die zweite Ausprägung ist die evolutionäre Systementwicklung, bei der der SE-Prozeß als Aufeinanderfolge von Systementwicklungszyklen aufgefaßt wird und daher keine Wartungsphase enthält.

Der Vorteil des explorativen und experimentellen Prototyping gegenüber dem Phasenkonzept liegt in der stärkeren und unmittelbareren Rückkopplung der Vorstellungen und Anforderungen der Anwender. Dies bewirkt eine intensivere Anwendereinbeziehung in den SE-Prozeß, wodurch Mißverständnisse ausgeräumt werden und die Spezifikation der Anforderungen verbessert und erleichtert wird (vgl. Bally, Brittan, Wagner 1977, S. 23 f.; Alavi 1984, S. 557 f.; Floyd 1984, S. 14 f.). Ähnlich wie bei dem Komponentenkonzept liegen die Nachteile in einer erschwerten Planung und Kontrolle des SE-Prozesses (Alavi 1984, S. 558; Floyd 1984, S. 15 f.). Weiterhin sind Prototypen für große AWS schwierig zu erstellen. Ferner besteht die Gefahr, daß bei dem Anwender zu große Erwartungen an das spätere AWS geknüpft werden und daß er glaubt, mit der Erstellung des Prototypen sei das AWS schon fertig entwickelt (vgl. Alavi 1984, S. 558).

Die unter dem evolutionären Prototyping zusammengefaßten Ansätze stellen keine grundsätzlich neue Vorgehensweise gegenüber dem Phasenkonzept dar, eher eine Verfeinerung (vgl. Boehm 1981, S. 41 f.; Floyd 1984, S. 11). Es wird lediglich mehr Betonung darauf gelegt, daß ein entwickeltes AWS nicht für alle Zeiten fertiggestellt ist, sondern vielfältigen Anpassungen unterworfen werden muß, soll es am Leben erhalten werden. Der Gedanke des Abschlusses einer Entwicklung stammt aber auch weniger aus dem Phasenkonzept, wo eine Wartungsphase festgelegt sein kann, als aus dem Projektbegriff, der definitionsgemäß ein Ende unterstellt.

Aber auch das explorative und experimentelle Prototyping ist im Gegensatz zu McCracken und Jackson (1982, S. 29 ff.) sowie Gladden (1982, S. 35 ff.) nicht als Alternative zum Phasenkonzept aufzufassen, sondern in dieses integrierbar (vgl. Dearnley, Mayhew 1983, S. 42; Floyd 1984, S. 7 ff.) und daher als Weiterentwicklung zu begreifen. Bei dem explorativen Prototyping wird der lineare Durchlauf der Phase 'Spezifikation der Anforderungen' durch einen iterativen Prozeß ersetzt. Bei dem experimentellen Prototyping setzen die Iterationen erst nach der ersten Spezifikation der Anforderungen ein, umfassen aber noch Teile der Entwurfsphasen.

5.6.2 Einsatz der Vorgehensmodelle in der Praxis

Ausgehend von den in der Literatur anerkannten und verbreiteten Phasenkonzepten, aber auch der geäußerten Kritik und vorgestellten Weiterentwicklungen sollte mit der vorliegenden Untersuchung erhoben werden, wie verbreitet die Phasenkonzepte in der Praxis sind, wie sie ausgestaltet sind und verwendet werden und welche Bedeutung ihnen beigemessen wird. Die dazu notwendigen Daten wurden durch eine Dokumentenanalyse der in den Unternehmen angetroffenen und überlassenen Richtlinien und durch Befragung der Interviewpartner über die praktizierte Vorgehensweise gewonnen.

Bevor in den weiteren Abschnitten detailliertere Untersuchungen vorgestellt werden, seien zunächst einige globale Ergebnisse mitgeteilt.

- In 30 der 36 in die Untersuchung einbezogenen Unternehmen war ein schriftlich ausgearbeitetes Phasenkonzept unterschiedlicher Güte und Detaillierung vorhanden. Dies entspricht 83 Prozent der Unternehmen. Nahezu identische Werte wurden in den empirischen Untersuchungen von Abel et al. (1980, S. 71) mit 81 Prozent (21 von 26 Unternehmen) für die Bundesrepublik und von 83 Prozent (60 von 72 Projekte mit einer "Systems Development Methodology") von Jenkins, Naumann und Wetherbe (1984, S. 77) für die USA festgestellt.

- Befragt nach dem praktizierten Ist-Ablauf von EDV-Projekten wurde in 35 der 36 Unternehmen ein Phasenablauf geschildert, der teilweise allerdings von dem schriftlichen Phasenkonzept abwich.

- Nach dem Einsatz des Prototyping wurde nicht explizit gefragt. Denn der Untersuchungsansatz bestand darin, anhand evtl. in der Praxis geäußerter Kritik auf die Zweckmäßigkeit des Phasenkonzepts bzw. die Notwendigkeit anderer Vorgehensmodelle zu schließen. In einem einzigen Unternehmen wurde jedoch zusammen mit einer massiven Kritik an dem praktizierten Phasenkonzept auch auf den geplanten Einsatz des Prototyping in einem Projekt hingewiesen. Spätere Rückfragen zeigten aber ein Scheitern dieses Projekts an. In zwei weiteren Unternehmen wurde im Rahmen des Phasenkonzepts an das Prototyping angelehnte Vorgehensweisen für die Spezifikation der Anforderungen angedeutet.

Diese Ergebnisse rechtfertigen, in den Mittelpunkt der weiteren Analysen das Phasenkonzept zu stellen. Dazu sei zunächst aufgezeigt, welche Richtlinien für den SE-Prozeß nach Angabe der Interviewpartner in den Unternehmen vorhanden sind und welche Bedeutung ihnen beigemessen wird (Abschnitt 5.6.2.1). Diese Richtlinien sind überwiegend in einem EDV-Handbuch zusammengefaßt. Die im Rahmen der Dokumentenanalyse beurteilte Güte dieser EDV-Handbücher wird zusammen mit den angelegten Kriterien in Abschnitt 5.6.2.2 vorgestellt. Den Kern bzw. das Skelett dieser EDV-Handbücher bildet das Phasenkonzept. Die Ergebnisse spezieller Analysen der Phasenkonzepte sind in Abschnitt 5.6.2.3 enthalten. Die Ausgestaltung der EDV-Handbücher und der Phasenkonzepte in den Unternehmen gibt jedoch noch keinen Einblick in den Einsatz und die Verwendung der Phasenkonzepte in den EDV-Projekten. Dies wird daher anschließend in Abschnitt 5.6.2.4 beleuchtet. Ansätze für Gestaltungsempfehlungen lassen sich dann aus der Beurteilung der Phasenkonzepte durch die Interviewpartner erkennen (Abschnitt 5.6.2.5).

5.6.2.1 Verbreitung und Bedeutung von Richtlinien für den SE-Prozeß

Die in den Unternehmen schriftlich ausgearbeiteten Empfehlungen, Richtlinien und Arbeitsanweisungen für den SE-Prozeß und die Abwicklung in Form von EDV-Projekten seien im folgenden unter dem Begriff EDV-Handbuch subsumiert (vgl. auch Müller-Nobeling 1980, Sp. 1559). Soll das EDV-Handbuch die Funktion einer Rahmenrichtlinie erfüllen, so dürfen die einzelnen, verschiedene Aspekte des SE-Prozesses betreffenden Richtlinien in dem EDV-Handbuch nicht rein additiv zusammengefaßt werden, sie müssen vielmehr in Beziehung gesetzt und integriert werden. Dem steht nicht entgegen, daß einzelne Richtlinien physisch getrennt sein können (vgl. Müller-Nobeling 1980, Sp. 1559). Den Kern bzw. das Skelett des EDV-Handbuchs bildet ein Phasenkonzept. Der Begriff Phasenkonzept wurde in der Erhebung jedoch nicht verwendet, um andere Vorgehensmodelle nicht von vornherein begrifflich auszuschließen. Stattdessen wurde nach Ablaufregelungen gefragt und damit gleichzeitig die zeitliche Strukturierung des SE-Prozesses betont. In einer EDV-Methodenrichtlinie sind die im Phasenkonzept angesprochenen Methoden zur Durchführung einzelner Aktivitäten zusammengestellt und in ihrer Anwendung erklärt. Die Eingangs- und Ausgangsdokumente für die Aktivitäten des Phasenkonzepts werden in einer Dokumentationsrichtlinie spezifiziert. Spezielle Normen und Standards für die Programmierung sind in der Programmierrichtlinie enthalten. Gerade die Dokumentations- und Programmierrichtlinie sind in einigen Unternehmen nicht physisch in dem EDV-Handbuch enthalten. Schließlich können bzw. sollten noch Richtlinien zum funktionellen und institutionellen Projektmanagement bestehen.

In der Untersuchung waren die Interviewpartner in einer geschlossenen Frage zunächst aufgefordert, die soeben angesprochenen Richtlinien in ihren Unternehmen anzugeben. In Form von Rating-Skalen sollten die Interviewpartner anschließend bewerten, für wie wichtig sie die einzelnen Richtlinien halten. Die Ergebnisse beider Fragen sind in Tab. 5-10 zusammengestellt.

Am weitesten verbreitet sind demnach Richtlinien für die Dokumentation und die Programmierung. Diese Richtlinien wurden in den Unternehmen auch als erste, häufig schon in den 60er Jahren eingeführt. Ablaufregelungen wurden in 28 Unternehmen genannt. Die zwei fehlenden Richtlinien gegenüber den eingangs genannten 30 Phasenkonzepten wurden zum Erhebungszeitpunkt gerade erst eingeführt.

Bei der Bedeutung der Richtlinien für die Interviewpartner zeigen sich keine wesentlichen Unterschiede. Lediglich die Dokumentationsrichtlinie wird als am wichtigsten herausgehoben. Eine Analyse ergab auch, daß in Unternehmen mit einer Dokumentationsrichtlinie der Problembereich Dokumentation (vgl. Abb. 4-2) signifikant (+++) niedriger eingestuft wird als in den restlichen Unternehmen. Mit einer Dokumentationsrichtlinie lassen sich demnach die Dokumentationsprobleme in Grenzen halten. Bemerkenswert ist ferner der Nachholbedarf bei Richtlinien zum Projektmanagement und über EDV-Methoden. Beide Richtlinien werden im Mittel zwar als wichtig eingestuft, sind aber erst in der Hälfte der Unternehmen eingeführt. Streicher und Sandscheper (1985a, S. 24) berichten allerdings gestützt auf ihre beiden Erhebungen von einem Aufholen der Projektmanagementrichtlinien. Während 1980 erst 46% der Unternehmen diesen Bereich geregelt hatten, waren es 1984 bereits 63,6% der Unternehmen.

Richtlinie	Verbreitung in Unternehmen		Bedeutung	
	Anzahl	Prozent	Mittelwert	Varianz
Projektmanagement	17 von 36	47	2,13	1,09
Ablaufregelung	28 von 36	78	2,05	0,78
EDV-Methoden	19 von 35 *)	54	2,02	0,78
Programmierung	32 von 33 *)	97	2,11	0,72
Dokumentation	29 von 32 *)	91	1,80	0,74
Rahmenrichtlinie	18 von 31 *)	58	2,39	1,23
	n = 36 Unternehmen *) Rest: Keine Angabe		n = 56 Interviewpartner 1 = sehr wichtig 5 = unwichtig	

Tab. 5-10: Verbreitung und Bedeutung von Richtlinien für den SE-Prozeß nach Angabe der Interviewpartner

Interviewpartner aus Unternehmen <u>mit</u> Richtlinien zum Projektmanagement und Ablaufregelungen messen den jeweiligen Richtlinien auch größere Bedeutung bei (Projektmanagement 1,61 i.G.z. 2,64, t-Test (+++)); Ablaufregelungen 1,91 i.G.z. 2,64, (+++)). Bei den anderen Richtlinien zeigten sich keine signifikanten Bewertungsunterschiede.

Die Bedeutung der Ablaufregelungen wird außerdem durch die (direkt betroffenen) Projektleiter und die (sie erstellenden) Spezialisten für EDV-Methoden hervorgehoben, ganz im Gegensatz zu den EDV-Leitern (1,67 bzw. 1,57 i.G.z. 2,75 (+++) bzw. (++)).

Gerade die positive Einstellung der Projektleiter und der Interviewpartner, die bereits Ablaufregelungen (in Form von Phasenkonzepten) eingeführt haben, bestärkt darin, für eine Entwicklung und Implementierung von Phasenkonzepten zu plädieren. Widerstände sind einmal von Seiten der dafür verantwortlichen EDV-Leiter zu vermuten. Weiterhin zeigt eine Analyse, daß überraschenderweise in den Unternehmen ohne Ablaufregelungen, die in der Abbildung 4-2 verdeutlichten Probleme bei der Entwicklung von AWS niedriger eingestuft werden als in den Unternehmen mit Ablaufregelungen. Im einzelnen werden die Problembereiche Einhaltung von Budgets und Terminen (+), Fortschrittskontrolle (+++), Mitarbeitermotivation (+++), Anwenderkontakt und Anwendereinbeziehung (++), Spezifikation der Anforderungen (+) sowie Projektmißerfolge (+++) statistisch signifikant niedriger bewertet. Daraus kann gefolgert werden, daß einerseits Ablaufregelungen (in Form von Phasenkonzepten) diese Probleme nicht verringern und andererseits, daß in Unternehmen ohne Ablaufregelungen aufgrund der geringer eingestuften Probleme kein Bedarf für Ablaufregelungen gesehen wird.

5.6.2.2 Beurteilung der EDV-Handbücher

In dem vorangestellten Abschnitt über die Verbreitung und die Bedeutung von Richtlinien bildeten die Angaben der Interviewpartner die empirische Basis für die vorgenommenen Auswertungen. Im folgenden seien Ergebnisse der für eine Dokumentenanalyse überlassenen EDV-Handbücher dargestellt. Dazu wird zunächst betrachtet, von wem und wann die EDV-Handbücher erstellt worden sind. Die EDV-Handbücher unterscheiden sich teilweise beachtlich in den Inhalten, der Darstellung und der äußeren Form, so daß im Rahmen der Dokumentenanalyse eine Beurteilung der EDV-Handbücher reizvoll erschien. Über die im Anschluß vorgestellten Ergebnisse hinausgehende Details sind vor allem in der Arbeit von Breiter (1983) enthalten.

Die in insgesamt 30 Unternehmen angetroffenen EDV-Handbücher, die alle als Kern ein Phasenkonzept enthalten, wurden in 19 Unternehmen (63%) vollständig innerhalb der EDV-Abteilung entwickelt, meist federführend von Spezialisten für EDV-Methoden. In 5 Unternehmen wird ORGWARE 4 und in einem Unternehmen ORGWARE 2 (Fa. ADV/ORGA) eingesetzt. In 5 weiteren Unternehmen wurde ein am Markt erworbenes Phasenkonzept an die Verhältnisse im Unternehmen angepaßt, wobei in 4 Fällen ebenfalls ORGWARE 4 die Ausgangsbasis bildete.

Die ältesten noch eingesetzten EDV-Handbücher stammen in ihrer Grundstruktur etwa aus dem Jahr 1970. Relativ viele EDV-Handbücher wurden jeweils in den Jahren 1975 und 1978/79 eingeführt. Von den 30 heute im Einsatz sich befindenden EDV-Handbüchern wurden 8 (27%) bis 1976 implementiert, 19 (63%) von 1977 bis

1981 und 3 (10%) waren zur Zeit der Interviews in ihrer Entwicklung weitgehend fertiggestellt, aber noch nicht verabschiedet. Dabei ist in den letzten Jahren die Tendenz festzustellen, eigenentwickelte EDV-Handbücher einschließlich der jeweiligen Phasenkonzepte einzuführen. Teilweise bestanden schon Vorläufermodelle in den Unternehmen.

Von den 30 EDV-Handbüchern wurden 13 vollständig und 5 bis auf unwesentliche Teile für eine Dokumentenanalyse überlassen. Da in zusätzlich 4 Unternehmen ORGWARE 4 eingesetzt wird, konnten insgesamt 19 EDV-Handbücher aus 22 Unternehmen analysiert werden. Darüber hinaus lagen noch unvollständige, teilweise nur die Gliederung umfassende EDV-Handbücher vor, die aus der folgenden Betrachtung jedoch ausgeklammert werden.

Der <u>Umfang</u> der 13 vollständigen EDV-Handbücher beträgt im Minimum 139 Seiten und im Maximum 1318 Seiten. Die durchschnittliche Seitenzahl umfaßt 453 Seiten und der Median liegt bei 340 Seiten.

Die <u>Phasenkonzepte</u> der 19 EDV-Handbücher decken bis auf zwei Ausnahmen den gesamten SE-Prozeß von der Problemanalyse bis zur Einführung ab. In je einem Phasenkonzept ist die Problemanalyse und die Einführung nicht mit einbezogen. Bei 11 der 19 Phasenkonzepte (58%) werden die einzelnen Phasen mit den darin auszuführenden Aktivitäten sehr eingehend beschrieben. In den restlichen 8 Phasenkonzepten sind die Erläuterungen als unvollständig bzw. als ungenügend und teilweise schlagwortartig zu beurteilen (vgl. Breiter 1983).

Ein Eindruck von den Schwerpunkten in der Beschreibung der einzelnen Phasen sei anhand der Seitenzahlen pro Phase vermittelt. Für diese Analyse, die für 10 EDV-Handbücher möglich war, wurde das vorgestellte Referenzmodell herangezogen und jedes der 10 Phasenkonzepte darauf abgebildet. Die Durchschnittswerte (Median in Klammer) zeigen folgende Verteilung:

• Vorstudie	6,5 %	(4,5 %)
• Problemanalyse	14,2 %	(11,5 %)
• Fachlicher Entwurf	23,8 %	(23,5 %)
• EDV-Entwurf	23,6 %	(23,0 %)
• Realisierung	19,5 %	(18,5 %)
• Einführung	9,3 %	(8,5 %)
• Wartung	3,0 %	(-)

Eine eigene Phase Vorstudie war dabei in 7 Phasenkonzepten und eine Phase Wartung in lediglich 4 Phasenkonzepten definiert. Schwerpunkte liegen demnach gleichmäßig in den Phasen Fachlicher Entwurf und EDV-Entwurf.

Richtlinien zum Projektmanagement sind in 12 der 19 EDV-Handbücher (63%) ausführlich enthalten, in den restlichen 7 nur unzureichend knapp erwähnt. Die Zuständigkeiten für die einzelnen im Phasenkonzept aufgeführten Aktivitäten sind in 6 EDV-Handbüchern präzise und umfassend festgelegt, in 11 EDV-Handbüchern lediglich unvollständig einbezogen und in den restlichen 2 EDV-Handbüchern sind sie gänzlich unbeachtet.

Die Verbindung von Projektmanagementrichtlinie und Phasenkonzept wird in den EDV-Handbüchern auf zwei Arten vorgenommen:

- Die Hinweise und Anweisungen zum funktionellen Projektmanagement sind als eigenständige Aktivitäten unauflösbar in das Phasenkonzept integriert. Diese Vorgehensweise wurde in 6 der 19 EDV-Handbücher gewählt. Bei diesen EDV-Handbüchern ist die Produktsicht mit der Projektsicht unauflösbar verbunden.

- Häufiger, nämlich in 10 der 19 EDV-Handbücher, werden funktionelles Projektmanagement und Phasenkonzept jedoch getrennt. Durch die eigenständige Darstellung der Planungs-, Steuerungs- und Kontrollaktivitäten mit den dazugehörenden Plänen wird das Projektmanagement stärker hervorgehoben (vgl. Degen 1983, S. 33). Dabei lassen sich drei verschiedene Ansätze unterscheiden:
  - Das funktionelle Projektmanagement ist für alle Phasen einmal, meist am Anfang des EDV-Handbuchs beschrieben. Dieser Ansatz wurde in 5 EDV-Handbüchern gewählt.
  - In drei EDV-Handbüchern werden am Beginn und am Ende einer Phase jeweils die gleichen Projektmanagementaktivitäten aufgeführt.
  - Der dritte Ansatz, verfolgt in zwei EDV-Handbüchern, besteht darin, am Anfang bzw. am Ende einer Phase jeweils spezifische Planungs-, Kontroll- und Steuerungsaktivitäten darzustellen.
  - Bei den restlichen 3 EDV-Handbüchern war diese Analyse aufgrund unzureichender Angaben nicht durchführbar.

Die im Phasenkonzept angesprochenen und im SE-Prozeß einzusetzenden Methoden und Techniken werden in 7 der 19 EDV-Handbücher (37%) ausführlich mit den Anwendungsbereichen sowie Vor- und Nachteilen beschrieben. In weiteren 10 EDV-Handbüchern werden einzusetzende Methoden und Techniken zumindest erwähnt. Hervorzuheben sind drei EDV-Handbücher, bei denen die EDV-Methodenrichtlinie mehr als 50% des gesamten EDV-Handbuchs umfaßt. Die Programmierrichtlinie ist lediglich in einem einzigen EDV-Handbuch physisch enthalten, in 13 EDV-Handbüchern waren jeweils Hinweise auf die Standards und Normen der getrennten Programmierrichtlinie zu finden. Dokumentationsrichtlinien sind in 9 der 19 EDV-Handbücher (47%) eingeschlossen, indem die jeweiligen Eingangs- und Ausgangsdokumente der Aktivitäten vorgeschrieben und teilweise durch Formulare definiert werden. Formulare sind in 5 Fällen wesentliche Bestandteile der EDV-Handbücher. Der Umfang beträgt dort ca. 30 bis 90 Seiten.

Neben diesem deskriptiven Vergleich der EDV-Handbücher wurde von Breiter (1983) eine Beurteilung in Form von Noten vorgenommen. Dazu wurden eine Reihe von Kriterien an den Inhalt, die Darstellung und die äußere Form der EDV-Handbücher gestellt. Die Kriterien wurden abgeleitet aus den Anforderungen an die Dokumentation von Software (vgl. etwa Kwiatkowski 1974, S. 57 ff.; Blau 1975; Haag 1977, S. 58 ff.; Rupietta 1982, S. 538), an Organisationshandbücher (vgl. Müller-Nobeling 1980, Sp. 1559 ff. und die dort angegebene Literatur) sowie an die Dokumentation von SE-Prozessen (vgl. Wente 1978, S. 145).

Der Inhalt der EDV-Handbücher wurde anhand der vier Kriterien Vollständigkeit, Benutzerorientierung, Redundanzfreiheit und Relevanz der Inhalte für den SE-Prozeß bewertet. Das Kriterium Vollständigkeit war erfüllt, wenn in dem EDV-Handbuch ein umfassendes, detailliertes Phasenkonzept enthalten war und zusätzlich Richtlinien zum institutionellen und funktionellen Projektmanagement, zur Dokumentation sowie über einsetzbare bzw. einzusetzende Methoden und Techniken integriert waren. Die Darstellung wurde anhand der Kriterien Anschaulichkeit, Übersichtlichkeit, Einheitlichkeit und Verständlichkeit bewertet. Kriterien für die äußere Form waren die Änderungsfreundlichkeit, die Zugriffsmöglichkeit auf Detailinformationen (etwa durch Register, etc.) und der optische Gesamteindruck. Die genannten Kriterien wurden teilweise noch weiter aufgespalten; auf eine ausführliche Darstellung sei hier jedoch verzichtet. Der Inhalt wurde mit dem Faktor 0,5 gewichtet, die Darstellung mit 0,3 und die äußere Form mit 0,2. Die Note 1 wurde an EDV-Handbücher mit mehr als 75 Prozent der erreichbaren Gesamtpunktzahl vergeben, die Note 5 an EDV-Handbücher mit weniger als 25 Prozent. Die Noten 2 bis 4 wurden gleichmäßig im Intervall dazwischen verteilt. Abschließend wurde der subjektive Gesamteindruck mit der Bewertung verglichen und eine sehr gute Übereinstimmung festgestellt.

Für den Inhalt wurde bei

- 3 EDV-Handbüchern die Note 1
- 5 EDV-Handbüchern die Note 2
- 5 EDV-Handbüchern die Note 3
- 5 EDV-Handbüchern die Note 4
- 1 EDV-Handbuch die Note 5

vergeben. Damit entsprechen 8 der beurteilbaren 19 EDV-Handbücher (42%) mit den Noten 1 und 2 im wesentlichen den an sie gestellten Anforderungen. Eine ähnliche Relation nennen Abel et al. (1980, S. 71) in ihrer empirischen Untersuchung. Danach verwendeten 8 von 21 Unternehmen ein Phasenkonzept, das "den theoretischen Anforderungen ... genügt".

Die Gesamtbeurteilung der EDV-Handbücher ergab folgendes Bild:

- 3 EDV-Handbücher Note 1
- 5 EDV-Handbücher Note 2
- 7 EDV-Handbücher Note 3
- 4 EDV-Handbücher Note 4

Vorsicht ist jedoch geboten, von der Entwicklung und Existenz eines qualitativ hochwertigen EDV-Handbuchs automatisch auf eine effiziente Abwicklung des SE-Prozesses zu schließen. Denn die EDV-Handbücher haben teilweise einen Umfang (bis zu 1318 Seiten) angenommen, der eine Internalisierung und Befolgung durch den Projektleiter und das Projektteam zumindest fraglich erscheinen läßt. Dringend notwendig ist ein Kompromiß zwischen zwingend notwendigen Inhalten und verwirrenden, abschreckenden Details. Wichtig ist lediglich, dem Projektleiter einen Strukturierungsvorschlag für das jeweilige Projekt an die Hand zu geben.

Trotzdem konnte ein Zusammenhang zwischen der Qualität des Inhalts der EDV-Handbücher und der Höhe von Zielverfehlungen statistisch nachgewiesen werden, nicht jedoch mit der Häufigkeit von Zielverfehlungen (vgl. Abschnitt 3.3). So weisen 6 von 8 Unternehmen (75%), deren Inhalt des EDV-Handbuchs mit Note 1 oder 2 bewertet wurde, eine maximale Zielverfehlung unter 40 Prozent aus, während lediglich 3 von 9 Unternehmen (33%) mit einem mangelhaften Inhalt (Noten 3 bis 5) unter 40 Prozent liegen.

Auffallend ist weiterhin, daß in wesentlich weniger Unternehmen mit einem gut oder sehr gut bewerteten Inhalt der EDV-Handbücher Projekte abgebrochen werden. Nur 3 von 11 Unternehmen (27%) mit inhaltlich guten EDV-Handbüchern (der Mehrfacheinsatz von ORGWARE 4 ist zu berücksichtigen) geben Projektabbrüche an, während in 7 von 11 Unternehmen (64%) der Vergleichsgruppe Projektabbrüche vorkommen (Signifikanzniveau (+)).

Weiterhin ist ein Zusammenhang zwischen dem Einführungsjahr des EDV-Handbuchs und der Häufigkeit sowie der Höhe von Zielverfehlungen erkennbar. Unternehmen, deren EDV-Handbuch erst nach 1976 eingeführt wurde, weisen tendenziell, wenn auch nicht statistisch signifikant, häufigere und höhere Zielverfehlungen aus. Nur 7 von 19 Unternehmen (37%) mit einem nach 1976 erstellten EDV-Handbuch geben an, in weniger als 50 Prozent der EDV-Projekte Ziele verfehlt zu haben, während 5 von 7 Unternehmen (71%) der Vergleichsgruppe dies erreichen. Hinsichtlich der Höhe von Zielverfehlungen sind die Zahlenverhältnisse ähnlich. Abel et al. (1980, S. 74) betonen daher auch, "der Nutzen, den ein Unternehmen durch den Einsatz des Phasenmodells erreichen kann, wird erst langfristig deutlich. Es setzt in jedem Fall dessen konsequente Verwendung voraus."

5.6.2.3 Analyse der Phasenkonzepte

Speziell die in den EDV-Handbüchern enthaltenen Phasenkonzepte wurden zwei weiteren Analysen unterzogen. Die erste Analyse beschäftigte sich mit der Anzahl der Phasen und der globalen Struktur der Phasenkonzepte. Dabei wurden auch Zusammenhänge mit anderen erhobenen Merkmalen untersucht. Für die zweite Analyse wurde soweit möglich eine Kontrollstruktur der Phasenkonzepte herausgearbeitet, d.h. der aus dem Phasenkonzept und dessen Beschreibung erkennbare Ablauf der durchzuführenden Aktivitäten wurde detailliert nachvollzogen. Daraus wurde ersichtlich, welche Aktivitäten zeitlich sequentiell, parallel, iterativ bzw. rekursiv im SE-Prozeß zu durchlaufen sind (vgl. Harting 1983, S. 34 ff.). Einige wesentliche Ergebnisse zu beiden Fragestellungen seien im folgenden vorgestellt.

Die Anzahl der Phasen läßt sich in 24 der schriftlichen, für eine Analyse überlassenen Phasenkonzepte bestimmen. In 23 Phasenkonzepten ist die Phase Vorstudie enthalten und 15 Phasenkonzepte sehen nach Abschluß des EDV-Projekts eine Phase Wartung und/oder eine Phase Überprüfung vor. Die Anzahl der Phasen schwankt zwischen fünf und elf und ohne die Phase(n) Wartung bzw. Überprüfung zwischen vier und zehn (vgl. Tab. 5-11). Einschließlich aller Phasen beträgt sowohl der häufigste Wert als auch der Median sechs Phasen.

Am Ende einer Phase sollte ein Entscheidungspunkt liegen, an dem über die Fortführung des EDV-Projekts, den Rücksprung in eine vorausgegangene Phase oder den Abbruch zu befinden ist (vgl. Abschnitt 5.6.1). Diese Entscheidungspunkte sind in 15 der 24 Phasenkonzepte (63%) mit Angabe der Entscheidungsalternativen expliziert worden. Minimal konnten drei und maximal sieben Entscheidungspunkte gezählt werden (vgl. Tab. 5-11). Keine wesentlichen Unterschiede ergeben sich hinsichtlich der Phase, nach der Entscheidungspunkte liegen. Unterschiede sind aber hinsichtlich der Entscheidung zum Rücksprung und zum Abbruch erkennbar. Während Rücksprünge bis zum Ende des SE-Prozesses möglich sind, sehen 6 von 10 Phasenkonzepten (die Abbruchentscheidungen überhaupt ausweisen) spätestens nach dem EDV-Entwurf keine Abbruchmöglichkeit mehr vor.

Um Anhaltspunkte dafür zu gewinnen, unter welchen Umweltbedingungen wieviel Phasen in den Unternehmen definiert werden, wurden Zusammenhänge zwischen der Anzahl der Phasen und anderen erhobenen Merkmalen untersucht. Eine Vergleichbarkeit der Phasenkonzepte wird erreicht, indem man die Anzahl der Phasen ohne Wartung (vgl. Tab. 5-11) heranzieht. Aufgrund des Mehrfacheinsatzes von ORGWARE 4 liegen Angaben für 27 Unternehmen vor. Folgende meist statistisch signifikante Zusammenhänge wurden festgestellt:

Anzahl Phasen/ Entscheidungspunkte	Phasenkonzepte Anzahl Phasen		Phasenkonzepte Anzahl Entscheidungspunkte	
	einschl. Wartung	ohne Wartung	einschl. Wartung	ohne Wartung
3	-	-	4	5
4	-	2	3	2
5	5	7	2	3
6	8	7	4	4
7	2	1	2	1
8	3	5	-	-
9	3	1	-	-
10	2	1	-	-
11	1	-	-	-
Summe(n)	24	24	15	15
Durchschnitt	7,04	6,29	4,80	4,60
Median	6	6	5	5

Tab. 5-11: Anzahl Phasen und Entscheidungspunkte in Phasenkonzepten

- In <u>großen EDV-Abteilungen</u> werden <u>weniger Phasen</u> unterschieden. Denn von 14 großen EDV-Abteilungen mit mehr als 150 Mitarbeitern setzen 12 (86%) ein Phasenkonzept mit bis zu sechs Phasen ein, nur 2 ein Phasenkonzept mit mehr als sechs Phasen. Bei 13 kleineren EDV-Abteilungen mit weniger als 150 Mitarbeitern ist das Verhältnis dagegen ausgeglichen, indem in 7 EDV-Abteilungen bis zu sechs Phasen unterschieden werden (54%) und in sechs EDV-Abteilungen mehr als sechs Phasen (Signifikanzniveau (+)).

Trennt man die Stichprobe in Phasenkonzepte mit bis zu fünf Phasen und mehr als 5 Phasen, so erhöht sich noch das Signifikanzniveau (+++). Zwölf der 13 kleineren EDV-Abteilungen (92%) haben sechs oder mehr Phasen, dagegen nur 6 der 14 großen EDV-Abteilungen (43%).

Diese aufgezeigten Zusammenhänge widersprechen diametral der empirischen Ergebnissen von Abel et al. (1980, S. 71), die ausführen, daß "in kleineren DV-Abteilungen meist keine Phasenmodelle oder Phasenmodelle mit drei bis vier Phasen verwendet" werden, "in größeren DV-Abteilungen dagegen - für große Projekte - .. meist Phasenmodelle mit fünf bis sechs Phasen". Dieser Befund wird bei Abel et al. (1980) jedoch nicht durch vorgelegte Zahlen erhärtet.

- Eine Erklärung für den gerade dargestellten Zusammenhang mag darin liegen, daß eigenerstellte Phasenkonzepte weniger Phasen umfassen als angepaßte oder fremderstellte Phasenkonzepte und eigenerstellte Phasenkonzepte häufiger (Signifikanzniveau (+)) in EDV-Abteilungen mit mehr als 150 Mitarbeitern angetroffen wurden. Jeweils 7 eigenerstellte Phasenkonzepte haben bis zu fünf bzw. mehr als fünf Phasen. Von den 11 angepaßten bzw. fremderstellten Phasenkonzepten hat jedoch nur ein einziges bis zu fünf Phasen (Signifikanzniveau (++)). Hier macht sich der Einfluß von ORGWARE 4 mit seinen sechs Phasen bemerkbar, doch ist erstaunlich, daß bei einer vorgenommenen Anpassung die Phasenzahl von ORGWARE 4 in keinem Fall verringert, sondern teilweise erhöht wurde.

- Von 20 nach 1977 erstellten Phasenkonzepten haben 16 (80%) bis zu sechs Phasen, von 7 früher erstellten Phasenkonzepten jedoch nur 3 (43%). (Signifikanzniveau (+)). Demnach werden in neueren Phasenkonzepten weniger Phasen als in älteren definiert.

- Schließlich wird noch ein Brancheneinfluß sichtbar. Vier der fünf Unternehmen aus der Mineralölindustrie befinden sich unter den sieben Unternehmen mit acht oder mehr Phasen.

In Anlehnung an die Darstellungen bei Peters und Tripp (1978, S. 64) sowie Abel et al. (1980, S. 70) wurden die 24 unterschiedlichen Phasenkonzepte nebeneinander gestellt und auf gemeinsame Unterteilungen zu Phasen untersucht. Es zeigt sich, daß bei Abweichungen im Detail das Referenzmodell mit seinen sechs Phasen die Unterteilung der meisten Phasenkonzepte recht gut wiedergibt. In den Phasenkonzepten mit fünf Phasen werden lediglich zwei Phasen zusammengefaßt, in den Phasenkonzepten mit mehr als sechs Phasen werden eine oder mehrere Phasen aufgespalten. Eine gemeinsame, klare Schnittstelle aller 24 Phasenkonzepte ist der Übergang von dem EDV-Entwurf zur Realisierung. Eine Schnittstelle zwischen der Problemanalyse und dem Fachlichen Entwurf besteht in 20 Phasenkonzepten. Jedoch ist diese Trennlinie nicht so eindeutig über alle Phasenkonzepte zu ziehen. Eine ebenfalls unterschiedliche Trennung wird zwischen den Phasen Fachlicher Entwurf und EDV-Entwurf von 18 Phasenkonzepten gezogen.

In den bisherigen Ausführungen wurde die Grobstruktur der Phasenkonzepte mit den einzelnen Phasen und Entscheidungspunkten betrachtet. Die weitere Analyse konzentriert sich auf die detaillierte Kontrollstruktur der Phasenkonzepte.

Eine Kontrollstruktur der Phasenkonzepte konnte, wenn auch mit unterschiedlicher Detaillierung, in 21 Fällen erstellt werden. Die Aufmerksamkeit sei im folgenden auf die parallelen und iterativen bzw. rekursiven Aktivitäten sowie auf die innerhalb bzw. am Ende einer Phase liegenden Entscheidungspunkte gelenkt, um zu erkennen, inwieweit der sequentielle Ablauf durchbrochen wird.

In 11 der 21 Phasenkonzepte werden insgesamt 62 Parallelitäten ausgewiesen. Der Schwerpunkt der Parallelitäten (20 von 62) liegt eindeutig in der Phase Fachlicher Entwurf. Typische parallele Aktivitäten sind z.B. die detaillierte Spezifikation der Anforderungen und die Konzeption des EDV-Entwurfs sowie die Spezifikation der Anforderungen an die Daten und an die Funktionen.

Iterative Aktivitäten und rekursive Aktivitäten (im Sinne der Top-down-Vorgehensweise) wurden innerhalb der einzelnen Phasen in 13 der 21 Phasenkonzepte festgestellt. Charakteristisch für diese Aktivitäten ist ein nachfolgender Entscheidungspunkt, an dem zu prüfen ist, ob das in der Aktivität erstellte Produkt (Dokument bzw. erstellter Code) die Qualitätsanforderungen erfüllt. Der Schwerpunkt der iterativen bzw. rekursiven Aktivitäten (25 von insgesamt 83) liegt eindeutig in der Phase Realisierung. Elf der 13 Phasenkonzepte weisen in dieser Phase Iterationen bzw. Rekursionen aus, und zwar im Zusammenhang mit der Codierung und dem Test. Daneben treten in den Phasen Problemanalyse und Fachlicher Entwurf verstärkt (in je 7 der 13 Phasenkonzepte, 11 bzw. 18 der 83 Aktivitäten) iterative bzw. rekursive Aktivitäten auf. Beispiel ist etwa die Spezifikation der Anforderungen, bis der Anwender seine Zustimmung zu dem erstellten Dokument gibt.

Im Zusammenhang mit dem Ende einer Phase sowie den iterativen bzw. rekursiven Aktivitäten wurden bereits die Entscheidungspunkte angesprochen. Insgesamt werden von den 21 Phasenkonzepten, bei denen eine Kontrollstrukturanalyse möglich ist, 152 Entscheidungspunkte explizit ausgewiesen. Davon liegen 45 Prozent innerhalb und die restlichen 55 Prozent am Ende einer Phase. In Zusammenhang mit den iterativen bzw. rekursiven Aktivitäten fallen die meisten Entscheidungspunkte in die Phase Realisierung.

Die Analyse der Kontrollstruktur verdeutlicht damit, daß bei einer sequentiellen Grundstruktur der Phasenkonzepte eine Reihe von Aktivitäten parallel durchgeführt werden können und sollen. Iterationen treten nicht nur an Phasenenden bei Entscheidungspunkten auf, sondern zusätzlich innerhalb der einzelnen Phasen. Damit wird die auf den ersten Blick streng sequentielle Abfolge der Phasen aufgelockert. Über die Phasen Problemanalyse, Fachlicher Entwurf und EDV-Entwurf werden ferner die erstellten Dokumente top-down-orientiert verfeinert. Neben Rekursionen in den einzelnen Phasen sind diese drei Phasen insgesamt im wesentlichen als rekursiv aufzufassen, auch wenn in jeder Phase die Schwerpunkte anders gesetzt werden. Die Bezeichnungen in dem Referenzmodell mit Problemanalyse, Fachlicher Entwurf und EDV-Entwurf deuten darauf hin.

5.6.2.4 Einsatz und Verwendung der Phasenkonzepte

Mit der Erstellung eines EDV-Handbuchs und des darin festgelegten und beschriebenen Phasenkonzepts ist eine Vorleistung für die Strukturierung und planvolle Durchführung eines EDV-Projekts erfüllt. Der zweite Schritt, und wohl schwerere, ist die organisatorische Implementierung eines Phasenkonzepts, die Akzeptanz bei den Projektleitern und Mitarbeitern sowie die Umsetzung in den EDV-Projekten. Als Implementierungsstrategie wird allgemein eine intensive Schulung und das Vorexerzieren an einem Pilotprojekt praktiziert. Nur ein sichtbarer Erfolg in einem Projekt sowie Empfehlung und Nachahmung verhilft einem Phasenkonzept, wie berichtet wird, in der Regel zum Durchbruch.

Während für die beiden vorangegangenen Abschnitte ausschließlich die Dokumentenanalyse die empirische Basis lieferte, sei zur Darstellung des Einsatzes und der Verwendung der Phasenkonzepte in stärkerem Maß wieder auf die Interviewauswertung zurückgegriffen. Betrachtet werden im Anschluß

- die mit dem Einsatz der Phasenkonzepte verfolgten Ziele,
- die Verbindlichkeit der Phasenkonzepte und
- deren formale Einhaltung.

Dabei wird sich zeigen, daß die strengen theoretischen Ablaufvorschriften (vgl. Abschnitt 5.6.1) in der Praxis zwar aufgeweicht werden, die Phasenkonzepte jedoch eine breite Zustimmung finden, wie die später in Abschnitt 5.6.2.5 vorgestellten Bewertungen verdeutlichen.

Ziele des Einsatzes der EDV-Handbücher einschließlich der Phasenkonzepte sind nach Angabe in den EDV-Handbüchern hauptsächlich die Qualitätssteigerung der zu entwickelnden AWS sowie eine höhere Wirtschaftlichkeit der EDV-Projekte. In den Interviews werden dagegen besonders die dazu notwendigen Voraussetzungen (im Sinne von Mitteln) betont, nämlich die Strukturierung des SE-Prozesses und die dadurch erhaltene Transparenz (vgl. Tab. 5-12). Das Ziel einer besseren Koordination zwischen dem Management und den Systementwicklern sowie zwischen allen am EDV Projekt Beteiligten wird im Gegensatz zu den EDV-Handbüchern von den Interviewpartnern kaum erwähnt. Auffallend im Vergleich zu dem allgemein in der Erhebung gewonnenen Eindruck ist die wesentlich geringere Bedeutung der Termineinhaltung gegenüber der Wirtschaftlichkeit.

	Angaben der Interview-partner Anzahl	%	Angaben aus EDV-Hand-büchern Anzahl	%
Qualitätssteigerung	5	21	12	75
höhere Wirtschaftlichkeit	10	42	11	69
bessere Termineinhaltung	3	13	3	19
bessere Koordination zwischen				
- Management und System-entwicklern	-	-	9	56
- am EDV-Projekt Beteiligten	2	8	10	63
Strukturierung des SE-Prozesses	16	67	8	50
Transparenz des SE-Prozesses	14	58	2	13
einheitliche Dokumentation	8	33	6	38
Personenunabhängigkeit	6	25	4	25
	n = 24	100 %	n = 16	100 %

Tab. 5-12: Angestrebte Ziele bei dem Einsatz von EDV-Handbüchern

Hinweise zur Verbindlichkeit der EDV-Handbücher wurden vornehmlich in den Interviews gewonnen. Erstaunlicherweise enthalten lediglich 9 der 30 EDV-Handbücher selbst entsprechende Richtlinien. Sechs der 9 EDV-Handbücher werden darin als verbindlich erklärt, zwei werden empfohlen und ein EDV-Handbuch ist als Nachschlagewerk konzipiert und die Verwendung freigestellt. Demgegenüber wurde in den Interviews stärker die Freiwilligkeit herausgestellt. Bezogen auf 33 Unternehmen wurde der Einsatz des EDV-Handbuchs in

- 7 Unternehmen (21%) als freiwillig angesehen,
- 10 Unternehmen (30%) als Empfehlung aufgefaßt,
- 16 Unternehmen (49%) auch wirklich als verbindlich betrachtet.

Der Einsatz und die Bedeutung der EDV-Handbücher und vor allem der darin dokumentierten Phasenkonzepte zeigt sich anhand des von den Interviewpartnern darzustellenden Ist-Ablaufs der EDV-Projekte. Zwar geben Interviewpartner aus 35 der 36 Unternehmen eine Phasenfolge mit entsprechenden Aktivitäten wie in den Phasenkonzepten an, doch sind teilweise beachtliche Unterschiede gegenüber dem jeweils im EDV-Handbuch festgelegten Phasenkonzept zu beobachten. Ein fundierter Vergleich ist in 14 Unternehmen möglich; in den restlichen Fällen sind entweder die Angaben der Interviewpartner zu ungenau oder ein schriftliches Phasenkonzept liegt nicht vor:

- Eine volle Übereinstimmung zwischen den Interviews und den schriftlichen Phasenkonzepten besteht in 5 Unternehmen.
- Geringe Unterschiede in den Begriffen und der Phasenabgrenzung zeigen sich bei 4 Unternehmen.
- Keine oder nur geringe Übereinstimmung bei den Phasenbezeichnungen, der Phasengliederung und den zugeordneten Aktivitäten ist jedoch in 5, d.h. etwa einem Drittel der Unternehmen festzustellen.

Vor dem Hintergrund der in Abschnitt 5.6.1 vorgestellten theoretischen Vorgehensweise bei Phasenkonzepten wurde den Interviewpartnern weiterhin eine Reihe von Fragen über die Handhabung des Phasenkonzepts gestellt. Gefragt wurde nach der Art und Häufigkeit von Wiederholungen von Phasen und Rücksprüngen in frühere Phasen, nach der parallelen Durchführung von Aktivitäten verschiedener Phasen und nach der Überbrückung der Entscheidungszeit nach dem Phasenende. In aller Regel stießen diese Fragen bei den Interviewpartnern jedoch auf Unverständnis, und die Antworten machten deutlich, daß der strikte Ablauf, wie er in den Phasenkonzepten gefordert wird, in der Praxis nur in sehr wenigen Unternehmen praktiziert wird. In zwei Unternehmen wurde etwa auf den 'fließenden Übergang' von Phasen hingewiesen.

Lediglich die Antworten in 4 der 30 Unternehmen mit einem schriftlich ausgearbeiteten Phasenkonzept lassen auf einen Einsatz des Phasenkonzepts schließen, wie er als Ideal in Abschnitt 5.6.1 aufgezeigt worden ist. Sind die Aktivitäten einer Phase beendet, findet eine Prüfung der Ergebnisse und bei aufgetretenen Qualitätsmängeln eine (teilweise) Wiederholung der Aktivitäten der letzten Phase oder ein Rücksprung auf Aktivitäten in früheren Phasen statt. In einem einzigen Unternehmen sind diese Wiederholungen und Rücksprünge sogar anhand der Zeitaufschreibung der Systementwickler nachvollziehbar. Für nachträgliche Anforderungsänderungen und daher durchzuführende Rücksprünge wurden dort in drei EDV-Projekten 14%, 16% bzw. 18% des Gesamtaufwandes eingesetzt. Diese Zahlen liegen heute nach Angabe des Unternehmens jedoch niedriger. Allein diese Vorgehensweise gewährleistet, daß Änderungen in die Dokumentation früherer Phasen aufgenommen werden, die gesamte Dokumentation damit am Ende des Projekts einen aktuellen Stand erreicht bzw. beibehalten hat und nicht der Quellcode die einzige zuverlässige Dokumentation des AWS darstellt.

Wiederholungen bzw. Rücksprünge sind in den Unternehmen bis auf Ausnahmen (in 7 von 26 bzw. 6 von 19 Unternehmen) zwar möglich, werden offiziell aber überhaupt nicht oder nur höchst selten praktiziert. Vielmehr werden eigentlich notwendige, offizielle Rücksprünge dadurch vermieden, daß Aktivitäten aus früheren Phasen intern ('auf dem kleinen Dienstweg') nachgeholt und Dokumente erstmals erstellt oder überarbei tet werden. Diese Vorgehensweise wurde in 13 Unternehmen ausdrücklich bestätigt und lediglich von zwei der oben bereits hervorgehobenen Unternehmen explizit verneint. Die Gefahr bei diesem großzügigeren Verhalten ist jedoch, die Dokumentation zu vernachlässigen und neue Erkenntnisse lediglich in die aktuell durchgeführten Aktivitäten und die daraus entstandenen Dokumente einfließen zu lassen.

Wiederholungen und Rücksprünge entstehen vor allem durch neue oder geänderte Anforderungen und durch fehlerhaft umgesetzte Anforderungen, die erst zum EDV-Entwurf oder später eingebracht bzw. erkannt werden. Als Reaktion darauf wird teilweise für ein "Einfrieren" der Anforderungen plädiert. Konsequent wird dies jedoch nur in einem EDV-Dienstleistungsunternehmen praktiziert, wo schon nach Abschluß der Problemanalyse keine neuen Anforderungen mehr aufgenommen werden. In zwei Unternehmen ist man bestrebt, nach dem Fachlichen Entwurf bzw. dem EDV-Entwurf die Anforderungen endgültig zu fixieren, doch sei man teilweise gezwungen, von diesem Vorgehen abzurücken, um eine Akzeptanz des AWS zu erreichen. In sieben Unternehmen wurde daher betont, prinzipiell während des gesamten SE-Prozesses Anforderungen der Anwender entgegenzunehmen, doch werde der Umfang der dadurch notwendigen Änderungen kontinuierlich eingeschränkt. Der gesamte SE-Prozeß wird als iterativer Prozeß verstanden.

Aktivitäten, die formal zu unterschiedlichen Phasen gehören, werden in 15 von 18 Unternehmen teilweise parallel abgewickelt. Schwerpunkte paralleler Aktivitäten lassen sich aus den Angaben der Interviewpartner jedoch nicht ableiten. Die Aufteilung des EDV-Projekts in Teilprojekte und ein jeweils getrennter Durchlauf durch das Phasenkonzept wird in den Unternehmen praktiziert und soll teilweise noch verstärkt vorgenommen werden.

Die formalen Entscheidungspunkte am Ende einer Phase, wie sie bei der theoretischen Vorstellung der Phasenkonzepte (Abschnitt 5.6.1) und den in der Praxis ausgearbeiteten Phasenkonzepten (vgl. Abschnitt 5.6.2.3) aufgezeigt wurden, haben für die Durchführung der EDV-Projekte in der Praxis meist nur geringe Bedeutung. Lediglich nach der Vorstudie wird eine formale Genehmigung abgewartet, um das EDV-Projekt fortzusetzen. Auf die Frage, wie die Zeit zwischen dem Abschluß einer Phase und der formalen Entscheidung überbrückt werde, wurde in 4 Unternehmen darauf hingewiesen, es gebe keine Entscheidungen mehr nach Beginn der Problemanalyse, in 11 Unternehmen antwortete man, es werde weiter gearbeitet und lediglich in 3 Unternehmen wird der Beschluß abgewartet (Rest keine Angabe).

Dieser Einsatz und die geschilderte Verwendung der Phasenkonzepte legt den Schluß nahe, den Wert der Phasenkonzepte als Strukturierungshilfe und Vorgehensmodell für den SE-Prozeß eher gering und vernachlässigbar einzustufen. In den Interviews aufgenommene Begriffe wie etwa 'Schrankware' unterstützen noch diesen Eindruck. Um so mehr muß aber überraschen, daß die Phasenkonzepte von der überwältigenden Mehrheit der Interviewpartner positiv beurteilt wurden, wie im folgenden Abschnitt aufgezeigt werden wird.

Außerdem konnte ein positiver Einfluß des Phasenkonzepts auf die Verteilung des Aufwands für die Systementwicklung auf die einzelnen Phasen beobachtet werden. In der theoretischen Darstellung des Phasenkonzepts in Abschnitt 5.6.1.1 war das mit dem Einsatz der Phasenkonzepte verbundene Ziel erwähnt worden, den Aufwand von der Phase Realisierung auf frühere Phasen zu verlagern. Im Rahmen der Darstellung des Ist-Ablaufs von EDV-Projekten der Interviewpartner wurde nach der zeitlichen Verteilung des Aufwands gefragt. Aufgrund der gemeinsamen Unterteilung der Phasenkonzepte zwischen den Phasen EDV-Entwurf und Realisierung (vgl. Abschnitt 5.6.2.3) wurden die Prozentsätze bis einschließlich der Phase EDV-Entwurf sowie die der Phasen Realisierung und Einführung zusammengefaßt. Auch wenn nur von 11 Interviewpartnern verwertbare Prozentsätze vorliegen, zeigt sich doch eine deutliche Verteilung:

- In den 7 der 11 Unternehmen mit einem schriftlichen Phasenkonzept liegt der durchschnittliche Aufwand für die Phasen bis einschließlich des EDV-Entwurfs bei 53 Prozent und entsprechend für die Phasen Realisierung und Einführung bei 47 Prozent.

- Aus den 4 Unternehmen ohne ein schriftliches Phasenkonzept werden dagegen nur durchschnittlich 32,5 Prozent für die ersten Phasen einschließlich des EDV-Entwurfs aufgewendet.

Trotz der teilweise großzügigen Handhabung des Phasenkonzepts deutet dieser empirische Befund damit auf einen positiven Einfluß des Phasenkonzepts auf die Aufwandsverteilung im SE-Prozeß hin.

5.6.2.5 Bewertung der Phasenkonzepte durch die Interviewpartner

Den Interviewpartnern aller 36 Unternehmen wurden 20 Aussagen über Ablaufregelungen (d.h. in der Praxis Phasenkonzepte) vorgelegt, denen mittels Rating-Skalen zugestimmt werden konnte oder die abgelehnt werden konnten. Ziel dieser Bewertung war, eventuelle Mängel und Vorteile der Ablaufregelungen herauszuarbeiten. Den Hintergrund für die Bewertung sollte jeweils die im Unternehmen vorliegende schriftliche Ablaufregelung bilden; in den 6 Unternehmen ohne eine schriftliche Ablaufregelung sollte ein etwa aus der Literatur bekanntes Phasenkonzept herangezogen werden.

Die 20 Aussagen wurden folgendermaßen strukturiert:
- Die Aussagen 1 bis 7 heben Mängel von Ablaufregelungen hervor,
- die Aussagen 8 bis 15 betonen Vorteile von Ablaufregelungen,
- die Aussagen 16 und 17 beschäftigen sich mit der Bedeutung und der Verwendung von Ablaufregelungen in den Unternehmen und
- bei den Aussagen 18 bis 20 ist der reale Ablauf des SE-Prozesses mit den vorgeschriebenen Ablaufregelungen zu vergleichen.

Die 20 Aussagen sind in Tab. 5-13 zusammengestellt. Die Bewertung der Interviewpartner drückt sich in den angegebenen Mittelwerten aus. In den Abb. 5-6, 5-7 und 5-8 sind die Mittelwerte graphisch verdeutlicht. In der Bewertung sind Unterschiede in Abhängigkeit von der Existenz schriftlicher Ablaufregelungen im Unternehmen (Abb. 5-6), von der Funktion der Interviewpartner (Abb. 5-7) und von dem prozentualen Anteil des Projektmanagements an dem Arbeitsinhalt der Interviewpartner (Abb. 5-8) erkennbar. Auch wenn die Tabelle und die Abbildungen für sich sprechen, seien einige bemerkenswerte Ergebnisse hervorgehoben. Dabei wird der Blick zunächst auf die Mittelwerte der Bewertungen aller Interviewpartner gerichtet, bevor gruppenspezifische Abweichungen betont werden.

Die positive Beurteilung der Ablaufregelungen in Form von Phasenkonzepten wird sehr deutlich anhand der Ablehnung von Aussagen, die Mängel von Ablaufregelungen ausdrücken und anhand der Zustimmung zu Aussagen, die Vorteile artikulieren. Der organisatorische Aufwand von Ablaufregelungen wird nicht zu hoch gesehen, die Ablaufregelungen seien nicht zu grob und die Struktur nicht zu starr, der Handlungsspielraum werde nicht zu stark eingeschränkt, die Kreativität nicht behindert und das notgedrungene Fehlen informeller Beziehungen schränke den Wert der Ablaufregelungen nicht sehr stark ein. Andererseits werden Ablaufregelungen als ein Garant für den Projekterfolg gesehen, sie seien im Sinne von Checklisten sinnvoll und förderten eine Personenunabhängigkeit, sie würden klare Tätigkeits- und Verantwortungsgrenzen schaffen, die Wirtschaftlichkeit und Effizienz der Systementwicklung sowie die Transparenz erhöhen und die Einarbeitung neuer Mitarbeiter verbessern. Lediglich eine erhöhte Formularflut wird bemängelt, so daß zeitaufwendige formalorganisatorische Arbeiten durch die Ablaufregelungen nicht erspart würden.

Diese Kritik sollte Anlaß für Verbesserungen in den Unternehmen sein. Mit Hilfe von sog. Software-Engineering-Environments (vgl. etwa Balzert 1982; synonym "Produktverwaltungssysteme", vgl. Ehrensperger 1983, zitiert bei Heilmann 1984,

S. 12; synonym "Projektbibliotheken", vgl. Spitta 1984, S. 37 ff.) wird ein Weg aufgezeigt, die interaktive Erstellung von Produkten im SE-Prozeß von der Programmierung auch auf frühere Phasen im SE-Prozeß auszudehnen und die gesamte Dokumentation softwareunterstützt zu erstellen und zu speichern.

Nr.	Aussagen	Mittelwert	Varianz
1	Der durch Ablaufregelungen bedingte organisatorische Aufwand ist nur für große Projekte, nicht aber für Projekte unserer Größenordnung sinnvoll.	4,28	0,85
2	Die Projekte sind so verschieden, daß eine Ablaufregelung notgedrungen so grob bleiben muß, daß sie keine inhaltliche Hilfe bei der Entwicklung von Anwendungssystemen bietet.	4,24	0,87
3	Ablaufregelungen bringen eine unverhältnismäßig hohe Formularflut mit sich.	3,44	1,35
4	Die von den Ablaufregelungen vorgegebene Struktur ist zu starr und kann nicht an Projekterfordernisse angepaßt werden.	4,06	0,96
5	Ablaufregelungen schränken den persönlichen Handlungs- und Entscheidungsspielraum der Systementwickler zu stark ein.	4,13	0,64
6	Ablaufregelungen behindern die Kreativität der Systementwickler.	4,19	0,80
7	Ablaufregelungen berücksichtigen nicht die für die Projektarbeit wichtigen informellen Beziehungen, so daß dadurch ihr Wert sehr stark eingeschränkt wird.	4,06	0,75
8	Ablaufregelungen sind ein wichtiger Garant für den Projekterfolg.	2,04	0,90
9	Ablaufregelungen sind im Sinne von Checklisten sinnvoll.	1,78	0,70
10	Ablaufregelungen sichern eine personenunabhängige, einheitliche Aufgabenerfüllung.	2,09	0,88
11	Ablaufregelungen ersparen zeitaufwendige formalorganisatorische Arbeiten.	2,54	1,31
12	Ablaufregelungen geben Ablaufmuster vor und schaffen damit klare Tätigkeits- und Verantwortungsgrenzen.	1,89	0,91
13	Ablaufregelunge erhöhen insgesamt die Wirtschaftlichkeit, Produktivität und Effizienz der Systementwicklung.	1,98	1,04
14	Ablaufregelungen erhöhen die Transparenz der Systementwicklung und führen damit für alle Beteiligte zu einem besseren Projektüberblick.	1,96	0,44
15	Durch Ablaufregelungen verbessert sich die Einarbeitung neuer Mitarbeiter.	1,74	0,57
16	Die existierenden Ablaufregelungen haben für unsere Projektarbeit keine Bedeutung.	4,43	0,88
17	Ablaufregelungen werden in Zweifelsfällen und in neuen Situationen als Ratgeber verwendet.	2,69	1,59
18	Der vorgeschriebene Ablauf ist in der Realität nicht einzuhalten, da Aktivitäten häufig vorzuziehen, andere nachzuholen sind.	3,41	1,30
19	Ablaufregelungen führen eine künstliche Trennung von zusammengehörenden Aktivitäten herbei.	3,73	0,95
20	Aktivitäten müssen eher parallel und iterativ gesehen werden und nicht sequentiell, wie dies in den Ablaufregelungen der Fall ist.	3,20	1,34

Codierung: 1 stimme voll zu
5 stimme überhaupt nicht zu

Tab. 5-13: Aussagen zu Ablaufregelungen (in Form von Phasenkonzepten)

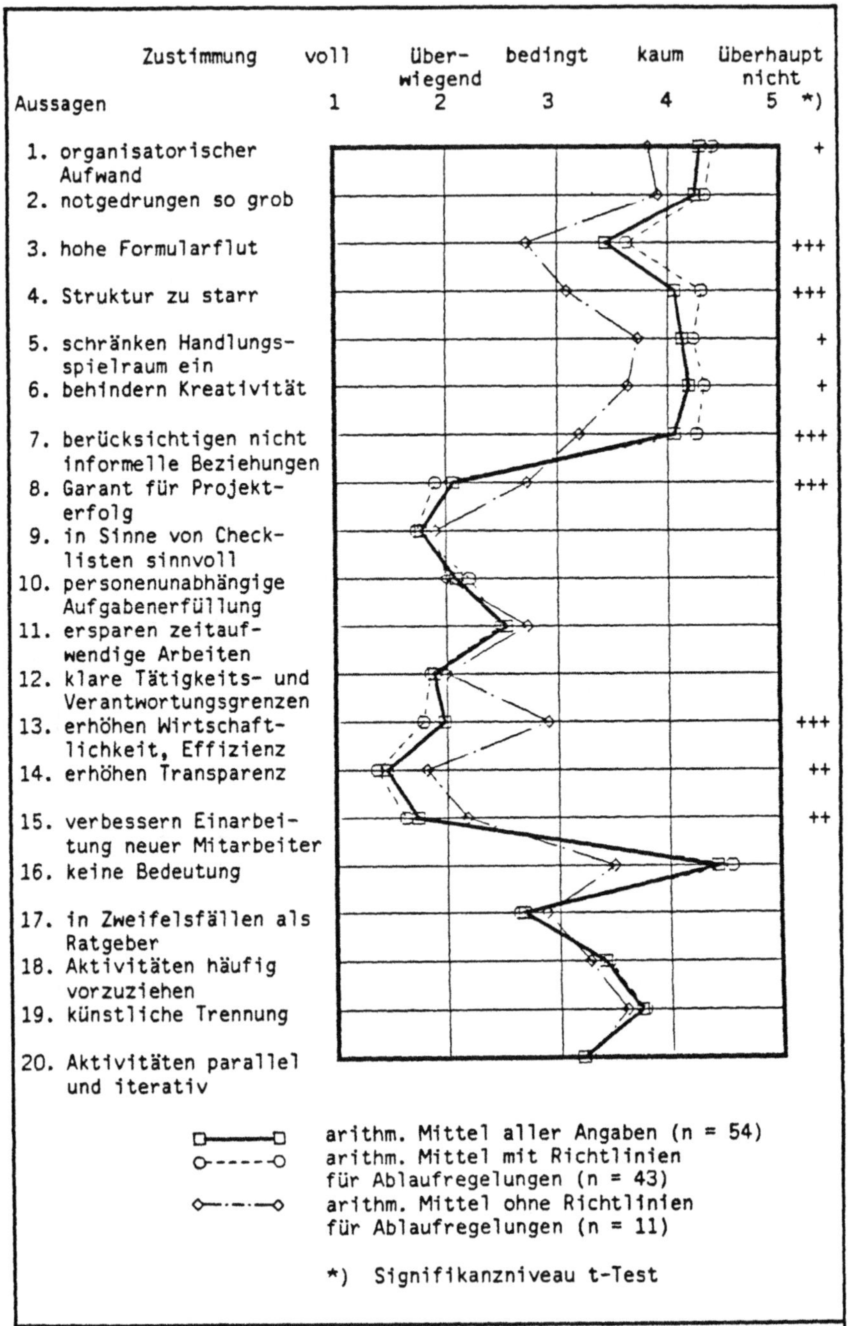

Abb. 5-6: Bewertung der Ablaufregelungen (in Form von Phasenkonzepten) in Abhängigkeit von der Existenz schriftlicher Ablaufregelungen im Unternehmen

Entgegen der im vorangegangenen Abschnitt vorgestellten Verwendung des Phasenkonzepts wird mit der Ablehnung von Aussage 16 doch eine große Bedeutung der Ablaufregelungen für die EDV-Projekte von den Interviewpartnern angezeigt.

Aus der Bewertung der Aussagen 18 bis 20 kann summarisch geschlossen werden, daß von dem vorgezeichneten idealtypischen Ablauf der Phasenkonzepte zwar abgewichen wird, indem Aktivitäten vorgezogen, teilweise als künstlich angesehene Trennungen von Aktivitäten aufgehoben und der gesamte SE-Prozeß iterativ gestaltet wird, die Grundstruktur der Phasenkonzepte jedoch befürwortet wird. Diese insgesamt positive Bewertung der Phasenkonzepte deckt sich auch mit den empirischen Ergebnissen von Jenkins, Naumann und Wetherbe (1984, S. 77). Auf einer Skala von 1 (wertlos) bis 10 (extrem wertvoll) sollte die jeweilige verwendete "Systems Development Methodology" von den Projektleitern beurteilt werden. Die durchschnittliche Bewertung liegt bei 7.

Interviewpartner aus Unternehmen <u>ohne</u> schriftlich ausgearbeitete Ablaufregelungen betonen stärker die aufgeführten Mängel und befürworten teilweise nicht die Vorteile von Ablaufregelungen (vgl. Abb. 5-6). Vor allem wird nicht dem Argument einer höheren Wirtschaftlichkeit, Produktivität und Effizienz der Systementwicklung zugestimmt. Konsequenterweise haben deshalb auch (informelle) Ablaufregelungen eine geringere Bedeutung. In dem einzigen Unternehmen ohne eine phasenweise Strukturierung des SE-Prozesses wird den Mängeln in den Aussagen 1 bis 7 sämtlich zugestimmt und die Vorteile in den Aussagen 8 bis 15 werden sämtlich abgelehnt. Auffallend ist jedoch, daß bei den Aussagen 18 bis 20 über den realen Projektablauf kaum Unterschiede zwischen beiden Gruppen zu erkennen sind und die dort ausgedrückten Unzulänglichkeiten nicht der Grund für fehlende Ablaufregelungen sein können. Vielmehr dürften die geringer empfundenen Probleme bei der Entwicklung von AWS (vgl. Abschnitt 5.6.2.1) ausschlaggebend für die stärkere Ablehnung der Phasenkonzepte sein.

Deutliche Bewertungsunterschiede der Ablaufregelungen werden zwischen den <u>EDV-Leitern</u> und <u>Projektleitern</u> einerseits und den <u>Spezialisten für EDV-Methoden</u> andererseits sichtbar (vgl. Abb. 5-7). Die Spezialisten für EDV-Methoden sind verständlicherweise extreme Befürworter der Ablaufregelungen, während die EDV-Leiter und Projekleiter den Ablaufregelungen zwar positiv, wenn auch deutlich skeptischer gegenüberstehen.

Ablaufregelungen wurden weiter oben als ein Instrument des Projektmanagements vorgestellt. Daher wurde die Stichprobe in Interviewpartner aufgeteilt, deren Arbeitszeit nur bis zu 20 Prozent mit dem Management von Projekten ausgefüllt ist und in Interviewpartner mit mehr als 20 Prozent. Mehr als 20 Prozent Projektmanagement weisen insbesondere die Projektleiter aber auch ein Teil der

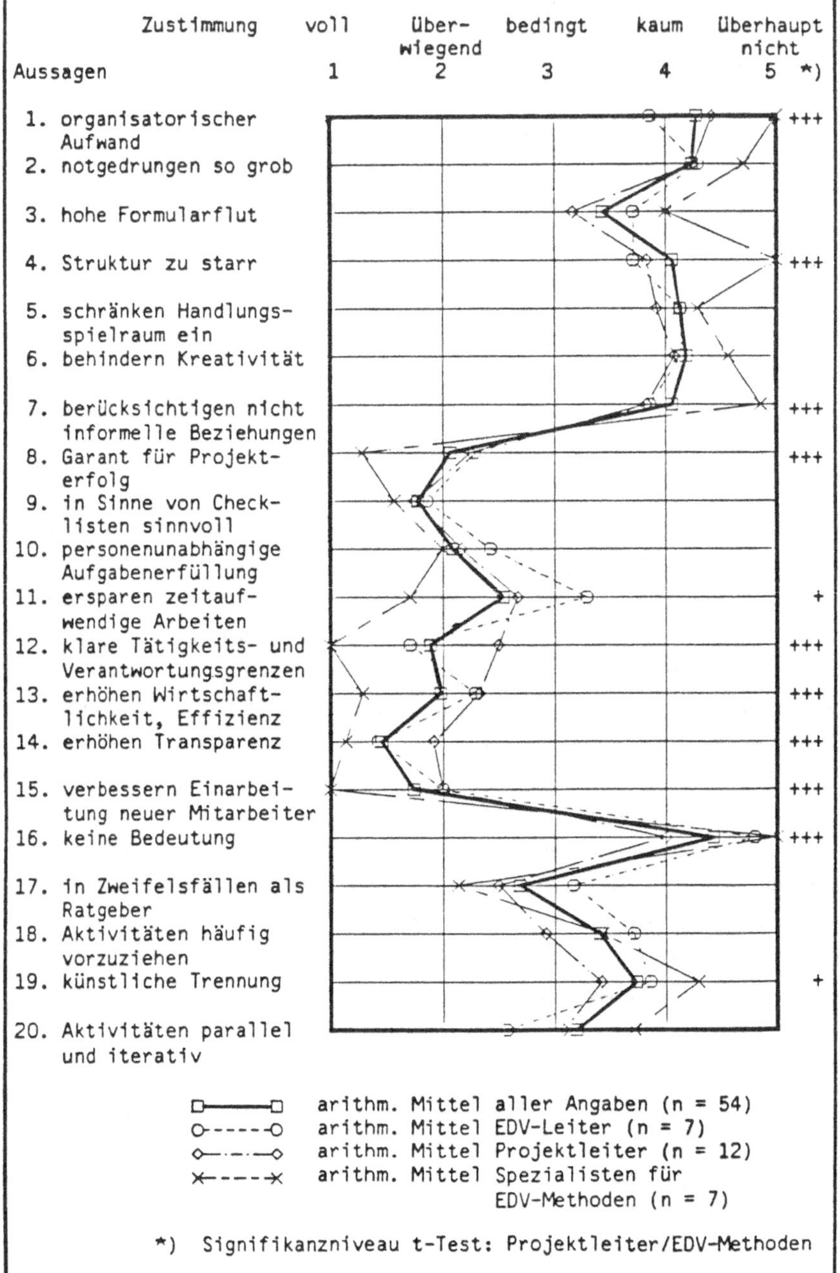

Abb. 5-7: Bewertung der Ablaufregelungen (in Form von Phasenkonzepten) in Abhängigkeit von der Funktion der Interviewpartner

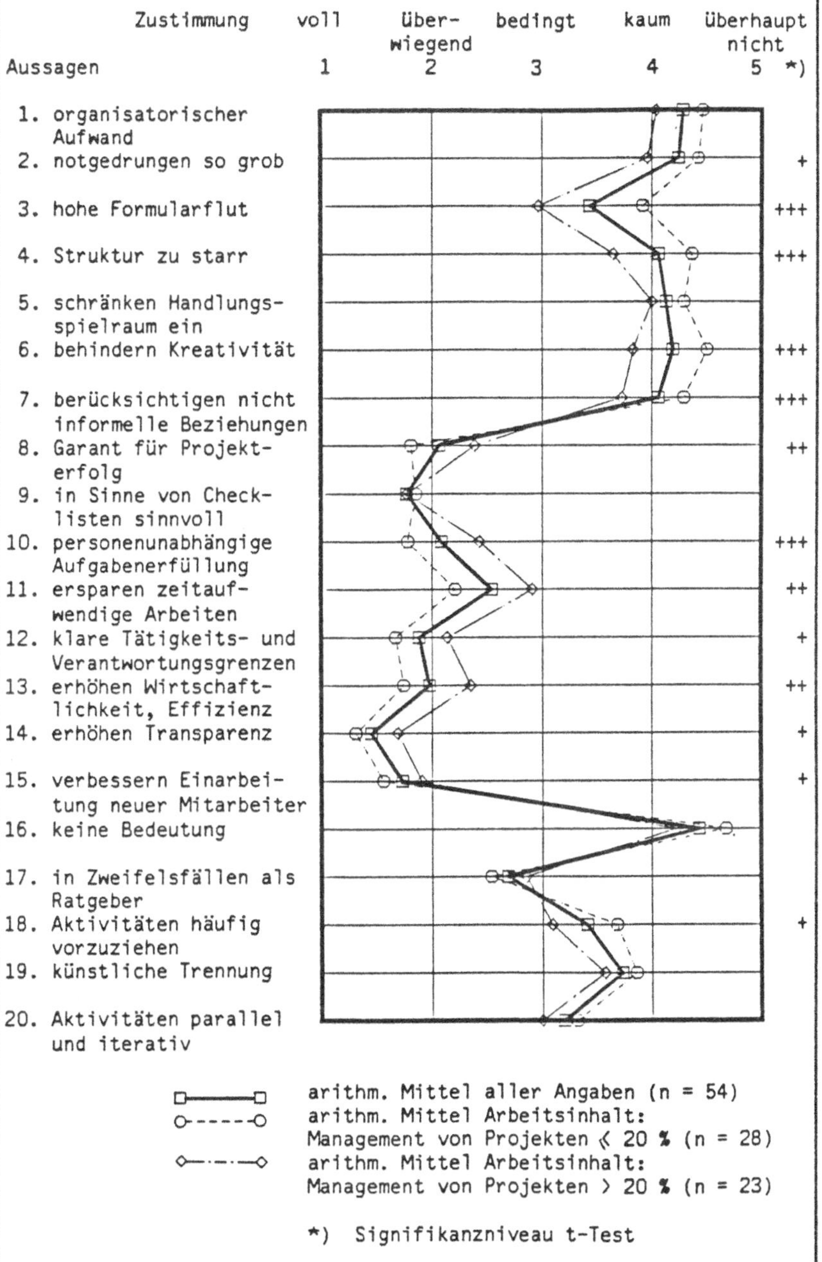

Abb. 5-8: Bewertung der Ablaufregelungen (in Form von Phasenkonzepten) in Abhängigkeit von dem prozentualen Anteil des Arbeitsinhalts "Management von Projekten" der Interviewpartner

SE-Leiter und EDV-Leiter aus. Diese Gruppe befürwortet Ablaufregelungen im Durchschnitt zwar ebenfalls, doch sind Abstriche gegenüber der Vergleichsgruppe mit bis zu 20 Prozent Projektmanagement erkennbar.

Die in den Abb. 5-6, 5-7 und 5-8 aufgezeigten Bewertungsunterschiede haben sich als unabhängig voneinander erwiesen. Berücksichtigt man etwa in Abb. 5-8 nur die Unternehmen mit Ablaufregelungen und ebenfalls nicht die Spezialisten für EDV-Methoden, so treten trotzdem die Bewertungsunterschiede in Abhängigkeit von dem zeitlichen Anteil des Projektmanagements hervor.

Aus diesen Bewertungen kann die Erkenntnis abgeleitet werden, daß der von den Phasenkonzepten idealisierte Ablauf in der Realität nicht durchgehalten werden kann. Trotzdem wird das Phasenkonzept im allgemeinen als vorteilhaft und das Projektmanagement unterstützend beurteilt.

5.6.3 Zusammenfassung und Empfehlungen

Ausgangsbasis für die empirische Untersuchung der Phasenkonzepte war zum einen die große Verbreitung und überwiegende Empfehlung der Phasenkonzepte zur Strukturierung des SE-Prozesses in der Literatur. Zum anderen ist von Seiten der Vertreter des Komponentenkonzepts und des Prototyping massive Kritik an der Zweckmäßigkeit des Phasenkonzepts laut geworden. Wie in Abschnitt 5.6.1 aufgezeigt wurde, entzündet sich die Kritik an der Grundstruktur des zeitlich sequentiellen Ablaufs, der vor allem bei der Spezifikation der Anforderungen Schwierigkeiten bereitet, und an der mangelnden Unterstützung der Anwendereinbeziehung in den SE-Prozeß.

In der Erhebung zeigte sich die weite Verbreitung der Phasenkonzepte auch in der Praxis. In 30 Unternehmen war ein Phasenkonzept schriftlich ausgearbeitet, und in 35 Unternehmen wurde der Ist-Ablauf der EDV-Projekte in Form von Phasen beschrieben. Allerdings bestanden teilweise beträchtliche Unterschiede zwischen den schriftlichen und den geschilderten Phasenkonzepten. Ein Defizit wird an Richtlinien zum Projektmanagement und über EDV-Methoden sichtbar.

Von den zur Dokumentenanalyse vorliegenden 19 EDV-Handbüchern genügten 8 den gestellten Anforderungen. Teilweise nehmen die EDV-Handbücher jedoch einen Umfang ein, der einen Einsatz zweifelhaft erscheinen läßt. So sollte auf eine minutiöse Beschreibung der Phasen verzichtet werden und die Darstellung von EDV-Methoden, Programmierstandards und Dokumentationsvorschriften in physisch getrennte Handbücher verbannt werden. Es wäre fatal zu glauben, mittels einer ausgefeilten Richtlinie eine ungenügende Ausbildung der Systementwickler ausgleichen zu wollen. Unternehmen mit qualitativ guten EDV-Handbüchern zeichnen sich jedoch durch niedrigere Verfehlungen von gesetzten Projektzielen und durch seltener abgebrochene Projekte aus.

Der Vergleich der Phasenkonzepte zeigte eine Tendenz hin zu weniger Phasen. Läßt man die Phase Wartung unberücksichtigt, können 5 oder 6 Phasen empfohlen werden. Die detaillierte Analyse brachte eine Reihe von parallelen und iterativen Aktivitäten innerhalb der einzelnen Phasen zum Vorschein. Darüber hinaus sind Wiederholungen und Rücksprünge im Phasenkonzept formal meist zulässig. Trotzdem bleibt die sequentielle Grundstruktur des Phasenkonzepts erhalten.

Der von den Phasenkonzepten geforderte strikte Ablauf wird in der Praxis zwar nur selten, dann aber mit Erfolg praktiziert. Der gesamte SE-Prozeß wird vielmehr als ein iterativer Prozeß aufgefaßt und dies sei nach Meinung einiger Interviewpartner mit dem Phasenkonzept auch gut zu vereinbaren. Zum einen sind die ersten Phasen iterativ angelegt und zum anderen werden Wiederholungen und Rücksprünge meist informell praktiziert, ohne Entscheidungspunkte offiziell zu berühren. Damit wird zwar gegen das Ideal des Phasenkonzepts verstoßen und die Kritik an dessen sequentieller Grundstruktur untermauert, doch läßt sich anhand der empirischen Ergebnisse nicht die Schädlichkeit dieser Vorgehensweise nachweisen. Es konnte vielmehr die durch das Phasenkonzept angestrebte Verlagerung des Aufwands auf die Phasen Problemanalyse und Entwurf angedeutet werden.

Von der überwältigenden Mehrheit der Interviewpartner wird das Phasenkonzept positiv bewertet und ihm eine große Bedeutung im Unternehmen zugesprochen. Lediglich durch den Einsatz von Software Engineering Environments sollte die Formularflut eingedämmt und zwangsweise die Dokumentation früherer Phasen bei durchgeführten Änderungen aktualisiert werden.

Zu beachten ist allerdings die zwar positive, aber deutlich skeptischere Einstellung der Projektleiter und der EDV-Leiter sowie allgemein der Interviewpartner, die intensiv mit Projektmanagementaufgaben betraut sind, gegenüber Ablaufregelungen in Form des Phasenkonzepts. In Abschnitt 5.6.2.1 war zwar die Notwendigkeit von Ablaufregelungen und von Richtlinien zum Projektmanagement von den Projektleitern zum Ausdruck gebracht worden. Die Bewertung der Phasenkonzepte deutet jedoch darauf hin, daß zwar mit Hilfe der Phasenkonzepte erstmals ein Hilfsmittel zur Strukturierung des SE-Prozesses an die Hand gegeben wurde und auch positive Einflüsse nachweisbar sind, daneben aber eine gewisse Unzufriedenheit und die Suche nach einem zweckmäßigeren Vorgehensmodell in den Bewertungen erkennbar und in den Interviews deutlich wurde.

Nachdem ein disziplinierter Ablauf des SE-Prozesses mit Hilfe des Phasenkonzepts erreicht worden ist, kann eine Flexibilisierung des Ablaufs etwa nach dem Komponentenkonzept durchaus befürwortet werden. Insbesondere die Vorgehensweisen des Prototyping sind als vielversprechende Ansätze anzusehen, die Spezifikation der Anforderungen und eine intensivere Anwendereinbeziehung in den SE-Prozeß zu erleichtern. Das Prototyping sollte jedoch in das Phasenkonzept integriert werden. Grundlage bleibt aber die mit Hilfe des Phasenkonzepts durchführbare Strukturierung des SE-Prozesses. Damit wird ein wichtiger Schritt in Richtung der dringend notwendigen Intensivierung der Projektplanung bei EDV-Projekten geleistet.

6. Institutionelles Projektmanagement bei der Entwicklung von Anwendungssystemen

Die "Träger" der im vorangestellten Kapitel untersuchten "dispositiven, projektbezogenen Aufgaben" werden unter dem Begriff des "institutionellen Projektmanagements" (Zogg 1974, S. 259) zusammengefaßt und im folgenden in den Mittelpunkt der Diskussion gestellt. Diese Träger umfassen die Ausschüsse, die bereits in Abschnitt 4.5 in Gestalt der EDV-, Fach- und Projektausschüsse vorgestellt wurden. Es sei daran erinnert, daß in insgesamt 18 Unternehmen vor allem von den Projekt- und Fachausschüssen die Aufgabe der Kontrolle und Steuerung der EDV-Projekte wahrgenommen wird. Sie überwachen den Projektfortschritt, kontrollieren die Kosten und Termine, dienen als Entscheidungsinstanz bei Problemen, die über die Kompetenz des Projektleiters hinausgehen und wirken bei der Bewältigung von Konflikten mit. Allgemein sind sie als Berichtsinstanz für den Projektleiter institutionalisiert.

Im folgenden sei der Schwerpunkt der Ausführungen auf das Projektteam (Abschnitt 6.1) in seiner Zusammensetzung und internen Struktur sowie auf den Projektleiter (Abschnitt 6.2) gelegt. Neben der Abteilungsherkunft des Projektleiters sollen vor allem dessen Kompetenzen einer detaillierten Analyse unterzogen werden. Von dem Umfang der dem Projektleiter übertragenen Kompetenzen läßt sich ableiten, welche der Projektorganisationsformen Einfluß-, Matrix- oder Reines Projektmanagement für EDV-Projekte in den Unternehmen eingesetzt werden.

Gerade der Matrix-Projektorganisation wird nachgesagt, sie sei konfliktintensiv (vgl. etwa Schneider 1975, S. 321). In Abschnitt 6.3 werden daher die zwischen den Trägern des Projektmanagements auftretenden Konflikte ermittelt. Dabei wird sich u.a. ein starker Zusammenhang mit den als Effizienzmaßen verwendeten Verfehlungen von Projektzielen (vgl. Abschnitt 3.3) sowie anderen erhobenen Strukturmerkmalen zeigen. Am häufigsten sind Konflikte zwischen den Anwendern in den Fachbereichen und der EDV-Abteilung zu beobachten. Daher werden abschließend die Gründe und die Intensität der Anwendereinbeziehung in den SE-Prozeß herausgearbeitet (Abschnitt 6.4). Es wird verdeutlicht, daß trotz der auftretenden Konflikte keine Alternative für eine intensive Anwendereinbeziehung gesehen wird.

6.1 EDV-Projektteam

Unter einem EDV-Projektteam seien in Anlehnung an Fronz (1972, S. 175 f.) jene Mitarbeiter verstanden, die aus der EDV-Abteilung sowie den Fachbereichen kommend, mit unterschiedlichstem Spezialwissen ausgestattet, gemeinsam an der Entwicklung eines AWS arbeiten.

Ein Projektteam ist gekennzeichnet durch intensive Kommunikation zwischen den Mitarbeitern. Um seine Funktionsfähigkeit zu erhalten, ist es daher notwendig, die Anzahl der Mitarbeiter zu begrenzen. Die in den Unternehmen angetroffenen Größen des Projektteams werden in Abschnitt 6.1.1 vorgestellt. Die Zusammensetzung des Projektteams, vor allem die Einbeziehung von Anwendern in das Projektteam sowie die zugrundegelegten Kriterien für die Teamzusammensetzung werden in Abschnitt 6.1.2 beleuchtet. Mit dem Bestreben die Kommunikation zu beschränken, konnten teilweise interne Strukturen in den Projektteams festgestellt werden. Diese Strukturen werden in Abschnitt 6.1.3 verdeutlicht. Zu welchen Zeitpunkten im SE-Prozeß das Projektteam konstituiert wird sowie welche Veränderungen im Projektteam auftreten, wird in Abschnitt 6.1.4 untersucht. Notwendig und sinnvoll sind Veränderungen aufgrund des benötigten unterschiedlichsten Spezialwissens in den verschiedenen Phasen des SE-Prozesses. Andererseits bringen personelle Veränderungen u.U. Unruhe in ein Projektteam, erfordern Einarbeitungszeit und es geht undokumentiertes, spezifisches Projektwissen verloren, was zu einer Projektverlängerung führen kann (vgl. Musiol 1974, T.1, S. 198).

Wesentliche Kriterien für ein Projektteam sind nach Fronz (1972, S. 176) eine räumliche Nähe und eine weitgehend permanente Zusammenarbeit, "so daß sich echte soziale Gruppen bilden können". In der Erhebung wurde der Begriff Projektteam von den Interviewpartnern aber auch verwendet, ohne daß diese Kriterien immer erfüllt waren. Vielmehr war die intensive Mitarbeit an dem EDV-Projekt ausschlaggebend. In Abschnitt 6.1.5 sei daher die zeitliche und räumliche Zusammenarbeit näher betrachtet.

Für die Aufgabenverteilung auf einzelne Mitarbeiter ist speziell für EDV-Projekte mit dem "chief-programmer-team" (Baker 1972) ein spezieller Vorschlag in der Diskussion. Charakteristisch für den chief-programmer-team-Ansatz ist neben dem eigentlichen chief-programmer die Benennung eines Mitarbeiters, der die Dokumentation des AWS aktuell hält (sog. librarian). Die in der Praxis angetroffene Aufgabenverteilung wird in Abschnitt 6.1.6 dargestellt.

6.1.1 Größe des Projektteams

Um eine gewisse "Schwerfälligkeit" (Fronz 1972, S. 179) des Projektteams aufgrund zu starker Kommunikation und Koordination zu vermeiden und die Bildung einer sozialen Gruppe zu fördern, darf das Projektteam nicht allzu groß sein. In der Literatur besteht über die maximale Größe von Teams keine einheitliche Auffassung. Fronz (1972, S. 179) empfiehlt 6 bis 8 Mitarbeiter und darüber hinaus eine Aufteilung in mehrere Teams. Dreger (1975, S. 63) sieht 3 bis 12 Mitarbeiter als günstig an, und Budde, Schnupp und Schwald (1980, S. 214) betonen für EDV-Projekte eine maximale Teamgröße von 8 Mitarbeitern.

In der Erhebung wurde daher nach der minimalen, maximalen und durchschnittlichen Größe der Projektteams gefragt. Die gewonnenen Ergebnisse seien anschließend vorgestellt. Darauf aufbauend können Zusammenhänge mit der Größe der EDV-Abteilung, der Verwendung von Projektmanagementsystemen und der Verfehlung von Projektzielen aufgezeigt werden.

Als minimale Anzahl der Mitarbeiter in einem Projektteam wurde (3 mal keine Angabe) in

- 17 Unternehmen (52%) ein einzelner Mitarbeiter genannt, auch wenn in diesem Fall der Teambegriff nicht angemessen ist,
- 7 Unternehmen (21%) 2 Mitarbeiter,
- 5 Unternehmen (15%) 3 Mitarbeiter und in
- 4 Unternehmen (12%) mehr als 3 Mitarbeiter.

In einzelnen Interviews wurden "Ein-Mann-Teams" wegen des höheren Risikos eine Fehlentwicklung explizit abgelehnt. Das Wissen soll nicht auf einen Mitarbeiter konzentriert werden, es soll eine Kontrollmöglichkeit eingeschaltet werden, und es sollte auf jeden Fall ein Anwender dem Projektteam angehören.

Die maximale Teamgröße beträgt einschließlich der genannten Anwender (2 mal keine Angabe)

- 3 bis 7 Mitarbeiter (kleine Teams) in 12 Unternehmen (35%),
- 8 bis 12 Mitarbeiter (mittlere Teams) in 13 Unternehmen (38%),
- 13 bis 20 Mitarbeiter (große Teams) in 6 Unternehmen (18%) und
- mehr als 20 Mitarbeiter (sehr große Teams) in 3 Unternehmen (9%).

Hinsichtlich der durchschnittlichen Teamgröße sind zwei Schwerpunkte feststellbar, auch wenn nur von 20 Unternehmen Angaben vorhanden sind. Der erste Schwerpunkt betrifft die kleinen Teams und liegt bei 3 Mitarbeitern, der zweite Schwerpunkt liegt für mittlere Teams bei 6 bis 7 Mitarbeitern. Für große und sehr große Projektteams sind keine markanten Durchschnittsangaben erkennbar. Die maximal in den Unternehmen genannten Durchschnittsgrößen betragen 10 bzw. 12 Mitarbeiter.

Legt man die maximale Teamgröße zugrunde, erfüllen mindestens 73% der Projektteams die Empfehlung von Dreger (1975, S. 63), nicht mehr als 12 Mitarbeiter in das Projektteam aufzunehmen. Der Forderung von Budde, Schnupp und Schwald (1980, S. 214) mit einer maximalen Teamgröße von 8 Mitarbeitern entsprechen jedoch nur 44% (15 von 34) der Unternehmen. Bezogen auf die Durchschnittsangaben liegen bis auf die beiden genannten Ausnahmen alle Teamgrößen unter 8 Mitarbeitern.

Die maximale Größe des Projektteams (einschließlich der Anwender) wird sehr stark durch die Größe des Unternehmens bestimmt und damit auch von der Größe der EDV-Abteilung (jeweils ausgedrückt in Mitarbeitern; vgl. Tab. 6-1).

Merkmal	Ausprägung	maximale Größe des Projektteams (in Mitarbeiter) bis 12	über 12	statistische Kennzahlen
Zahl der Mitarbeiter des Unternehmens in Tausend	bis 20	20	2	Chi^2 = 9,67
	über 20	5	7	s = 99,8 % (+++) Phi = 0,53
Zahl der EDV-Mitarbeiter	bis 150	16	2	Chi^2 = 4,64
	über 150	9	7	s = 96,9 % (++) Phi = 0,37
Projektmanagementsysteme	nein	16	2	Chi^2 = 4,64
	ja	9	7	s = 96,9 % (++) Phi = 0,37
Höhe der Verfehlung von Projektzielen	bis 40 %	15	1	Chi^2 = 5,80
	über 40 %	6	5	s = 98,4 % (+++) Phi = 0,46

Tab. 6-1: Größe des Projektteams und Zusammenhänge mit anderen Merkmalen

Bis auf jeweils zwei Ausnahmen werden die großen Projektteams mit maximal mehr als 12 Mitarbeitern in Unternehmen mit über 20.000 Mitarbeitern und in EDV-Abteilungen mit über 150 Mitarbeitern gebildet. Bei Projektteams mit über 12 Mitarbeitern scheint auch erst der Einsatz von Projektmanagementsystemen (vgl. Abschnitt 5.5.3) lohnenswert. Interessant ist der Zusammenhang mit der Höhe von Projektzielverfehlungen (vgl. Tab. 6-1). Große und sehr große Projektteams zeichnen sich bis auf eine Ausnahme negativ durch <u>hohe</u> Verfehlungen der gesetzten Projektziele aus. Ein Zusammenhang mit der Häufigkeit von Zielverfehlungen ist nur tendenziell, nicht aber statistisch signifikant feststellbar.

Als wesentlich trennschärfer bei den aufgezeigten Zusammenhängen hat sich die gezogene Grenze von 12 Mitarbeitern im Gegensatz zu 7 Mitarbeitern erwiesen. Gerade hinsichtlich der Höhe von Zielverfehlungen zeigt sich kein Unterschied zwischen kleinen und mittleren Teamgrößen, jedoch der aufgezeigte hoch signifikante Unterschied gegenüber großen und sehr großen Projektteams. Daher kann hinsichtlich dieses Merkmals recht eindeutig die Gestaltungsempfehlung abgegeben werden, Projektteams bis maximal etwa 12 Mitarbeiter einschließlich der Anwender zu bilden. Die minimale Teamgröße sollte wegen der genannten Risiken bei Projekten über einem gewissen Mindestaufwand (etwa 3 MM) nur in Ausnahmen weniger als zwei Mitarbeiter umfassen.

6.1.2 Zusammensetzung des Projektteams

Bei den Ausführungen über die Größe des Projektteams klang schon an, daß nicht nur Systementwickler, sondern auch Anwender in dem Team vertreten sein können bzw. sollen. Gerade bei der Entwicklung von AWS ist es notwendig, neben dem EDV-Wissen auch spezifische fachliche Kenntnisse über das Anwendungsgebiet in das Projektteam mit einzubringen. In der jüngeren Diskussion um die Anwendereinbeziehung in Form der partizipativen Systementwicklung wird außerdem dem Anwender das Recht auf Mitbestimmung bei der Gestaltung seiner Arbeitsumgebung zugesprochen, das durch zeitweise oder permanente Mitarbeit in dem Projektteam sowie durch die Übertragung von Entscheidungskompetenzen gewährleistet werden soll (vgl. etwa Mumford 1976, S. 33; 1981, S. 5 f.; Oppermann 1982, S. 69; Land, Hirschheim 1983, S. 92).

Bezüglich der mit der Anwendereinbeziehung verfolgten Ziele und der praktischen Ausgestaltung sei auf Abschnitt 6.4 verwiesen. Festzuhalten ist zunächst allein die mögliche Anwesenheit von Anwendern im Projektteam. Darüber hinaus können Spezialisten aus der EDV-Abteilung, Organisatoren, Mitarbeiter tangierter Bereiche und externe Mitarbeiter in dem Projektteam zusammengezogen werden. Durch die Zusammensetzung aus verschiedenen Fachbereichen ist für ein Projektteam in der Regel eine starke Interdisziplinarität kennzeichnend.

Schwerpunktmäßig werden im weiteren die in den Unternehmen vorgefundenen Zusammensetzungen von Projektteams betrachtet, wobei von besonderem Interesse ist, ob und wieviel Anwender als Mitarbeiter des Projektteams genannt werden. Mehr als bei anderen Angaben ist bei den folgenden die Subjektivität der Antworten der Interviewpartner zu beachten. Diese Subjektivität kommt darin zum Ausdruck, daß trotz der Nennung als Teammitarbeiter anhand weiterer Fragen aufgedeckt wurde, daß die Zusammenarbeit der Teammitarbeiter sehr lose und die Anwendereinbeziehung in den SE-Prozeß gering sein kann. Andererseits wurde teilweise eine intensive Anwendereinbeziehung aufgedeckt, ohne daß die Anwender als Mitarbeiter des Teams angesehen wurden. Trotzdem sei zunächst von der Nennung als Teammitarbeiter ausgegangen, da sich darauf die Kompetenzen des Projektleiters beziehen, die in Abschnitt 6.2.5 detailliert untersucht werden.

Grundsätzlich ist zu unterscheiden, ob von den Interviewpartnern ausschließlich Systementwickler aus der EDV-Abteilung als Mitarbeiter des Projektteams genannt wurden, wie dies in 13 Unternehmen (36%) der Fall ist, oder ob auch wie in den restlichen 23 Unternehmen (64%) Mitarbeiter aus anderen Fachbereichen dem Projektteam angehörend aufgezählt werden. Neben den Systementwicklern wurden erwähnt:

- in 21 Unternehmen (58%) Anwender, die regelmäßig oder zumindest in mehr als der Hälfte der EDV-Projekte anwesend sind,
- in 4 Unternehmen Anwender, die in Ausnahmefällen bzw. bei Großprojekten einbezogen werden,
- in 3 Unternehmen Organisatoren aus den Fachbereichen als Vertreter der Anwender,
- in 2 Unternehmen Organisatoren aus einer von der EDV-Abteilung getrennten Organisationsabteilung,
- in 3 Unternehmen Mitarbeiter aus von dem AWS tangierten Bereichen,
- in 7 Unternehmen externe Mitarbeiter.

Es sind maximal 5 Anwender in den Projektteams enthalten, am häufigsten wurden 2 Anwender genannt. Spezialisten aus der EDV-Abteilung etwa für Datenbanken, EDV-Methoden, etc. wurden explizit in keinem einzigen Unternehmen fest einem Projektteam für die Entwicklung von AWS zugerechnet. Diese seien nur temporär für das Team tätig.

Weiterhin kann danach differenziert werden, inwiefern die Systementwickler aus einer einzigen oder aus mehreren SE-Abteilungen abgestellt werden. Aus einer einzigen SE-Abteilung kommen die Systementwickler dann, wenn die SE-Abteilung objektorientiert nach Anwendungsgebieten (z.B. Finanz-, Personal- und Materialwirtschaft) gegliedert ist (vgl. Abschnitt 4.4.3). Dagegen werden in 12 der 14 nach dem Kriterium Verrichtung gebildeten SE-Abteilungen (z.B. EDV-Organisation, Systemanalyse, Programmierung) Mitarbeiter aus verschiedenen Abteilungen für das Projektteam rekrutiert. In diesen 12 EDV-Abteilungen besteht für die Systementwicklung somit eine zweidimensionale Organisationsstruktur nach den Kriterien Projekt und Verrichtung, wie es auch von Gildersleeve (1974, S. 47) gefordert wird. In Abschnitt 4.4.3 wurde aber bereits darauf verwiesen, daß die verrichtungsorientierte Gliederung zunehmend zugunsten der objektorientierten aufgegeben wird. In den restlichen 2 der 14 Unternehmen werden in der EDV-Abteilung neben- bzw. nacheinander zwei oder drei Teams ohne gemeinsamen

Projektleiter zusammengestellt (vgl. Abschnitt 6.1.3). Systementwickler verschiedener SE-Abteilungen treten weiterhin in 4 Unternehmen auf, in denen dezentrale SE-Abteilungen Mitarbeiter in das Projektteam entsenden.

Zusammenfassend seien bezüglich der Zusammensetzung im Hinblick auf die in Abschnitt 6.2.5 analysierten Kompetenzen des Projektleiters drei verschiedene Arten von Projektteams unterschieden:

- Projektteams mit Systementwicklern ausschließlich aus einer einzigen SE-Abteilung (9 Unternehmen),
- Projektteams mit Systementwicklern aus mehreren SE-Abteilungen aber ohne Mitarbeiter aus anderen Fachbereichen (4 Unternehmen),
- Projektteams mit Systementwicklern aus einer oder mehreren SE-Abteilungen und zusätzlich Anwendern, Organisatoren, etc. aus anderen Fachbereichen (23 Unternehmen)

6.1.3 Interne Struktur des Projektteams

Die bereits angesprochene minimale interne Struktur des Projektteams entsteht durch die Ernennung eines Projektleiters, der mit gewissen, noch zu untersuchenden Kompetenzen ausgestattet ein Projektteam leitet. In Abhängigkeit von der Größe und der Zusammensetzung des Projektteams kann es darüber hinaus sinnvoll und notwendig sein, eine davon abweichende Struktur zu bilden. Diese Struktur wird durch die jeweilige Zuordnung von Projektaufgaben auf Mitarbeiter und durch die Herstellung von Kommunikationsbeziehungen bestimmt (vgl. Frese 1984, S. 464).

Entsprechend des Verantwortungsbereichs kann bei der Projektleitung unterschieden werden zwischen
- dem Gesamtprojektleiter und
- Teilprojektleitern bzw. sog. Projektbeauftragten.

Analog bestehen
- ein Gesamtprojektteam und
- Teilprojektteams (vgl. auch Daenzer 1977, S. 139).

Die in den Unternehmen errichteten Strukturen für EDV-Projektteams sind in Abb. 6-1 zusammengefaßt. In 22 der 36 Unternehmen (61%) besteht die eingangs erwähnte Struktur A mit dem Projektleiter und einem nicht weiter untergliederten Projektteam. Bei der Struktur B gibt ein Gesamtprojektleiter für bestimmte Phasen des SE-Prozesses die Projektverantwortung an einen Teilprojektleiter bzw. sog. Projektbeauftragten ab. Beispielsweise kann der Gesamtprojektleiter ein Anwender aus dem Fachbereich sein und der Teilprojektleiter kommt aus der EDV-Abteilung. Dem Gesamtprojektleiter sind dann die Anwender direkt zugeordnet, während dem Teilprojektleiter die EDV-Mitarbeiter unterstehen. Der Gesamtprojektleiter vertritt das Projekt nach außen und koordiniert die Teilprojektteams. Das Unterstellungsverhältnis des Teilprojektleiters zum Gesamtprojektleiter ist in der Regel in den Unternehmen nicht eindeutig definiert. Vielmehr sind beide Leiter eher gleichberechtigte Partner, die sich gegenseitig abstimmen müssen. Dem Gesamtprojektleiter obliegt meist zusätzlich nur die Vertretung nach außen. In den beiden Unternehmen, in denen der Gesamtprojektleiter von einem Anwenderbereich gestellt wird, soll durch diese Maßnahme dort eine stärkere Identifikation mit dem Projekt erreicht werden. Struktur C unterscheidet sich von Struktur B allein dadurch, daß dem aus dem Anwenderbereich kommenden Gesamtprojektleiter neben dem Teilprojektleiter aus der EDV-Abteilung noch ein Teilprojektleiter aus dem Anwenderbereich unterstellt wird. Bei der Struktur D wird dagegen kein Gesamtprojektleiter ernannt, und die Teilprojektleiter mit den Teilprojektteams stimmen sich untereinander ab.

Als Sonderfälle sind die Strukturen E und F einzustufen. In den beiden Unternehmen mit Struktur E unterstehen einem sog. Projektmanager aus der SE-Abteilung jeweils mehrere Projekte eines Anwendungsgebiets. In einem dieser Unternehmen ist der Projektmanager gleichzeitig Fachvorgesetzter des Projektleiters. Mit der Ernennung zum Projektmanager soll nur die Verantwortung für die Projekte explizit zum Ausdruck gebracht werden, die er als Linienvorgesetzter des Projektleiters ohnehin hat. In dem zweiten Unternehmen bleibt dagegen die Projektverantwortung allein bei dem Projektmanager. Der Projektleiter zeichnet lediglich für die Dokumentation der in den Teilprojektteams geleisteten Arbeit verantwortlich.

Bei dem interessanten Sonderfall F tritt eine Projektleitungsgruppe aus Vertretern aller betroffenen Fachbereiche einschließlich der EDV-Abteilung zusammen. Je nach Bedeutung des Projekts sind hierarchisch unterschiedliche Ebenen beteiligt, bei wichtigen Projekten sogar der EDV-Leiter und die Leiter der Fachbereiche. Diese Projektleitungsgruppe trifft sich zu regelmäßigen Arbeitssitzungen und delegiert zwischenzeitlich Aufgaben an Teilprojektteams. Die Projektleitungsgruppe nimmt neben der Projektleitung gleichzeitig die Aufgaben eines Projektausschusses wahr. Ein Vorsitz ist nicht offiziell vorgesehen, sondern wird inoffiziell von dem am meisten an dem Projekt interessierten Mitglied an sich gezogen. Damit wird bei dieser Struktur F keine eigentliche Projektorganisation aufgebaut, da die Kompetenzen sämtlich bei den sich koordinierenden Linienvorgesetzten verbleiben. Die Erfahrungen mit dieser Form der Projektabwicklung seien recht positiv.

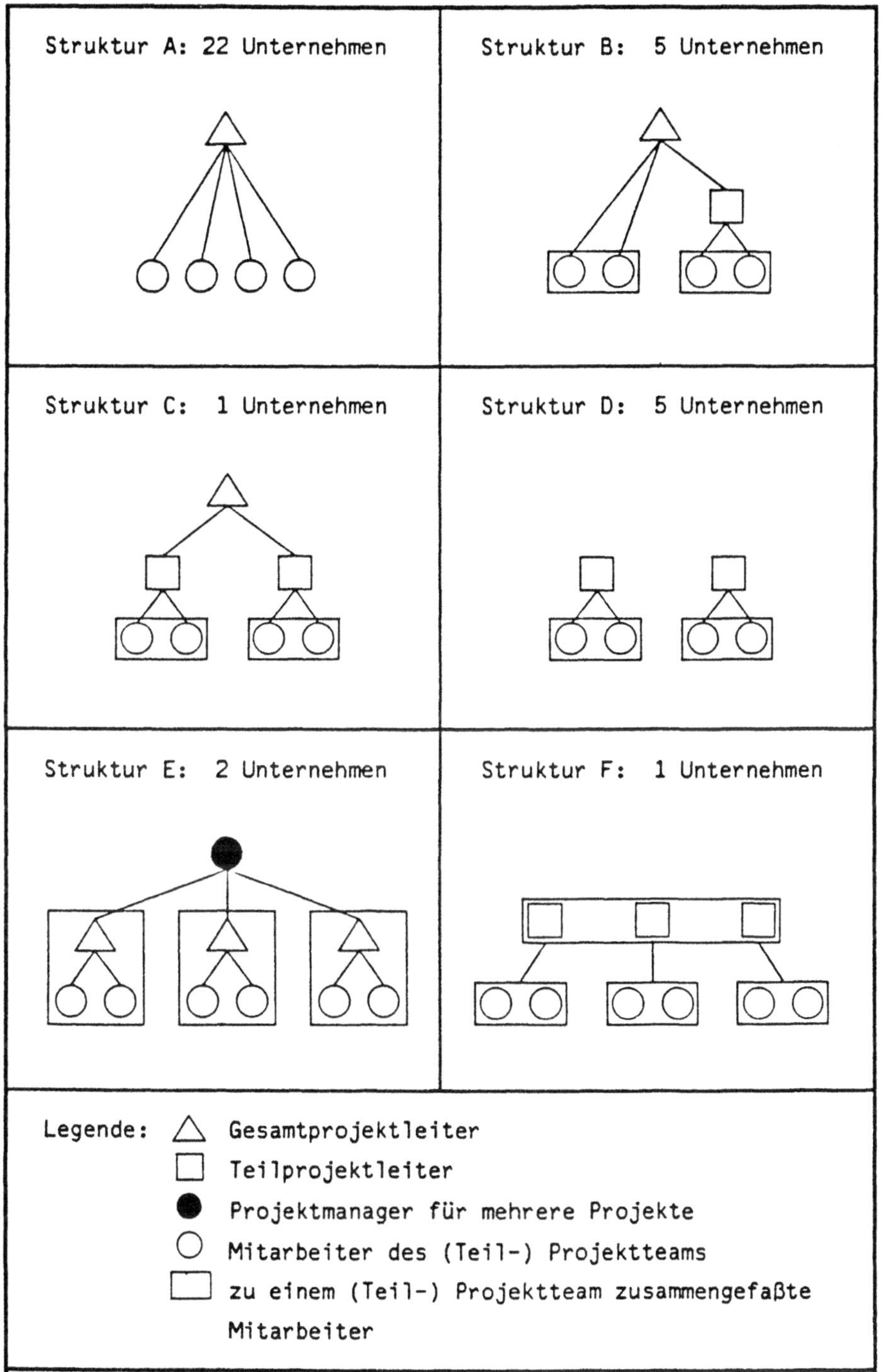

Abb. 6-1: Interne Struktur der Projektteams

Abgestellt werden die Projektleiter hauptsächlich aus der EDV-Abteilung. Aus den Fachbereichen werden lediglich

- 2 Projektleiter bei der Struktur A,
- 2 Gesamtprojektleiter bei der Struktur B,
- 1 Gesamt- und 1 Teilprojektleiter bei der Struktur C und
- 4 Teilprojektleiter bei der Struktur D

eingesetzt (vgl. auch Abschnitt 6.2.1).

Von der Struktur A unterscheiden sich die Strukturen B bis F dadurch, daß Teilprojektteams bestehen. Es stellt sich daher die Frage, nach welchen Kriterien diese Teilprojektteams aufgebaut werden. Nach Brand (1974, S. 68) können Teilprojektteams prinzipiell nach den Kriterien

- "Phasen des Projektes",
- "Funktionsbereiche", d.h. EDV-Abteilung und Fachbereiche der Anwender,
- "Baugruppen", d.h. Funktionen des AWS,

gebildet werden.

In der Praxis wurden für die Strukturierung von EDV-Projektteams unter den 36 Unternehmen folgende Kriterien festgestellt:

- In den 12 Unternehmen mit den Strukturen B, C, D und F werden die Teilprojektteams nach Phasen zusammengestellt. Diese Gliederung bietet sich an, weil an die fachliche Qualifikation der Projektleiter und der Mitarbeiter unterschiedliche Anforderungen gestellt werden. Da die Qualifikation zum einen von den Anwendern in den Fachbereichen und zum anderen von den Systementwicklern aus der EDV-Abteilung abgedeckt werden, liegt in 8 der 12 Unternehmen auch gleichzeitig eine Gliederung nach Funktionsbereichen vor. Damit kann ein Teilprojektteam in dem Fachbereich des Anwenders und ein zweites Teilprojektteam in der EDV-Abteilung angesiedelt werden. In den restlichen 4 der 12 Unternehmen werden beide Teilprojektteams gemischt aus Anwendern und Systementwicklern besetzt, so daß hier eine eindeutige Phasengliederung vorliegt.

- In den beiden Unternehmen mit der Struktur E werden die Teilprojektteams nach den Funktionen des AWS aufgespalten. Vergleichbar damit sind 5 Unternehmen, die ausschließlich bei Großprojekten die Struktur A aufgeben bzw. in einem Fall die Struktur B modifizieren und ebenfalls in Teilprojektteams für einzelne Funktionen des AWS gliedern. Damit sollen wohl ineffiziente Teamgrößen vermieden werden.

Die Anzahl der nach dem Kriterium Phase gebildeten Teilprojektteams ist in 10 der 12 Fälle auf 2 Teams, ein "Fach-Team" und ein "EDV-Team", beschränkt.

Das Fach-Team ist in 8 der 10 Unternehmen für die Phasen Problemanalyse, Fachlicher Entwurf und Einführung verantwortlich. Das EDV-Team übernimmt die Phasen EDV-Entwurf und Realisierung. Die anderen 4 Aufteilungen stellen individuelle Spielarten dieser Grundstruktur dar, auf die nicht weiter eingegangen sei.

Die Mitarbeiter des EDV-Teams kommen in allen 11 Unternehmen (ohne Spezialfall Struktur F) ausschließlich aus der EDV-Abteilung. Das Fach-Team wird entweder aus Anwendern (2 Unternehmen), Organisatoren des Anwenderbereichs (1 Unternehmen), EDV-Organisatoren der EDV-Abteilung (3 Unternehmen), Organisatoren einer selbständigen Organisationsabteilung (1 Unternehmen) oder gemischt aus Systementwicklern und Anwendern (siehe Punkt eins) (4 Unternehmen) zusammengestellt.

Die Besetzung der Teilprojektteams mit Mitarbeitern ausschließlich aus einer Fachabteilung bzw. einem Fachbereich verhindert, daß der Projektleiter Kompetenzen gegenüber Mitarbeitern außerhalb seiner Abteilung erhält. Dadurch können potentielle Konflikte umgangen werden. Außerdem ist ein fachlicher Entwurf wahrscheinlicher, der noch nicht von EDV-technischen Restriktionen eingeengt ist. Weiterhin sind keine Umsetzungen von Mitarbeitern notwendig, da diese in ihrer jeweiligen Fachbereichsumgebung verbleiben können.

Andererseits werden von 5 der 7 Unternehmen mit nicht gemischten Fach-Teams Schwierigkeiten bei der Übergabe des fachlichen Entwurfs an das EDV-Team genannt. Das EDV-Team weist den fachlichen Entwurf als ungenügend oder als nicht realisierbar zurück und es kommt zu einem "Ping-Pong-Spiel" zwischen Fach- und EDV-Team. In drei dieser Unternehmen sollen die Schnittstellenkonflikte überbrückt werden, indem Mitarbeiter des EDV-Teams stärker in das Fach-Team einbezogen werden (sog. Teamvermaschung), so wie dies in den oben erwähnten 4 Unternehmen bereits geschieht. Zwar werden dadurch die Schnittstellenkonflikte beseitigt, aus drei Unternehmen wird jedoch über Kommunikationsschwierigkeiten innerhalb der Teams berichtet. Der Vorteil der gemischten Fach-Teams liegt aber darin, daß durch das Herauslösen der Anwender aus ihren Fachbereichen eher die Chance besteht, daß die Mitarbeiter zu einer sozialen Gruppe zusammenwachsen und das Projekt als gemeinsam zu bewältigende Aufgabe begreifen.

Abschließend bleibt festzuhalten, daß in etwa 60 Prozent der Unternehmen neben der Ernennung eines Projektleiters das Projektteam nicht weiter strukturiert wird (Struktur A). Falls das Projektteam doch gegliedert wird, dann hauptsächlich nach einzelnen Phasen des SE-Prozesses. Bei Großprojekten ist es angebracht, Teilprojektteams jeweils nach Funktionen des AWS aufzuteilen. Empfehlenswert ist ferner die Bildung gemischter Fach-Teams bestehend aus Systementwicklern und Anwendern.

6.1.4 Entstehung und Veränderungen des Projektteams

Eine Möglichkeit, das Projektteam an die in den verschiedenen Phasen benötigten Kenntnisse anzupassen, besteht darin, phasenweise Teilprojektteams zu bilden. Daneben bzw. zusätzlich kann das Projektteam durch den Austausch sowie Auf- und Abbau von einzelnen Mitarbeitern verändert werden. Neben den benötigten unterschiedlichen Kenntnissen in den einzelnen Phasen des SE-Prozesses kann der Grund dafür in einem erhöhten Personalbedarf z.B. während der Phase Realisierung liegen, in der parallelen Durchführung mehrerer Phasen oder in der zeitlichen Verzögerung des Projekts, die durch Personalmehreinsatz trotz der damit verbundenden Probleme ausgeglichen werden soll. Zu bedenken gilt aber, daß sich Veränderungen durch eine Einarbeitung der neuen Teammitarbeiter nachteilig auswirken und Unruhe in das Team hineingetragen wird.

Bevor empirische Daten zu Veränderungen des Projektteams dargestellt werden, ist es zunächst angebracht, aufzuzeigen, zu welchem Zeitpunkt im SE-Prozeß das Projektteam überhaupt institutionalisiert und damit die erste Veränderung stattfindet, indem die Verantwortung von Linienmitarbeitern auf ein Projektteam übertragen wird. Nach Angaben aus 35 Unternehmen wird

- in 13 Unternehmen (46%) bereits die Vorstudie einem Projektteam übertragen,
- in 10 Unternehmen (36%) mit der Problemanalyse ein Projektteam gebildet und
- in 5 Unternehmen (18%) spätestens zum Fachlichen Entwurf das Projektteam konstituiert.

Zur Vorstudie werden ausschließlich Projektteams der einfachsten Struktur mit einem Projektleiter (Struktur A, Abb. 6-1) zusammengestellt. Sechs der 11 Projektteams mit den Strukturen B, C und D werden während der Phase Problemanalyse und vier während der Phase Fachlicher Entwurf aufgebaut.

Eine Untersuchung des Zusammenhangs zwischen dem Zeitpunkt der ersten Teambildung und der Häufigkeit sowie der Höhe von Projektzielverfehlungen (vgl. Abschnitt 3.3) zeigt an, daß es empfehlenswert ist, möglichst schon für die Vorstudie ein Projektteam einzurichten und damit die Verantwortung von der Linien- auf die Projektorganisation zu übergeben. In Unternehmen mit einer ersten Teambildung <u>nach</u> der Vorstudie werden tendenziell häufiger und höher die gesetzten Projektziele, im wesentlichen Termine und Kosten, verfehlt als bei Übertragung schon vor die Vorstudie.

Nach der erstmaligen Errichtung eines Projektteams sind in 8 Unternehmen (24%) keine personellen Veränderungen mehr erwünscht. Mitarbeiter werden nur bei personellen Engpässen abgezogen. Diese Konstanz ist dann häufiger anzutreffen, wenn keine Anwender für das Projektteam benannt werden und die Systementwickler aus einer einzigen, nach Anwendungsgebieten gegliederten SE-Abteilung stammen.

In 26 Unternehmen (76%, 2 mal keine Angabe) sind dagegen Veränderungen des Projektteams unausweichlich oder sogar sinnvoll:

- Sieben Unternehmen tauschen Teammitarbeiter aus. In einem Unternehmen wechselt sogar der Projektleiter.
- Elf Unternehmen bauen die Kapazität des Projektteams bis zur Realisierung auf und für die Einführung wieder ab.
- In vier Unternehmen wurden beide Möglichkeiten der Teamveränderung, nämlich Austausch von Teammitarbeitern und zahlenmäßiger Aufund Abbau genannt.

6.1.5 Räumliche und zeitliche Zusammenarbeit in dem Projektteam

Die Ausführungen über die Zusammensetzung des Projektteams in Abschnitt 6.1.2 stützten sich allein darauf, welche Mitarbeiter von den Interviewpartnern dem Projektteam angehörend genannt wurden. Nach Fronz (1972, S. 176) ist aber ein wesentliches Kriterium für ein Projektteam die räumlich und zeitlich enge Zusammenarbeit der Teammitarbeiter, um die Bildung einer sozialen Gruppe zu fördern.

Gerade mit der integrativen Einbeziehung der Anwender in das Projektteam wurden in einigen wenigen Unternehmen so beispielhaft gute Erfahrungen verzeichnet, daß in Zukunft ohne diese Bedingung keine Projekte mehr begonnen werden sollen. In der Regel beschränkt sich die Zusammenarbeit jedoch auf gemeinsame Sitzungen und temporäre Kontakte, wodurch die Mitarbeiter nicht zu einem Problemlösungsteam zusammenschmelzen. Im weiteren seien diese globalen Aussagen durch detailliertere Einzeldarstellungen untermauert.

Die für ein Projektteam abgestellten Systementwickler verbleiben meist an ihren Arbeitsplätzen. Aufgrund der räumlichen Nähe ist eine intensive Zusammenarbeit aber möglich. In drei Unternehmen arbeiten aber selbst die Systementwickler räumlich so weit getrennt, daß ein jederzeitiges Treffen nicht möglich ist.

Anwender und Systementwickler arbeiten dagegen lediglich in 7 Unternehmen während der Phasen Problemanalyse und Fachlicher Entwurf integrativ und räumlich eng zusammen. Während der anderen Phasen bzw. bei den anderen Unternehmen finden gemeinsame Sitzungen und Arbeitskontakte statt.

Anwenderkontakte bestehen im Mittel während der Phasen

- Vorstudie etwa 1 mal pro Woche,
- Problemanalyse und Fachlicher Entwurf 1 bis 2 mal pro Woche,
- EDV-Entwurf und Realisierung bis zu 1 mal pro Monat,
- Einführung unternehmensabhängig entweder bis 1 mal pro Monat oder mehrmals pro Woche.

Aus dieser Häufigkeitsverteilung kann abgeleitet werden, daß die Treffen primär zur Informationsaufnahme und -abgabe sowie zur gegenseitigen Abstimmung dienen und weniger geeignet sind, eine Problemlösung integrativ und losgelöst von den Interessen der jeweiligen Abteilungen zu finden. Hier sollte die in einigen Unternehmen gewonnene Erfahrung beispielhaft sein, während der Problemanalyse und dem Fachlichen Entwurf den Anwendern und Systementwicklern eigene gemeinsame Räume zuzuweisen und dort einen gemeinsamen Entwurf des AWS zu erarbeiten.

6.1.6 Aufgabenverteilung in dem Projektteam

Die Frage nach einer festen Aufgabenverteilung in den Projektteams wurde in die Untersuchung aufgenommen, um zu erkennen, ob das von Baker (1972) propagierte chief-programmer-team für die Entwicklung von AWS in der Praxis angenommen wird. Die Idee des Konzepts besteht darin, daß der Projektleiter nicht nur für das Projekt verantwortlich ist, sondern ähnlich einem Chirurgen umgeben von verschiedenen Spezialisten die wichtigsten Tätigkeiten selber ausführt. Der chief-programmer entwirft das AWS vollständig, realisiert wichtige Programmteile und spezifiziert und integriert alle anderen Programme (Baker 1972, S. 57). Ihm zur Seite stehen ein "backup programmer", der als Assistent und Stellvertreter des chief-programmers fungiert sowie ein "librarian", der die Ergebnisse der Aktivitäten, d.h. die Dokumentation, verwaltet. Neben diesem Kern von Mitarbeitern können weitere Programmierer hinzugezogen werden.

Kennzeichnend gegenüber dem üblichen Programmierteam ist die Abstellung eines Mitarbeiters ausschließlich für die Dokumentation. Diese Aufgabenzuordnung ist jedoch in keinem der 36 Unternehmen angetroffen worden. Damit ergibt sich der gleiche Befund wie bei Abel et al. (1980, S. 64), wonach in keinem einzigen Unternehmen das chief-programmer-Konzept realisiert ist. In einigen Interviews wurde zwar darauf verwiesen, es würden chief-programmer-teams eingesetzt, doch existierte in keinem Fall ein librarian. Die genannten chief-programmer sind vielmehr als sehr erfahrene Programmierer anzusehen, die für ein AWS die Programmstrukturen entwerfen und schwierige bzw. wichtige Programmteile selbst erstellen. Ähnlich berichtet daher auch Holton (1977, S. 100), daß zwar 7 von 23 untersuchten Unternehmen der USA das "programmer team concept" in dem Fragebogen angegeben hätten, aber "none of them were using the programmer team concept as formally described ... None of the users had established a separate librarian function". Im Gegensatz dazu berichtet Lehman (1979, S. 119) von einem Einsatz in 38 Prozent der untersuchten 57 EDV-Projekte in den USA. An der Zuverlässigkeit dieses hohen Wertes sind aufgrund der eigenen Erhebung und der fremdem Befunde Zweifel anzubringen.

In der vorliegenden Untersuchung wurde auf die Frage nach der Aufgabenverteilung in 23 von 30 Unternehmen zwar geantwortet, es werde eine feste Zuordnung der Aufgaben auf Mitarbeiter vorgenommen. Diese entstehe aber aus der Bildung von Teilprojektteams für unterschiedliche Phasen (5 Unternehmen) oder einzelne Funktionen des AWS (6 Unternehmen). Interviewpartner aus 14 Unternehmen legten sich nicht genauer fest und antworteten, die Verteilung erfolge entsprechend der Aufgabenbereiche, der Abteilungsherkunft bzw. der Erfahrung der Teammitarbeiter.

6.2 Projektleiter

Aufbauend auf die vorgestellten empirischen Ergebnisse über die Zusammensetzung und vor allem die interne Struktur der EDV-Projektteams steht nun die Person des Projektleiters im Mittelpunkt der Analyse. Dabei sollen die bereits im Rahmen des funktionellen Projektmanagements (Kapitel 5) angesprochenen Aufgaben des Projektleiters, nämlich der Planung, Steuerung und Kontrolle des EDV-Projekts, nicht nochmals wiederholt werden. Vielmehr sei zunächst die schon im Zusammenhang mit der Struktur des Projektteams erwähnte Abteilungsherkunft des Projektleiters klargestellt.

Da der bzw. die Projektleiter in den Unternehmen entweder aus der EDV-Abteilung oder aus dem Fachbereich kommen, ist damit die Frage eng verbunden, wer der jeweiligen Linienvorgesetzten den Projektleiter bestimmt und welche Einflußmöglichkeiten für die jeweils andere Seite bestehen (Abschnitt 6.2.1). In Abhängigkeit von der Herkunft des Projektleiters ist ferner dessen Unterstellung für die Dauer des Projekts zu klären. Eine der interessanten Möglichkeiten ist dabei die Herauslösung des Projektleiters aus der Linienorganisation und dessen Unterstellung unter einen von EDV-Abteilung und Fachbereichen gemeinsame besetzten Projektausschuß (Abschnitt 6.2.2). Ergänzend zu der Untersuchung des funktionellen Projektmanagements werden in Abschnitt 6.2.3 die von den Interviewpartnern betonten Aufgaben des Projektleiters zusammengestellt. Die Erfüllung dieser Aufgaben erfordert, dem Projektleiter gewisse Kompetenzen zu übertragen. Welche Kompetenzen in welchem Umfang von der Linienorganisation an den Projektleiter abgetreten werden, ist Gegenstand von Abschnitt 6.2.4. Anhand der Kompetenzen kann dann auch beurteilt werden, welche Form des Projektmanagements für EDV-Projekte praktiziert wird.

6.2.1 Abteilungsherkunft des Projektleiters

Das charakteristische Merkmal des Projektleiters ist dessen Abteilungsherkunft. Läßt man externe Personen unberücksichtigt, dann ist es prinzipiell möglich, einen Projektleiter sowohl aus der EDV-Abteilung als auch aus dem betroffenen Fachbereich zu bestellen. In dem erhobenen und in Abschnitt 4.6.2 dargestellten Anforderungsprofil eines Projektleiters (aus der Sicht der Interviewpartner aus der EDV-Abteilung) wurde deutlich, daß vor allem Verantwortungsbewußtsein, Menschenführung im Team, Kooperationsbereitschaft und Kontaktfähigkeit zum Anwender notwendig sind. Diese Anforderungen dürften bei Anwendern aus dem Fachbereich zumindest in dem gleichen Umfang vorhanden sein wie bei Mitarbeitern aus der EDV-Abteilung. Die Kenntnis von Planungsmethoden und von EDV-Methoden bzw. Techniken sowie Erfahrungen als Projektleiter, d.h. Anforderungen, denen Mitarbeiter aus der EDV-Abteilung wohl besser als Anwender genügen dürften, werden dagegen erstaunlicherweise als weniger wichtig eingestuft.

Im Zusammenhang mit der Struktur des Projektteams wurde bereits auf die Abteilungsherkunft der Gesamt- und Teilprojektleiter kurz hingewiesen (vgl. Abschnitt 6.1.3). Ergebnis war, daß die überwiegende Zahl der Projektleiter von der EDV-Abteilung gestellt wird. Diese Diskrepanz zu dem Anforderungsprofil gibt Anlaß zu mehreren, in den Interviews erhärteten Vermutungen. Erstens ist das Anforderungsprofil von den Interviewpartnern vor dem Hintergrund erstellt worden, daß die Projektleiter meist aus der EDV-Abteilung rekrutiert werden. Daraus kann gefolgert werden, daß tendenziell jene Anforderungen als wichtiger bewertet werden, die von Mitarbeitern der EDV-Abteilung weniger gut erfüllt werden. Die Kenntnis von EDV-Methoden wird z.B. vorausgesetzt und ist kein Kriterium für die Auswahl eines Projektleiters. Zweitens deutet die Diskrepanz die Schwierigkeit an, qualifizierte Anwender von ihrer bisherigen Tätigkeit vollzeitlich zu entbinden, um die Projektleitung übernehmen zu können. Eine sachgerechte Projektleitung neben der bisherigen Tätigkeit hat sich in der Praxis als undurchführbar erwiesen. Da die Mitarbeiter der EDV-Abteilung permanent Projekte abwickeln, stellt sich hier dieses Problem nicht. Drittens kann das Ungleichgewicht zumindest teilweise als ein Spiegelbild der Machtverteilung zwischen der EDV-Abteilung und den Fachbereichen gewertet werden. Und viertens liefert schließlich die geringe Nennung von Projektleitern aus den Fachbereichen ein Indiz dafür, daß die Verantwortlichen in den Fachbereichen noch in zu geringem Umfang erkannt haben, daß die Entwicklung eines ihren Anforderungen entsprechenden AWS nur durch Abstellung qualifizierter Mitarbeiter auch bzw. gerade für die Projektleitung erreicht werden kann. Auch wenn nicht jede einzelne der vier Vermutungen allein die Begründung für die Diskrepanz zwischen Anforderungsprofil und Realität liefern kann, so dürften doch die verschiedenen Facetten dieses Problems damit beleuchtet sein. Die in einigen, wenigen Unternehmen verzeichneten positiven Erfahrungen mit der Übertragung der Projektleitung auf einen Anwender und die damit erreichte stärkere Identifikation des Fachbereichs mit dem AWS sowie das dadurch bewirkte Engagement dürften jedoch Anlaß genug sein, die Diskrepanz zu vermindern und mehr Projektleiter aus dem Fachbereich für die Projektleitung zu gewinnen.

Im folgenden sei nochmals detailliert die Abteilungsherkunft der Gesamt- und der Teilprojektleiter in Verbindung mit der Frage tabellarisch zusammengestellt, wer den Projektleiter bestimmt. Dabei ist zwischen den in 30 Unternehmen eingesetzten Gesamtprojektleitern und den Teilprojektleitern bei den Projektstrukturen B, C und D (vgl. Abschnitt 6.1.3) zu differenzieren. In den 5 Unternehmen mit der Strukur B ist ein Teilprojektleiter, in den 6 Unternehmen mit den Strukturen C und D sind jeweils 2 Teilprojektleiter vorhanden, so daß insgesamt 17 Teilprojektleiter festzulegen sind. Der Sonderfall der Projektleitungsgruppe bei Struktur F sei im weiteren ausgeklammert.

Die Gesamtprojektleiter werden in 25 der 30 Unternehmen (83%) von der EDV-Abteilung gestellt. Nur in den restlichen 5 Unternehmen wird die Leitung des Gesamtprojekts einem Mitarbeiter aus dem Fachbereich übertragen (vgl. Tab. 6-2). Ausgewählt werden die Projektleiter aus der EDV-Abteilung in etwa der Hälfte der Unternehmen durch den Leiter der SE-Abteilung. Lediglich in etwa einem Viertel der Unternehmen haben Anwender über einen EDV-, Fach- oder Projektaus-

Auswahl durch	Gesamtprojektleiter kommt aus		Teilprojektleiter kommt aus	
	EDV-Abt.	Fachbereich	EDV-Abt.	Fachbereich
EDV-Leiter	2	-	2	-
SE-Leiter	12	1	4	-
EDV- und SE-Leiter	3	-	2	-
EDV- und Org-Leiter	1	-	-	-
Fachbereich	-	1	-	-
Ausschuß	6	3	-	-
keine Angabe	1	-	4	5
n = 35 Unternehmen	25	5	12	5

Tab. 6-2: Auswahl und Abteilungsherkunft der Projektleiter

schuß die Möglichkeit, Einfluß auf die Auswahl geltend zu machen. Dagegen wird nur ein einziger Projektleiter aus dem Fachbereich von dort auch autonom bestimmt, während in 3 Unternehmen ein Ausschuß über die Entscheidung befindet. Erstaunen löst die Auswahl eines Gesamtprojektleiters des Fachbereichs durch den SE-Leiter aus. Dieser Projektleiter kommt jedoch aus einer dezentralen, dem Fachbereich disziplinarisch und dem EDV-Leiter fachlich unterstellten dezentralen EDV-Abteilung. Der Projektleiter ist damit ein Repräsentant der Anwender aus dem Fachbereich.

Zwölf der 17 Teilprojektleiter sind ebenfalls Mitarbeiter der EDV-Abteilung; die restlichen 5 sind Anwender bzw. in einem Unternehmen Mitarbeiter einer Organisationsabteilung. Soweit Informationen vorliegen, werden die Teilprojektleiter der EDV-Abteilung auch von den jeweiligen Vorgesetzten benannt. Hinsichtlich der Anwender bzw. Organisatoren liegen zwar keine Angaben vor, doch dürften diese ebenfalls von ihren Linienvorgesetzten bestimmt werden.

6.2.2 Unterstellung des Projektleiters

Anschließend an die Auswahl des Projektleiters stellt sich für die Dauer des Projekts die Frage, ob der Projektleiter weiterhin seinem Linienvorgesetzten unterstellt bleiben soll, oder ob der Projektleiter herausgelöst und einem gemeinsam aus EDV-Abteilung und Fachbereich besetzten Ausschuß berichten soll. Ein Verbleib in der Linienorganisation ist prinzipiell dann angezeigt, wenn die Projektaufgabe innerhalb der Verantwortung eines Bereiches verbleibt bzw. der andere Bereich seine Kompetenzen abgibt (vgl. Zogg 1974, S. 253 f.). Werden dagegen die "Kompetenz- und Verantwortungsbereiche" mehrerer Bereiche berührt (Zogg 1974, S. 254), sollte der Projektleiter zusammen mit dem Projektteam an einen Ausschuß berichten (vgl. auch Knopf 1979, S. 451). Sieht man die Entwicklung von AWS als eine gemeinsame Aufgabe der EDV-Abteilung und der Fachbereiche an, wie dies mehrfach in der vorliegenden Arbeit schon betont wurde, so folgt konsequenterweise daraus, den Projektleiter einem EDV-, Fach- oder Projektausschuß zu unterstellen.

In der Praxis zeigt sich aber für die untersuchten EDV-Projekte, daß der Projektleiter nach Auskunft der Interviewpartner nur in Ausnahmen einem EDV-, Fach- oder Projektausschuß unterstellt wird. Meist berichtet ein aus der EDV-Abteilung benannter Projektleiter weiter an den EDV-Leiter. Projektleiter aus dem Fachbereich sind dagegen einem Ausschuß verantwortlich. Im einzelnen liegen für 21 der 25 aus der EDV-Abteilung und für 3 der 5 aus dem Fachbereich abgestellte Gesamtprojektleiter folgende Angaben hinsichtlich des Unterstellungverhältnisses vor:

- In allen 3 Unternehmen mit einem Gesamtprojektleiter aus dem Fachbereich berichtet dieser an einen Ausschuß,
- aber lediglich in 2 der 21 Unternehmen mit einem Gesamtprojektleiter aus der EDV-Abteilung ist dieser einem Ausschuß verantwortlich.
- In 15 Unternehmen untersteht der Projektleiter weiterhin dem EDV-Leiter,
- in 2 Unternehmen dem Leiter des Fachbereichs und
- in 2 Unternehmen liegt eine doppelte Unterstellung sowohl unter den EDV-Leiter als auch unter einen Ausschuß vor.

Für die Teilprojektleiter zeigt sich eine vergleichbare Unterstellung, ohne daß die Daten im einzelnen vorgestellt seien.

Als Fazit bleibt demnach festzustellen, daß in der überwiegenden Zahl der Unternehmen der Projektleiter aus der EDV-Abteilung kommt und von ihr ausgewählt wird sowie der Projektleiter meist dem EDV-Leiter unterstellt bleibt. Dies zusammen macht deutlich, daß die Durchführung der EDV-Projekte in der Regel (noch) von den Fachbereichen und der EDV-Abteilung als eine Aufgabe der EDV-Abteilung angesehen und nur in Ausnahmen als eine gemeinsame Aufgabe begriffen wird.

6.2.3 Aufgaben des Projektleiters

In enger Verbindung zu den Kompetenzen des Projektleiters, die im nächsten Abschnitt ausführlich untersucht werden, stehen dessen Aufgaben. Voraussetzung für die Erfüllung der Aufgaben ist, den Projektleiter mit gewissen Kompetenzen auszustatten. Neben den bereits eingehend vorgestellten Aufgaben der Projektplanung, -kontrolle und -steuerung im Rahmen des funktionellen Projektmanagements (Kapitel 5) werden in der Literatur als weitere wesentliche Aufgaben des Projektleiters die Mitarbeiterführung und -motivation herausgestellt (vgl. etwa Schröder 1970, S. 59 f.; Dreger 1975, S. 56 f.; Dinkhauser (1979, S. 88 ff.; Madauss 1984, S. 361 ff.). Dinkhauser (1979, S. 88 f.) argumentiert, daß ein kooperativer Führungsstil am zweckmäßigsten ist, weil "durch Betonung humaner und sozialer Führungsaspekte" (Selbstverwirklichung, Handlungsfreiheit innerhalb bestimmter Grenzen, Informationsbedürfnis) die Motivation der Mitarbeiter im Projektteam erhöht, die Teamarbeit begünstigt und die Kreativität gefördert wird sowie die Sachkompetenz der einzelnen Mitarbeiter sich entfalten kann. Aus der Untersuchung der Motivation der Systementwickler (vgl. Abschnitt 4.6.5) wurde deutlich, daß mit der Übertragung verantwortungsvoller Aufgaben, die bei EDV-Projekten in der Regel vorliegen, eine starke Eigenmotivation der Mitarbeiter besteht. Aufgabe des Projektleiters ist es deshalb vornehmlich, diese Eigenmotivation auch zur Entfaltung zu bringen und eine Demotivierung etwa durch zu starke Störungen und Konflikte von dem Projektteam fernzuhalten. Aufgrund der meist geringen Größe der Projektteams ist als weitere Aufgabe des Projektleiters noch eine gewisse inhaltliche Mitarbeit an dem Projekt zu erwarten.

Die von den Interviewpartnern aus 22 Unternehmen über die Aufgaben des Projektleiters abgegebenen Antworten ließen sich trotz ihrer Vielfalt in 6 Kategorien strukturieren (Anzahl der Nennungen):

• fachliche Mitarbeit in dem Projekt	12	(55%)
• Projektplanung, -kontrolle und -steuerung	17	(77%)
• Berichterstattung im Unternehmen, Entgegennahme von Information und informieren des Projektteams	11	(50%)
davon: Kontakte mit dem Anwender (6)		
• Mitarbeiterführung und -motivation	6	(27%)
• Verantwortung für die Termine und Kosten des Projekts	10	(45%)
• Verantwortung für Leistungsumfang und Qualität des AWS	6	(27%)

Diese Antworten können nicht mehr als einen groben Eindruck von der Bedeutung der einzelnen Aufgaben vermitteln, doch werfen sie ein Schlaglicht darauf, daß die Projektplanung, -kontrolle und -steuerung als wichtigste Aufgabe eingestuft werden und die Verantwortung mehr hinsichtlich der Termine und Kosten als hinsichtlich des Leistungsumfangs und der Qualität gesehen wird. Zu beachten ist weiterhin die Aufgabe des Projektleiters, als Kommunikationsmittler zwischen dem Projektteam und der Umwelt, vor allem gegenüber den Anwendern in den Fachbereichen, zu fungieren.

6.2.4 Kompetenzen des Projektleiters

In der Literatur bestehen eine Reihe von Vorschlägen zur Systematisierung der Organisationsformen, in denen Projekte abgewickelt werden. Am häufigsten wird nach dem Kriterium der Kompetenzaufteilung zwischen dem bzw. den Projektleiter(n) und den Linieninstanzen differenziert (vgl. Frese 1984, S. 468). Unter Kompetenzen werden dabei die übertragenen Entscheidungs- und Weisungsbefugnisse verstanden. Bei der auf Steiner und Ryan (1968, S. 8 ff.) zurückgehenden Unterteilung werden die drei Formen

- Einfluß- (auch Stabs-)Projektorganisation,
- Matrix-Projektorganisation und
- Reine Projektorganisation

unterschieden (vgl. auch Cleland, King 1968, S. 171; Schröder 1970, S. 75 ff.; Thom 1973, S. 123 f.; Brand 1974, S. 60 ff.; Rinza 1976, S. 99 ff.; Daenzer 1977, S. 133 ff.; Pinkenburg 1980, S. 170 ff.).

Bei der Einfluß-Projektorganisation bleibt die bestehende Organisationsform unverändert. Der Projektleiter verfügt über keine Entscheidungs- und Weisungsbefugnisse, sondern er hat lediglich informierende, beratende und koordinierende Aufgaben. Unerheblich ist, ob der Projektleiter eine Stabsfunktion bekleidet oder an irgendeiner Stelle in der Linienorganisation angesiedelt ist und bleibt (vgl. Daenzer 1977, S. 134).

Die Reine Projektorganisation sieht vor, alle an der Durchführung des Projekts beteiligten Mitarbeiter organisatorisch zusammenzufassen und ausschließlich dem Projektleiter zu unterstellen, der damit auch sämtliche Entscheidungs- und Weisungsbefugnisse auf sich vereinigt.

Die Matrix-Projektorganisation entsteht nun durch die Kompetenzaufteilung zwischen dem Projektleiter und den Linieninstanzen. Dem Projektleiter werden von den Linieninstanzen beschränkt auf die Dauer und den Umfang des Projekts gewisse Entscheidungs- und Weisungsbefugnisse übertragen, während andere bei den Linieninstanzen verbleiben. Schröder (1970, S. 79) geht - sehr vereinfachend - davon aus, daß der Projektleiter alle fachlichen und die Linieninstanz alle disziplinarischen Kompetenzen hat. Bei der Matrix-Projektorganisation handelt es sich damit um eine zweidimensionale Organisationsform, bei der die Mitarbeiter des Projekteams gleichzeitig von dem Projektleiter und den Linieninstanzen Weisungen erhalten und damit das Fayol'sche Prinzip der Einheit der Auftragserteilung durchbrochen ist.

Um von einer Matrix-Projektorganisation zu sprechen, ist es notwendig, daß dem Projektleiter Kompetenzen gegenüber Mitarbeitern anderer Abteilungen eingeräumt werden. Stammt der Projektleiter etwa aus der Abteilung Systemanalyse und unterstehen ihm Mitarbeiter aus der Abteilung Programmierung, dann liegt eine abteilungsübergreifende Matrix vor. Unterstehen einem Projektleiter aus der EDV-Abteilung zusätzlich Anwender aus dem Fachbereich, soll von einer fachbereichsübergreifenden Matrix gesprochen werden. Kriterium ist jeweils die Nennung als Mitarbeiter des Projektteams (vgl. Abschnitt 6.1.2).

Sind in dem Projektteam lediglich Systementwickler einer Abteilung innerhalb der EDV-Abteilung zusammengefaßt, besteht in Anlehnung an Frese (1984, S. 473) ein

- "Projektorientierter Teilbereich".

In diesem Fall überträgt die Linieninstanz ähnlich wie bei der Matrix-Projektorganisation gewisse Kompetenzen an einen ihm ohnehin unterstellten Projektleiter und es bleibt eine eindimensionale Organisationsform erhalten. Anzutreffen ist diese vierte Organisationsform in Unternehmen mit objektorientiert nach

Anwendungsgebieten gegliederten SE-Abteilungen, soweit keine Anwender im Projektteam vertreten sind.

Bei der Matrix-Projektorganisation wird von einigen Autoren ein Gleichgewicht der Kompetenzen gefordert (vgl. Thom 1973, S. 124; Dullien 1975, S. 188). Einfluß-, Reine und ein Gleichgewicht unterstellende Matrix-Projektorganisation sind jedoch als idealtypische Formen zu verstehen, die in der Praxis zumindest bei EDV-Projekten ausschließlich gemischt auftreten (vgl. auch Schmidt o.J., S. 17; Zogg 1974, S. 267). Realitätsnäher ist es daher, die Matrix-Projektorganisation als eine beliebige Zwischenform der beiden Extreme Einfluß- und Reine Projektorganisation aufzufassen (vgl. Cleland, King 1968, S. 172; Brand 1974, S. 64; Menzl, Gmür 1974, S. 36). Dies gilt analog auch für den Projektorientierten Teilbereich. In Abb. 6-2 ist die Kompetenzaufteilung zwischen Projektleiter und Linieninstanzen mit den entsprechenden Projektorganisationsformen graphisch verdeutlicht.

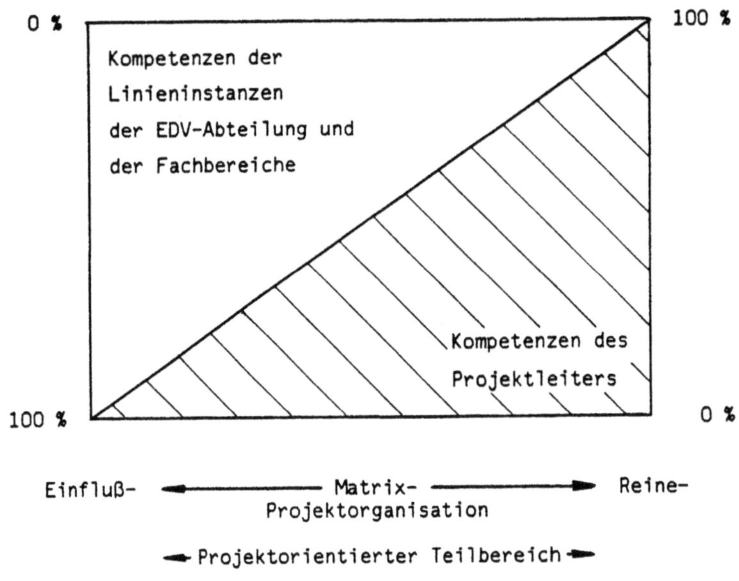

Abb. 6-2: Kompetenzaufteilung zwischen Projekt- und Linieninstanzen (in Anlehnung an Menzl, Gmür 1974, S. 36)

Ziel dieses Abschnitts ist es nun, aufzuzeigen, welche Kompetenzen in der Praxis bei EDV-Projekten dem Projektleiter in welchem Umfang von den Linieninstanzen abgetreten werden, um darauf aufbauend zu erkennen, welche Formen der Projektorganisation praktiziert werden. Die Kompetenzbetrachtung stützt sich dabei allein auf die formal übertragenen Entscheidungs- und Weisungsbefugnisse. Die nach Thamhain und Gemmill (1974, S. 219) noch wichtigere Kompetenz als Experte und die Kompetenz aufgrund der Herausforderung durch die Projektaufgabe bleiben im folgenden unberücksichtigt.

Als Abgrenzungskriterien für die Befugnisse werden häufig die von Cleland und King (1968, S. 161) eingeführten W-Fragen verwendet (vgl. auch Bleicher 1981, S. 135). Zogg (1974, S. 260) unterscheidet die folgenden 8 W-Fragen:

-"Was : Aufgabeninhalt (qualitativ und quantitativ)
- Wann : Zeitliche Determinierung des Leistungsvollzugs (Zeitfolgen, Zeitdauern, Zeitpunkte)
- Wo : Räumliche Determinierung des Leistungsvollzugs (...)
- Wie : Art und Weise des Leistungsvollzugs (Verfahren etc.)
- Wer : Personelle Arbeitszuordnung (Wer macht was?)
- Womit : Art und Menge der einzusetzenden Sachmittel
- Woher : Beschaffung der Mittel
- Wohin : Weitere Verwendung der Mittel nach erfolgtem Leistungsvollzug ("Hire and Fire")"

Die ersten 6 W-Fragen dienen der Abgrenzung der fachlichen Kompetenzen, während die letzten beiden W-Fragen disziplinarische Kompetenzen ansprechen. Nach der Literatur hat der Projektleiter einen größeren Einfluß auf das Was und Wann, während die Linienvorgesetzten das Wie stärker bestimmen (vgl. Hegi 1971, S. 384; Brand 1974, S. 62; Rinza 1976, S. 102). Bei Daenzer (1977, S. 135) wird das Wo dem Projektleiter zugeordnet, und das Womit, Woher und Wohin den Linieninstanzen. Hinsichtlich des Wer differenziert Daenzer (1977, S. 135) in die erstmalige Abstellung der Projektmitarbeiter, einer Entscheidung, die hauptsächlich noch bei den Linienvorgesetzten verbleibe, und der Zuteilung konkreter Teilaufgaben im späteren Projektablauf, die in den Kompetenzbereich des Projektleiters übergehe.

In der vorliegenden empirischen Untersuchung wurden die folgenden, für wesentlich erachteten Entscheidungs- und Weisungsbefugnisse erhoben:

- fachlicher Einsatz der Mitarbeiter (<u>Was</u>-Kompetenz)
- zeitlicher Einsatz der Mitarbeiter (Wer macht was <u>wann</u>)
- Auswahl der Mitarbeiter (<u>Wer</u>-Kompetenz bzgl. Auswahl)
- <u>disziplinarische</u> Kompetenzen (Woher-, Wohin Kompetenz, etc.)
- fachliche Kompetenz gegenüber dem jeweils anderen Fachbereich (<u>Wie</u>)

Mit dem letzten Punkt sollte in Erfahrung gebracht werden, inwieweit ein Projektleiter aus der EDV-Abteilung bestimmte fachliche Lösungen dem das AWS einsetzenden Fachbereich vorschreiben kann bzw. ein Anwender als Projektleiter die EDV-technische Lösung beeinflussen und entscheiden kann.

Aufgrund der differenzierenden Antworten der Interviewpartner werden nach dem Vorbild von Hegi (1971, S. 383) und Leumann (1980, S. 126) für die einzelnen Kompetenzarten vier Einflußgrade unterschieden (vgl. Pfeiffer 1983, S. 42 f.):

- keine Kompetenz des Projektleiters (Einflußgrad 0)
- Vorschlagsrecht (Einflußgrad 1)
- Entscheid im Einvernehmen, Mitspracherecht, Vetorecht (Einflußgrad 2)
- volle Kompetenz (Einflußgrad 3).

Drittens ist für eine möglichst vollständige Analyse neben der Kompetenzart und dem Einflußgrad noch danach zu differenzieren, gegenüber welchen Mitarbeitern im Projektteam (eigene Abteilung, fremde Abteilung innerhalb der EDV-Abteilung, fremder Fachbereich) die jeweiligen Entscheidungs- und Weisungsbefugnisse vorliegen. Diese Kompetenzen müssen dabei nicht zwangsläufig gegenüber allen am Projekt Beteiligten gelten, die in Abschnitt 6.1.2 genannt wurden.

Denkbare Unterschiede, die in der Person und in der Linienposition des Projektleiters sowie in der Größe und Komplexität des Projekts liegen, sind dabei noch unberücksichtigt geblieben. Auch bevor jetzt schon Ergebnisse vorgestellt worden sind, wird ein Punkt sehr deutlich, nämlich die Vielfalt der möglichen Kompetenzaufteilungen und die Idealtypisierung der eingangs vorgestellten Projektorganisationsformen.

Angaben über die Kompetenzausstattung liegen für alle 25 Gesamtprojektleiter aus der EDV-Abteilung und für 4 der 5 aus dem Fachbereich vor. In dem fünften Unternehmen sowie in den 5 Unternehmen ohne einen Gesamtprojektleiter stehen Angaben für den Teilprojektleiter aus der EDV-Abteilung zur Verfügung (vgl. Tab. 6-3).

Abzulesen ist aus Tab. 6-3, daß der Projektleiter gegenüber den Mitarbeitern der eigenen Abteilung - in Übereinstimmung mit der Literatur - bis auf wenige Ausnahmen die Kompetenzen für den fachlichen (Was) und zeitlichen (Wann) Einsatz besitzt. In abgeschwächter Form gilt dies auch für die Mitarbeiter aus fremden Abteilungen und fremden Fachbereichen. Allerdings verfügens 3 der 4 Projektleiter aus dem Fachbereich gegenüber den Mitarbeitern der EDV-Abteilung zwar über die Wann-Kompetenz, jedoch nicht über die Was-Kompetenz.

Bei der Auswahl der Mitarbeiter (Wer) ist der Einfluß der Linieninstanzen stärker als der des Projektleiters. Die Projektleiter haben hauptsächlich ein Vorschlagsrecht, gegenüber der eigenen Abteilung allerdings auch häufiger ein Mitsprache- bzw. Vetorecht. Die disziplinarischen Kompetenzen verbleiben bis auf drei Ausnahmen voll bei den Linieninstanzen. Unberücksichtigt sind dabei Fälle, in denen die Projektleitung aufgrund der Bedeutung und Größe des Projekts einem SE-Leiter übertragen wird, der dannn als Linienvorgesetzter weiterhin über disziplinarische Kompetenzen verfügt.

Kompetenz-art	Einfluß-grad	Kompetenz gegenüber Mitarbeitern der(s) eigenen Abteilung	fremden Abteilung	fremden Fachbereichs
Was	0	2 (6 %)	1 (8 %)	3 (16 %)
	1	1 (3 %)	1 (8 %)	2 (10 %)
	2	-	-	-
	3	32 (91 %)	10 (84 %)	14 (74 %)
Wann	0	4 (12 %)	2 (17 %)	4 (21 %)
	1	-	1 (8 %)	-
	2	5 (14 %)	1 (8 %)	5 (26 %)
	3	26 (74 %)	8 (67 %)	10 (53 %)
Wer	0	8 (23 %)	3 (25 %)	7 (37 %)
	1	17 (48 %)	7 (58 %)	12 (63 %)
	2	8 (23 %)	2 (17 %)	-
	3	2 (6 %)	-	-
disziplinarisch	0	33 (94 %)	12 (100 %)	18 (95 %)
	1	-	-	-
	2	1 (3 %)	-	1 (5 %)
	3	1 (3 %)	-	-
		35 (100 %)	12 (100 %)	19 (100 %)

		Kompetenz gegen fremden Fachbereich – Projektleiter aus EDV-Abt.	Fachbereich
Wie	0	10 (32 %)	4 (100 %)
	1	14 (45 %)	-
	2	5 (16 %)	-
	3	2 (7 %)	-
		31 (100 %)	4 (100 %)

Einflußgrad:
- 0: keine Kompetenz
- 1: Vorschlagsrecht
- 2: Entscheid im Einvernehmen, Mitsprache-, Vetorecht
- 3: volle Kompetenz

Tab. 6-3: Kompetenzen der Projektleiter

Nach Angabe der Interviewpartner (aus der EDV-Abteilung) haben die Anwender als Projektleiter keinerlei fachliche Kompetenzen (Wie) gegenüber der EDV-Abteilung. Andererseits wird in etwa zwei Drittel der Unternehmen zumindest ein Vorschlagsrecht des Projektleiters aus der EDV-Abteilung bezüglich der fachlichen Lösung gegenüber den Anwendern gesehen und in zwei Unternehmen sind die Projektleiter mit der vollen Kompetenz ausgestattet.

Um von den Unternehmen präferierte Kompetenzaufteilungen zu erkennen, wurden die vier Einflußgrade auf zwei reduziert. Die Kompetenz liegt entweder bei der Linieninstanz und der Projektleiter hat höchstens ein Vorschlagsrecht oder der Projektleiter entscheidet im Einvernehmen mit der Linieninstanz bzw. hat volle Kompetenz. Die schon in Tab. 6-3 angedeutete Kompetenzaufteilung verdichtet sich weiter. Die fachliche (Was) und zeitliche (Wann) Kompetenz wird auf den Projektleiter übertragen und die Auswahl der Mitarbeiter (Wer) und die disziplinarischen Kompetenzen verbleiben bei den Linieninstanzen. Genau diese Aufteilung wurde herausgearbeitet:

- bei 18 der 35 Unternehmen (51%) gegenüber den Mitarbeitern der eigenen Abteilung,
- bei 7 der 12 Unternehmen (58%) gegenüber den Mitarbeitern der fremden Abteilung innerhalb der EDV-Abteilung und
- bei 12 der 19 Unternehmen (63%) gegenüber den Mitarbeitern des fremden Fachbereichs.

Häufig (11 der 35 Unternehmen, 31%) hat der Projektleiter bezüglich der Mitarbeiter der eigenen Abteilung neben der Was- und Wann- auch noch die Wer-Kompetenz. Über keinerlei Kompetenzen gegenüber Mitarbeitern eigenen Abteilung und des fremden Fachbereichs verfügen 3 Projektter.

Diese Ergebnisse leiten damit über zu der Frage, welche der eingangs vorgestellten Projektorganisationsformen in den Unternehmen bei EDV-Projekten realisiert werden. Für die Einstufung wurde folgende Vereinbarung getroffen (vgl. Pfeiffer 1983, S. 69): Eine Kompetenzaufteilung zwischen Projektleiter und Linieninstanz besteht dann, wenn der Projektleiter mindestens für eine Kompetenzart ein Mitspracherecht oder volle Kompetenz besitzt. Liegt diese Voraussetzung nicht vor, besteht eine Einfluß-Projektorganisation, besteht sie für alle betrachteten Kompetenzarten, liegt Reine Projektorganisation vor. Auf der Basis dieser Vereinbarung wird folgende Verbreitung der Projektorganisationsformen beobachtet (2 mal keine Angabe):

- In 3 Unternehmen (9%) hat der Projektleiter höchstens Vorschlagsrecht bei einigen Kompetenzarten und es liegt Einfluß-Projektorganisation vor.
- In den restlichen 31 Unternehmen sind die Kompetenzen aufgeteilt und es besteht

- in 13 Unternehmen (38%) ein Projektorientierter Teilbereich,
- in 2 Unternehmen (6%) eine abteilungsübergreifende Matrix-Projektorganisation innerhalb der EDV-Abteilung,
- in 16 Unternehmen (47%) eine fachbereichsübergreifende Matrix-Projektorganisation.

- Als Reine Projektorganisation konnte keine einzige Organisationsform eingestuft werden.

Abel et al. (1980, S. 63 f.) kommen in ihrer empirischen Untersuchung dagegen zu dem Ergebnis, in 17 der 26 erhobenen Unternehmen (65%) werde Reine, in 8 Unternehmen Matrix- und in einem Unternehmen Einfluß-Projektorganisation praktiziert. Einzig hinsichtlich der geringen Bedeutung der Einfluß-Projektorganisation besteht Übereinstimmung mit der eigenen Untersuchung. Die häufige Einstufung als Reine Projektorganisation ist wohl darauf zurückzuführen, daß in EDV-Abteilungen mit objektorientiert nach Anwendungsgebieten gegliederten SE-Abteilungen diese bei Abel et al. als Reine Projektorganisation angesehen werden. Über die Kompetenzen des Projektleiters sind bei Abel et al. keine Angaben enthalten, und damit ist eine Vergleichbarkeit mit der als Projektorientierten Teilbereich bezeichneten Organisationsform nicht herzustellen. Hinsichtlich der Matrix-Projektorganisation stellt sich die Frage, ab welcher Intensität der Anwendereinbeziehung auch wirklich Kompetenzen gegenüber den Anwendern vorliegen. In der vorliegenden Untersuchung diente als Kriterium die Nennung als Mitarbeiter des Projektteams.

Abschließend seien noch Zusammenhänge zwischen den Kompetenzen des Projektleiters und anderen erhobenen Merkmalen dargestellt. Erwartet und deshalb untersucht wurden zunächst Zusammenhänge zwischen den klassifizierten Projektorganisationsformen und anderen erhobenen Merkmalen. Die vorgenommenen Analysen führten aber zu keinen signifikanten Ergebnissen. Als Ursache ist die breite Streuung der Kompetenzausstattung etwa innerhalb der Matrix-Projektorganisation zu vermuten.

Daher wurde (nahezu) unabhängig von den Projektorganisationsformen eine Kompetenzsumme pro Unternehmen aus den in Tab. 6-3 zusammengefaßten Kompetenzen, gewichtet mit den Einflußgraden, gebildet. Sind in dem Projektteam nur Mitarbeiter aus einer Abteilung, beträgt die maximale Kompetenzsumme 15. Stammen die Mitarbeiter aus zwei Abteilungen, ist das Maximum 27, bei drei Abteilungen 39. Mit der Bildung von Prozentsätzen wurde nun Vergleichbarkeit zwischen den drei Gruppen erreicht. Hat ein Projektleiter beispielsweise mit Mitarbeitern aus lediglich einer Abteilung volle Kompetenz hinsichtlich des Was und Wann sowie Vorschlagsrecht bei dem Wer und Wie, verfügt der Projektleiter über eine Kompetenzsumme von 8, und dies entspricht 53,3 Prozent. Darauf aufbauend wurde eine Einteilung vorgenommen, wonach bis 45% die Kompetenzen des Projektleiters als niedrig angesehen werden; zwischen 45% und 55% wird von einer mittleren und über 55% von einer hohen Kompetenz gesprochen. Sind allerdings Mitarbeiter aus drei Abteilungen in dem Projektteam vertreten, wurde aus Vergleichbarkeitsgründen schon ab 45% von einer hohen Kompetenz ausgegangen, da gegenüber fremden Abteilungen im allgemeinen niedrigere Kompetenzen bestehen.

Der Projektleiter verfügt danach

- in 7 Unternehmen über niedrige Kompetenzen, davon in 3 Unternehmen mit Einfluß-Projektorganisation,
- in 12 Unternehmen über mittlere und
- in 16 Unternehmen über (relativ) hohe Kompetenzen.

Auf der Basis dieser Klassifizierung ließen sich nun Zusammenhänge mit der Größe des Projektteams und der Häufigkeit sowie der Höhe von Projektzielverfehlungen feststellen (vgl. Tab. 6-4). Es ist erkennbar, daß dem Projektleiter in größeren Projektteams mit über 7 Mitarbeitern mehr Kompetenzen übertragen sind als in kleineren Teams. Daneben ist die Tendenz sichtbar, daß

Merkmal	Ausprägung	Kompetenzen des Projektleiters niedrig	mittel	hoch	statistische Kennzahlen
maximale Größe des Projektteams (Mitarbeiter)	bis 7	2	7	3	Chi^2 = 3,62
	über 7	4	5	13	s = 94,3 % (+) Phi = 0,33
Häufigkeit der Verfehlung von Projektzielen	bis 50 %	1	8	7	
	über 50 %	4	4	7	
Höhe der Verfehlung von Projektzielen	bis 40 %	2	8	6	
	über 40 %	2	3	6	

Tab. 6-4: Kompetenzen des Projektleiters und Zusammenhänge mit anderen Merkmalen

in Unternehmen, in denen der Projektleiter mit wenigen Kompetenzen ausgestattet ist, häufig Projektziele verfehlt werden (vgl. Abschnitt 3.3). Als effizient erweist sich dagegen eine mittlere Kompetenzausstattung, wobei dies an den bereits erwähnten Gleichgewichtsgedanken bei der Matrix-Projektorganisation erinnert. Mittlere Kompetenzausstattung bedeutet, dem Projektleiter wie in dem oben angegebenen Beispiel volle Kompetenzen hinsichtlich des Was und Wann einzuräumen sowie ein Vorschlagsrecht bei dem Wer oder Wie. Von einer noch höheren Kompetenzausstattung gehen keine positiven Wirkungen auf die Einhaltung der gesetzten Ziele aus. In Verbindung mit den anschließend untersuchten Konflikten bei der Abwicklung von EDV-Projekten wird dieser Hinweis nochmals aufgegriffen werden.

Abschließend sei noch auf einen als wesentlich erachteten Punkt hingewiesen. Zogg (1974, S. 267) betont im Zusammenhang mit dem fließenden Übergang zwischen den einzelnen Projektorganisationsformen: "Wichtig ist jedoch in allen Fällen, daß die Kompetenzabgrenzungen" zwischen dem Projektleiter und den Linieninstanzen "eindeutig und verbindlich festgelegt und allen Beteiligten bekannt sind". In den Interviews wurde aber häufiger der Eindruck gewonnen, daß dieser Anspruch gerade nicht erfüllt wird. Goodman (1967 zitiert bei Frese 1984, S. 492) stellte empirisch hinsichtlich der Kompetenzen divergierende Angaben bei Projektleitern und Linieninstanzen fest und folgert daraus, daß dies sogar ein bewußt eingesetztes Instrument zur Lösung der Koordinationsproblematik sei. Bewußt oder unbewußt wird jedenfalls eine Fixierung in der Praxis weitgehend vermieden und eine Kompetenzaufteilung wohl eher von den individuellen Kenntnissen und Fähigkeiten, aber auch dem Durchsetzungsvermögen des Projektleiters abhängig gemacht.

6.3 Konflikte bei der Entwicklung von Anwendungssystemen

Gerade der Matrix-Organisation wird nachgesagt, sie sei reich an Konflikten (vgl. etwa Schneider 1975, S. 321). Vor dem Hintergrund der in über der Hälfte der Unternehmen ausgebildeten Matrix-Projektorganisation für die Entwicklung von AWS sei daher in diesem Abschnitt der Frage nachgegangen, zwischen welchen Personen bzw. Personengruppen bei der Entwicklung von AWS hauptsächlich Konflikte auftreten, worin die Ursachen für diese Konflikte gesehen werden, durch welche bereits vorgestellte Umweltmerkmale Konflikte gefördert werden und welche Wirkungen von Konflikten vor allem auf die Verfehlung von Projektzielen ausgehen (vgl. auch den Bezugsrahmen in Abb. 1-2).

Mit Konflikten seien in Anlehnung an Krüger (1972, S. 17) "nicht nur besonders schwerwiegende Auseinandersetzungen gemeint, sondern alle Spannungen" zwischen den am SE-Prozeß Beteiligten. In der herrschenden Meinung werden Konflikte als "effizienzmindernde Störfaktoren" (Krüger 1980, Sp. 1071) angesehen. Auch wenn die "Möglichkeit und Notwendigkeit der Harmonie und des Konsens keineswegs geleugnet" werden soll (Krüger 1972, S. 19), so können gerade aufbauend auf einem gewissen Grundkonsens sachbezogene Konflikte aufgrund unterschiedlicher Ziele, Werte und Einstellungen durchaus positive Wirkungen hervorrufen. Denn sie bewirken u.U. eine intensivere und ausgedehntere Lösungssuche, wodurch bessere Lösungen entwickelt werden (vgl. Krüger 1972, S. 116; Schneider 1975, S. 326).

Bei dem Matrix-Projektmanagement wird "die Forderung nach Konfliktfreiheit" willentlich aufgegeben und "die Spannung zwischen Projektverantwortung und Fachverantwortung bewußt so ausgenutzt, daß sachliche Divergenzen als Konflikte zwischen Abteilungen sichtbar werden" (Dullien 1974, S. 264). Durch die Matrix-Projektorganisation werden vorhandene Konflikte - etwa zwischen den Anwendern in den Fachbereichen und der EDV-Abteilung - jedoch lediglich verschärft und damit eine von allen getragene Lösung in Form eines akzeptierten AWS gefunden, es werden aber keine neuen Konflikte geschaffen (vgl. auch Schneider 1975, S. 326). Krüger (1972, S. 145) spricht von einer "organisatorischen Institutionalisierung zweier permanenter Konflikte" in der Matrix-Organisation. Erstens überschneiden sich die Interessen und Werte von Projektleiter und Linieninstanzen und zweitens konkurrieren die Projekte um knappe Ressourcen. Aber auch neben der Matrix-Projektorganisation ist bei anderen Projektorganisationsformen durch die "Lockerung stabiler hierarchischer Strukturen" (Klaus 1974, S. 171) zu erwarten, daß mehr Konflikte sichtbar werden (vgl. auch Koreimann 1984, S. 61). Daneben führt die Einrichtung von EDV-, Fach- und Projektausschüssen nach Knopf (1979, S. 452) zu zusätzlichen, jedoch fruchtbaren Konflikten.

6.3.1 Entstehung und Ursachen von Konflikten

Ziel der Erhebung war zunächst, zu verdeutlichen, wo bei der Entwicklung von AWS Konflikte auftreten. Dazu wurde den Interviewpartnern eine Matrix ausgehändigt, wie sie in Tab. 6-5 wiedergegeben ist, und die Aufforderung gegeben:

> "Kreuzen Sie bitte an, zwischen welchen Personen bzw. Personengruppen Konflikte bei der Entwicklung von Anwendungssystemen in ihrem Unternehmen aufgetreten sind bzw. auftreten".

Die vorgelegte Matrix diente als Gedankenstütze, und damit liegt eine geschlossene Frageform vor. Mehr noch als bei anderen Fragen ist hier von einer individuellen Bewußtmachung und Sensibilität auszugehen. Die recht eindeutigen gewonnenen Ergebnisse und auch die im Anschluß vor gestellten Zusammenhänge mit anderen erhobenen Merkmalen bestärken jedoch in der gewählten Vorgehensweise.

Neben den vorgegebenen Personengruppen wurden in einzelnen Interviews noch zusätzlich Beteiligte angeführt. Da es sich jedoch um Einzelantworten handelt, bleiben diese unberücksichtigt und es kann davon ausgegangen werden, daß mit dem EDV-Leiter, den Ausschüssen, dem Projektleiter, dem Projektteam, der Organisationsabteilung und den Anwendern in den Fachbereichen die wesentlichen Beteiligten erfaßt sind.

In der Tab. 6-5 sind die in 35 Unternehmen genannten 173 "Konfliktherde" aufsummiert. Doppelnennungen eines Konfliktherdes in demselben Unternehmen aufgrund der Befragung eines zweiten Interviewpartners sind nicht berücksichtigt.

Anzahl und Konflikte zwischen	b) Ausschuß	c) PL.	d) Proj-Team	e) Org.	f) Anw.	Summe
a) EDV-Leiter	6	17	5	7	19	54 (31%)
b) Ausschuß	9*)	7	1	-	3	26 (15%)
c) Projektleiter		12**)	15	8	19	78 (45%)
d) Projektteam			13*)	6	10	50 (29%)
e) Organisation				2*)	6	29 (17%)
f) Anwender					8**)	65 (38%)
Summe	26	78	50	29	65	173 (100%)

n = 35 Unternehmen, *) innerhalb, **) zwischen

Tab. 6-5: Konflikte zwischen den an der Entwicklung von AWS Beteiligten

Auffallend an der Zusammenstellung sind sofort die häufigen Konflikte, an denen der Projektleiter beteiligt ist. Auf ihn entfallen 45% der genannten Konflikte. Konflikte treten sowohl im Verhältnis zu dem EDV-Leiter, zu anderen Projektleitern, dem Projektteam und den Anwendern auf. Daher ist es wohl gerechtfertigt, den Projektleiter als "Kristallisationspunkt" der Konflikte bei der Entwicklung von AWS anzusehen. Vor dem Hintergrund der im Vergleich zu der Verantwortung oft nicht ausreichenden Kompetenzen werden die an ihn gestellten Anforderungen der Menschenführung im Team, der Kooperationsbereitschaft und der Anwenderkontaktfähigkeit (vgl. Abschnitt 4.6.2) nur allzu verständlich.

Weiterhin treten sehr viele Konflikte zwischen den Anwendern und anderen Beteiligten, vor allem dem EDV-Leiter und dem meist auch von der EDV-Abteilung gestellten Projektleiter auf. Diese Konflikte werden durch die Einbeziehung der Anwender in den SE-Prozeß und die Ausbildung einer Matrix-Projektorganisation auch bewußt gefördert. Gerade an diesen Konflikten wird das Ziel deutlich, gemeinsam um eine von beiden Seiten akzeptierte Lösung zu ringen, wobei die Situation durch unterschiedliche Kenntnisse, Ziele, und Werte noch verschärft wird.

Konflikte werden daneben relativ oft im Zusammenhang mit dem Projektteam genannt. Diese Konflikte beziehen sich vorwiegend auf das Verhältnis zu dem Projektleiter. Aber auch innerhalb des Projektteams und zu den Anwendern hin werden Konflikte angezeigt. Überraschend wenig Konflikte sind dagegen innerhalb der Ausschüsse und im Verhältnis zu den anderen Beteiligten zu beobachten. Aufgrund der nur in 26 der 35 Unternehmen eingerichteten Ausschüsse sind ohnehin weniger Nennungen im Vergleich zu anderen Beteiligten zu erwarten. Die wenigen Konflikte können darüber hinaus einerseits als ein Indiz für eine geringe Bedeutung der Ausschüsse gewertet werden, oder aber andererseits als ein Hinweis auf eine harmonische Zusammenarbeit zwischen Anwendern und EDV-Abteilung in den Ausschüssen. Die wenigen Nennungen bei der Organisationsabteilung sind wohl auf die geringe Beteiligung einer selbständigen Organisationsabteilung an der Entwicklung von AWS zurückzuführen.

Nachdem die "Konfliktherde" durch Ankreuzen in der Matrix identifiziert waren, wurden die Interviewpartner um Angabe der wesentlichen Ursachen für die jeweiligen Konflikte gebeten. Die für die Darstellung der Antworten gewählte Klassifikation lehnt sich an Krüger (1972, S. 25 ff; 1980, Sp. 1072 ff.) an. Dabei bereitete in einzelnen Fällen die eindeutige Zuordnung der genannten Ursachen jedoch größere Schwierigkeiten.

Konflikte entstehen erstens aus dem Spannungsverhältnis von Zielen und Mitteln (22 Nennungen; 18%), da durch eine Knappheit nicht alle Ansprüche gleichzeitig erfüllt werden können. Diese Spannungen beziehen sich in erster Linie auf Termine (15 Nennungen), weniger dagegen auf Kosten (2 Nennungen) oder allgemein Ressourcen (5 Nennungen). Diese Konfliktursachen sind vor allem in den Dreiecksbeziehungen zwischen EDV-Leiter, Projektleiter und Anwender zu beobachten.

In der zweiten Kategorie sind Konflikte zusammengefaßt, die durch eine aufbauorganisatorische Strukturierung des Unternehmens und speziell der EDV-Abteilung bedingt sind (38 Nennungen; 31%). Darunter werden Konflikte subsumiert, die in der Leitungsbeziehung zwischen EDV-Leiter und Projektleiter entstehen (4 Nennungen). Weiterhin zählen dazu in erster Linie zwischen den Projektleitern auftretende Kompetenzstreitigkeiten (13 Nennungen). Schließlich kommt es vor allem zwischen dem Projektleiter und dem Projektteam zu Konflikten wegen mangelhafter Führungsqualitäten (8 Nennungen). Und letztendlich sind verfehlte Stellen- bzw. Teambesetzungen Ursache für Konflikte (13 Nennungen).

Drittens entstehen Konflikte aufgrund der Spezialisierung der EDV- und Organisationsabteilung sowie der Fachbereiche (40 Nennungen; 33%). Die Spezialisierung fördert Meinungsverschiedenheiten in Sachfragen (31 Nennungen). Wurde gegen den Willen eines Beteiligten eine Lösung durchgesetzt, sind Konflikte aufgrund sich aufbauender Widerstände die Folge (9 Nennungen). Diese Konfliktursachen dominieren in der Spalte f) der Tab. 6-5, d.h. zwischen den Anwendern und anderen Beteiligten aber auch zwischen verschiedenen Anwenderbereichen.

Als viertes beruhen Konflikte auf unvollkommener Information (22 Nennungen; 18%). Sie treten erneut vorwiegend in dem Dreiecksverhältnis EDV-Leiter, Projektleiter und Anwender auf. Unter dieser Kategorie werden Konflikte aufgrund keiner bzw. ungenügender inhaltlicher Abstimmung verstanden (12 Nennungen) sowie Konflikte wegen unvollständiger bzw. sich ändernder Spezifikation der Anforderungen an das AWS (4 Nennungen). Darüber hinaus treten Konflikte im Zusammenhang mit der Abnahme der Phasenergebnisse auf (6 Nennungen), sobald die Anforderungen nicht erfüllt sind.

Daneben werden in 8 Unternehmen sozio-emotionelle Konflikte vor allem in dem Projektteam angeführt, die in keine der vier genannten Kategorien einzuordnen sind.

6.3.2 Zusammenhänge zwischen dem Auftreten von Konflikten und anderen erhobenen Merkmalen

Nachdem bisher aufgezeigt wurde, daß der Projektleiter und die Anwender hauptsächlich in Konflikte bei der Entwicklung von AWS einbezogen sind und die genannten Ursachen vorgestellt wurden, sei im Anschluß daran nun herausgearbeitet, bei welchen in der Untersuchung erhobenen Merkmalen verstärkt Konflikte zu beobachten sind.

Dazu werden die bereits in der Tab. 6-5 summarisch angegebenen Konflikte unternehmensbezogen zu vier Merkmalen gruppiert. Aus der Anzahl der angekreuzten Matrixelemente wurde das Merkmal Konfliktsumme gebildet. Minimal wurde in den Unternehmen ein einziger und maximal wurden 9 Konflikte bezeichnet. Das zweite Merkmal repräsentiert die Summe der Konflikte, an denen der Projektleiter beteiligt ist und das dritte Merkmal die Summe der Konflikte an denen Anwender Anteil haben. Für das zweite und dritte Merkmal wurden auch Prozentsätze im Verhältnis zum Merkmal Konfliktsumme errechnet und damit gearbeitet, doch erwiesen sich die Absolutwerte als trennschärfere Merkmale als die Prozentsätze. Das vierte Merkmal zeigt an, ob Konflikte zwischen dem Projektleiter und dem EDV-Leiter in den Unternehmen auftreten.

Wie schon in Abschnitt 6.2.4 angedeutet wurde, besteht ein enger Zusammenhang zwischen den Kompetenzen des Projektleiters und diesen vier Merkmalen (vgl. Tab. 6-6).

Je umfangreicher der Projektleiter mit Komptenzen ausgestattet ist, um so mehr Konflikte sind bei der Entwicklung von AWS zu verzeichnen. Denn erst durch die Übertragung von Kompetenzen auf den Projektleiter wird dieser in die Lage versetzt, den unterschiedlichen Zielen und Interessen Widerstand entgegenzusetzen, so daß Konflikte entstehen können. Am deutlichsten ist dieser Zusammenhang zwischen dem Projektleiter und dem EDV-Leiter sowie den Anwendern und allen anderen Beteiligten ausgeprägt. Die Zusammenhänge in Tab. 6-6 bestärken auch in der bereits abgegebenen Gestaltungsempfehlung, den Projektleiter mit Kompetenzen mittleren Umfangs auszustatten, damit einerseits zwar die Interessen des Projekts vertreten werden können, andererseits aber die gesetzten Projektziele erreicht werden (vgl. Abschnitt 6.2.4, Tab. 6-4).

Die eingangs begründete Konfliktintensität der Matrix-Projektorganisationsform läßt sich anhand der erhobenen Daten ebenfalls nachvollziehen. Verdeutlicht an der Konfliktsumme (vgl. Tab. 6-7), haben Projektorientierte Teilbereiche aufgrund der Abwesenheit der Anwender im Team und Einfluß-Projektorganisation aufgrund der geringen Kompetenzen des Projektleiters weniger Konflikte aufzu-

Merkmal	Ausprägung	Kompetenzen des Projektleiters niedrig	mittel	hoch	statistische Kennzahlen
Konfliktsumme	bis 4	4	7	5	Chi^2 = 3,00
	über 4	2	5	11	s = 91,7 % (+) Phi = 0,30
Konfliktsumme Projektleiter	bis 2	5	8	7	Chi^2 = 2,83
	über 2	1	4	9	s = 90,8 % (+) Phi = 0,29
Konflikt Projektleiter/ EDV-Leiter	nein	5	8	5	Chi^2 = 5,71
	ja	1	4	11	s = 98,3 % (+++) Phi = 0,41
Konfliktsumme Anwender	bis 2	5	7	4	Chi^2 = 5,90
	über 2	1	5	12	s = 98,5 % (+++) Phi = 0,42

Tab. 6-6: Zusammenhang zwischen den Kompetenzen des Projektleiters und dem Auftreten von Konflikten bei der Entwicklung von AWS

weisen als die Matrix-Projektorganisation. Dieses Ergebnis zeigt sich auch an der Konfliktsumme des Projektleiters (+++), doch sei auf eine tabellarische Darstellung hier verzichtet.

Die von Knopf (1979, S. 452) betonte Erhöhung der Konflikte durch die Einrichtung von Ausschüssen läßt sich allein für den Projektausschuß, nicht jedoch für Fach- und EDV-Ausschüsse nachvollziehen (vgl. Tab. 6-7).

Erstaunen löste die Entdeckung aus, daß die Konflikte zunehmen, wenn in dem Unternehmen eine EDV-Rahmenplanung durchgeführt wird. Denn zunächst bestand die Vermutung, daß die einzelnen EDV-Projekte von Zielkonflikten freigehalten werden, wenn eine langfristige EDV-Rahmenplanung vorliegt (vgl. Abschnitt 4.7.1). Aufgrund der entgegengesetzten Ergebnisse, die sich auch bei der Konfliktsumme des Projektleiters (+) und der Anwender (++) zeigen, ist jedoch zu vermuten, daß mit einer EDV-Rahmenplanung die EDV-Abteilung und die Fachbereiche in eine intensivere Diskussion über den zukünftigen Einsatz der Datenverarbeitung in dem Unternehmen eintreten und dadurch Unterschiede in den Zielen der verschiedenen Bereiche erst aufgedeckt werden. Dies wäre dann als ein weiteres typisches Beispiel für einen fruchtbaren Konflikt zu werten. Dieser Zusammenhang kann allerdings auch für einige Verantwortliche in der EDV-Abteilung Anlaß sein, den leichteren Weg zu gehen und eine EDV-Rahmenplanung zu unterlassen, um den ansonsten zu erwartenden Konflikten auszuweichen. Es ist aber dann die Frage zu stellen, ob eine den Zielen des Unternehmens gerecht werdende Informationsversorgung sichergestellt werden kann.

Merkmal	Ausprägung	Konfliktsumme bis 4	Konfliktsumme über 4	statistische Kennzahlen
Projektorganisationsform	Matrix	5	13	Chi^2 = 6,02 s = 98,6 % (+++) Phi = 0,43
	Sonstige	10	4	
Projektausschuß	ja	3	9	Chi^2 = 4,06 s = 95,6 % (++) Phi = 0,34
	nein	14	9	
EDV-Rahmenplan	ja	7	14	Chi^2 = 4,88 s = 97,4 % (++) Phi = 0,37
	nein	10	4	
Verrechnungsmethode	Gemeinkostenumlage	9	5	Chi^2 = 3,03 s = 91,7 % (+) Phi = 0,31
	Verrechnungspreise	6	12	
Häufigkeit der Verfehlung von Projektzielen	bis 50 %	11	6	Chi^2 = 4,01 s = 95,5 % (++) Phi = 0,36
	über 50 %	4	10	

Tab. 6-7: Zusammenhänge zwischen der Summe der genannten Konflikte und anderen erhobenen Merkmalen

Plausibel ist die Zunahme der Konflikte mit der Verrechnung der EDV-Kosten und -Leistungen auf der Basis von Preisen im Gegensatz zur Gemeinkostenumlage (vgl. Tab. 6-7). Durch diese Maßnahme sind die Anwender wohl verstärkt darauf bedacht, ein ihren Anforderungen entsprechendes AWS zu erhalten.

Die Gegenläufigkeit der Konflikte zu Zielen wie "Schnelligkeit, Sicherheit und Reibungslosigkeit" (Krüger 1972, S. 18) sei im folgenden verdeutlicht. Denn es zeigt sich ein positiver Zusammenhang zwischen dem Auftreten von Konflikten in den Unternehmen und der Häufigkeit der Verfehlung eines Projektzieles sowie mehrerer Projektziele. Um die Wirkung der Konflikte besser zu würdigen und nicht aufgrund dieses Ergebnisses vorschnell als "ineffizient" zu werten, wäre es notwendig, die Qualität der entwickelten AWS und die Zufriedenheit der Anwender mit dem AWS zu kennen. Dieses Merkmal wurde jedoch im Rahmen der Untersuchung aus den in Abschnitt 2.2.2 genannten Gründen nicht erhoben. Das erhobene Merkmal "Einsatz der AWS" (vgl. Abschnitt 5.1.4) ließ wider Erwarten auch keine Differenzierung zu, so daß eine abschließende Würdigung der Konflikte nicht möglich ist.

Speziell auf die Summe der Konflikte, an denen Anwender beteiligt sind, zeigen drei Merkmale einen Einfluß, die die Organisation der EDV-Abteilung charakterisieren. (vgl. Tab. 6-8). In Unternehmen mit einer in dem Fachbereich Finanz- und Rechnungswesen eingegliederten EDV-Abteilung sind verstärkt Konflikte zu beobachten. Dies erklärt auch die häufigeren Projektzielverfehlungen in diesen Unternehmen (vgl. Abschnitt 4.3.2). Ursache dafür können etwa Prioritätenverschiebungen aufgrund der Eingliederung sein. In Analogie zu den Kompetenzen des Projektleiters treten auch mit einer hierarchisch höheren Eingliederung des EDV-Leiters vermehrt Konflikte im Verhältnis zu den Anwendern auf. Die Konflikte werden dagegen verringert durch eine Gliederung der Systementwicklung nach Anwendungsgebieten, wie es in Abschnitt 4.4.3 auch empfohlen wurde. Denn damit haben die Anwender einerseits jeweils einen konkreten Ansprechpartner in der EDV-Abteilung und andererseits können sich die Systementwickler auf die Anforderungen der Anwender besser einstellen.

Mit diesen zahlreichen, teilweise hochsignifikanten Zusammenhängen erweisen sich die erhobenen Konflikte bei der Entwicklung von AWS als sehr wichtige und aussagekräftige Merkmale für die Beurteilung von Gestaltungsparameter bei der Entwicklung von AWS wie den Kompetenzen des Projektleiters, der Projektorganisationform und der Gliederung der SE-Abteilung.

Merkmal	Ausprägung	Konfliktsumme Anwender bis 2	Konfliktsumme Anwender über 2	statistische Kennzahlen
Organisatorische Eingliederung der EDV-Abteilung	Fin/RW	5	13	Chi^2 = 4,27 s = 96,1 % (++) Phi = 0,37
	Sonstige	9	5	
Hierarchiestufe des EDV-Leiters	Stufe 1 + 2	6	13	Chi^2 = 2,82 s = 90,7 % (+) Phi = 0,30
	Stufe 3 + 4 Stab	8	5	
Gliederung der SE-Abteilung nach Anwendungsgebieten	ja	15	11	Chi^2 = 3,37 s = 93,1 % (+) Phi = 0,31
	nein	2	7	

Tab. 6-8: Zusammenhänge zwischen der Summe der Konflikte mit dem Anwender und anderen erhobenen Merkmalen

6.4 Anwendereinbeziehung bei der Entwicklung von Anwendungssystemen

Im Rahmen des institutionellen Projektmanagements wurden in den vorangegangenen Abschnitten bisher das Projektteam, der Projektleiter und seine Kompetenzen sowie Konflikte zwischen den am SE-Prozeß Beteiligten untersucht. Abschließend sei der Schwerpunkt der Betrachtungen auf die Anwendereinbeziehung bei der Entwicklung von AWS gelegt. Es wird der Frage nachgegangen, welche Ziele auf Seiten der Interviewpartner aus der EDV-Abteilung mit der Anwendereinbeziehung in den SE-Prozeß verfolgt werden (Abschnitt 6.4.1) und welche Art der Anwendereinbeziehung praktiziert wird (Abschnitt 6.4.2), d.h. wie stark die Einflußmöglichkeiten der Anwender auf das AWS ausgeprägt sind. Die Intensität der Anwendereinbeziehung wird anhand des von den Interviewpartnern geschilderten Ist-Ablaufs der Projekte und der jeweils von den Anwendern übernommenen Aufgaben im Rahmen des SE-Prozesses ermittelt.

Damit setzt die Anwendereinbeziehung einen Schlußpunkt hinter eine Reihe bereits präsentierter Ergebnisse zur Aufgabenverteilung zwischen der Unternehmensführung, den Anwendern in den Fachbereichen sowie der EDV-Abteilung und den daraus sich ergebenden Einflußmöglichkeiten auf die Prioritätenvergabe und die

Ausgestaltung der AWS. Ohne die Ergebnisse im einzelnen zu wiederholen, sei an die in 79% der Unternehmen eingerichteten EDV-, Fach- und Projektausschüsse erinnert (vgl. Abschnitt 4.7.1.4) sowie auch an die EDV-Kosten und Leistungsverrechnung (vgl. Abschnitt 4.7.4), mit deren Hilfe eine Dezentralisierung der Planung und Kontrolle der EDV-Abteilung in die Fachbereiche stattfindet. Im Rahmen des funktionellen Projektmanagements wurde darauf hingewiesen, daß meist über 50% der Anregungen für neue AWS von den Anwendern ausgehen (vgl. Abschnitt 5.2) und die Nutzenschätzung als Teil der Wirtschaftlichkeitsanalyse den Anwendern in den Fachbereichen obliegt (vgl. Abschnitt 5.3.4). Diese Einflußmöglichkeiten bestehen vor allem auf der Ebene des Managements der Fachbereiche und haben mehr die Ziele und die Konzeption des AWS zum Inhalt als die konkrete Ausgestaltung der einzelnen Teilfunktionen des AWS und der Arbeitsplätze.

Mit der Anwendereinbeziehung in den SE-Prozeß werden aber gerade auf der Ebene des Projektteams die Einflußmöglichkeiten der Anwender (d.h. der späteren Benutzer des AWS) auf die Gestaltung des AWS in den Mittelpunkt gestellt. Synonym wird in der Literatur der Begriff Partizipation bzw. partizipative Systementwicklung geprägt, wobei unter Partizipation die "möglichst direkte Teilnahme der Betroffenen an ... Entscheidungsprozessen" (Kappler 1980, Sp. 1845) verstanden wird.

6.4.1 Ziele der Anwendereinbeziehung

Eine Anwendereinbeziehung in den SE-Prozeß hat mehr oder weniger schon immer stattgefunden. Denn für die Entwicklung anforderungsgerechter AWS war und ist das Wissen um die Arbeitsinhalte und -abläufe in den Fachbereichen erforderlich. Auf Seiten der EDV-Abteilung besteht daher ein Informationsbedarf. Zusätzlich ist für die Anpassung der AWS an die Arbeitsabläufe und zur Überwindung von Akzeptanzproblemen eine Anwendereinbeziehung praktiziert worden (vgl. etwa Oppermann 1980b, S. 235). Darüber hinaus wird mit dem Begriff Partizipation jedoch eine neue Qualität der Anwendereinbeziehung gefordert. Basierend auf demokratischen Grundwerten soll den Anwendern eine Mitbestimmung bis hin zur Selbstbestimmung bei der Gestaltung des Arbeitsplatzes eingeräumt und damit ein Beitrag zur Humanisierung des Arbeitslebens geleistet werden (vgl. etwa Mumford 1976, S. 33; Bjorn-Andersen, Borum 1979, S. 329 ff.; Oppermann 1980a, S. 68 ff.; Land, Hirschheim 1983, S. 92). Zusammenfassend sind mit Oppermann (1982, S. 69) folgende vier Ziele der Anwendereinbeziehung zu unterscheiden:

- Anwendereinbeziehung als normatives politisch-demokratisches Ziel, das vor allem von Seiten der Gewerkschaften auf dem Weg zu einer Mitbestimmung und Selbstbestimmung der Arbeitnehmer verfolgt wird;

- Anwendereinbeziehung zur Erhaltung bzw. Erreichung guter Arbeitsbedingungen für die Anwender (im Sinn von Betroffenen) zur Humanisierung der Arbeit;
- Anwendereinbeziehung zur Sicherung der Akzeptanz und der effektiven Nutzung des AWS durch die Anwender, angestrebt insbesondere von der Unternehmensführung und dem Management der Fachbereiche;
- Anwendereinbeziehung mit dem von der EDV-Abteilung verfolgten Ziel, Wissen über Inhalte und Abläufe in den Fachbereichen aufzunehmen.

Mit der Frage nach den mit der Anwendereinbeziehung verfolgten Zielen sollte nun in Erfahrung gebracht werden, ob von den Interviewpartnern aus der EDV-Abteilung allein das Ziel der Aufnahme von Wissen gesehen wird, oder ob darüber hinaus auch die anderen Ziele bzw. zusätzliche Ziele verfolgt und berücksichtigt werden.

Die in 28 Unternehmen erhobenen 58 Einzelziele sind in Abb. 6-3 verdeutlicht. An erster Stelle werden von den Interviewpartnern zwar die Wissensvermittlung der EDV-Abteilung und die Verbesserung der Akzeptanz der AWS durch die Anwender genannt. Die Wissensvermittlung der EDV-Abteilung stellt meist jedoch nur ein Mittel dar, um übergeordnete Ziele zu erreichen. Übergeordnete Ziele sind in 6 Unternehmen die Erfüllung der von den Anwendern an das AWS gestellten Anforderungen, in einem Unternehmen die Verbesserung der Qualität der AWS und in zwei Unternehmen die Verbesserung des EDV-Projekts, indem z.B. durch eine frühzeitige Anwendereinbeziehung unnötige Rücksprünge im SE-Prozeß aufgrund ungeklärter Anforderungen vermieden werden (Ziel-Mittel-Beziehungen sind in Abb. 6-3 durch Pfeile zwischen den Rechtecken gekennzeichnet). Insgesamt wird die Anforderungserfüllung in 12 Unternehmen und damit am häufigsten als Ziel der Anwendereinbeziehung betrachtet. In engem Zusammenhang steht damit die in 9 Unternehmen genannte Qualitätsverbesserung des AWS. Neben den bereits angesprochenen Zielen soll durch die Anwendereinbeziehung die Mitverantwortung der Anwender verstärkt zum Ausdruck gebracht werden (7 Nennungen) und die Akzeptanz des AWS verbessert (12 Nennungen) sowie die Identifikation (6 Nennungen) und Zufriedenheit (5 Nennungen) der Anwender mit dem AWS erhöht werden. Anwendereinbeziehung hat aber nicht nur die Wissensvermittlung der EDV-Abteilung, sondern auch die der Anwender (3 Nennungen) zum Ziel.

Aufmerksamkeit ist der durch eine Anwendereinbeziehung angestrebten Imageverbesserung der EDV-Abteilung (3 Nennungen) zu schenken. Dieses Ziel vermittelt den Beigeschmack einer Scheinpartizipation, wie sie etwa von Oppermann (1982, S. 70) angekreidet wird. Als Scheinpartizipation wird vornehmlich die Weitergabe von Wissen durch die Anwender an die EDV-Abteilung gewertet, ohne daß der Anwender auch Einfluß auf die Ausgestaltung des AWS gewinnt und im Gegenteil durch die Preisgabe von Wissen eine Machteinbuße erleidet.

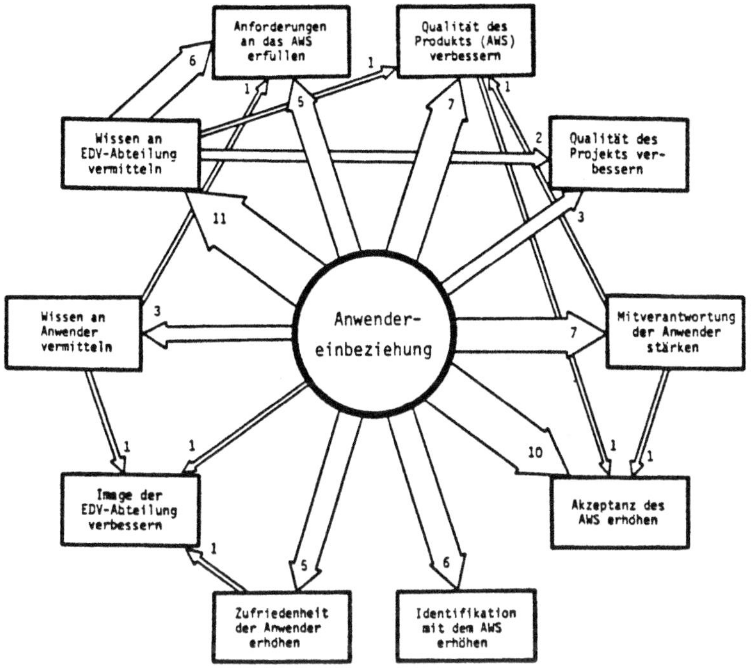

n = 28 Unternehmen

Abb. 6-3: Ziele der Anwendereinbeziehung

Von den eingangs aufgezeigten möglichen vier Zielbündeln werden von den Interviewpartner demnach ausschließlich die letzten beiden genannt, die Sicherung der Akzeptanz und die effektive Nutzung des AWS sowie die Aufnahme von Wissen über Inhalte und Abläufe in den Fachbereichen durch die EDV-Abteilung. Aufgabe der in den Projektteams vertretenen Anwender sollte dagegen sein, auf eine Humanisierung der Arbeitsbedingungen hinzuwirken, auch wenn Bjorn-Andersen und Borum (1979, S. 333) das durch Mitarbeit im Projektteam allein nicht gewährleistet sehen.

Als wesentliches Ergebnis der Befragung bleibt festzuhalten, daß auf Seiten der Interviewpartner aus der EDV-Abteilung eindringlich auf die Notwendigkeit der Anwendereinbeziehung aufmerksam gemacht wurde und von daher anscheinend keine Barrieren auf dem Weg zu einer intensiveren Anwendereinbeziehung zu überwinden sind. Vielmehr wurden von den Interviewpartnern eher auf Seiten der Anwender

Schwierigkeiten und Hindernisse hinsichtlich einer intensiveren Einbeziehung erwähnt.

Deutlich wird dies etwa aus den Antworten auf die Frage nach Gründen, die für eine geringe Anwendereinbeziehung sprechen könnten. Zunächst ist sehr positiv zu werten, daß in 10 von 28 danach befragten Unternehmen keinerlei Gründe für eine geringe Anwendereinbeziehung denkbar sind. In den restlichen 18 Unternehmen wurden nach oft nachdenklichem Zögern und dann als Ausnahmen hingestellte Gründe in Abhängigkeit von dem Anwender, dem EDV-Projekt, und der EDV--Abteilung aufgeführt:

- Hauptsächlich wird eine mangelnde fachliche (nicht EDV-) Qualifikation der Anwender als möglicher Grund gesehen (8 Nennungen),
- daneben eine ungenügende Koordination der Anwender untereinander (3 Nennungen),
- keine Freistellung der Anwender (1 Nennung),
- ein mangelndes Interesse der Anwender (1 Nennung),
- aber, wenn auch nur in 2 Unternehmen, eine mögliche Ablehnung des Projekts durch den Anwender.

Eine geringe Anwendereinbeziehung sei ebenfalls denkbar

- bei EDV-internen Projekten ohne oder mit nur geringen Auswirkungen auf die Anwender (4 Nennungen),
- bei Weiterentwicklungen bestehender AWS (2 Nennungen),
- aber auch bei Rationalisierungsprojekten (3 Nennungen).

Schließlich sei eine geringere Anwendereinbeziehung möglich, falls

- ausreichendes Wissen über das Anwendungsgebiet in der EDV-Abteilung angesammelt ist (2 Nennungen).

Bedenklich stimmt die Vernachlässigung der Anwendereinbeziehung aufgrund

- zu hoher Kosten (3 Unternehmen) und
- zu lang andauernder Abstimmungsprozesse (2 Nennungen).

Pikanterweise wurden gerade in einem gewerkschaftseigenen Unternehmen am meisten Gründe für eine geringe Anwendereinbeziehung angeführt und zudem noch die Rationalisierungsprojekte als Grund eingeschlossen.

Die Antworten ändern aber nichts am gewonnenen Eindruck, auf Seiten der Interviewpartner zumindest verbal an intensiven Anwendereinbeziehungen interessiert zu sein. Zwar sind die Gefahren nicht zu verkennen, daß die Bedürfnisse der Anwender nur ungenügend berücksichtigt werden, doch ist die im Rahmen der partizipativen Systementwicklung unterschwellig immer mitschwingende Kritik, die

EDV-Abteilung trete der Anwendereinbeziehung negativ gegenüber, als zu einseitig und übertrieben zurückzuweisen. Eine einseitige Schuldzuweisung für eine geringe Anwendereinbeziehung geht meist an der Realität vorbei. Die in den Interviews erlebte Praxis ist teilweise dadurch gekennzeichnet, daß von den Anwendern in den Fachbereichen zwar ein neues AWS angestoßen wird, die Realisierung aber dann doch weitgehend der EDV-Abteilung überlassen wird, in der Hoffnung, bei geringem eigenen Aufwand trotzdem ein den Anforderungen entsprechendes AWS zu erhalten. In den Fachbereichen ist noch viel stärker die Einstellung notwendig, ein EDV-Projekt als eigenes Projekt zu begreifen und sich dafür nur der Dienstleistungen der EDV-Abteilung zu bedienen.

6.4.2 Intensität der Anwendereinbeziehung

Die in den Unternehmen praktizierte Anwendereinbeziehung in den SE-Prozeß kann unter verschiedenen Dimensionen (vgl. Heilmann 1981, S. 124 und die dort angegebene Literatur) betrachtet werden. Im Mittelpunkt der weiteren Darstellung steht die Intensität der Anwendereinbeziehung, die von keiner oder geringer Information der Anwender bis zu einer autonomen Gestaltung des AWS durch den Anwender reichen kann. Die zweite Dimension bilden die Phasen des SE-Prozesses. Damit ist es möglich, die Intensität der Anwendereinbeziehung während der einzelnen Phasen zu verfolgen. Als dritte Dimension kann zwischen der direkten Anwendereinbeziehung durch die Anwender selber und der indirekten Anwendereinbeziehung durch Vertreter der Anwender unterschieden werden.

Auch wenn die Intensität der Anwendereinbeziehung ein Kontinuum zwischen den extremen Möglichkeiten darstellt, sei in Anlehnung an Heilmann (1981, S. 127 ff.) in die sechs Intensitätsgrade

(1) keine Anwendereinbeziehung,
(2) passive Mitwirkung,
(3) geringe Anwendereinbeziehung,
(4) aktive Mitentscheidung,
(5) intensive Partizipation und
(6) autonomes Design

klassifiziert (vgl. Brill 1984, S. 53). In diesen Graden sind die Unterscheidungen von Kargl (1978, S. 75) in Kenntnisnahme, Mitwirkung und Ausführung sowie von Essig et al. (1980, S. 200) in Mitarbeit, Mitentscheidung und Kontrolle ebenso integriert wie die von Hattke und Sydow (1982, S. 710) in Mitwirkung und Mitbestimmung sowie von Brose und Corsten (1983, S. 27) in Einflußmöglichkeit und Entscheidungsteilhabe.

Die Vergleichbarkeit der Anwendereinbeziehung in den unterschiedlichen Phasen des SE-Prozesses wird durch das in Abschnitt 5.6.1 vorgetragene Referenzmodell hergestellt, das die Phasen Vorstudie, Problemanalyse, Fachlicher Entwurf, EDV-Entwurf, Realisierung und Einführung enthält.

Empirische Grundlage für die Unterscheidung der Intensitätsgrade ist die Schilderung des Ist-Ablaufs von EDV-Projekten durch die Interviewpartner, die jeweils die Ausführenden der einzelnen Aktivitäten angegeben hatten. Daneben wurden Erkenntnisse aus den Fragen nach den Mitarbeitern im Projektteam, nach der Häufigkeit von Anwenderkontakten und Präsentationen, nach der Anwenderschulung, Testdatengewinnung und Testdurchführung sowie der Abnahme durch Phasenergebnisse zur Bewertung herangezogen, ohne daß die Einzelergebnisse im folgenden vorgestellt werden.

Zum besseren Verständnis seien vor der Ergebnispräsentation noch die gewählten Intensitätsgrade charakterisiert und voneinander abgegrenzt (vgl. auch Brill 1984, S. 54 ff.):

- (1) Keine Anwendereinbeziehung besteht nicht nur dann, wenn nicht einmal eine passive Mitwirkung der Anwender zu beobachten ist, sondern auch bei lediglich in Ausnahmen praktizierter intensiverer Anwendereinbeziehung.

- Von einer (2) passiven Mitwirkung wird dann ausgegangen, wenn der Anwender zum einen lediglich von der EDV-Abteilung informiert wird und zum anderen nach Maßgabe der EDV-Abteilung Informationen abgibt, um z.B. während der Problemanalyse in der EDV-Abteilung fehlendes Fachwissen zu ergänzen.

- Bei der (3) geringen Anwendereinbeziehung übernimmt der Anwender bereits isolierte Teilaufgaben, die jedoch nur einen geringen Entscheidungsspielraum zulassen. Beispiele sind die Durchführung der Istaufnahme in der Problemanalyse, die Erstellung von Masken- und Listenentwürfen während des Fachlichen Entwurfs, der Testdaten während des EDV-Entwurfs und des Benutzerhandbuchs in der Einführungsphase.

- Die (4) aktive Mitentscheidung unterstellt neben der passiven Mitwirkung auch die Abnahme der in den einzelnen Phasen durch die EDV-Abteilung erstellten Ergebnisse, d.h. des Ist-Ablaufs und des Sollkonzepts während der Problemanalyse, des Fachlichen und des EDV-Entwurfs, der einzelnen Testergebnisse sowie des gesamten implementierten AWS.

- (5) Intensive Partizipation besteht in dem Moment, wenn dem Anwender gestalterische Einflußmöglichkeiten auf Arbeitsergebnisse im SE-Prozeß eingeräumt werden. Gegenüber der geringen Anwendereinbeziehung wird aber ein erweiterter Entscheidungsspielraum vorausgesetzt. Der Anwender hat die Möglichkeit, bei der Entwicklung von Lösungsalternativen aktiv mitzuarbeiten und eigenständig Verbesserungen einzubringen.

- Der höchste Grad der Anwendereinbeziehung sei als (6) autonomes Design bezeichnet. Die Anwender arbeiten hierbei selbständig und konstruktiv während einzelner Phasen des SE-Prozesses. Entscheidend ist der daraus entstehende große Gestaltungs- und Entscheidungsspielraum der Anwender. Autonomes Design ist beispielsweise in den Unternehmen mit zwei Teilprojektleitern ohne einen Gesamtprojektleiter (Abb. 6-1: Struktur D) anzutreffen, sofern der eine Teilprojektleiter einschließlich der Teammitarbeiter aus dem Fachbereich abgestellt wird. Dieses Teilteam führt dann etwa die Problemanalyse eigenständig durch.

In der Regel wird in den Unternehmen eine direkte Partizipation praktiziert. In 28 von 35 Unternehmen (80%) sind einige, meist erfahrenere Anwender in den SE-Prozeß selbst mit einbezogen. In lediglich 5 Unternehmen besteht zusätzlich zu der direkten eine indirekte Anwendereinbeziehung und nur in 2 Unternehmen wird ausschließlich eine indirekte Anwendereinbeziehung ausgeübt. In den Fällen der indirekten Anwendereinbeziehung ist der Anwender etwa durch im Fachbereich angesiedelte EDV-Koordinatoren oder durch dezentrale, dem Fachbereich unterstellte EDV-Abteilungen vertreten. Bei der im Anschluß verdeutlichten Intensität der Anwendereinbeziehung in Abhängigkeit von der Phase des SE-Prozesses wird auf Unterschiede in der Intensität zwischen direkter und indirekter Anwendereinbeziehung noch hinzuweisen sein.

Um den Einfluß der Anwender auf den SE-Prozeß zu beurteilen, wird der maximal in den Unternehmen festgestellte Intensitätsgrad pro Phase herangezogen. Erstellen beispielsweise die Anwender die Masken- und Listenentwürfe (geringe Anwendereinbeziehung) während der Phase Fachlicher Entwurf und wird der Fachliche Entwurf insgesamt von dem Fachbereich auch abgenommen (aktive Mitentscheidung), so wird der höhere Intensitätsgrad in Form der aktiven Mitentscheidung für diese Phase unterstellt. In Abb. 6-4 sind die derart gewonnenen Intensitätsgrade der Anwendereinbeziehung als Histogramme für die einzelnen Phasen aufgetragen. Eine Beurteilung ist für 34 bzw. 35 Unternehmen möglich, für die Vorstudie liegen nur von 17 Unternehmen beurteilungsfähige Angaben vor.

Die beiden höchsten Intensitätsgrade der Anwendereinbeziehung, das autonome Design und die intensive Partzipation, sind vor allem während der Vorstudie, der Problemanalyse und dem Fachlichen Entwurf zu beobachten. Sie treten besonders dann auf, wenn eine indirekte Anwendereinbeziehung praktiziert wird oder mehrere Projektteams im SE-Prozeß zeitlich nacheinander gebildet werden. Bei einer Reihe von Unternehmen geht aber auch während dieser Phasen die Intensität nicht über eine geringe Anwendereinbeziehung hinaus. Auffallend ist während des Fachlichen Entwurfs die häufige aktive Mitentscheidung der Anwender. Während des EDV-Entwurfs und besonders während der Realisierung geht die Intensität der Anwendereinbeziehung - verständlicherweise - stark zurück. Nicht berücksichtigt sind dabei Anwenderkontakte aufgrund von Rückfragen etwa während der Realisierung, die sich auf den fachlichen Entwurf beziehen. In der Einführungsphase nimmt die Anwendereinbeziehung wieder stark zu, wobei die aktive Mitentscheidung über die Implementierung des AWS das Bild prägt.

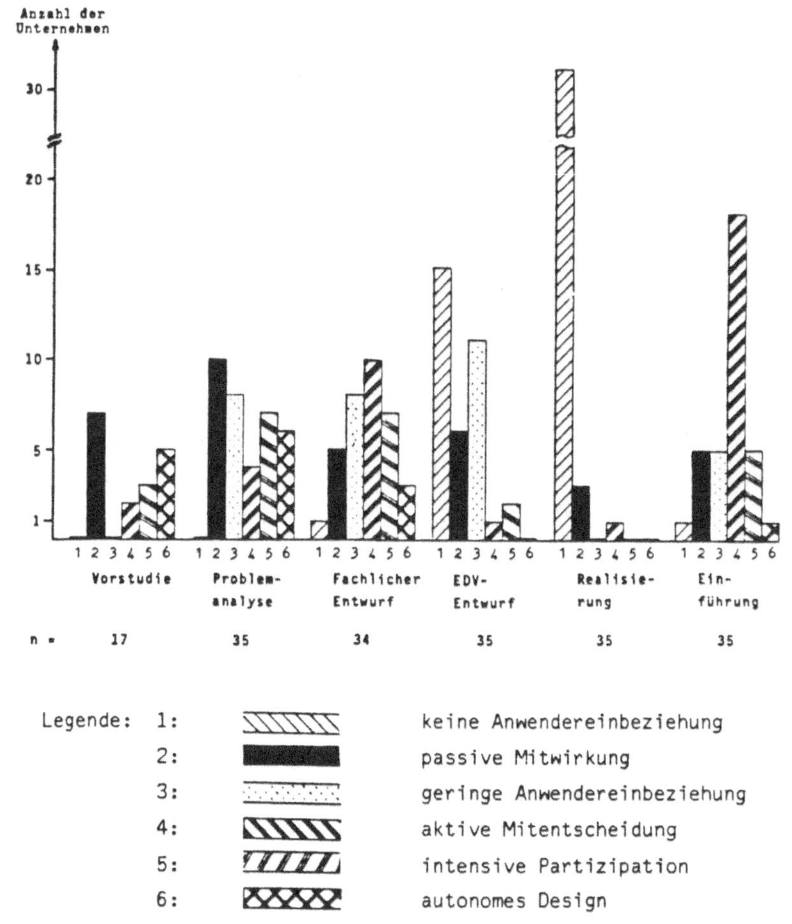

Abb. 6-4: Intensitätsgrade der Anwendereinbeziehung in den SE-Prozeß (in Anlehnung an Brill 1984, S. 68)

Neben diesen globalen Ergebnissen stellt sich die Frage nach charakteristischen Profilen der Anwendereinbeziehung für die einzelnen Unternehmen. Aufgrund jeweils ähnlicher oder gleicher Intensitätsgrade während aller sechs Phasen des SE-Prozesses konnten die 35 Unternehmen in sechs Gruppen aufgeteilt werden.

Die Unternehmen einer Gruppe weisen damit das weitgehend gleiche Profil der Anwendereinbeziehung auf. In Abb. 6-5 wurde dann der Versuch unternommen, die aus den Intensitätsgraden (1) bis (6) gewonnenen Mittelwerte pro Gruppe auch graphisch als Profil darzustellen. Zwar ist diese Vorgehensweise aufgrund der ordinal vorliegenden Daten im statistischen Sinn nicht zulässig, doch verdeutlichen diese Profile anschaulicher als Häufigkeitsverteilungen die Unterschiede zwischen den einzelnen Gruppen.

Generell lassen sich zwei große Gruppen von Unternehmen unterscheiden. Unternehmen der Gruppen A, B und C weisen gegenüber den Unternehmen der Gruppen E, F und G während der ersten Phasen des SE-Prozesses und auch in der Einführung eine wesentlich stärkere Anwendereinbeziehung auf. Die Unternehmen der Gruppe D nehmen eine mittlere Position ein und sind durch eine aktive Mitentscheidung der Anwender als intensivste Form der Anwendereinbeziehung gekennzeichnet. Die beiden Unternehmen der Gruppe A heben sich von den sieben Unternehmen der Gruppe B durch eine intensive Partizipation auch noch während des EDV-Entwurfs ab. Bei den sechs Unternehmen der Gruppe C nimmt die Intensität schon während des Fachlichen und noch stärker während des EDV-Entwurfs ab, so daß dann nur noch eine passive Mitwirkung vorliegt.

Die Anwender aus den Unternehmen mit den Profilen F und G können ihre Ideen und Vorstellungen über das AWS nur in sehr geringem Maße in die Entwicklung mit einbringen. Sie übernehmen im wesentlichen isolierte Teilaufgaben mit geringem Entscheidungsspielraum, während der Problemanalyse und dem Fachlichen Entwurf, so daß die Intensität als passive Mitwirkung bzw. als geringe Anwendereinbeziehung einzustufen ist. Die Anwender der Gruppe G werden dabei bereits nach dem Fachlichen Entwurf durch den SE-Prozeß ausgeschlossen. Auch wenn die Einbeziehung der Anwender in den Unternehmen der Gruppe E generell nicht hoch ist, so verfügen sie doch über das Recht der aktiven Mitentscheidung über den Fachlichen Entwurf.

Im Gegensatz zu der Darstellung als Histogramme treten bei den Profilen der Anwendereinbeziehung die unternehmensindividuellen Unterschiede hervor. Darauf aufbauend können <u>Zusammenhänge</u> mit anderen erhobenen Merkmalen verfolgt werden, die sich hauptsächlich bei den Phasen Problemanalyse und Fachlicher Entwurf zeigen. So ist festzustellen, daß in EDV-Abteilungen, die in dem Finanz- und Rechnungswesen eingegliedert sind, ein geringerer Grad der Anwendereinbe-

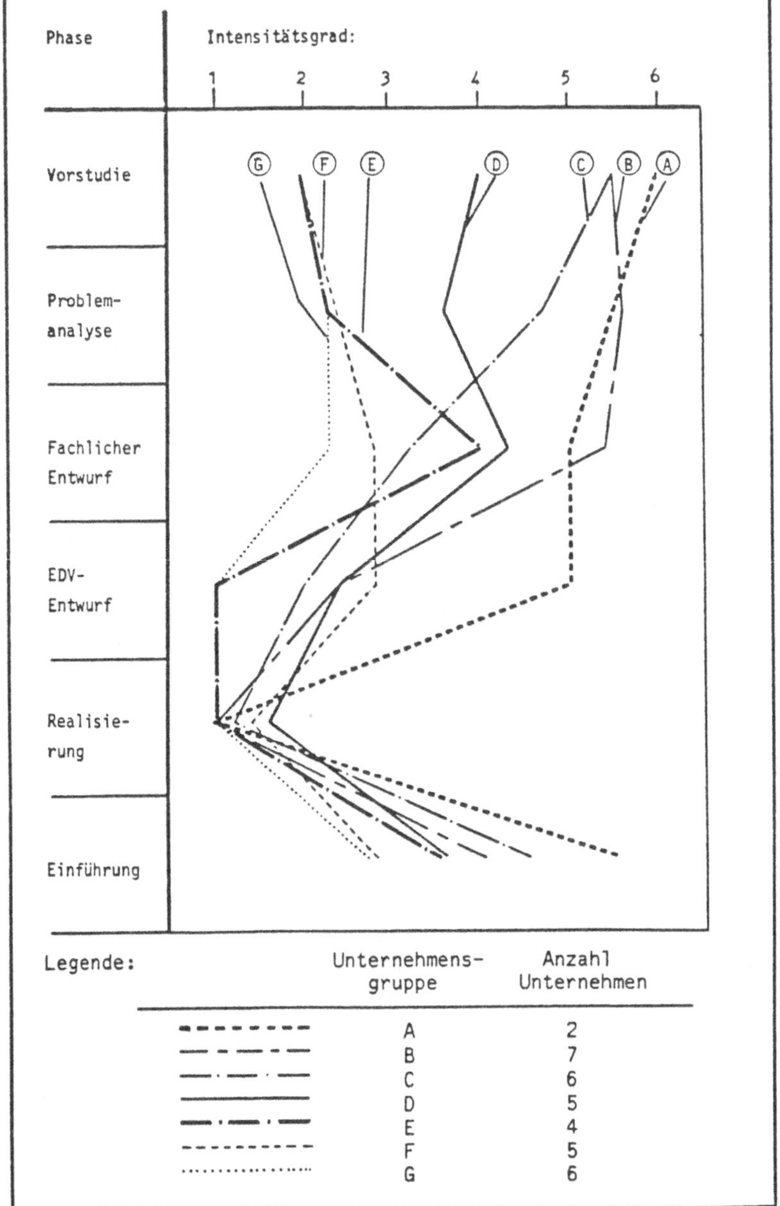

Abb. 6-5: Profile der Anwendereinbeziehung in den SE-Prozeß

ziehung während der Vorstudie und der Problemanalyse anzutreffen ist. Ähnlich zeigt sich bei EDV-Leitern auf den Hierarchiestufen 1 und 2 im Unternehmen ein geringerer Intensitätsgrad in den entscheidenden Phasen Vorstudie, Problemanalyse und Fachlicher Entwurf. Damit entziehen sich diese EDV-Abteilungen stärker dem Einfluß der Anwender in den Fachbereichen.

In den Unternehmen mit den Intensitätsprofilen C und D treten verstärkt Konflikte bei der Entwicklung von AWS auf. Diese Erscheinung ist wohl darauf zurückzuführen, daß die Anwender zwar über den Fachlichen Entwurf aktiv mitentscheiden, an dem Entwurfsprozeß aber selbst nicht intensiv partizipieren. Die erst bei der Abnahme von den Anwendern kritisierbaren Qualitätsmängel führen dann zu Konfliktsituationen. In Unternehmen mit den Profilen E bis G werden die Konflikte durch einen geringen Grad der Anwendereinbeziehung umgangen. Die Unternehmen mit den Profilen A und B zeichnen sich dagegen durch eine konstruktive, intensive Zusammenarbeit zwischen der EDV-Abteilung und den Anwendern aus, wodurch Meinungsverschiedenheiten sofort abgebaut und nicht erst als Konflikte registriert werden.

Die intensivere Anwendereinbeziehung in den Unternehmensgruppen A bis C bewirkt andererseits aber signifikant häufiger Verfehlungen von Projektzielen (vgl. Abschnitt 3.3). In den Unternehmen mit den Profilen D bis G werden die gesetzten Projektziele dagegen besser eingehalten, da durch die geringere Anwendereinbeziehung weniger Änderungen in den Anforderungen und damit weniger Rücksprünge im SE-Prozeß ausgelöst werden. Eine intensivere Anwendereinbeziehung wäre demnach als effizienzmindernd zu bewerten, behält man ausschließlich die Termine und Kosten im Blickfeld. Durch eine intensivere Anwendereinbeziehung sollen aber insbesondere die Anforderungen an das AWS besser erfüllt und die Zufriedenheit der Anwender erhöht werden (vgl. Abschnitt 6.4.1).

Für die praktische Ausgestaltung kann daher nur eine intensive Anwendereinbeziehung etwa nach dem Profil B empfohlen werden, bei der Systementwickler und Anwender während der Vorstudie, der Problemanalyse und dem Fachlichen Entwurf intensiv zusammenarbeiten und der Anwender gestalterische Einflußmöglichkeiten erhält. Während des EDV-Entwurfs und der Realisierung kann die Anwendereinbeziehung auf eine passive Mitwirkung zurückgenommen werden, um in der Einführung dem Anwender wieder eine aktive Mitentscheidung über die Implementierung des erstellten AWS in die Hand zu geben.

Diese Vorgehensweise wird trotz der bekundeten Ziele, die mit einer intensiven Anwendereinbeziehung verfolgt werden, allerdings erst in etwa 20 Prozent der Unternehmen praktiziert. Von diesen Unternehmen wurde aber deutlich gemacht, daß aufgrund der überaus positiven Erfahrungen in Zukunft kein EDV-Projekt mehr begonnen werden soll, bei dem der Anwender mit dem Projektantrag nicht glaubhaft versichert, intensiv an der Entwicklung des AWS einschließlich der organisatorischen Umstellungen im Fachbereich mitzuwirken. Dies sollte Beispiel und Ansporn für die anderen Unternehmen sein.

7. Zusammenfassung

Nach der detaillierten Vorstellung der gewonnenen empirischen Ergebnisse und dem Vergleich mit der Literatur in den Kapiteln 4 bis 6 seien abschließend noch einige, als besonders wesentlich erachtete Punkte zusammenfassend hervorgehoben.

Nach der Einschätzung der Interviewpartner wird die EDV-Abteilung von den Anwendern in den Fachbereichen anhand des Leistungsumfangs und der Qualität der entwickelten AWS und der Einhaltung der Termine und Kosten bei der Entwicklung der AWS in Form von EDV-Projekten beurteilt. Die Situation in den Unternehmen ist aber gerade durch häufige und hohe Verfehlungen der gesetzten Leistungs-, Qualitäts-, Termin- und Kostenziele gekennzeichnet. Daher ist es nicht erstaunlich, daß lediglich eine Minderheit der EDV-Abteilungen über ein gutes Image verfügt. Von den Interviewpartnern wird den Leistungs- und Qualitätszielen dabei Vorrang gegenüber der Einhaltung der geplanten Termine und Kosten eingeräumt. Die Ursachen für die Zielverfehlungen sind sowohl auf Mängel in der Spezifikation der Anforderungen als auch auf eine unzureichende Planung und Kontrolle der EDV-Projekte zurückzuführen. Beide Bereiche wurden von den Interviewpartnern auch als die größten Probleme bei der Entwicklung von AWS bewertet.

Ansatzpunkte für eine Verringerung dieser Probleme sind erstens in einer Verbesserung der Qualifikation und Motivation der Systementwickler, zweitens in einer gründlicheren Planung und Kontrolle der EDV-Projekte und drittens in einer intensiveren Einbeziehung der Anwender in die EDV-Projekte zu sehen. Diese drei Themenkreise sollen im folgenden angesprochen werden.

Die Bedeutung des Faktors Personal ist allein schon daran zu ermessen, daß in Unternehmen mit einer hohen Erfahrung der Systementwickler in Datenverarbeitung die Projektziele seltener und geringer überschritten werden. Unter den Systementwicklern ist relativ zu anderen Abteilungen ein hoher Anteil an Akademikern mit überwiegend kaufmännischer Ausbildung anzutreffen, und auch für die Zukunft wird diese Qualifikation bevorzugt. Mit einem hohen Akademikeranteil in der Systementwicklungsabteilung ist allerdings aufgrund unbefriedigter Karriereabsichten ein Anstieg der Fluktuation zu verzeichnen und damit werden häufiger und höher die gesetzten Projektziele verfehlt. Daher ist es geboten, neben hochqualifizierten Akademikern einen Mitarbeiterstamm erfahrener Systementwickler mit einer Ausbildung etwa zum EDV-Kaufmann heranzubilden und zu erhalten.

Die Systementwickler sollten über analytisches Denkvermögen, Flexibilität, Kooperationsbereitschaft und Kontaktfähigkeit verfügen. Von einem Projektleiter werden in erster Linie ein hohes Maß an Verantwortungsbewußtsein, die Fähigkeiten zur Menschenführung im Team sowie zum Anwenderkontakt gefordert. Motivieren lassen sich Systementwickler vor allem durch die Übertragung verantwortungsvoller Aufgaben. Dabei motiviert die inhaltliche Herausforderung durch die Aufgabenstellung mehr als die zur Lösung notwendige Zusammenarbeit mit anderen Personen. Diese Einstellung steht aber dem Projektteamgedanken bei der Entwicklung von AWS entgegen und damit sind Schwierigkeiten bei der Verwirklichung einer intensiven Anwendereinbeziehung zu erwarten.

Neben einer erhöhten Qualifikation der Systementwickler ist in den EDV-Abteilungen eine verstärkte Planung der EDV-Funktion erforderlich. Durch eine in die Unternehmensplanung integrierte langfristige EDV-Planung ist sicherzustellen, daß Entwicklungsfelder für AWS identifiziert und ausgewählt werden, mit denen die Informationsbedürfnisse der Unternehmensführung und der Entscheidungsträger in den Fachbereichen erfüllt werden. Der auf einer Informationsbedarfsanalyse aufgebaute EDV-Rahmenplan soll einen Überblick über die zur Realisierung anstehenden EDV-Projekte und die damit verbundenen Investitionen liefern. Durch die Erhebung wurde deutlich, daß die Anwender in den Fachbereichen mehr eine passiv akzeptierende als eine aktiv gestaltende Haltung einnehmen. Eine Informationsbedarfsanalyse, wie sie hier verstanden wird, erfordert jedoch eine aktive Rolle der Informationsempfänger. Erstaunlich ist die geringere Verbreitung von EDV-Rahmenplänen in EDV-Abteilungen mit einer hierarchisch hohen Eingliederung als eigenen Vorstandsbereich oder auf der zweiten Hierarchiestufe in Unternehmen, obwohl ein eigener Vorstandsbereich gerade wegen der Notwendigkeit der unternehmensweiten Planung der Ressource Information gefordert wird. Nicht zuletzt aufgrund dieses Widerspruchs wurde in der Arbeit gegenüber dem Vorschlag eines eigenen Vorstandsbereichs Skepsis geäußert.

Zusätzlich zu einer EDV-Jahresplanung und der Erstellung eines EDV-Budgets sollte durch eine Kosten- und Leistungsverrechnung über Verrechnungspreise das Kostenbewußtsein in der EDV-Abteilung und in den Fachbereichen erhöht werden und die Planung und Kontrolle der EDV-Funktion stärker in die Fachbereiche dezentralisiert werden. Anhand der empirischen Ergebnisse konnte ein Zusammenhang zwischen der Verrechnung über Preise und einer intensiveren Beachtung der Kosten bei EDV-Projekten nachgewiesen werden. Die Steuerungsfunktion der Verrechnungspreise zeigte sich auch daran, daß in Unternehmen mit Verrechnungspreisen für EDV-Leistungen die EDV-Abteilungen im Verhältnis zur Unternehmensgröße relativ klein sind und damit zumindest unter Wirtschaftlichkeitsgesichtspunkten eine Effizienz der EDV-Abteilung erreicht wird.

Außer einer intensiven Planung der gesamten EDV-Funktion ist eine einzelprojektbezogene Planung der EDV-Projekte notwendig. Diese Planung hat mit einem geregelten Projektantragsverfahren einzusetzen. Bei der Projektgenehmigung sollten mehr als bisher praktiziert Teilgenehmigungen ausgesprochen werden. Die Basis für die Genehmigung liefern standardisierte Wirtschaftlichkeitsanalysen, die mehrmals im Projektverlauf aktualisiert und mit einer Nachkalkulation überprüft werden sollten. Die Projektplanung erfordert als Grundlage eine möglichst detaillierte Spezifikation des zu entwickelnden AWS, die nur in enger Zusammenarbeit zwischen den Anwendern in den Fachbereichen und den Systementwicklern erstellt werden kann. Die von dem Projektleiter federführend zu leistende Projektplanung umfaßt die Aufbauplanung in Form eines Projektstrukturplans, die Ablaufplanung unterstützt durch einen Netzplan und eine Qualitätsplanung. Darauf aufbauend können dann fundiertere Termin- und Kostenpläne erstellt werden. Gerade bei der Kostenplanung konnte ein Nachholbedarf aufgezeigt werden. Die Prüfung der Projektplanung und die Projektkontrolle sind als eine Managementaufgabe aufzufassen und sollten durch EDV- und Fachausschüsse, vor allem aber durch Projektausschüsse wahrgenommen werden. Für die inhaltliche Kontrolle können Walk Throughs empfohlen werden.

Die Planung und Kontrolle der EDV-Projekte kann wirksam durch Phasenkonzepte unterstützt werden, die als Standardaufbau- und -ablaufplan aufgefaßt werden können und einer projektspezifischen Anpassung bedürfen. Die Phasenkonzepte sind in der Praxis weit verbreitet und wurden von den Interviewpartnern positiv bewertet. Die teilweise damit verbundene Formularflut sollte durch interaktive Software Engineering Environments abgebaut werden. Die in der Praxis verwendeten Phasenkonzepte verfügen bei einer sequentiellen Grundstruktur über eine Reihe von Iterationen und parallel durchzuführenden Aktivitäten und werden darüber hinaus insgesamt als iterativ von den Interviewpartnern gesehen und gehandhabt. Diese Praxis weist in Richtung des Komponentenkonzepts, wie es von Müller-Merbach (1980, 1982b, 1983b) empfohlen wird. Allerdings handelt man sich mit dieser Flexibilisierung größere Schwierigkeiten in der Projektplanung ein. Empfehlenswert ist eine Flexibilisierung des Phasenkonzepts durch Ansätze, die unter dem Begriff Prototyping zusammengefaßt werden, da dadurch die Anwendereinbeziehung in den SE-Prozeß und die Spezifikation der Anforderungen an das AWS unterstützt werden. Die Vorgehensweisen nach dem Prototyping sollten jedoch in das Phasenkonzept integriert werden.

Für die unternehmensweite Planung der EDV-Funktion, die bei der strategischen EDV-Rahmenplanung beginnt, sich mit der EDV-Jahresplanung fortsetzt und weiter die Einzelprojektplanung umfaßt, ist die Einrichtung eines EDV-Controlling (vgl. Seibt 1984) empfehlenswert. Die Aufgaben des EDV-Controlling bestehen in dem Setzen von Zielen und Plangrößen für die in der EDV-Funktion ablaufenden Prozesse, die Kontrolle der Prozesse und die Steuerung bei Abweichungen. Die Controllingfunktion liegt weniger in einer aktiven Planung, Kontrolle und

Steuerung der EDV-Funktion und der Einzelprojekte als in einer Unterstützung der Planung, Kontrolle und Steuerung, indem geeignete Methoden und Verfahren bereitgestellt werden und auf deren Einsatz geachtet wird. Das EDV-Controlling kann durch die Verantwortlichen in der EDV-Abteilung wahrgenommen werden. Empfehlenswert ist jedoch eine Institutionalisierung als eigenständige Funktion in der EDV-Abteilung. Dadurch wird eine gewisse Unabhängigkeit und Beständigkeit in der Ausübung erreicht.

Die Probleme bei der Entwicklung von AWS können schließlich durch eine intensivere Anwendereinbeziehung verringert werden. Hier sind zwei Ebenen zu unterscheiden. Auf der Ebene der unternehmensweiten EDV-Funktion bedarf es der Mitwirkung der Unternehmensführung und der Entscheidungsträger in den Fachbereichen bei der Konzeption des Informationsbedarfs und der Identifikation und Auswahl entsprechender AWS. Auf der Ebene der einzelnen AWS sind die Anwender aufgerufen, während des SE-Prozesses gestalterisch während der Vorstudie, der Problemanalyse und dem Fachlichen Entwurf am Projekt mitzuwirken. Um diese Mitwirkung jeweils zu erreichen, ist einerseits bei der EDV-Abteilung die Einsicht erforderlich, dem Anwender ein Gestaltungsrecht einzuräumen. Darüber hinaus ist ein ständiges Bemühen um die Mitwirkung der durch das Tagesgeschäft gebundenen Anwender notwendig, damit AWS entwickelt werden, die die Informationsbedürfnisse der Anwender erfüllen und zu einer Akzeptanz der AWS führen. Andererseits muß bei den Anwendern in den Fachbereichen die Notwendigkeit erkannt werden, daß nur durch eigene Mitwirkung und aktive Mitgestaltung von den Systementwicklern AWS erstellt werden können, die den eigenen Anforderungen entsprechen. Dazu sind von den Entscheidungsträgern in den Fachbereichen hochqualifizierte Anwender auszuwählen und von Routineaufgaben so weit zu entbinden, daß sie mit den Systementwicklern der EDV-Abteilung zu einem Problemlösungsteam zusammenwachsen können. Dazu sind dem Projektteam getrennte Räumlichkeiten zur Verfügung zu stellen, die keine Beeinträchtigung durch das Tagesgeschäft erwarten lassen.

Die benannten Anwender sollten weniger über notgedrungen oberflächliche Kenntnisse in Datenverarbeitung verfügen, als vielmehr sehr gutes Fachwissen, Abstraktionsfähigkeit und den Willen und die Fähigkeit zur Zusammenarbeit mit den Systementwicklern mitbringen. Die Anwender leisten neben dem gestalterischen Beitrag in der organisatorischen Implementierung der AWS eine wertvolle Hilfe und können die AWS in den Fachbereichen später wirksam einsetzen und betreuen. Durch diese Vorgehensweise wird gleichzeitig Wissen über die Möglichkeiten der Datenverarbeitzung und die Vorgehensweise der EDV-Abteilung bei der Entwicklung von AWS in die Fachbereiche getragen.

L I T E R A T U R V E R Z E I C H N I S

Abel, Elfriede; et al. (1980): Untersuchung über Maßnahmen zur Verbesserung der Software-Produktion - Teil 2 -. Einsatz von Methoden der Software-Produktion in der Bundesrepublik Deutschland. München, Wien.

Adams, Klaus; Klaus Kiederich (1973): Systemanalyse. Arbeitstechniken der EDV-Organisation. Opladen.

Ahituv, Niv; Michael Hadass (1978): Organizational Structure of a Complex Data Processing Department, in: Information & Management 1, S. 53-57.

Akademie für Organisation (1974): Berufsbild des Organisators, in: Zeitschrift für Organisation 43, S. 156-162.

Alavi, Maryam (1984): An Assessment of the Prototyping Approach to Information Systems Development, in: Communications of the ACM 27, S. 556-563.

Anselstetter, Reiner (1984): Betriebswirtschaftliche Nutzeffekte der Datenverarbeitung. Anhaltspunkte für Nutzen-Kosten-Schätzungen. Berlin et al.

Atteslander, Peter (1975): Methoden der empirischen Sozialforschung (4. Aufl.). Berlin, New York.

Baganz, Jost (1981): Erfahrungsbericht über eine BSP-Studie, Vortrag IBM Institut '81, Mainz 20. - 21.5.1981. Dokumentation hrsg. von IBM Deutschland GmbH. Stuttgart.

Baker, F.T. (1972): Chief Programmer Team Management of Production Programming, in: IBM Systems Journal 11, Nr. 1, S. 56-73.

Bally, Laurent; John Brittan; Karl H. Wagner (1977): A Prototype Approach to Information System Design and Development, in: Information & Management 1, S. 21-26.

Balzert, Helmut (1981): Methoden, Sprachen und Werkzeuge zur Definition, Dokumentation und Analyse von Anforderungen an Software-Produkte, in: Informatik-Spektrum 4, Teil 1, S. 145-163; Teil 2, S. 246-260.

Balzert, Helmut (1982): Die Entwicklung von Software-Systemen. Prinzipien, Methoden, Sprachen, Werkzeuge. Mannheim, Wien, Zürich.

Bartol, Kathryn M. (1983): Turnover Among DP Personnel: A Casual Analysis, in: Communications of the ACM 26, S. 807-811.

Bauer, Friedrich L. (Hrsg.) (1973): Advanced Course on Software Engineering. Lecture Notes in Economics and Mathematical Systems 81. Berlin, Heidelberg, New York.

Berg, Friedhelm (1981): Rahmenrichtlinien für die DV-Aus-und Fortbildung in der öffentlichen Verwaltung, in: ÖDV 19, Nr. 7-8, S. 7-12.

Berkhoff, Horst; Peter Blumenthal (1983): Kostenrechnung und Kalkulation für Software. Integriertes Verfahren für Kalkulation und Aufwandschätzung, in: Zeitschrift für Betriebswirtschaft 53, S. 407-419.

Berthel, Jürgen (1979): Personal-Management, Grundzüge für Konzeptionen betrieblicher Personalarbeit. Stuttgart.

Beutel, Peter; et al. (1983): Statistik-Programm-System für die Sozialwissenschaften: SPSS 9; eine Beschreibung zur Programmversion 9, nach Norman H. Nie; et al. (4. Aufl.). Stuttgart, New York.

Bierig, Günter (1983): Projekt-Organisation: Hat das Projekt-Management versagt?, in: Zeitschrift für Organisation 52, S. 288-291.

Bjorn-Andersen, Niels; Finn Borum (1979): Demokratisierung der Gestaltung von Informationssystemen - Anwender und Systementwickler - Konsequenzen der Anwenderteilnahme und eine Strategie zur Sicherung des Anwendereinflusses, in: Hansen, Hans Robert; Klaus Theo Schröder; Herrmann Joachim Weihe (Hrsg.): Mensch und Computer. München, Wien, S. 327-347.

Blau, Helmut (1975): Handbuch der EDV-Dokumentation. AWV-Schriftenreihe Nr. 343. Gauting bei München.

Bleicher, Knut (1970): Organisation des Rechnungswesens, in: Kosiol, Erich (Hrsg.): Handwörterbuch des Rechnungswesens. Stuttgart, Sp. 1292-1306.

Bleicher, Knut (1981): Organisation, Formen und Modelle. Wiesbaden.

Boehm, Barry W. (1976): Software Engineering, in: IEEE Transactions on Computers C-25, Nr. 12, S. 1226-1241.

Boehm, Barry W. (1979): Software Engineering: R&D Trends and Defense Needs, in: Wegner, Peter (Hrsg.): Research Directions in Software Technology. Cambridge/Mass., London.

Boehm, Barry W. (1981): Software Enginering Economics. Englewood Cliffs, New Jersey.

Bonin, Hinrich (1984): Prototyping, in: ÖVD/Online 22, Nr. 5, S. 74-78.

Bons, Heinz; Rudolf van Megen (1982a): Generelle Testkonventionen als Beitrag zur Qualitätssicherung in Software-Projekten, in; IKD '82 Berlin Proceedings, 31.8. - 3.9.82. Berlin, S. 17-28.

Bons, Heinz; Rudolf van Megen (1982b): Softwarequalität darf kein Zufallsprodukt sein, in: Teil 1: Computerwoche vom 2. April 1982, S. 10-12; Teil 2: Computerwoche vom 8. April 1982, S. 17-19; Teil 3: Computerwoche vom 16. April 1982, S. 16-19; Teil 4: Computerwoche vom 30. April 1982, S. 10-11.

Bons, Heinz; Rudolf van Megen (1984): Aufwandschätzung in der DV-Anwendungsentwicklung - Probleme und Lösungen, in: Handbuch der modernen Datenverarbeitung 21, Nr. 116, S. 23-36.

Bottler, Jörg; Peter Horvath; Herbert Kargl (1972): Methoden der Wirtschaftlichkeitsberechnung für die Datenverarbeitung. München.

Bowman, Brent; Gordon Davis; James Wetherbe (1983): Three Stage Model of MIS Planning, in: Information & Management 6, S. 11-25.

Brack, Werner (1979): Aufgaben, Organisationsformen und Nutzen der Datenverarbeitung in einem Großunternehmen, in: data report 14, Nr. 2, S. 5-7.

Brand, Michael (1974): Projektmanagement. Dissertation. Hochschule St. Gallen.

Breiter, Harald (1983): Analyse von DV-Handbüchern. Unveröffentlichte Diplomarbeit. Institut für Betriebswirtschaftslehre, Technische Hochschule Darmstadt.

Breithardt, Jörg; Heiko Lippold (1982): Wirtschaftlichkeit von Textverarbeitungs-Systemen, in: Management-Zeitschrift io 51, S. 391-394.

Brill, Ulrich (1984): Die Anwendereinbeziehung bei der Entwicklung von EDV-Anwendungssystemen - Ergebnisse einer empirischen Untersuchung. Unveröffentlichte Diplomarbeit. Institut für Betriebswirtschaftslehre, Technische Hochschule Darmstadt.

Brooks, Frederic P. (1974): The mythical man-month. Essays on Software Engineering. Reading, Mass. et al.

Brose, Peter; Hans Corsten (1983): Verhaltenstheoretische Überlegungen zur Partizipation - Entwurf eines interaktiven Ansatzes -, in: Zeitschrift für Betriebswirtschaft 53, S. 26-44.

Brun, Theodor (1981): Die Maintenance der Anwenderprogramme: ein Sorgenkind? Zur Planung und Führung in der EDV, in: Management-Zeitschrift io 50, Nr. 3, S. 135-138.

Buchanan, Jack R.; Richard G. Linowes (1980a): Understanding Distributed Data Processing, in: Harvard Business Review 58, Juli/Aug., S. 143-153.

Buchanan, Jack R.; Richard G. Linowes (1980b): Making Distributed Data Processing Work, in: Harvard Business Review 58, Sept/Okt., S. 143-161.

Budäus, Dietrich (1975): Entscheidungsprozeß und Mitbestimmung. Wiesbaden.

Budde, Andreas (1979): Die Organisationsstruktur von Investitionsentscheidungen in Unternehmungen. Frankfurt/M.

Budde, Reinhard; Peter Schnupp; Andreas Schwald (1980): Untersuchung über Maßnahmen zur Verbesserung der Software-Produktion - Teil 1 -. Theoretische Ansätze auf dem Gebiet der Software-Technologie. München, Wien.

Bünte, Peter (1974): Nutzen und Aufwand bei Datenverarbeitungprojekten. Möglichkeiten der Steuerung, in: Zeitschrift für Organisation 43, S. 331-338.

Bullinger, Hans-Jörg; Arno A. Voegele; Hans-D. Litke (1983): Informations-Management, in: Computerwoche vom 21. Okt. 1983, S. 77-81.

Buxton, J.N.; B. Randell (Hrsg.) (1970): Software Engineering Techniques. NATO Conference Rom 1969. Brüssel.

Canning, Richard G. (Hrsg.) (1972): That Maitenance "Iceberg", in: EDP-Analyzer 10, Nr. 10.

Canning, Richard G. (Hrsg.) (1973a): The Effect of Charge-back Policies, in: EDP-Analyzer 11, Nr. 11.

Canning, Richard G. (Hrsg.) (1973b): A Structure for EDP Projects, in: EDP-Analyzer 11, Nr. 5.

Canning, Richard G. (Hrsg.) (1974): Charging for Computer Services, in: EDP-Analyzer 12, Nr. 7.

Canning, Richard G. (Hrsg.) (1978): Progress in Software Engineering: Part 1, in: EDP-Analyzer 16, Nr. 2.

Canning, Richard G. (Hrsg.) (1984): Information Systems' New Strategic Role, in: EDP-Analyzer 22, Nr. 1.

Carey, T.T.; R.E.A. Mason (1983): Information System Prototyping: Techniques, Tools and Methodologies, in: INFOR 21, Nr. 3, S. 177-191.

Carlson, Walter M. (1979): Business Information Analysis and Integration Technique (BIAIT) - The New Horizon, in: Data Base 10, Nr. 4, Spring, S. 3-9.

Caudill, Ray (1977): Understanding the developmental life cycle, in: Proceedings of 1977 National Computer Conference AFIPS Press. Dallas, Texas, 13. - 16.6.1977, (AFIPS Conference proceedings 46) S. 269-276.

Cheek, Logan, M. (1977): Zero-base Budgeting comes of Age. What it is and what it takes to make it work. New York.

Claus, G; H. Ebner (1982): Statistik. Bd.1: Grundlagen (4. Aufl.). Thun, Frankfurt/M.

Cleland, David I.; William R. King (1968): System Analysis and Project Management. New York et al.

Collins, A.C. (1983): A Management Strategy for Information Processing, in: Long Range Planning 16, Nr. 6, S. 21-28.

Correll, Claus, H.; Xavier Debest (1980): Untersuchung über Maßnahmen zur Verbesserung der Software-Produktion - Teil 3 - Einsatz von Methoden der Software-Produktion. München, Wien.

Couger, J. Daniel (1974): Pitfalls and Potentials for EDP Training, in: Data Management 12, Nr. 11, S. 33-37.

Couger, J. Daniel; Robert A. Zawacki (1978): What motivates DP professionals? in: Datamation 24, Sept., S. 114-123.

Couger, J. Daniel; Robert A. Zawacki (1979): Something's very wrong with DP operations jobs, in: Datamation 25, März, S. 149-158.

Couger, J. Daniel; Robert A. Zawacki (1980): Motivating and Managing Computer Personnel. New York et al.

Daenzer, Walter F. (Hrsg.) (1977): Systems Engineering. Leitfaden zur methodischen Durchführung umfangreicher Planungsvorhaben. Zürich.

Dearnley, P. A.; P. J. Mayhew (1983): In Favour of System Prototypes and their Integration into the Systems Development Cycle, in: The Computer Journal 26, Nr. 1, S. 36-42.

Degen, Rainer (1983): Analysekonzept für DV-Handbücher, Teil 1: Erstellung des Analysekonzepts. Unveröffentlichte Diplomarbeit. Institut für Betriebswirtschaftslehre, Technische Hochschule Darmstadt.

Delpho, Holger (1982): Die Problematik der Effizienzmessung von Systementwicklungsprozessen. Unveröffentlichte Diplomarbeit. Institut für Betriebswirtschaftslehre, Technische Hochschule Darmstadt.

DeMarco, Tom (1982): Controlling Software Projects. Management, Measurement & Estimation. New York.

Denert, Ernst; Wolfgang Hesse (1980): Projektmodell und Projektbibliothek. Grundlagen zuverlässiger Software-Entwicklung und Dokumentation, in: Informatik-Spektrum 3, S. 215-228.

Dewey, John (1933): How We Think. Lexington.

Diebold, John (1982): Corporate Planning and the Linkage with Information Management, in: Strategic Planning and Information Management, Proceedings of the Fourteenth Annual Conference of the Society For Information Management (formerly SMIS), Sept. 20-23. Chicago, Ill., S. 1-7.

Diefenbach, Heiner (1984): Aspekte des EDV-Managements und der Entwicklung von EDV-Anwendungssystemen - Vertiefende Analyse und statistische Auswertung einer empirischen Untersuchung -. Unveröffentlichte Studienarbeit. Institut für Betriebswirtschaftslehre, Technische Hochschule Darmstadt.

Diekow, Siegfried (1981): DV-Anwendungsprojekte. Planung, Durchführung, Steuerung. München, Wien.

Dinkhauser, Peter (1979): Organisationsprojekte besser führen. Zürich.

Ditri, Arnold; John C. Shaw; William Atkins (1971): Managing the EDP-Function. New York et al.

Domke, Manfred (1982): Der Softwareproduktionsprozess als Verhandlungs- und Abstimmprozeß, in: IKD '82 Berlin Proceedings, 31.8. - 3.9.82. Berlin, S. 215-227.

Domke, Manfred (1983): Organisierte Kommunikation bei verteilter Softwareproduktion, in: Office Management 31, Nr. 2, S. 84-88.

Doose, Henning (1983): Analysekonzept für DV-Handbücher, Teil 2: Darstellung des Analysekonzepts. Unveröffentlichte Diplomarbeit. Institut für Betriebswirtschaftslehre, Technische Hochschule Darmstadt.

Dostal, Werner (1979): Entwicklung des Arbeitsmarktes für DV-Fachkräfte, in: Hansen, Hans Robert; Klaus Theo Schröder; Herrmann Joachim Weihe (Hrsg.): Mensch und Computer. München, Wien, S. 153-165.

Dreger, Wolfgang (1975): Projekt-Management. Planung und Abwicklung von Projekten. Wiesbaden, Berlin.

Duden (1973): Der große Duden, Bd. 1: Rechtschreibung der deutschen Sprache und der Fremdwörter (17. Aufl.). Mannheim, Wien, Zürich.

Dürpisch, Wolfgang (1982): Die 100 Größten, in: Capital, Nr. 8, S. 34-35.

Duggen, Peter; Armin Ishander; Wilfried Pohl (1983): Information verteilt verarbeiten, in: ÖVD/Online 21, Nr. 4, S. 66-70.

Duhme, Wilhelm; Peter Namneck (1981): Brücke zwischen Strategie und Taktik, in: Manager-Magazin, Nr. 5, S. 68-75.

Dullien, Manfred (1972): Flexible Organisation. Praxis, Theorie und Konsequenzen des Projekt- und Matrix-Management. Opladen.

Dullien, Manfred (1974): Zur Anatomie des Projekt-Managements, in: Zeitschrift für Organisation 43, S. 261-265.

Dullien, Manfred (1975): Perspektiven des Matrix-Projekt-Management, in: Zeitschrift für Organisation 44, S. 187-190.

Dummel, Hannsjörg; Hermann Giesel (1984): Den Kleinen an die Leine nehmen, in: Computerwoche vom 16. März 1984, Sonderteil PC-Woche, S. 18-19.

Dworatschek, Sebastian; Hartmut Donike (1972): Wirtschaftlichkeitsanalyse von Informationssystemen. Berlin, New York.

Ehrensperger, P. (1983): Übersicht über am Markt befindliche Produktverwaltungs- und Projektführungssysteme, in: GI-Softwaretechnik-Trends, Mitteilungen der Fachgruppe "Software-Engineering", Nr. 2-3, Juli 1983, S. 8-25.

Eisenführ, Franz (1980): Divisionale Organisation, in: Grochla, Erwin (Hrsg.): Handwörterbuch der Organisation (2. Aufl.). Stuttgart, Sp. 558-568.

End, Wolfgang; Horst Gotthardt, Rolf Winkelmann (1979): Softwareentwicklung. Leitfaden für Planung, Realisierung und Einführung von DV-Verfahren (2. Aufl.). München.

Essig, Heidrun; et al. (1980): BENORSY - ein formalisierter Ansatz zur partizipativen und benutzerorientierten Systemrevision, in: Mambrey, Peter; Reinhard Oppermann (Hrsg.): Partizipation bei der Systementwicklung. Interner Bericht. Gesellschaft für Mathematik und Datenverarbeitung mbH. Bonn, S. 174-209.

Fachkommission für Ausbildungsfragen im Bereich der Betrieblichen Datenverarbeitung (Betriebsinformatik) der Schmalenbach-Gesellschaft - Deutsche Gesellschaft für Betriebswirtschaft e.V. (1984): Anforderungsprofil für die Hochschulausbildung im Bereich der Betrieblichen Datenverarbeitung (Betriebsinformatik), in: Zeitschrift für betriebswirtschaftliche Forschung 36, S. 300-305.

Fagan, M.E. (1976): Design and code inspections to reduce errors in program development, in: IBM Systems Journal 15, S. 182-211.

Fitz-enz, Jac (1978): Who is the DP Professional?, in: Datamation 24, Sept., S. 125-128.

Floyd, Christiane (1984): A Systematic Look at Prototyping, in: Budde, Reinhard; et al. (Hrsg.): Approaches to Prototyping. Berlin et al.

Floyd, Christiane; Reinhard Keil (1983): Softwaretechnik und Betroffenenbeteiligung, in: Mambrey, Peter; Reinhard Oppermann (Hrsg.): Beteiligung von Betroffenen bei der Entwicklung von Informationssystemen. Frankfurt, New York.

Frese, Erich (o.J.): Aufbauorganisation. Wiesbaden.

Frese, Erich (1984): Grundlagen der Organisation. Die Organisationsstruktur der Unternehmung (2. Aufl.). Wiesbaden.

Freytag, Eberhard (1983): Die Kommunikations-System-Studie - ein Werkzeug für die Entwicklung von Informations-Systemen. Vortrag IBM Institut '83, Mainz 15. - 16.6.1983. Dokumentation hrsg. von IBM Deutschland GmbH. Stuttgart.

Fronz, Michael (1972): Verhaltenswissenschaftliche Aspekte des Projekt-Managements, in: Zeitschrift für Organisation 41, S. 175-182.

Futh, Horst (1976): Rationalisierung der Datenverarbeitung. Band II: Planung und Einrichtung von EDV-Abteilungen. München, Wien.

Futh, Horst (1977): Rationalisierung der Datenverarbeitung. Band I: Grundlagen der EDV. Hardware - Software - Orgware. München.

Gewald, Klaus; Gisela Haake; Werner Pfadler (1982): Software Engineering. Grundlagen und Techniken rationeller Programmentwicklung (3. Aufl.). München, Wien.

Gewald, Klaus; Heinz Schelle (1981): Prognose von Software-Entwicklungskosten, in: Molzberger, Peter; Heinz Schelle (Hrsg): Software. Moderne Methoden zur Planung, Realisierung und Kontrolle der Entwicklung. München, Wien, S. 143-189.

Gibson, Cyrus F.; Richard L. Nolan (1974): Managing the four stages of EDP growth, in: Harvard Business Review 52, Jan./Feb., S. 76-88.

Gildersleeve, Thomas R. (1974): Organizing the Data Processing Function, in: Datamation 20, Nov., S. 46-50.

Gladden, G.R. (1982): Stop the Life-Cycle, I want to get off, in: ACM Sigsoft, Software Engineering Notes 7, Nr. 2, S. 35-39.

Glass, Robert L.; Ronald A. Noiseux (1981): Software Maintenance Guidebook. London et al.

Golling, Hans-Joachim (1980): Planung unter Unsicherheit. Dissertation. Technische Hochschule Darmstadt.

Gomaa, Hassan (1983): The Impact of Rapid Prototyping on Specifying User Requirements, in: ACM Sigsoft, Software Engineering Notes 8, Nr. 2, S. 17-28.

Gomaa, Hassan; Douglas B.H. Scott (1981): Prototyping as a Tool in the Specification of User Requirements, in: Proceedings of the 5th International Conference of Software Engineering. San Diego, California, S. 333-339.

Goodman, Richard Alan (1967): Ambignous Authority Definition in Project Management, in: Academy of Management Journal 10, S. 395-407.

Gotthardt, Horst (1979): Software-Engineering bei der Softwareentwicklung (I), in: bürotechnik, S. 892-898.

Grabatin, Günther (1980): Effizienz von Organisationen. Dissertation. Technische Hochschule Darmstadt.

Grawe, Hubert (1981): Stellenbezogene Anforderungsprofile für EDV-Personal, in: Angewandte Informatik 23, S. 146-153.

Gray, Stephen B. (1982): 1982 DP Salary Survey, in: Datamation 28, Okt., S. 114-128.

Greiner, Tilman; Hans-Friedrich Jacobi (1982): Methodenprofil steuert den Partizipationsgrad, in: Computerwoche vom 5. Nov. 1982, S. 10-11.

Griese, Joachim (1983): Ansätze wie in den 60er Jahren, in: Computerwoche vom 14. Okt. 1983, S. 36-37.

Griese, Joachim; Hubert Österle (1978): Requirements Engineering, in: Angewandte Informatik 20, S. 150-157.

Grochla, Erwin (1970): Mechanisierung und Automatisierung des Rechnungswesens, in: Kosiol, Erwin (Hrsg.): Handwörterbuch des Rechnungswesens. Stuttgart, Sp. 1090-1104.

Gustafson, G. G.; Roberta J. Kerr (1982): Some Practical Experience with a Software Quality Assurance Program, in: Communications of the ACM 25, S. 4-12.

Gzuk, Roland (1975): Messung der Effizienz von Entscheidungen. Tübingen.

Haag, Waldemar (1977): Dokumentation von Anwendungssystemen aus der Sicht des Benutzers - Beschreibung von Techniken und Verfahren der Dokumentation in der Systementwicklung. Dissertation. Technische Hochschule Darmstadt.

Hackman, J. R.; G. R. Oldham (1975): Development of the Job Diagnostic Survey, in: Journal of Applied Psychology 60, S. 159-170.

Hall, Patrick A.V. (1982): In Defence of Life Cycles, in: ACM Sigsoft, Software Engineering Notes 7, Nr. 3, S. 23.

Hamann, Joachim (1983): Funktionelles Projektmanagement bei der Entwicklung von EDV-Anwendungssystemen. Unveröffentlichte Diplomarbeit. Institut für Betriebswirtschaftslehre, Technische Hochschule Darmstadt.

Hanssmann, Friedrich (1982): Grundbegriffe der Unternehmensplanung: Versuch einer Abgrenzung und systemaren Verknüpfung, in: Die Betriebswirtschaft 42, S. 397-402.

Harrison, F.L. (1981): Advanced Project Management. Aldershot, Hants, England.

Harting, Helmut (1983): Analyse von Phasenkonzepten aus EDV-Handbüchern. Unveröffentlichte Diplomarbeit. Institut für Betriebswirtschaftslehre, Technische Hochschule Darmstadt.

Hasenkamp, Ulrich (1983): Hardware-Probleme im DDP-Umfeld, in: ÖVD/Online 21, Nr. 7, S. 62-63.

Hattke, Wilfried; Jörg Sydow (1982): Information und Partizipation bei technisch-organisatorischen Veränderungen der Arbeit - Ergebnisse einer Befragung zur Praxis der Einführung von Datensichtgeräten im Bürobereich, in: Office Management 30, S. 710-719.

Hauschildt, Jürgen (1980): Zielsysteme, in: Grochla, Erwin (Hrsg.): Handwörterbuch der Organisation (2. Aufl.). Stuttgart, Sp. 2419-2430.

Hegi, Othmar (1971): Projekt-Management, ein Fremdkörper in der Stab-Linien-Organisation, in: Industrielle Organisation 40, S. 381-384.

Heilmann, Heidi (1971): Die Stellung der EDV-Abteilungen in der Unternehmenshierarchie, in: adl-nachrichten 16, Nr. 66, S. 18-23.

Heilmann, Heidi (1981): Modelle und Methoden der Benutzermitwirkung in Mensch-Computer-Systemen. 10. Jahrbuch der EDV. Stuttgart, Wiesbaden.

Heilmann, Heidi (1984): Das Management von Softwareprojekten, in: Handbuch der modernen Datenverarbeitung 21, Nr. 116, S. 3-22.

Heinrich, Lutz L. (1976): Systemplanung. Band 1: Analyse und Grobprojektierung von Informationssystemen. Berlin, New York.

Heinze, Siegfried; et al. (1979): Vorstufe für ein Pilotprojekt zur Praxiserprobung kombinierter softwaretechnologischer Methoden. Forschungsbericht Fachhochschule Furtwangen.

Heller, Kurt; Bernhard Rosemann (1981): Planung und Auswertung empirischer Untersuchungen (2. Aufl.). Stuttgart.

Hellfors, Sven (1971): Management Betrieblicher Datenverarbeitungszentren. München, Wien.

Herrmann, Otto (1983): Vorkalkulation der Kosten für die Entwicklung von Software, in: ÖVD/Online 21, Nr. 3, S. 86-91.

Herzberg, Fred (1968): One more time: How do you motivate employees?, in: Harvard Business Review 46, Jan./Feb., S. 53-62.

Hesse, Wolfgang; et al. (1984): Ein Begriffssystem für die Softwaretechnik, in: Informatik-Spektrum 7, S. 200-213.

Holm, Kurt (1975): Die Frage, in: Holm, Kurt (Hrsg.): Die Befragung 1: Der Fragebogen - Die Stichprobe. München, S. 32-91.

Holton, John B. (1977): Are the New Programming Techniques Being Used, in: Datamation 23, Juli, S. 97-103.

Hoppenstedt (Hrsg.) (1979): Handbuch der Großunternehmen. Darmstadt.

Horvath, Peter (1977): ADV-Management als Teil der Controllingfunktion, in: Online-adl-nachrichten 15, S. 964-967.

Horvath, Peter (1979): Controlling. München.

Horvath, Peter; Jürgen Dambrowski; Siegfried G. Posselt (1984): Contingency Analysis of Budgetary Systems in Large Industrial Companies of the Federal Republic of Germany - Report on an Empirical Project -, Working paper presented of the 7th Annual Congress of the European Accounting Association, 10th - 12th April 1984. Sankt Gallen, Schweiz.

Horvath, Peter; et al. (1984): Die Budgetierung im Planungs- und Kontrollsystem der Unternehmung - Erste Ergebnisse einer empirischen Untersuchung. Controlling - Forschungsbericht 84/2, Betriebswirtschaftliches Institut, Lehrstuhl für Allgemeine Betriebswirtschaftslehre und Controlling. Universität Stuttgart.

Houghton, Ron (1980): Diskussionsbeitrag, in: Riddle, W.E.; R.E. Fairley (Hrsg): Software Development Tools. Berlin, Heidelberg, S. 115- 117.

IBM (1981) (Hrsg.): Business Systems Planning - Information Systems Planning Guide, Application Manual, GE20-0527-3, Juli; erhältlich bei IBM Geschäftsstellen.

Ives, Blake; Margarethe H. Olson (1984): User Involvement and MIS Success: A Review of Research, in: Management Science 30, S. 586-603.

Jenkins, A. Milton; Justus D. Naumann; James C. Wetherbe (1984): Empirical Investigation of Systems Development Practices and Results, in: Information & Management 7, S. 73-82.

Jeske, J. Jürgen (1982): Die hundert größten Unternehmen, in: Frankfurter Allgemeine Zeitung Nr. 198 vom 28. Aug. 1982, S. 11.

Joost, Norbert (1978): Die Phasen des Entscheidungsprozesses, in: Wirtschaftswissenschaftliches Studium 7, S. 428-431.

Jovy, Gerhard (1984): Vergleichende Analyse von EDV-Handbüchern deutscher Unternehmen. Unveröffentlichte Studienarbeit. Institut für Betriebswirtschaftslehre, Technische Hochschule Darmstadt.

Kanngiesser, Joachim (1980): Die Abrechnung von ADV-Systemleistungen. Braunschweig, Wiesbaden.

Kappler, Ekkehard (1980): Partizipation, in: Grochla, Erwin (Hrsg.): Handwörterbuch der Organisation (2. Aufl.). Stuttgart.

Kargl, Herbert (1975): Kosten- und Leistungsverrechnung, in: Horvath, Peter; Herbert Kargl; Heiner Müller-Merbach (Hrsg.): Controlling und automatisierte Datenverarbeitung. Wiesbaden.

Kargl, Herbert (1978): Die Mitwirkung des Benutzers bei Planung und Betrieb von Anwendungssystemen der EDV, in: Zeitschrift für Organisation 47, S. 74-81.

Keen, Jeffrey (1981): Managing Systems Development. Chichester et al.

Kerner, D.V. (1980): Introduction to Business Information Control Study Methodology (BICS), in: Symposium on the Economics of Information Processing, December 15 - 19, IBM Systems Research Institute. New York.

Kerola, Pentti; Peter Freeman (1981): A comparison of life cycle models, in: Proceedings of the 5th International Conference of Software Engineering. San Diego, California, S. 90-99.

Kettner, Karl Heinz; Karl Georg Scharmann (1982): Wirtschaftlichkeitsbeurteilung von Datenverarbeitungs-Projekten, in: Zeitschrift für betriebswirtschaftliche Forschung 34, S. 1002-1014.

Keutgen, Hans (1982): Qualitätssicherung in Software-Projekten, in: ÖDV/Online 20, Nr. 1, S. 64-68.

Keutgen, Hans (1984): Qualitätssicherung - Sisyphusarbeit mit Erfolgschance, in: Computerwoche vom 11. Mai 1984, S. 29-32.

Kieser, Alfred; Herbert Kubicek (1978): Organisatoinstheorien. Band I und II. Stuttgart et al.

Kieser, Alfred; Herbert Kubicek (1983): Organisation (2. Aufl.). Berlin, New York.

Kimm, Reinhold; et al. (1979): Einführung in Software Engineering. Berlin, New York.

King, John Leslie; Kenneth L. Kraemer (1984): Evolution and Organizational Information Systems: An Assessment of Nolan's Stage Model, in: Communications of the ACM 27, S. 466-475.

Kirsch, Werner (1971): Entscheidungsprozesse. Band 3. Entscheidungen in Organisationen. Wiesbaden.

Kirsch, Werner (1974): Probleme der Unternehmensführung bei der Entwicklung und Implementierung von Management-Informationssystemen, in: Die Unternehmung 27, S. 173-185.

Kirsch, Werner (1977): Einführung in die Theorie der Entscheidungsprozesse (2. Aufl.). Wiesbaden.

Klaus, Hans G. (1974): Die Bedeutung von Konflikten für das Management von Projekten, in: Angewandte Informatik 16, S. 171-175.

Klein, Hanno (1980): Partnerschaft zwischen Fachabteilung und EDV, in: Heilmann, Heidi (Hrsg.): 9. Jahrbuch der EDV (1980), Zusammenarbeit zwischen Fachabteilung und EDV. Stuttgart, Wiesbaden, S. 15-63.

Kloster, Wilfried; Günter Obelode (1978): Verfahren zur Beurteilung der Wirtschaftlichkeit von EDV-Projekten und ihre Anwendungsprobleme in der Praxis, in: Zeitschrift für betriebswirtschaftliche Forschung 30, S. 83-90.

Knopf, Helge Siegbert (1979): Durchführung von EDV-Projekten, in: Zeitschrift für Organisation 48, S. 451-458.

Köhler, Richard (1977): Die empirische und handlungstheoretische Forschungskonzeption im Sinne Eberhard Wittes bzw. Helmut Kochs - Stand und Entwicklungsmöglichkeit - in: Köhler, Richard (Hrsg.): Empirische und handlungstheoretische Forschungskonzeptionen in der Betriebswirtschaftslehre. Stuttgart, S. 301-335.

Köhler, Richard; Klaus Heinzelbecker (1977): Informationssysteme für die Unternehmensführung. Zur "MIS"-Entwicklung in der Praxis im Zeitraum 1970/1975, in: Die Betriebswirtschaft 37, S. 267-282.

Komarnicki, Oswald; Susan v. der Wense (1982): Qualitätsplanung von Anwendersoftware, in: IKD '82 Berlin Proceedings vom 31.8. - 3.9.82. Berlin, S. 127-135

Koreimann, Dieter S. (1984): Projektmanagement - eine Form des Konfliktmanagements?, in: Handbuch der modernen Datenverarbeitung 21, Nr. 116, S. 61-66.

Kosiol, Erich (1962): Organisation der Unternehmung. Wiesbaden.

Kosiol, Erich (1980a): Kollegien, in: Grochla, Erwin (Hrsg.): Handwörterbuch der Organisation (2. Aufl.). Stuttgart, Sp. 1013-1019.

Kosiol, Erich (1980b): Ablauforganisation, Grundprobleme der, in: Grochla, Erwin (Hrsg.): Handwörterbuch der Organisation (2. Aufl.). Stuttgart, Sp. 1-8.

Koxholt, Rolf (1975): Wirtschaftlichkeitsprüfung, in: Horvath, Peter; Herbert Kargl; Heiner Müller-Merbach (Hrsg.): Controlling und automatisierte Datenverarbeitung. Wiesbaden, S. 125-144.

Kräuter, Ralph (1983): Eine Untersuchung über die organisatorische Durchführung des Entwicklungsprozesses von EDV-Anwendungssystemen in einem Unternehmen der Automobilindustrie. Unveröffentlichte Studienarbeit. Institut für Betriebswirtschaftslehre, Technische Hochschule Darmstadt.

Krasemann, Bernd-Jürgen (1971): Grundlagen, Möglichkeiten und Grenzen der Stellenbeschreibung als Führungsinstrument des kooperativen Führungsstiles. Dissertation. Technische Hochschule Darmstadt.

Krasemann, Bernd-Jürgen (1973): Aktuelle Daten zur Stellenbeschreibung in der Bundesrepublik, in: Zeitschrift für Organisation 42, S. 94-101.

Krause, Manfred (1983): Aspekte des EDV-Managements. Unveröffentlichte Diplomarbeit. Institut für Betriebswirtschaftslehre, Technische Hochschule Darmstadt.

Kretzschmar, M.; P. Mertens (1982): Verfahren zur Vorbereitung der Zentralisierungs-/Dezentralisierungsentscheidung in der betrieblichen Datenverarbeitung, in: Informatik-Spektrum 5, S. 237-251.

Kroeber, Donald W.; Hugh J. Watson (1979): Is there a Best MIS Department Location, in: Information & Management 2, S. 165-173.

Kröger, Hubertus (1983): Die Rolle des Analytikers: Hauptdarsteller oder Statist?, in: ÖDV/Online 21, S. 56-62.

Krüger, Harald H. (1974): Zur Steuerung von multipersonalen Entscheidungsprozessen, in: Zeitschrift für Organisation 43, S. 95-99.

Krüger, Wilfried (1972): Grundlagen, Probleme und Instrumente der Konflikthandhabung in der Unternehmung. Berlin.

Krüger, Wilfried (1980): Konflikt in der Organisation, in: Grochla, Erwin (Hrsg.): Handwörterbuch der Organisation (2. Aufl.). Stuttgart. Sp. 1070-1082.

Kubicek, Herbert (1975): Empirische Organisationforschung. Konzeption und Methodik. Stuttgart.

Kubicek, Herbert (1977): Heuristische Bezugsrahmen und heuristisch angelegte Forschungsdesigns als Elemente einer Konstruktionsstrategie empirischer Forschung, in: Köhler, Richard (Hrsg.): Empirische und handlungstheoretische Forschungskonzeptionen in der Betriebswirtschaftslehre. Stuttgart, S. 3-36.

Kupper, Hubert (1981): Zur Kunst der Projektsteuerung: Qualifikation und Aufgaben eines Projektleiters bei DV-Anwendungsentwicklungen. München, Wien.

Kwiatkowski, Jürgen (1974): EDV-Projektmanagement. Frankfurt, New York.

Land, Frank; Rudy Hirschheim (1983): Participative Systems Design: Rationale, Tools and Techniques, in: Journal of Applied Systems Analysis 10, S. 91-107.

Lehman, John H. (1979): How Software Projects are really managed, in: Datamation 25, Jan., S. 119-129.

Leumann, Peter (1980): Matrix-Organisation. Struktur, Kompetenzverteilung, Unternehmensführung und Verhaltensweisen, in: Zeitschrift für Organisation 49, Nr. 3, S. 123-131.

Lientz, Bennet P.; E. Burton Swanson (1980): Software Maintenance Management. Reading, Mass. et al.

Lockemann, Peter C.; et al. (1983): Systemanalyse. DV-Einsatzplanung. Berlin et al.

Löhn, Johann; et al. (1979): Pilotprojekt zur Praxiserprobung kombinierter software-technologischer Methoden. Forschungsbericht Fachhochschule Furtwangen.

Lucas, Henry C. (1981): The Analysis, Design and Implementation of Information Systems (2. Aufl.). Auckland et al.

Lucas, Henry C.; Jon A. Turner (1982): A Corporate Strategy for the Control of Information Processing, in: Sloan Management Review 24, S. 25-36.

Ludewig, J.; W. Streng (1978): Überblick und Vergleich verschiedener Mittel für die Spezifikation und den Entwurf von Software. Kernforschungszentrum Karlsruhe, Institut für Datenverarbeitung in der Technik, KfK 2506.

Luft, Alfred Lothar (1984): Zur Bedeutung von Modellen und Modellierungs-Schritten in der Softwaretechnik, in: Angewandte Informatik 26, S. 189-196.

Lux, Eugen (1965): Ausmaß und Ursachen der Fluktuation der Arbeitnehmer in der Industrie der Bundesrepublik Deutschland. Dissertation. Köln.

Madauss, Bernd J. (1984): Projekt-Management. Stuttgart.

Maier, Hans-Heinz (1977): Software-Engineering - Aufbau und Nutzungsmöglichkeiten einer Software-Faktoren-Bibliothek, in: data report 12, Nr. 3, S. 12-17.

Manke, Joachim (1980): Gremien im Entscheidungsprozeß. Wiesbaden.

Mans, Günter (1973): Erfolgskriterien für MIS-Projekte. Analyse drei getrennter Umfragen, in: Zeitschrift für Organisation 42, S. 190- 196.

March, James G.; Herbert A. Simon (1958): Organizations. New York, London, Sydney.

Marr, Rainer (1975): Fluktuation, in: Gaugler, Eduard (Hrsg.): Handwörterbuch des Personalwesens. Stuttgart, Sp. 845-855.

Marr, Rainer; Michael Stitzel (1979): Personalwirtschaft. Ein konfliktorientierter Ansatz. München.

Martiny, Lutz (1981): Fortbildungsmaßnahmen in der EDV - Selbstzweck oder Notwendigkeit?, in: data report 16, Nr. 6, S. 4-7.

Marx, Gerd-R. (1979): Zero-Base Budgeting, in: Die Unternehmung 33, S. 227-241.

McClure, Carma L. (1981): Managing Software Development and Maintenance. New York et al.

McCracken, Daniel D.; Michael A. Jackson (1982): Life Cycle Concept Considered Harmful, in: ACM Sigsoft, Software Engineering Notes 7, Nr. 2, S. 29-32.

McFarlan, F. Warren (1971): Problems in Planning the Information System, in: Harvard Business Review 49, März/April, S. 75-89.

McFarlan, F. Warren; Brady M. Cole; Louis J. Rieger (1971): Long-Range Planning for Computer-Based Information Systems, in: Dearden, John; F. Warren McFarlan; William M. Zani (Hrsg.): Managing Computer-Based Information Systems. Homewood, Ill., S. 623-630.

McFarlan, F. Warren; James L. McKenney; Philip Pyburn (1983): The information archipelago - plotting a course, in: Harvard Business Review 61, Jan./Feb., S. 145-156.

McLaughlin, R. A. (1979): That old bogaboo, turnover, in: Datamation 25, Okt., S. 97-101.

McLean, Ephraim R. (1982): Strategic Planning for Information Management, in: Strategic Planning and Information Management, Proceedings of the Fourteenth Annual Conference of the Society for Information Management (formerly SMIS) Sept. 20-23. Chicago, Ill., S. 9-14.

McLean, Ephraim R.; John V. Soden (1977): Strategic Planning for MIS. New York et al.

McNurlin, Barbara C. (1977a): Managing Staff Retention and Turnover, in: EDP-Analyzer 15, Nr. 8.

McNurlin, Barbara C. (1977b): Using Some New Programming Techniques, in: EDP-Analyzer 15, Nr. 11.

McNurlin, Barbara C. (1979): What Informations Do Managers Need?, in: EDP-Analyzer 17, Nr. 6.

Megen, Rudolf van (1983): Qualitätssicherung ist unverzichtbare Investition, in: Computerwoche vom 14. Okt. 1983, S. 30-34.

Meller, Friedrich (1976): Steuerung und Kontrolle des DV-Bereiches durch das Management, in: Online 14, S. 779-783.

Meller, Studienkreis Dr. (1967): Die Gliederung der Datenverarbeitungsstelle und ihre Einordnung in die Organisation der Unternehmungen. Wiesbaden.

Menzl, Andreas; Urs Gmür (1974): Mehrdimensionale und flexible Organisationsformen. Bern.

Mertens, Peter; et al. (Hrsg.) (1978): Abrechnung von Rechenzentrums-Dienstleistungen. München, Wien.

Metzger, Philip W. (1977): Software-Projekte. Planung - Durchführung - Kontrolle. München, Wien.

Mills, H.D. (1980): The management of software engineering, Part I: Principles of software engineering, in: IBM Systems Journal 19, S. 414-420.

Mintzberg, Henry; Duru Raisinghani; Andre Theoret (1976): The Structure of "Unstructured" Decision Processes, in: Administrative Science Quarterly 21, S. 246-275.

Möbius, Knut (1983): Wissen koordiniert und geplant vermitteln, in: Computerwoche vom 13. Mai 1983, S. 37.

Möser, Manfred (1982): Der OR-Prozeß: Erste Ergebnisse einer empirischen Studie, in: Fleischmann, Bernhard; et al. (Hrsg.): Operations Research Proceedings, Vorträge der 10. Jahrestagung der DGOR in Göttingen 1981. Berlin, Heidelberg, New York, S. 663-669.

Möser, Manfred (1984): OR-Aktivitäten in deutschen Unternehmen: Organisatorische Eingliederung und Anwendereinbeziehung, in: Steckhan, Helmut; et al. (Hrsg.): Operations Research Proceedings, Vorträge der 12. Jahrestagung der DGOR in Mannheim 1983. Berlin, Heidelberg, New York, S. 672.

Möser, Manfred (1986): Modellgestützte Planung - Eine empirische Untersuchung des Einsatzes von Operations Research in deutschen Unternehmen - . Dissertation. Technische Hochschule Darmstadt.

Möser, Manfred; Jürgen Selig (1981): Der Prozeß des Modellbaus und der Systemanalyse - Erste Ergebnisse einer empirischen Untersuchung. Arbeitspapier, Institut für Betriebswirtschaftslehre, Fachgebiet Operations Research, Technische Hochschule Darmstadt.

de Moliere, Frederic (1984): Prinzipien des Modellentwurfs. Eine modelltheoretische und gestaltungsorientierte Betrachtung. Dissertation. Technische Hochschule Darmstadt.

Müller-Merbach, Heiner (1976): Einführung in die Betriebswirtschaftslehre (2. Aufl.). München.

Müller-Merbach, Heiner (1978): Tendenzen der Verwendung quantitativer Ansätze in der betriebswirtschaftlichen Forschung und Praxis, in: Müller-Merbach, Heiner (Hrsg.): Quantitative Ansätze in der Betriebswirtschaftslehre. München, S. 11-27.

Müller-Merbach, Heiner (1979): The Modeling Process: Steps Versus Components, in: Szyperski, Norbert; Erwin Grochla (Hrsg.): Design and Implementation of Computer-Based Information Systems. Alphen aan den Rijn, S. 47-59.

Müller-Merbach, Heiner (1980): Der Entwurf von Sollkonzepten für EDV-Anwendungssysteme (unveröffentlichtes Manuskript). Technische Hochschule Darmstadt.

Müller-Merbach, Heiner (1981): Betriebsinformatik am Ende?, in: Zeitschrift für Betriebswirtschaft 51, S. 274-282.

Müller-Merbach, Heiner (1982a): Phases or Components? in: Interfaces 12, Nr. 1, S. 61-65.

Müller-Merbach, Heiner (1982b): Projektorganisation nach dem Komponentenkonzept, in: Wössner, Hans (Hrsg.): Programmiersprachen und Programmentwicklung. Berlin, Heidelberg, New York, S. 93-101.

Müller-Merbach, Heiner (1983a): Schönheitsfehler der Betriebswirtschaftslehre. Eine subjektive Sammlung subjektiver Wahrnehmungen, in: Zeitschrift für Betriebswirtschaft 53, S. 811-830.

Müller-Merbach, Heiner (1983b): Systemanalyse als gelenkter kreativer Prozeß, in: Schelle, Heinz; Peter Molzberger (Hrsg): Psychologische Aspekte der Software-Entwicklung. München, Wien, S. 105-132.

Müller-Merbach, Heiner (1984): Informatikausbildung für die Zukunft. Flexible Abstimmung der Studiengänge mit Aufgaben der Praxis, in: Angewandte Informatik 26, S. 66-67.

Müller-Merbach, Heiner; Hartmut Sommer (1982): Die betrieblichen Funktionsbereiche im Verbund, in: Wirtschaftswissenschaftliches Studium 11, S. 263-270.

Müller-Nobeling, Hans-Martin (1980): Organisationshandbuch, in: Grochla, Erwin (Hrsg.): Handwörterbuch der Organisation (2. Aufl.). Stuttgart, Sp. 1557-1563.

Mumford, Enid (1976): Towards the Democratic Design of Work Systems, in: Personnel Management 8, Nr. 9, S. 32-35.

Mumford, Enid (1981): Participative Systems Design: Structure and Method, in: Systems, Objectives, Solutions 1, Nr. 1, S. 5-19.

Musiol, Achim (1974): Organisation von Organisationsprojekten in der Industrie, Teil 1: Organisationsabteilung, Projektmanagement, Teamwork-Management, in: Zeitschrift für Organisation 43, S. 192-206; Teil 2: Entscheidungshilfen zur Auswahl der geeigneten Organisationsform und Personen, in: Zeitschrift für Organisation 43, S. 277-286.

Naur, Peter; Brian Randell (Hrsg.) (1969): Software Engineering, NATO Conference Garmisch 1968. Brüssel.

Newman, P.S. (1982): Towards an integrated development environment, in: IBM-Systems-Journal 21, Nr. 1, S. 81-107.

Nie, Norman H.; et al. (1975): SPSS: Statistical Package for the Social Sciences (2. Aufl.). New York et al.

Nolan, Richard L. (1973): Managing the Computer Resource: A Stage Hypothesis, in: Communications of the ACM 16, S. 399-405.

Nolan, Richard L. (1979): Managing the crisis in data processing, in: Harvard Business Review 57, März/April, S. 115-126.

Nolan, Richard L. (1982): Managing information systems by committee, in: Harvard Business Review 60, Juli/Aug., S. 72-79.

Norusis, Marija J. (1983): SPSS-X introductory statistics guide. Chicago, Ill.

Noth, Thomas; Mathias Kretzschmar (1984): Aufwandschätzung von DV-Projekten. Darstellung und Praxisvergleich der wichtigsten Verfahren. Berlin et al.

Olson, Margrethe H.; Gordon B. Davis (1981): Getting in Sync, in: Datamation 27, Febr., S. 125-132.

Olson, Margrethe H.; Blake Ives (1981): User Involvement in System Design: An Empirical Test of Alternative Approaches, in: Information & Management 4, S. 183-195.

Oppermann, Reinhard (1980a): Anspruch und Wirklichkeit von Partizipation, in: Mambrey, Peter; Reinhard Oppermann (Hrsg.): Partizipation bei der Systementwicklung. Interner Bericht. Gesellschaft für Mathematik und Datenverarbeitung mbH. Bonn, S. 68-85.

Oppermann, Reinhard (1980b): Zusammenfassung von Diskussionspunkten zur Partizipation bei der Systementwicklung, in: Mambrey, Peter; Reinhard Oppermann (Hrsg.): Partizipation bei der Systementwicklung. Interner Bericht. Gesellschaft für Datenverarbeitung mbH. Bonn, S. 235-237.

Oppermann, Reinhard (1982): Beteiligung von Betroffenen an der Systementwicklung (1), in: ÖDV/Online 20, Nr. 9, S. 69-72.

Osterweil, Leon J. (1980): A Software Lifecycle Methodology and Tool Support, in: Riddle, W.E.; R.E. Fairley (Hrsg.): Software Development Tools. Berlin, Heidelberg, S. 82-92.

Ott, Bernd (1981): Arbeitszufriedenheit und Arbeitsproduktivität - Einheit oder Gegensatz? -, in: Zeitschrift für Organisation 50, S. 313-320.

o. V. (1982a): Keine Chance für Superhirne, in: Manager magazin 12, Nr. 10, S. 144-151.

o.V. (1982b): IBM und Siemens nach Parkwert Spitze, in: Computerwoche vom 3. Sept. 1982, S. 1 und 4.

o.V. (1984a): Herausforderung für die DV, in: Computerwoche vom 30. März 1984, S. 95-98.

o.V. (1984b): Mainframe-Park: IBM 52,3 Prozent, Siemens 24,5, in: Computerwoche vom 6. April 1984, S. 1 und 10.

Pahl, Gerhard; Wolfgang Beitz (1977): Konstruktionslehre. Berlin et al.

Parikh, Girish (Hrsg.) (1980): Techniques of Program and System Maintenance. Lincoln, Nebr.

Parisini, Eberhard; Otto Wächter (1971): Organisations-Handbuch für die Einführung von ADV-Systemen. Systemplanung, Systemanalyse, Systemeinführung. Berlin.

Patton, Bob (1983): Prototyping - A Nomenclature Problem, in: ACM Sigsoft, Software Engineering Notes 8, Nr. 2, S. 14-16.

Peschke, Helmut (1984): Inhalte und Verfahren einer betroffenenorientierten Systementwicklung, in: AMK Berlin (Hrsg.): Compas '84. Berlin, S. 33-51.

Peters, Lawrence (1978): Relating Software Requirements and Design, in: ACM Sigsoft, Software Engineering Notes 3, Nr. 5, Special Joint Issue, Proceedings of the Software Quality and Assurence Workshop, S. 67-71.

Peters, L.J.; L.L. Tripp (1978): A Model of Software Engineering, in: Proceedings 3rd International Conference on Software Engineering. Atlanta, S. 63-70.

Pfeiffer, Uta (1983): Institutionelles Projektmanagement bei der Entwicklung von EDV-Anwendungssystemen - Ergebnisse einer empirischen Untersuchung - Unveröffentlichte Diplomarbeit. Institut für Betriebswirtschaftslehre, Technische Hochschule Darmstadt.

Pfohl, Hans-Christian; Günther E. Braun (1981): Entscheidungstheorie. Normative und deskriptive Grundlagen des Entscheidens. Landsberg am Lech.

Pinkenburg, Henry F.W. (1980): Projektmanagement als Führungskonzeption in Prozessen tiefgreifenden organisatorischen Wandels - Theoretische Perspektiven und praktische Erfahrungen bei Reorganisationen, dargestellt am Beispiel der Einführung von EDV-Systemen - . München.

Poensgen, Otto Herbert (1978): Verrechnungspreise als Instrument zur Kostenkontrolle und Kapazitätspolitik in Rechenzentren, in: Mertens, Peter; et al.: Abrechnung von Rechenzentrums-Dienstleistungen. München, Wien.

Powers, Richard F.; Gary W. Dickson (1973): MIS Projekt Management: Myths, Opinions and Reality, in: California Management Review 15, Nr. 3, S. 147-156.

Prentice, Dan (1981): An analysis of software development environments, in: ACM Sigsoft, Software Engineering Notes 6, Nr. 5, S. 19-27.

Pusch, Robert (1984): Wertanalytik hilft Systemziele halten, in: Computerwoche vom 2. Nov. 1984, S. 10-13.

Pyhrr, Peter A. (1970): Zero-base budgeting, in: Harvard Business Review 48, Nov./Dez., S. 111-121.

Redel, Wolfgang (1982): Kollegienmanagement. Bern, Stuttgart.

Reeves, Gary R.; Robert S. Bussom (1980): Information Systems Curricula: Business versus Academic Viewpoints, in: Information & Management 3, S. 227-235.

Reinermann, Heinrich (1981): Verwaltungsaufgaben beim Einsatz der Ressource Information, in: ÖVD 11, Nr. 1-2, S. 3-8.

Rinza, Peter (1976): Projektmanagement. Düsseldorf.

Rockart, John F. (1979): Chief Executives Define Their Own Data Needs, in: Harvard Business Review 57, März/April, S. 81-93.

Rockart, John F. (1982): The Changing Role of the Information Systems Executive: A Critical Success Factors Perspective, in: Sloan Management Review 24, S. 3-13.

Rockart, John F.; Christine V. Bullen; Joav Steve Leventer (1977): Centralisation vs. Decentralisation of Information Systems: A preliminary model for decision making. Vorabdruck. Center for Information Systems Research, Sloan School, MIT. Cambridge.

Rockart, John F.; Lauren S. Flannery (1983): The Management of End User Computing, in: Communications of the ACM 26, S. 776-784.

Rosenstiel, Lutz von (1980): Gruppen und Gruppenbeziehungen, in: Grochla, Erwin (Hrsg.): Handwörterbuch der Organisation (2. Aufl.). Stuttgart, Sp. 793-804.

Rubin, M.L. (Hrsg.) (1971): Handbook of data processing management, Vol. 1. New York.

Rüsberg, Karl-Heinz (1976): Die Praxis des Project- und Multiproject-Management (3. Aufl.). München.

Runkel, Günter (1984): Aspekte des EDV-Managements und der Entwicklung von EDV-Anwendungssystemen - Vertiefende Analyse und statistische Auswertung von Rating-Skalen einer empirischen Untersuchung. Unveröffentlichte Studienarbeit. Institut für Betriebswirtschaftslehre, Technische Hochschule Darmstadt.

Rupietta, Walter (1982): Dokumentation als Information über die Benutzung von Computersystemen, in: Angewandte Informatik 24, S. 526-540.

Sachs, Lothar (1978): Angewandte Statistik: Statistische Methoden und ihre Anwendung (5. Aufl.). Berlin, Heidelberg, New York.

Sandscheper, Günter (1979): Top-Manager über ihre DV-Abteilung - Status und Perspektive, in: Online-adl-nachrichten 9, S. 59-69.

Sattler, Peter (1978): Zeitschätzungen in der Projektplanung, in: Heilmann, Heidi (Hrsg.): 7.Jahrbuch der EDV (1978). Planung und Kontrolle von EDV-Projekten. Stuttgart, Wiesbaden, S. 39-79.

Schanz, Günther (1975a): Zwei Arten des Empirismus, in: Zeitschrift für betriebswirtschaftliche Forschung 27, S. 307-331.

Schanz, Günther (1975b): Nochmals: Zwei Arten des Empirismus, in: Zeitschrift für betriebswirtschaftliche Forschung 27, S. 801-805.

Schanz, Günther (1977a): Zum gegenwärtigen Verhältnis von Wissenschaftstheorie und Betriebswirtschaftslehre, in: Zeitschrift für betriebswirtschaftliche Forschung 29, S. 279-296.

Schanz, Günther (1977b): Jenseits von Empirismus: Eine Perspektive für die betriebswirtschaftliche Forschung, in: Köhler, Richard (Hrsg.): Empirische und handlungstheoretische Forschungskonzeptionen in der Betriebswirtschaftslehre. Stuttgart, S. 65-84.

Schanz, Günther (1981): Gestaltung von Wirtschaftsorganisationen - Umrisse eines konzeptionellen Rahmens - , in: Zeitschrift für Betriebswirtschaft 51, S. 631-655.

Scharer, Laura (1981): Pinpointing Requirements, in: Datamation 27, April, S. 139-151.

Scheer, August-Wilhelm (1978): Wirtschaftlichkeit von Informationssystemen, in: Hansen, Hans-Robert (Hrsg.): Entwicklungstendenzen der Systemanalyse. München, Wien, S. 305-329.

Scheer, August-Wilhelm (1981): EDV-Unterstützung bei der Investitions- und Finanzplanung, in: Kilger, Wolfgang; August-Wilhelm Scheer (Hrsg.): Investitions- und Finanzplanung im Wechsel der Konjunktur. 2. Saarbrücker Arbeitstagung. Würzburg, Wien, S. 48-85.

Scheer, August-Wilhelm (1984): Personal Computing - EDV-Einsatz in Fachabteilungen, in: Die Betriebswirtschaft 44, S. 25-49.

Scheer, August-Wilhelm; Volker Brandenburg; Helmut Krcmar (1978): Fünf Thesen zur Wirtschaftlichkeitsrechnung von EDV-Systemen - Ausweg durch Simulation, in: Online-adl-nachrichten 16, S. 792-796.

Scheuch, Erwin K. (1973): Das Interview in der Sozialforschung, in: König, Rene (Hrsg.): Handbuch der empirischen Sozialforschung, Band 2: Grundlegende Methoden und Techniken der empirischen Sozialforschung, Erster Teil (3. Aufl.). Stuttgart, S. 66-190.

Scheuch, Erwin; Helmut Zehnpfennig (1974): Skalierungsverfahren in der Sozialforschung, in: König, Rene (Hrsg.): Handbuch der empirischen Sozialforschung, Band 3a: Grundlegende Methoden und Techniken der empirischen Sozialforschung, Zweiter Teil (3. Aufl.). Stuttgart, S. 97-203.

Schmalenbach, Eugen (1948): Pretiale Wirtschaftslenkung, Band 2, Pretiale Lenkung des Betriebes. Bremen-Horn.

Schmidhäusler, Fritz J. (1979): Menschen in der Datenverarbeitung, in: Online 17, Teil 1, S. 304-310.

Schmidt, Götz (o.J.): Organisationsmethode. Wiesbaden.

Schmidt, Götz (1980): Die Entwicklung von Organisationsmethoden und Techniken, in: Zeitschrift für Organisation 49, S. 322-335.

Schmitz, Paul; Heinz Bons; Rudolf van Megen (1980): Abschlußbericht zum Forschungsprojekt: Softwaretechnologische Methoden für das Programmtesten und für die Aufwandschätzung. Köln.

Schmitz, Paul; Dietrich Seibt (1975): Einführung in die anwendungsorientierte Informatik. München.

Schneider, Siegfried (1975): Konflikte in einer Matrixorganisation, in: Zeitschrift für Organisation 44, S. 321-330.

Schoenfeld, Hanns-Martin (1975): Führungskräfte, Aus- und Fortbildung, in: Gaugler, Eduard (Hrsg.): Handwörterbuch des Personalwesens. Stuttgart, Sp. 889-905.

Scholz, Einar (1979): Projektsteuerung und -überwachung bei der Entwicklung und Änderung von EDV-Anwendungsprogrammen, in: Versicherungsbetriebe, Nr. 5, S. 42-48.

Schreiner, K.J. (1980): PAC II - das integrierte Projektmanagementsystem, in: Warnecke, H.J.; R. Hickert; A. Voegele; et al. (Hrsg.): Planung in Entwicklung und Konstruktion. Grundlagen, Systeme, Anwendungen. Grafenau, S. 149-157.

Schröder, Harald Jürgen (1970): Projekt-Management. Wiesbaden.

Schwarz, Horst (1971): Arbeitsplatzbeschreibungen (4. Aufl.). Freiburg i. Br.

Schwarz, Horst (1975): Stellenbeschreibung (Arbeitsplatzbeschreibung), in: Gaugler, Eduard (Hrsg.) : Handwörterbuch des Personalwesens. Stuttgart, Sp. 1879-1887.

Schwarze, Jochen (1984): Perspektiven für die Personalplanung, in: Der Volks- und Betriebswirt, Nr. 2, S. 15-19.

Schweimer, H.-P. (1980): Projektmanagement mit PPC III, in: Warnecke, H.J.; R. Hickert; A. Voegele; et al. (Hrsg.): Planung in Entwicklung und Konstruktion. Grundlagen, Systeme, Anwendungen. Grafenau, S. 134-148.

Seibt, Dietrich (1978): Methoden zur Gestaltung großer Programmsysteme, in: Müller-Merbach, Heiner (Hrsg.): Quantitative Ansätze in der Betriebswirtschaftslehre. München, S. 87-94.

Seibt, Dietrich (1980): Datenverarbeitungsorganisation I (Aufbau), in: Grochla, Erwin (Hrsg.): Handwörterbuch der Organisation (2. Aufl.). Stuttgart, Sp. 513-526.

Seibt, Dietrich (1981): Zentralisierung - Dezentralisierung der Informationsverarbeitung, in: Betriebswirtschaftliche Forschung und Praxis 33, S. 334- 346.

Seibt, Dietrich (1984): DV-Controlling, in: Handbuch der modernen Datenverarbeitung 21, Nr. 119, S. 101-117.

Seibt, Dietrich; Klaus W. Wirtz (1981): Stand und Entwicklungstendenzen des Einsatzes von Programmiersprachen, Programmiermethoden und -systemen in der Wirtschafts- und Verwaltungspraxis - Ergebnisse einer Fragebogen-Erhebung - Arbeitsbericht des Fachgebiets Betriebsinformatik, Universität Essen - Gesamthochschule 81/2.

Selig, Jürgen (1982): Der OR-Prozeß: Die empirische Untersuchung von Gestaltungsempfehlungen, in: Fleischmann, Bernhard; et al. (Hrsg.): Operations Research Proceedings, Vorträge der 10. Jahrestagung der DGOR in Göttingen 1981. Berlin, Heidelberg, New York, S. 654-662.

Selig, Jürgen (1984): Projektmanagement bei der Entwicklung von EDV-Anwendungssystemen in deutschen Unternehmen, in: Steckhan, Helmut; et al. (Hrsg.): Operations Research Proceedings, Vorträge der 12. Jahrestagung der DGOR in Mannheim 1983. Berlin, Heidelberg, New York, S. 213-223.

Selltiz, Claire; et al. (1972): Sozialforschung II. Darmstadt.

Semprevivo, Philip C. (1976): Systems Analysis: definiton, process and design. Chicago.

Shaw, John C.; William Atkins (1970): Managing Computer System Projects. New York et al.

Slonim, Jacob; Dave Schmidt; Paul Fisher (1979): Considerations for Determining the Degrees of Centralization or Decentralization in the Computing Environment, in: Information & Management 2, S. 15-29.

Sneed, Harry M. (1977): Software Qualitätskontrolle - "Der Preis der Systemzuverlässigkeit", in: Online-adl-nachrichten 15, Teil 1: S. 819-821; Teil 2: S. 960-962.

Sneed, Harry M. (1978): Software-Projektmanagement am Beispiel des Siemens IQS-Projekts, in: Heilmann, Heidi (Hrsg.): 7. Jahrbuch der EDV (1978). Planung und Kontrolle von EDV-Projekten. Stuttgart, Wiesbaden, S. 319-358.

Sneed, Harry M. (1982): Softman Software-Managementsystem Methodenbeschreibung. München.

Sneed, Harry M. (1984): Software-Wirtschaftlichkeit, (Alp)traum der Manager, in: Computerwoche vom 20. Juli 1984, S. 31-33.

Soebandi, Hari (1984): Aspekte der Organisation von EDV-Abteilungen in deutschen Unternehmen - Analyse ausgewählter Fragen einer empirischen Untersuchung. Unveröffentlichte Studienarbeit. Institut für Betriebswirtschaftslehre, Technische Hochschule Darmstadt.

Spitta, Thorsten (1984): Die Projektbibliothek als Zentrum der Softwareentwicklung, in: Handbuch der modernen Datenverarbeitung 21, Nr. 116, S. 37-50.

Staehle, Wolfgang H. (1973): Organisation und Führung sozio-technischer Systeme - Grundlagen einer Situationstheorie. Stuttgart.

Staehle, Wolfgang H. (1976): Der situative Ansatz in der Betriebswirtschaftslehre, in: Ulrich, Hans (Hrsg.): Zum Praxisbezug der Betriebswirtschaftslehre in wissenschaftstheoretischer Sicht. Bern, Stuttgart, S. 33-50.

Staehle, Wolfgang H. (1980): Management. München.

Stahlknecht, Peter (1980): Prognosen für den DV-Bereich - Überblick und kritische Betrachtung, in: Angewandte Informatik 22, S. 133-140.

Stahlknecht, Peter (1983): Software: Schätzen des Aufwandes in der Praxis, in: ÖVD/Online 21, Nr. 10, S. 56-60.

Stahlknecht, Peter; Karin Thienell (1982): Empirische Erhebungen über Verfahren zur Aufwandsschätzung für DV-Projekte. Beiträge des Fachbereichs Wirtschaftswissenschaften der Universität Osnabrück.

Stearns, Stephen K. (1980): Experience with Centralized Maintenance of a Large Application System, in: Parikh, Girish (Hrsg.): Techniques of Program and System Maintenance. Lincoln, Nebr., S. 143-149.

Steiner, Georg A.; William G. Ryan (1968): Industrial Project Management. New York.

Strebel, Heinz (1981): Zielsysteme und Zielforschung, in: Die Betriebswirtschaft 41, S. 457-475.

Streicher, Heinz; Günter Sandscheper (1982): Der ORG/DV-Chef zwischen Tagesstreß und Strategie, in: ÖVD/Online 20, Teil 1, S. 44-46;

Streicher, Heinz; Günter Sandscheper (1985a): Mit 'Standards' gegen Software-Sorgen, in: ÖDV/Online 23, Nr. 2, S. 22-24.

Streicher, Heinz; Günter Sandscheper (1985b): Metamorphose: Vom DV-Macher zum Medien-Manager, in: ÖDV/Online 23, Nr. 3, S. 38-40.

Surböck, Erich K. (1978): Management von EDV-Projekten. Berlin, New York.

Swanson, E. Burton (1976): The Dimensions of Maintenance, in: Proceedings of the 2nd International Conference on Software-Engineering, 13.-15. Okt. 1976. San Francisco, S. 492-497.

Szyperski, Norbert (1970): Rechnungswesen als Informationssystem, in: Kosiol, Erich (Hrsg.): Handwörterbuch des Rechnungswesens. Stuttgart, Sp. 1510-1523.

Szyperski, Norbert (1978): Realisierung von Informationssystemen in deutschen Unternehmungen, in: Müller-Merbach, Heiner (Hrsg.): Quantitative Ansätze in der Betriebswirtschaftslehre, Bericht von der wissenschaftlichen Tagung des Verbandes der Hochschullehrer der Betriebswirtschaft e.V., 1. - 3. Juni 1977 in Darmstadt. München, S. 67-86.

Szyperski, Norbert; Gerhard Eschenröder (1983): Information-Resource-Management, in: Kay, R. (Hrsg.): Management betrieblicher Informationsverarbeitung, Wirtschaftsinformatik-Symposium der IBM-Deutschland GmbH, 20. - 22. Sept. 1982 in Bad Neuenahr. München, Wien, S. 11-37.

Szyperski, Norbert; Frank Kolf (1978): Integration der strategischen Informations-System-Planung (SISP) in die Unternehmens-Entwicklung, in: Hansen, Hans-Robert (Hrsg.): Entwicklungstendenzen der Systemanalyse, 5. Wirtschaftsinformatik - Symposium der IBM-Deutschland GmbH, 10. - 12. Okt. 1978 in Bad Neuenahr. München, Wien, S. 59-91.

Szyperski, Norbert; Harald Rölle; Friedrich Meller (1972): Modellgestützte Management-Informations-Systeme in den USA. Erfahrungen und Entwicklungstendenzen. BIFOA-Arbeitsbericht 1971/1 (2. Aufl.). Köln.

Tertilt, Erich A. (1978): Management und EDV. Wiesbaden.

Thamhain, Hans J.; Gary R. Gemmill (1974): Influence Styles of Project Managers: Some Project Performance Correlates, in: Academy of Management Journal 17, S. 216-224.

Thom, Norbert (1973): Zur Leistungsfähigkeit der Projekt-Matrix-Organisation, in: Industrielle Organisation 42, Nr. 3, S. 123-128.

Thom, Norbert (1976): Zur Effizienz betrieblicher Innovationsprozesse. Köln.

Uebele, Herbert (1980): Objektorientierte Organisationsformen im Absatzbereich industrieller Unternehmen - Eine Bestandsaufnahme und konzeptionelle Analyse empirischer Untersuchungen. Institut für Markt- und Distributionsforschung, Universität zu Köln.

Ulrich, Hans (1981): Die Betriebswirtschaftslehre als anwendungsorientierte Sozialwissenschaft, in: Geist, Manfred N.; Richard Köhler (Hrsg.): Die Führung des Betriebes. Stuttgart, S. 2-25.

Ulrich, Hans (1982): Anwendungsorientierte Wissenschaft, in: Die Unternehmung 36, S. 1-10.

Verlemann, Jürgen (1982): Eine Untersuchung über die organisatorische Durchführung des Entwicklungsprozesses von EDV-Anwendungssystemen in einem Unternehmen der chemisch-pharmazeutischen Industrie. Unveröffentlichte Diplomarbeit. Institut für Betriebswirtschaftslehre, Technische Hochschule Darmstadt.

Voßberg, Heinrich (1980): Organisationsabteilung, in: Grochla, Erwin (Hrsg.): Handwörterbuch der Organisation (2. Aufl.). Stuttgart, Sp. 1440-1446.

Waldrop, James H. (1984): Project Management: Have We Applied All That We Know, in: Information & Management 7, S. 13-20.

Walston, C.E.; C.P. Felix (1977): A method of programming measurement and estimation, in: IBM Systems Journal 16, S. 54-73.

Wasserman, Anthony Ira (1976): A Top-Down View of Software Engineering, in: ACM Sigsoft, Software Engineering Notes 1, Nr. 1, S. 8-14.

Wedekind, Hartmut (1976): Systemanalyse. Die Entwicklung von Anwendungssystemen für Datenverarbeitungsanlagen (2. Aufl.). München, Wien.

Wedekind, Hartmut (1981): Datenbanksysteme I - Eine konstruktive Einführung in die Datenverarbeitung in Wirtschaft und Verwaltung (2. Aufl.). Mannheim, Wien, Zürich.

Wedekind, Hartmut; Erich Ortner (1980): Systematisches Konstruieren von Datenbankanwendungen - Zur Methodologie der Angewandten Informatik. München, Wien.

Weigel, Peter (1980): Qualitätssicherung von EDV-Software, in: Masing, Walter (Hrsg.): Handbuch der Qualitätssicherung. München, Wien, S. 861-878.

Welge, Martin K.; Klaus D. Fessmann (1980): Effizienz, organisatorische, in: Grochla, Erwin (Hrsg.): Handwörterbuch der Organisation (2. Aufl.). Stuttgart, Sp. 577-592.

Wente, Klaus W. (1978): Projektdokumentation, in: Heilmann, Heidi (Hrsg.): 7. Jahrbuch der EDV (1978), Planung und Kontrolle von EDV-Projekten, S. 112-147.

Wetherbe, James C.; Gary B. Davis (1982): Strategic MIS Planning Through Ends/ Means Analysis, Working Paper MIS Research Center, School of Management. University of Minnesota.

Wetherbe, James C.; Gary W. Dickson (1979): Zero-Based Budgeting: An Alternative to Chargeout Systems, in: Information & Management 2, S. 203-213.

Wigro, Manfred (1979): Professionelles Projektmanagement im Softwarebereich - ein Privileg der "Großen"?, in: Datascope, Nr. 30, S. 11-20.

Wilk, Liselotte (1975): Die postalische Befragung, in: Holm, Kurt (Hrsg.): Die Befragung 1: Der Fragebogen - Die Stichprobe. München, S. 187-200.

Willoughby, Theodore C. (1977): Computing Personnel Turnover: A Review of the Literature, in: Computer Personnel 7, Nr. 1-2, S. 11-13.

Wirtschaftsvereinigung Eisen- und Stahlindustrie (Hrsg.) (1982): Wirtschaftlichkeitsbeurteilung von Datenverarbeitungsprojekten. Schriftenreihe der Wirtschaftsvereinigung Eisen- und Stahlindustrie zu allgemeinen Wirtschafts- und Rechtsfragen, Heft 7, zu beziehen durch Verlag und Vertriebsgesellschaft mbH, Breite Straße 69, Düsseldorf.

Witte, Eberhard (1968a): Die Organisation komplexer Entscheidungsverläufe - ein Forschungsbericht -, in: Zeitschrift für betriebswirtschaftliche Forschung 20, S. 581-599.

Witte, Eberhard (1968b): Phasen-Theorem und Organisation komplexer Entscheidungsverläufe, in: Zeitschrift für betriebswirtschaftliche Forschung 20, S. 625-647.

Witte, Eberhard (1974): Empirische Forschung in der Betriebswirtschaftslehre, in: Grochla, Erwin; Waldemar Wittmann (Hrsg.): Handwörterbuch der Betriebswirtschaftslehre, Bd.I/1 (4. Aufl.). Stuttgart, Sp. 1264-1281.

Witte, Eberhard (1977): Lehrgeld für empirische Forschung. Notizen während einer Diskussion, in: Köhler, Richard (Hrsg.): Empirische und handlungstheoretische Forschungskonzeptionen in der Betriebswirtschaftslehre. Stuttgart, S. 269-281.

Witte, Eberhard (1980a): Empirische Organisationsforschung, Methodik der, in: Grochla, Erwin (Hrsg.): Handwörterbuch der Organisation (2.Aufl.). Stuttgart, Sp. 614-623.

Witte, Eberhard (1980b): Entscheidungsprozesse, in: Grochla, Erwin (Hrsg.): Handwörterbuch der Organisation (2. Aufl.). Stuttgart, Sp. 633-641.

Witte, Eberhard; Oskar Grün; Rolf Bronner (1975): Pluralismus in der betriebswirtschaftlichen Forschung, in: Zeitschrift für betriebswirtschaftliche Forschung 27, S. 796-800.

Wittenberg, Ulrich H. (1978): Meistens wird nicht nachgerechnet, in: Manager Magazin, Nr. 3, S. 45-50.

Wollnik, Michael (1980): Einflußgrößen der Organisation, in: Grochla, Erwin (Hrsg.): Handwörterbuch der Organisation (2. Aufl.). Stuttgart, Sp. 592-613.

Wolverton, Ray W. (1974): The Cost of Developing Large-Scale Software, in: IEEE Transaction on Computers C-23, Nr. 6, S. 615-636.

Woodruff, Charles K. (1980a): Data Processing People - Are They Really Different?, in: Information & Management 3, S. 133-139.

Woodruff, Charles K. (1980b): Data Processing People - Are They Satisfied/ Dissatisfied With Their Jobs?, in: Information & Management 3, S. 219-225.

Wossidlo, Peter Rüdiger (1976): Realtheorien in der Betriebswirtschaftslehre - gegen die Helotistischen Symptome in erkenntnistheoretischen Diskussionen unseres Faches, in: Zeitschrift für betriebswirtschaftliche Forschung 28, S. 465-484.

Wurster, Gerhard (1967): Die organisatorische Eingliederung der Abteilung "Elektronische Datenverarbeitung" in der Unternehmung. Dissertation. Mannheim.

Xephon of Kings House (Hrsg.)(1983): Application Development in Practice, in: Software World 14, Nr. 3, S. 11-14.

Zachman, J.A. (1982): Business Systems Planning and Business Information Control Study: A comparison, in: IBM-Systems-Journal 21, Nr. 1, S. 31-53.

Zander, Erich (1983): Die Kommunikations-System-Studie (KSS) als Werkzeug für Planung und Entwicklung von Informationen bei der ESSO AG, hrsg. von IBM Deutschland GmbH. Stuttgart.

Zangemeister, Christoph (1973): Nutzwertanalyse in der Systemtechnik (3. Aufl.). München.

Zani, William M. (1970): Blueprint for MIS, in: Harvard Business Review 48, Nov./Dez., S. 95-100.

Zedlitz, H.-Chr.; W. Dostal (1975): Der Bedarf an ADV-Fachkräften bis 1978. Weiterführende Analysen des Erhebungsmaterials 1973, BMFT-FB-DV 75-02, Zentralstelle für Atomkernenergie (Dokumentation). Leopoldshafen.

Zimmermann, Gero (1983): Bewähren sich Phasenmodelle in der Praxis? in: ÖVD/Online 21, Nr. 8, S. 82-85.

Zogg, Andreas (1974): Systemorientiertes Projekt-Management. Zürich.

Zuberbühler, Hans (1972): Elektronische Datenverarbeitung in der Industrie. Ergebnisse einer empirischen Untersuchung. Bern, Stuttgart.

Zünd, Andre (1973): Kontrolle und Revision in der multinationalen Unternehmung. Bern, Stuttgart.